21世纪高等学校民商经济法规划教材

合同法学

苏号朋　孙玉荣
曲宗洪　王晓慧　编著

北京工业大学出版社

图书在版编目（CIP）数据

合同法学/苏号朋等编著. —北京:北京工业大学出版社，2008.8

ISBN 978-7-5639-1979-6

Ⅰ. 合… Ⅱ. 苏… Ⅲ. 合同法-法的理论-中国-高等学校-教材 Ⅳ. D923.61

中国版本图书馆 CIP 数据核字(2008)第 094857 号

合同法学

苏号朋　孙玉荣　曲宗洪　王晓慧　编著

*

北京工业大学出版社出版发行

邮编：100022　电话：(010)67392308

各地新华书店经销

徐水宏远印刷有限公司印刷

*

2008 年 8 月第 1 版　2008 年 8 月第 1 次印刷

787mm×960mm　16 开本　28 印张　455 千字

ISBN 978-7-5639-1979-6/G·949

定价:45.00 元

作者简介

苏号朋 男，教授，博士生导师。1970年生，1998年获中国政法大学民商法学博士学位，现为对外经济贸易大学学术委员会委员、法学院民商法学系主任。2001—2002年在美国威斯康星大学法学院从事合同法研究，目前主要研究领域为民法总论、合同法。近年来发表了《民法文化初探》、《论信用权》、《论格式条款订入合同的规则》、《契约自由兴起的历史背景及其价值》、《论中国民法法典化及其模式选择》等法学学术论文50余篇，独著、主编或参编《格式合同条款研究》、《合同的订立与效力》、《民法总论》、《民法学》、《美国商法》等法学著作、教材20余部。

孙玉荣 女，法学博士，副教授，北京工业大学“211工程”学科建设青年研究基地负责人。1997年自中国政法大学博士毕业后进入北京工业大学经管学院法律系从事民法教学与研究，2001年获北京市优秀人才培养专项经费资助，2005年访问英国伯明翰大学法学院。近年来发表《预售商品房抵押若干法律问题》、《股权质押初论》、《民法上的欺诈与〈消费者权益保护法〉第49条之适用》、《有限合伙法律问题探讨》等法学学术论文38篇，主编《民法学》、《物权法学》、《婚姻家庭继承法学》、《科技法学》等法学教材，出版法学专著2部，与他人合著及参编法学教材、著作10余部。

曲宗洪 男，1973年生，中国人民大学民商法学博士，现在北京工业大学经管学院法律学科部从事民商法教学与研究，主要研究领域为债权法、物权法。曾主持《合同基础理论研究》、《破产撤销制度研究》等科研课题。代表性论文：《论相对无效民事行为》、《表示错误与合同成立》、《保证与抵押对同一债权的双重担保》等。

王晓慧 女，1983年毕业于中国人民大学一分校，现任教于北京工业大学经管学院法律学科部，长期主讲合同法课程，曾参加北京市哲学社会科学“十五”规划项目研究，合著及参编《经济法纲要》、《市场经济法》、《公司法教程》、《国际商法》等法学著作与教材。

前　言

作为我国民事基本法重要组成部分的《中华人民共和国合同法》（以下简称《合同法》）是社会主义市场经济法律体系的重要组成部分，是构建社会主义和谐社会的重要保障。

本书吸收了国内外法学界关于合同法的最新研究成果，紧密结合我国现行法律、法规，按照《合同法》的体例，对合同法的基础理论和基本制度进行系统深入的研究，详尽介绍了我国合同法的基本概念、规则和制度。

本书由对外经济贸易大学和北京工业大学长期从事合同法教学与研究的四位教师合作完成。本书作者分工如下：苏号朋撰写合同法总论（第一章至第十章）；孙玉荣撰写第二十章；曲宗洪撰写第十一章、第十五章、第十六章和第十九章；王晓慧撰写第十二章至第十四章、第十七章、第十八章、第二十一章至第二十五章。本书在写作过程中，参考了大量合同法方面的专著和文章，在此我们真诚地对民法学界的前辈和同仁表示衷心的感谢。

本书的写作和出版得到了北京工业大学经管学院和法律学科部有关领导的大力支持，北京工业大学出版社的领导和责任编辑为本书的编写出版付出了辛勤的汗水，谨在此致以诚挚的谢意。

本书不仅适于作为高等院校法学专业本科生的合同法教材，还可以作为普及《合同法》的学习和宣传读本，也可用于党政机关、企事业单位法律工作者的岗位培训教材以及从事合同法理论研究人员及法律实务工作者的参考用书。

合同法是一门适时性、理论性和专业性很强的学科，随着合同法理论和我国立法、司法进程的演变，许多方面需要重新探索和研究。学无止境！尽管在本书的写作过程中，我们尽了自己最大的努力，但仍难免有不完善和不妥之处，敬祈专家、读者批评指正，以便再版时加以修正。

作　者

2008年7月于北京

缩　略　语

1.《宪法》　《中华人民共和国宪法》
2.《民法通则》　《中华人民共和国民法通则》
3.《合同法》　《中华人民共和国合同法》
4.《立法法》　《中华人民共和国立法法》
5.《公司法》　《中华人民共和国公司法》
6.《婚姻法》　《中华人民共和国婚姻法》
7.《收养法》　《中华人民共和国收养法》
8.《物权法》　《中华人民共和国物权法》
9.《海商法》　《中华人民共和国海商法》
10.《消费者权益保护法》　《中华人民共和国消费者权益保护法》
11.《保险法》　《中华人民共和国保险法》
12.《拍卖法》　《中华人民共和国拍卖法》
13.《招标投标法》　《中华人民共和国招标投标法》
14.《土地管理法》　《中华人民共和国土地管理法》
15.《产品质量法》　《中华人民共和国产品质量法》
16.《电子签名法》　《中华人民共和国电子签名法》
17.《担保法》　《中华人民共和国担保法》
18.《城市房地产管理法》　《中华人民共和国城市房地产管理法》
19.《执业医师法》　《中华人民共和国执业医师法》
20.《电力法》　《中华人民共和国电力法》
21.《合同法司法解释（一）》　《最高人民法院关于适用〈中华人民共和国合同法〉若干问题的解释（一）》
22.《技术合同司法解释》　《最高人民法院关于审理技术合同纠纷案件适用法律若干问题的解释》
23.《民法通则意见》　《最高人民法院关于贯彻执行〈中华人民共和国民法通则〉若干问题的意见（试行）》
24.《电信条例》　《中华人民共和国电信条例》
25.《医疗机构管理条例》　《中华人民共和国医疗机构管理条例》
26.《机动车交通事故责任强制保险条例》　《中华人民共和国机动车交通事故责任强制保险条例》

目　录

分　论

附　　录

总　　论

第一章

合同与合同法概述

本章要点

本章主要介绍了合同的含义与特征、合同的相对性、合同的分类、合同法的含义与特征、合同法的渊源、合同法的基本原则。本章的重点和难点是合同的相对性、合同的分类、合同自由原则。

第一节 合同概述

在现代社会中，合同无处不在。对于个人而言，衣食住行各个方面无不涉及合同；对于公司、工厂等企业而言，采购原料、出售产品、租赁房屋、向银行贷款等也都是借助合同完成的。合同早已成为每个人与外界进行经济往来必不可少的重要工具，各个国家乃至整个世界的经济贸易与合作均以合同为纽带。可以说，我们正处在一个合同的时代。

一、合同的含义与特征

（一）合同的含义

对于合同的含义，我们可以从以下三个不同的范围加以理解。

最广义说认为，合同是指以确定权利、义务为内容的协议。它不仅包括私法上的合同即民事合同，还包括行政合同和劳动合同。

广义说认为，合同是债的发生原因，但不局限于债权合同，凡是以发生私法上效果为目的的合意，都属于合同的范畴。德国、日本是广义合同说的典型代表。

狭义说认为，合同仅指债权合同。法国是其典型代表。

《合同法》第二条规定："本法所称合同是平等主体的自然人、法人、其他组织之间设立、变更、终止民事权利义务关系的协议。婚姻、收养、监护等有关身份关系的协议，适用其他法律的规定。"该规定包括三层含义：

（1）将合同限定为民事合同，排除了《合同法》对行政合同和劳动合同的适用。这两类合同分别由行政法和劳动法调整。

（2）统一调整民事合同，不区分债权合同与物权合同。

（3）排除对身份合同的适用。所谓身份合同，是指以设立、变更、终止身份关系为目的的合同，如离婚、收养、监护等协议。虽然身份合同亦属民事合同的范畴，但由于它以发生身份关系为目的，与以发生财产关系为目的的其他民事合同相比，在目的、基本原则及具体内容上均有相当大的差异，故不在《合同法》的调整范围之内，而是适用其他民事法律，如《民法通则》、《婚姻法》、《收养法》等。

根据上述分析，除身份合同外，其他民事合同均受《合同法》的调整。司法实践对合同的理解也采纳了“广义说”，只要合同是当事人之间设立、变更、终止民事权利、义务关系的协议，在没有特别法可供适用的情况下，法院就依据《合同法》解决纠纷。

不过，《合同法》仍然以债权合同作为预设的规范目标。这一点可以从其所用概念上得到验证，如将合同当事人称为“债权人”、“债务人”；将合同当事人享有的权利称为“债权”；将合同当事人承担的义务称为“债务”。

（二）合同的特征

1. 合同是一种法律行为

“法律行为”这一概念为德国法学所创造，是指以意思表示为要素，并依意思表示的内容产生一定民事法律效果的行为[①]。合同是法律行为的典型表现，《德国民法典》亦将“合同”安排在“法律行为”一章中[②]。由于法律行为具有合法性的要求，因此从规范意义上而言，合同应当是合法的，否则将不能产生当事人预期的法律效果。

2. 合同是当事人双方的合意

合同是双方当事人意思表示一致的产物，即合意，《合同法》将其称为“协议”。从法律行为的角度分析，合同属于典型的双方法律行为。《合同法》贯彻意思自治原则，因此当事人可以合意设立各种类型的具体合同。

3. 合同以设立、变更、终止民事权利、义务关系为目的

设立民事权利、义务关系是指合同在当事人之间产生民事权利、义务关

---

① 苏号朋．民法总论．北京：法律出版社，2006：243。

② 《民法通则》没有使用“法律行为”的概念，而是使用了“民事行为”、“民事法律行为”的概念。不过，《物权法》放弃了《民法通则》的做法，转而使用“法律行为”的概念，实现了向传统德国民法术语的回归。《物权法》第二十五条规定：“动产物权设立和转让前，权利人已经依法占有该动产的，物权自法律行为生效时发生效力。”

系；变更民事权利、义务关系是指合同使当事人之间业已存在的民事权利、义务关系发生变化，形成新的民事权利、义务关系；终止民事权利、义务关系是指合同使当事人之间业已存在的民事权利、义务关系归于消灭。

二、合同的相对性

（一）合同相对性的含义

《合同法》以债权合同作为预设的规范目标，因此接受了大陆法系普遍认可的债的相对性原理。所谓债的相对性，是指债权人仅能向债务人请求给付，债务人因可归责之事由致债务不履行时，应对债权人负损害赔偿责任①。根据债的相对性规则，合同仅对债权人和债务人具有效力，只能由债权人向债务人请求给付，债务人也只能向债权人给付，第三人不得介入合同关系。合同的相对性是其区别于物权关系的重要特点。物权具有绝对性，物权人可以对抗任何人，任何人都负有不得侵害他人物权的义务。

合同的相对性包括以下内容：

第一，主体的相对性，即合同关系只能发生在特定的主体之间，只有合同当事人一方能够向另一方提出请求或者在另一方违约时提起诉讼或仲裁。

第二，内容的相对性，即合同权利只能由当事人享有，第三人不能享有；合同义务只能由当事人承担，第三人无须承担；合同当事人不得为他人设定合同义务。

第三，违约责任的相对性，即违约责任只能在合同当事人之间发生，第三人不负违约责任，合同当事人也不对第三人承担违约责任。

（二）合同相对性的修正

在大陆法系中，债权的相对性和物权的绝对性原理，不仅是债权与物权的一项重要区分标准，而且在此基础上形成了各自特有的规则和制度。但是随着债权的物权化、责任竞合等现象的发展，合同相对性受到了冲击和突破。为了适应交易实践，维护交易安全，更充分地保护债权人利益，现代合同法理论对合同关系的相对性原理进行了修正，并在立法和司法实践中加以贯彻。

1. 合同债权的保全

在合同生效后，债务人就应当以其全部财产作为合同履行的一般担保。债务人不履行债务时，其财产将成为法院强制执行的对象。因此，在合同履行过程中，债务人财产状况的变化对债权能否实现关系重大。为了避免债务人随意处置财产而影响债权人的利益，法律设置了合同债权的保全制度。所

① 王泽鉴．债法原理：第一册．北京：中国政法大学出版社，2001：11。

谓合同债权的保全，是指法律为防止因债务人财产不当减少而给债权人的债权带来危害，允许债权人对债务人的行为行使撤销权或代位权，以保护其债权，它是合同对第三人效力的重要体现。

债权人的撤销权是指因债务人放弃其对第三人的到期债权或者无偿转让财产，对债权人造成损害的，债权人可以请求人民法院撤销债务人的行为。债务人以明显不合理的低价转让财产，对债权人造成损害，并且受让人知道该情形的，债权人也可以请求人民法院撤销债务人的行为。债权人的代位权是指因债务人怠于行使其对第三人的到期债权，对债权人造成损害的，债权人可以向人民法院请求以自己的名义代位行使债务人的债权。

合同债权的保全制度涉及合同当事人之外的第三人，属于合同关系的对外效力。《合同法》第七十三、七十四、七十五条规定了债权人的代位权和撤销权。

2. 涉他合同

涉他合同是指涉及第三人的合同，包括为第三人利益的合同、附保护第三人作用的合同、向第三人给付的合同和由第三人给付的合同。

（1）为第三人利益的合同又称利他合同，是指合同当事人约定由一方向合同关系外的第三人为给付，该第三人即因此取得直接请求给付权利的合同。为第三人利益的合同具有如下特征：

①第三人不是订约人；

②第三人在合同中只享有权利，不承担义务；

③第三人享有独立的请求权。

《合同法》并未规定此制度，但其他法律则针对特定合同作出了规定。如果合同债务人履行不能或者履行不适当，第三人有权以自己的名义直接向债务人提出请求。例如，根据《保险法》的相关规定，保险合同的当事人是投保人和保险人。受益人虽不是合同当事人，但在保险事故发生后，保险公司有向受益人支付保险金的义务，保险公司不支付的，受益人可以直接向保险公司请求支付。

（2）附保护第三人作用的合同，是指特定合同生效后，不但在合同当事人之间发生权利、义务关系，债务人还对与债权人有特殊关系的第三人负有注意、保护的附随义务，债务人违反此项义务的，就该特定范围内的人所受的损害，亦应依合同法原则负赔偿责任①。此种合同的特点在于债务人仅对特定范围内的第三人承担一定的注意及保护义务，第三人除在债务人违反此项义务时可以违约为由请求债务人赔偿外，并无合同上的给付请求权。此处的

① 王泽鉴．民法学说与判例研究：第二册．北京：中国政法大学出版社，2005：30。

第三人并非泛指债权人之外的任何第三人，而仅指因债务人的给付受到影响的人，如债权人的配偶、子女、受雇人等。确立此制度的目的在于第三人可以主张合同上的权利，而无须再负侵权法上的举证责任。《合同法》并未规定此制度。

（3）向第三人给付的合同，是指当事人约定由债务人向第三人履行债务的合同，如甲、乙约定由债务人甲向第三人丙交付货物。在此类合同中，债务人负有向第三人给付的义务，但第三人并不享有给付请求权。如果债务人未履行给付义务，则债务人应对债权人承担违约责任。《合同法》第六十四条规定了这一制度。

（4）由第三人给付的合同，是指当事人约定合同设定的债务由债务人负责使第三人向债权人履行的合同①，如甲、乙约定由乙使丙为甲修剪草坪。在此类合同中，债务人负有使第三人向债权人给付的义务，但是第三人并不受该合同的约束而负有给付义务，如果第三人拒绝履行，债务人应对债权人负损害赔偿责任。《合同法》第六十五条规定了这一制度。

3. 合同债权的物权化

合同债权的物权化是指使相对性的合同债权具有对抗一般人的效力，主要体现为两种情形：租赁权的物权化和预告登记制度。

为了保护承租人的利益，防止在租赁合同存续期间因租赁物被出卖而使承租人无法继续使用租赁物，《合同法》第二百二十九条规定，租赁物在租赁期间发生所有权变动的，不影响租赁合同的效力。因此，虽然租赁权本为债权，但却能够对并非合同当事人的新所有权人产生对抗效力，故被称为租赁权的物权化。租赁权的这一物权化倾向又被形象地称为“买卖不破租赁”。不过，租赁权的物权化要比“买卖不破租赁”的范围更为广泛，只要是租赁物在租赁期间发生所有权的变动，无论其变动原因是买卖，还是赠与、继承或其他情形，都不影响租赁合同的效力。

根据《物权法》第二十条的规定，当事人签订买卖房屋或者其他不动产物权的协议，为保障将来实现物权，按照约定可以向登记机构申请预告登记。预告登记后，未经预告登记的权利人同意，处分该不动产的，不发生物权效力。因此，虽然预告登记并非物权登记，但经预告登记的债权具有对抗性，能够产生物权的效力。

4. 第三人侵害合同债权

第三人侵害合同债权是指合同当事人以外的第三人明知合同债权的存在，

---

① 尹田．论涉他契约．载《法学研究》，2001（1）。

仍然以侵害债权为目的，故意实施某种侵权行为，致使债权人的债权部分或全部不能实现以至债权人遭受损害的行为。其构成要件为：

（1）侵权主体为合同当事人以外的第三人。尽管侵害债权多表现为第三人与债务人的串通，但债务人的行为不构成侵害债权，只能构成违约。

（2）侵权客体为合法债权。非法债权不受法律保护，不能成为侵权客体。

（3）侵权主体的主观心理为故意。若第三人只是在客观上侵害了他人的债权，但并无侵害故意，则不适用第三人侵害债权制度。例如，第三人无意中打碎了债务人的花瓶，致使债务人无法向债权人履行交付花瓶的义务，在此情况下，由于第三人的行为没有侵害他人债权的故意，故不属于第三人侵害债权。

（4）第三人的行为具有违法性。如果第三人的行为并不违反法律，则不构成侵害债权行为。

大多数国家都承认第三人侵害债权制度。我国学术界和立法机构对此制度也早有讨论，实践中亦早有类似案例。目前，我国多数学者主张打破合同相对性，承认并建立第三人侵害债权制度。这对充分保障债权人利益、维护交易秩序将发挥十分重要的作用。

三、合同的分类

合同的分类是指按照一定的标准将合同划分成不同的类型。在市场经济中，交易的形式多种多样，合同的类型也各不相同。按照一定的标准进行分类，便于明确各类合同的不同特点，有助于合同立法的科学化、规范化，有助于当事人准确、适当地订立和履行合同，也有助于法官妥当地处理合同纠纷。

（一）有名合同与无名合同

根据法律是否对其设有规范并赋予其特定名称，可以将合同分为有名合同与无名合同。

有名合同又称典型合同，是指法律确定了特定名称和规则的合同。它首先是指《合同法》分则部分规定的15类基本合同类型；其次，根据《合同法》第一百二十三条“其他法律对合同另有规定的，依照其规定”的要求，它还包括其他法律确认的合同，如《保险法》中的保险合同、《担保法》中的保证合同。

无名合同又称非典型合同，是指法律没有确定名称和规则的合同。

区分有名合同与无名合同的意义在于二者适用的法律规则不同。对于有名合同，法律已经作出了相应规定，因此当事人应当遵守其中的强制性规范，并以任意性规范弥补其合同约定的不足。对于无名合同，法律没有作出专门规定，因此《合同法》第一百二十四条规定："本法分则或者其他法律没有明文规定的合同，适用本法总则的规定，并可以参照本法分则或者其他法律最相类似的规定。"也就是说，在处理无名合同纠纷时，应当类推适用法律对最相类似的有名合同的规定，并适用《合同法》总则的有关规定。

（二）诺成合同与实践合同

根据合同的成立除意思表示一致外是否还以交付标的物或完成其他给付为要件，可以将合同分为诺成合同与实践合同。

诺成合同是指只需当事人双方意思表示一致即可成立的合同，它不以标的物的交付或完成其他给付作为合同成立的要件。《合同法》规定的绝大多数合同是诺成合同。

实践合同又称要物合同，是指除当事人双方意思表示一致外，还需要以当事人交付标的物或完成其他给付作为成立要件的合同①。在现代合同法中，只有少数合同属于实践合同，且这些合同需由法律作出特别规定，否则即为诺成合同。不过，在某些情况下我国法律允许当事人改变实践合同的性质。例如，《合同法》第三百六十七条规定："保管合同自保管物交付时成立，但当事人另有约定的除外。"因此，保管合同一般为实践合同，但当事人可依约定将其变更为诺成合同。常见的实践合同包括定金合同、质权设定合同、自然人之间的借款合同等。

区分诺成合同与实践合同的意义在于合同的成立要件不同。诺成合同只需当事人意思表示一致即可成立；而实践合同的成立除要求当事人意思表示一致外，还需当事人交付标的物或完成其他给付。

（三）双务合同与单务合同

根据当事人双方是否互负具有对价关系的债务，可以将合同分为双务合同与单务合同。

双务合同是指当事人双方互负具有对价关系的债务的合同。所谓对价关系，并非指当事人双方互负的债务在客观上具有同一价格，而是指主观上互相依存，互为因果，一方的债务与另一方的债务之间互有补偿性质，彼此互为代价②。例如，在买卖合同中，买受人支付价款与出卖人交付并转移标的物

---

① 关于当事人交付标的物或完成其他给付究竟应为实践合同的成立要件还是生效要件，《合同法》的态度并不一致。如第二百一十条规定"自然人之间的借款合同，自贷款人提供借款时生效"，此为生效要件。再如第三百六十七条规定"保管合同自保管物交付时成立，但当事人另有约定的除外"，此为成立要件。本书持成立要件说，并建议《合同法》今后修改时采纳此观点。

② 孙森炎．民法债编总论：上册．北京：法律出版社，2006：41。

的所有权是互为对价关系的债务。在现代社会中，绝大多数合同为双务合同，典型者如买卖合同、租赁合同、承揽合同、运输合同。

单务合同是指只有一方当事人负有债务的合同，如赠与合同。

区分双务合同与单务合同的意义在于：

（1）是否适用同时履行抗辩权的不同。同时履行抗辩权的行使以当事人双方互负具有对价关系的债务为前提，故只有在双务合同中，当事人才可行使该权利，单务合同的当事人则无权行使。

（2）风险负担的不同。在双务合同中，由于当事人双方的义务具有对待给付关系，故在一方当事人因可以免责的事由而无法履行义务时，可以免除其合同债务，该方当事人也无权要求对方履行义务；如果对方已履行义务，应当恢复原状。在单务合同中，由于不存在对待给付的权利义务关系，故不存在风险负担问题。

（3）债务不履行的法律后果不同。在双务合同中，当事人一方违约时，对方如果已经履行了合同，则可以要求违约方继续履行或者承担其他违约责任，并在条件具备时解除合同；但在单务合同中，由于只有一方当事人负有债务，对方当事人仅享有债权，因此不可能出现上述在双务合同中发生的结果。

（四）有偿合同与无偿合同

根据当事人取得利益是否需负担具有对价关系的给付，可以将合同分为有偿合同与无偿合同。

有偿合同是指当事人因自己的给付而取得对价利益的合同，或者说，是指当事人双方之间互为对待给付①的合同。在现代合同法中，绝大多数合同为有偿合同，如买卖合同、租赁合同。

无偿合同是指只有一方当事人为给付，对方当事人不为具有对价关系的给付的合同，如赠与合同。

区分有偿合同与无偿合同的意义在于：

（1）注意义务的程度不同。法律对无偿合同当事人的注意义务要求较低，但对有偿合同当事人的注意义务要求较高。如《合同法》第一百八十九条规定："因赠与人故意或者重大过失致使赠与的财产毁损、灭失的，赠与人应当承担损害赔偿责任。"可见，在赠与这一无偿合同中，赠与人作为义务人，只对因其故意或重大过失导致的损害承担赔偿责任，而对因其一般过失所致损害不承担赔偿责任。但在有偿合同中，义务人对因其一般过失所导致的损害

---

① 给付是指合同当事人实施的特定行为，包括作为和不作为。对待给付是指为了获得对方的给付，自己所为的给付。

仍应承担赔偿责任。

(2) 主体要求不同。订立有偿合同的当事人原则上应为完全民事行为能力人，限制民事行为能力人未经法定代理人同意不得订立重大的有偿合同；而对于纯获利益的无偿合同，限制民事行为能力人和无民事行为能力人即使未取得法定代理人的同意，仍可订立。

(3) 法律适用不同。根据《合同法》第一百七十四条的规定，对于有偿合同，如法律无特别规定，则准用《合同法》有关买卖合同的规定。无偿合同则不适用这一规则。

在此有必要探讨一下双务合同与单务合同的分类和有偿合同与无偿合同的分类之间的区别和联系。双务合同与单务合同的区分标准是当事人双方是否互负具有对价关系的债务，而有偿合同与无偿合同的区分标准则是当事人取得利益是否需负担具有对价关系的给付，二者的分类标准并不相同，因此双务合同与有偿合同、单务合同与无偿合同并非相互对应。要理解其区别之所在，就应当正确理解债务与给付之间的差异。债务是在合同生效后当事人应当承担的合同义务，而给付并不以合同生效为前提，即使作为合同成立要件的给付亦为给付。以约定利息的自然人之间的借款合同为例，根据《合同法》第二百一十条的规定，此种合同为实践合同，贷款人提供借款是合同的成立要件。在该合同中，贷款人提供借款的给付行为与借款人支付利息的给付行为构成对价关系，因此该合同是有偿合同。但是，由于贷款人提供借款的给付行为是合同的成立要件，并非合同生效后贷款人应当承担的债务，与借款人支付利息的债务之间不构成对价关系，因此该合同并非双务合同。据此可见，约定利息的自然人之间的借款合同是单务有偿合同。再以附负担的赠与合同为例，虽然赠与人和受赠人均承担给付义务，但并不构成对价关系，受赠人的负担仅为赠与合同的附款，因此该合同仍为单务无偿合同。

就双务合同与有偿合同、单务合同与无偿合同的对应关系而言，双务合同必为有偿合同；单务合同则既可为无偿合同，也可为有偿合同。有偿合同多为双务合同，少数为单务合同；无偿合同则必为单务合同。

(五) 要式合同与不要式合同

根据合同的成立在形式上是否有特别要求，可以将合同分为要式合同与不要式合同。

要式合同是指根据法律规定或者当事人之间的约定，以口头之外的某种特定形式为成立要件的合同。口头之外的形式主要指书面形式。要式合同分为法定要式合同与约定要式合同：前者指法律明确规定以口头之外的某种特定形式为成立要件的合同；后者指当事人约定以口头之外的某种特定形式为成立要件的合同。《合同法》第十条第2款规定："法律、行政法规规定采用书面形式的，应当采用书面形式。当事人约定采用书面形式的，应当采用书面形式。"

不要式合同是指不需要以某种特定形式为成立要件的合同。现代合同法采合同自由原则，合同的形式以不要式为原则，以要式为例外。

区分要式合同与不要式合同的意义在于二者的成立要件不同。要式合同以特定形式为其成立要件，因此在没有采取该特定形式时，合同一般不成立。而对于不要式合同，采取何种形式并不影响合同的成立。

（六）一时合同与继续性合同

根据时间因素对给付义务的内容及范围的影响，可以将合同分为一时合同与继续性合同。

一时合同又称一时性合同，是指合同的内容因一次或数次分别的给付即可实现的合同，如买卖合同、借款合同。典型的一时合同只需一次给付即可实现合同内容，如一手交钱一手交货即时清结的买卖合同。非典型的一时合同需要数次分别的给付才能实现合同内容，如分期付款买卖合同。对于一时合同而言，无论一次给付还是数次分别的给付，时间本身对给付都没有影响。

继续性合同又称持续性合同，是指合同内容并非一次或者数次分别的给付即可实现，而是须经过持续性的给付才能实现的合同，如租赁合同、委托合同、保管合同。对于继续性合同而言，时间因素对当事人的给付有着至关重要的影响。在合同的有效期内，债务人必须处于持续的履行状态，否则即构成违约行为。继续性供应合同是继续性合同的特殊情形，指当事人双方约定一方在确定或不确定期限内持续供应定量或不定量的一定种类、品质之物，对方按一定标准支付价金的合同①。《合同法》规定的供用电、水、气、热力合同均为继续性供应合同，与其他继续性合同相比，其特殊性在于它们均为买卖合同。

区分一时合同与继续性合同的意义在于：

第一，当事人行使解除权的条件不同。《合同法》对一时合同的债权人行使解除权的条件规定得较为严格，而对继续性合同的债权人行使解除权的条件则规定得较为宽松。如该法第二百三十三条规定："租赁物危及承租人的安全或者健康的，即使承租人订立合同时明知该租赁物质量不合格，承租人仍然可以随时解除合同。"

第二，合同消灭是否具有溯及既往的效力的不同。一时合同在消灭时具

① 王泽鉴．债法原理：第一册．北京：中国政法大学出版社，2001：132。

有恢复原状的可能性，故法律规定一时合同无效或被撤销时一律自始归于消灭，合同因违约而解除时以溯及既往为原则。继续性合同在消灭时，则没有恢复原状的可能性，或者不适宜恢复原状，故继续性合同无效、被撤销或者解除时，一般只对将来产生效力，已经过去的合同关系不受影响。

（七）确定合同与射幸合同

根据合同的法律效果在订约时是否确定，可以将合同分为确定合同与射幸合同。

确定合同是指合同的法律效果在订约时已经确定的合同，绝大多数合同是确定合同。

射幸合同是指合同的法律效果在订约时不能确定的合同。在我国，仅有少数合同属于射幸合同，如保险合同、抽奖式有奖销售合同。

区分确定合同与射幸合同的意义在于：确定合同一般是当事人之间的等价交换关系；射幸合同则具有投机性，债权人有机会获得投机利益，故不能从是否等价交换的角度来衡量此类合同是否公平。

（八）束己合同与涉他合同

根据合同是否对第三人产生直接效力，可以将合同分为束己合同与涉他合同。

束己合同是指当事人为自己约定并享有权利、承担义务，第三人不能向合同当事人主张合同权利和追究责任，合同当事人也不得向第三人主张合同权利和追究责任的合同。绝大多数的合同属于束己合同。

涉他合同是指涉及合同之外的第三人的合同，包括为第三人利益的合同、附保护第三人作用的合同、向第三人给付的合同和由第三人给付的合同。对于此四种合同，前文已作详细说明，此不赘述。

区分束己合同与涉他合同的意义在于：一是订约目的不同，二是合同的效力范围不同。

（九）预约与本约

根据两个合同在订约上的联结，可以将合同分为预约与本约。

预约又称预备合同，是指当事人之间约定将来订立合同的合同。本约又称本合同，是指当事人为履行预约而订立的合同。

区分预约与本约的意义在于确定预约对本约的影响。当事人成立预约的目的在于未来成立本约，预约仅使当事人负有将来订立本约的义务，但并不因此使当事人负有履行本约内容的义务。应当注意的是，预约亦为合同，其对当事人具有法律约束力，如果预约的当事人不履行义务，仍应承担违约责任。在实践中存在的初步协议、意向性协议并不具有法律约束力，故其既不是预约，也不是本约。

（十）主合同与从合同

根据合同之间的主从关系，可以将合同分为主合同与从合同。

主合同是指能够独立存在，不以其他合同的存在为前提的合同。从合同又称附属合同，是指不具有独立性，以其他合同的存在为前提的合同，如定金合同、保证合同。

区分主合同与从合同的意义在于：主合同与从合同的关系适用“从随主”原则，从合同须以主合同的存在为前提。主合同不成立，从合同也不能成立；主合同无效或者被撤销，从合同也将失去效力；主合同被解除，从合同亦随之消灭。由于主合同并不以从合同为存在的前提，故从合同不成立或无效的，并不影响主合同的效力。

（十一）单一合同与复合合同

根据合同的内容是否仅涉及单一的合同类型，可以将合同分为单一合同与复合合同。

单一合同是指内容仅涉及某一种合同类型的合同，如买卖合同、租赁合同。《合同法》规定的绝大多数合同为单一合同。

复合合同又称混合合同，是指由两个以上的有名或者无名合同的内容构成的合同，如《合同法》规定的融资租赁合同就是由买卖合同和租赁合同共同构成的。复合合同虽然由数个合同构成，但仍发生单一合同的效力。

区分单一合同与复合合同的意义在于确定对复合合同的法律适用。如果法律对复合合同有规定的，则直接适用该规定。如果没有规定，则应就其各构成部分类推适用相应合同的规定。例如，旅游合同既包括运输合同，又包括房屋租赁合同，还包括承揽合同，但我国法律目前尚未对旅游合同作出规定，故应就其内容类推适用相应合同的法律规定。

第二节　合同法概述

一、合同法的含义与特征

（一）合同法的含义

对于合同法，我们可以从狭义和广义两个角度加以认识。狭义的合同法是指系统规定合同法律制度、以“合同法”命名的立法文件。在我国，狭义的合同法就是第九届全国人民代表大会于1999年3月15日通过的《中华人民共和国合同法》。这种理解是基于法律的表现形式，故又称为形式意义上的合同法。

广义的合同法是指有关合同的法律规范的总称，不仅包括以“合同法”命名的立法文件，还包括散见于各种法律之中的有关合同的法律规范。这种理解是基于法律的实质内容，故又称为实质意义上的合同法。除特别说明外，本书采广义的合同法概念。

（二）合同法在法律体系中的地位

在大陆法系中，合同是债的发生原因之一，即合同之债。因此，合同法是民法的重要组成部分，一般被规定在各国民法典的债编之中，德国、瑞士、日本及我国台湾地区均采此体例。《法国民法典》由“人”、“财产以及所有权的各种变更”、“取得财产的各种方式”三编构成，在体系上没有区分物权与债权，合同法被归入第三编之中。我国尚未制定民法典，但作为民事基本法的《民法通则》将合同法归入债法之中，继承了大陆法系的传统做法。虽然《合同法》采用了广义的合同概念，但仍然以债权合同作为预设的调整对象。

英美法系没有民法这一法律部门，亦无债权与物权的概念，合同法是一独立法律体系，与财产法、侵权法、家庭法、信托法、刑法等并列，而不像大陆法系中的合同法那样仅为民法的组成部分。不过，就规范内容而言，两大法系的合同法基本一致。

（三）合同法的特征

合同法具有如下特征：

1. 合同法为财产法

民事法律关系包括财产法律关系和人身法律关系。虽然当事人可以通过合同设定身份关系，但此类身份合同由专门的法律规范调整，不在合同法调整范围之列。因此，合同法仅调整民事主体之间的财产关系，故是财产法。

2. 合同法为交易法

交易是平等的市场主体就其拥有的财产或利益进行的交换，其法律形式是合同。合同的一般规则就是规范交易过程并维护交易秩序的基本规则，而各类合同制度也是保护正常交换的具体准则。因此，合同法是交易法。

3. 合同法为任意法

合同法以调整市场交易关系为其主要内容，而市场交易需要尊重当事人的自由选择，因此，合同法规范多为任意性规范，允许当事人予以变更。这些规范仅具有指导性的意义，并在当事人未作约定或约定不明时起补充作用。当然，合同法亦包括强制性规范，对此当事人必须遵守。

二、合同法的渊源

合同法的渊源是指合同法的表现形式，是法院或者仲裁机构裁判合同案件的法律依据。我国合同法的渊源包括如下四种：制定法、法律解释、习惯法、国际条约与国际惯例。

（一）制定法

制定法是指具有立法权的国家机关制定的立法文件，包括：

1. 宪法

宪法是我国的根本大法，是由全国人民代表大会制定的规定国家根本政治制度和根本经济制度等最重要、最根本问题的法律。宪法中与合同有关的内容成为合同法的渊源。

2. 民事基本法

民法通则是我国的民事基本法，是合同法的重要渊源。

3. 合同法

该法是我国专门调整合同法律关系的立法，是最为重要的合同法渊源。

4. 其他民事单行法

许多民事单行法均有与合同相关的法律规则，它们成为特定合同类型的法律渊源，如保险法关于保险合同的规定。

5. 其他法律

全国人民代表大会及其常务委员会制定的其他法律中也多有涉及合同的内容，它们同样是合同法的渊源，如土地管理法、城市房地产管理法、产品质量法等。

6. 国务院制定的行政法规

国务院制定的行政法规中有许多涉及合同的法律规范，它们同样是合同法的渊源。

7. 地方性法规、自治条例和单行条例

《立法法》第六十三条规定：“省、自治区、直辖市的人民代表大会及其常务委员会根据本行政区域的具体情况和实际需要，在不同宪法、法律、行政法规相抵触的前提下，可以制定地方性法规。较大的市的人民代表大会及其常务委员会根据本市的具体情况和实际需要，在不同宪法、法律、行政法规和本省、自治区的地方性法规相抵触的前提下，可以制定地方性法规，报省、自治区的人民代表大会常务委员会批准后施行。”地方性法规的效力低于法律和行政法规，仅在相应行政区域内有效。地方性法规中与合同相关的规范是合同法的渊源。《立法法》第六十六条规定："民族自治地方的人民代表大会有权依照当地民族的政治、经济和文化的特点，制定自治条例和单行条例。"自治条例和单行条例可以对法律和行政法规的规定作出变通规定，但不得违背法律或者行政法规的基本原则，并且仅在相应的民族区域自治地方有效。自治条例和单行条例中与合同相关的规范是合同法的渊源。

（二）法律解释

法律解释是指有解释权的国家机关对合同立法所作的解释，目的在于阐释合同法规范的构成要件与法律效果，以便法院正确适用。在我国，对法律的有权解释包括立法解释和司法解释，前者由立法机关行使，后者由最高人民法院行使。

（三）习惯法

习惯法是指社会公众对其有法的认同和法的确信，并且经国家认可的习惯。习惯法的构成要件包括：有习惯的存在；人人确信其有法律效力；所涉内容是法律、行政法规没有规定的事项；不违反公序良俗①。

习惯法一般是不成文法，但有的习惯法可转化为成文法，甚至编成习惯法典。

习惯法是合同法的渊源，它们有的已经由最高人民法院以明示承认的成文方式表现出来，有的仍然以不成文的方式表现出来。不过，无论何种形式的习惯法，它们都仅具有补充制定法的效力，而不能与制定法相抵触。随着制定法的强化，习惯法不断地被吸收到制定法中，而丧失了存在的独立性。

（四）国际条约与国际惯例

国际条约是两个或两个以上的国家就政治、经济、贸易、军事、法律、文化等方面的问题确定其相互间权利、义务关系的协议。国际惯例又称国际习惯，是指在国际法上被接受为法律的通常做法。《民法通则》第一百四十二条规定："涉外民事关系的法律适用，依照本章的规定确定。中华人民共和国缔结或者参加的国际条约同中华人民共和国的民事法律有不同规定的，适用国际条约的规定，但中华人民共和国声明保留的条款除外。中华人民共和国法律和中华人民共和国缔结或者参加的国际条约没有规定的，可以适用国际惯例。"由此可见，在处理涉外合同法律关系时，我国缔结或参加的国际条约以及国际惯例是合同法的渊源。

---

① 胡长清．中国民法总论．北京：中国政法大学出版社，1997：30。

三、合同法的基本原则

合同法的基本原则是指集中反映合同法律关系的本质和规律，适用于合同法全部领域的准则，是制定、解释、执行和研究合同法的基础。合同法的基本原则具有强制性，当事人必须遵守，不得以约定排除其适用。

《合同法》第三至第八条规定了合同法的基本原则，包括平等原则、合同自由原则、公平原则、诚实信用原则、合法性原则、公序良俗原则和合同严守原则。另外，还有一个基本原则尽管没有明确作出规定，却体现在整部《合同法》之中，即鼓励交易原则。

（一）平等原则

《合同法》第三条规定："合同当事人的法律地位平等，一方不得将自己的意志强加给另一方。"该条确立了合同当事人法律地位平等原则，简称平等原则。平等原则反映了合同法所调整的社会关系的本质特征，是民法平等原则在合同法中的具体体现。

平等原则体现为如下几个方面：

(1) 民事权利能力平等。民事权利能力是民事主体依法享有民事权利、承担民事义务的资格。在合同法中，民事权利能力体现为担当合同当事人的资格。在我国，自然人的民事权利能力一律平等，不受其性别、年龄、民族、宗教、文化程度、精神健康状况的影响。虽然法人的性质、目的、规模、营业范围等各有不同，但各类法人的民事权利能力一律平等①。

(2) 平等地参与合同法律关系。合同当事人无论是自然人还是法人，无论经济能力是强还是弱，都具有平等的法律地位，任何一方不得将自己的意志强加给对方。

(3) 法律适用的平等。合同当事人适用相同的法律，没有差别待遇。

（二）合同自由原则

《合同法》第四条规定："当事人依法享有自愿订立合同的权利，任何单位和个人不得非法干预。"尽管本条使用的是"自愿"一词，但确立的是合同法中最重要、最基本的原则——合同自由原则。

合同自由强调合同约束力的根源在于当事人双方的意思或意愿，而不是外部力量的干涉。只有依照当事人的自由意思订立的合同才具有合理性，才能对当事人产生强制力，才能具有相当于法律的效力。因此，合同自由原则表达了两层意思：

---

① 苏号朋．民法总论．北京：法律出版社，2006：42。

首先，它表明合同以当事人相互之间的协议为基础；

其次，它强调合同是在不受外部力量的非法干预的情况下自由选择的结果。

合同自由包括以下五个方面的含义：

(1) 缔结合同的自由，即当事人有权自主决定是否与他人签订合同。

(2) 选择合同相对人的自由，即当事人有权决定与何人订立合同。

(3) 确定合同内容的自由，即当事人有权选择合同类型和合同条款。

(4) 选择合同形式的自由，即当事人有权自由选择合同的表现形式。

(5) 变更和解除合同的自由，即当事人有权通过协商变更合同的内容或者解除合同。

合同自由原则以自由竞争为其经济基础，曾经为西方国家创造了市场经济的奇迹。但在现代市场经济条件下，随着垄断的加剧，片面强调合同自由已经产生了负面效应。因此，随着国家干预经济的增强，合同自由也受到越来越多的限制，主要体现为：

(1) 立法干预合同自由。这种干预首先表现在确立诚实信用原则，用以矫正当事人之间缔约能力不平等的状况。其次，建立强制缔约义务制度，要求电力、邮政、煤气、铁路运输等公用服务事业不得拒绝相对人的缔约要求。再次，规制格式条款的适用，对采用格式条款缔约规定了特别的法律规则。最后，强制性合同条款广泛应用于雇佣、保险等合同之中，并禁止当事人以约定排除这些条款的适用，从而控制经济强者的恣意妄为。

(2) 法律指定或专门设立具有准司法性质的行政机关，对合同进行监督、管理和规范。各国为了限制垄断，维护竞争秩序，制定了许多反垄断和维护自由竞争秩序的法律，如美国的反托拉斯法、日本的禁止垄断法、英国的公平交易法。依照这些法律，各国设立了相应的行政机关，如美国的联邦贸易委员会、日本的公正交易委员会、英国的限制性商业行为法庭。这些具有准司法性质的行政机关拥有较为广泛的调查和处理权力，来限制不公平的合同自由，保护中小企业与消费者的权益。

(3) 赋予法官干预合同自由的权力。各国都赋予法官在合同审判中的自由裁量权，使法官能够根据个案的具体情况来灵活地适用法律，不再拘泥于当事人的合同，从而在当事人间实现公平的结果。

不过，合同自由在现代法中受到的限制并不影响它作为合同法基本原则的地位。现实的问题是，如何在尊重合同自由的基本框架下，实现合同正义，消除在当事人之间出现的不公平现象，使当事人的选择更能符合其真实意愿。

（三）公平原则

《合同法》第五条规定：“当事人应当遵循公平原则确定各方的权利和义

务。”本条所确立的就是公平原则。

所谓公平原则，是指民事主体应当本着社会公认的公平观念从事民事活动，立法机关和司法机关在制定民事法律规范和裁判民事纠纷时，也应当遵循公平的观念和要求。所谓公平观念，是指以利益是否均衡作为价值判断标准来确定当事人之间的利益关系，追求公平与合理的目标。在合同法中，公平观念具体化为合同正义原则。

公平原则具体体现为：

（1）合同立法以维持当事人的利益平衡为目标。

（2）法院可依职权或当事人的请求调整当事人之间失衡的利益关系。

（3）合同当事人应当依据社会公认的公平观念订立与履行合同。

（四）诚实信用原则

《合同法》第六条规定：“当事人行使权利、履行义务应当遵循诚实信用原则。”这是关于诚实信用原则的规定。

诚实信用原则简称诚信原则，它要求合同当事人在不损害他人利益和社会利益的前提下，追求自己的利益，目的是在当事人之间的利益关系和当事人与社会之间的利益关系中实现平衡，并维持市场道德秩序。德国民法学家拉伦茨认为，诚实信用原则要求民事法律关系中的任何一方当事人都应当谨慎维护对方的利益，满足对方的正当期待，给对方提供必需的信息——总之，他的行为应当是忠诚的①。

诚实信用原则在合同法中主要体现为：

（1）当事人在订立合同时，应当如实地向对方当事人陈述与合同有关的情况，当事人之间要相互合作，努力促成合同的成立和生效。

（2）在合同履行过程中，要积极地履行法律规定和合同约定的义务。此外，合同当事人还应履行依照诚实信用原则而产生的各种附随义务。

（3）在合同履行完毕后，当事人还要根据诚实信用原则履行某些必要的后合同义务。

（4）在当事人就合同条款发生争议时，要依据诚实信用原则对合同进行解释。

（五）合法性原则

《合同法》第七条规定，当事人订立、履行合同，应当遵守法律、行政法规。这一规定确立了合法性原则。

---

① ［德］卡尔·拉伦茨．德国民法通论：上册．王晓晔等，译．北京：法律出版社，2003：58。

根据该原则的要求，当事人订立、履行合同应当遵守法律、行政法规的强制性规定，不得存在违法的情形，否则将受到法律的否定评价。合法性原则是对私法自治的一种限制，它体现了公共立法对私人自由的控制。需说明的是，法律、行政法规中的任意性规定仅具有补充当事人意思的作用，当事人可以在合同中作出与其不同的约定而不构成违法。

（六）公序良俗原则

《合同法》第七条规定，当事人订立、履行合同，应当尊重社会公德，不得扰乱社会经济秩序、损害社会公共利益。这一规定确立了公序良俗原则。

公序良俗原则中的公序指公共秩序，良俗指善良风俗。公共秩序既包括一个国家的现行法律秩序，也包括作为法律秩序基础的根本原则和根本理念等。善良风俗是指一个社会应有的道德准则和伦理秩序。公序良俗原则要求合同的内容及目的不得违反公共秩序和善良风俗。公序良俗原则的主要目的是补充法律规则的不足，但该原则的内涵非常抽象，因此需要通过在具体案件中运用价值判断来使其具体化。

（七）合同严守原则

《合同法》第八条规定："依法成立的合同，对当事人具有法律约束力。当事人应当按照约定履行自己的义务，不得擅自变更或者解除合同。依法成立的合同，受法律保护。"该条确立了合同严守原则。

合同严守原则是指依法成立的合同在当事人之间具有相当于法律的效力，当事人必须严格遵守，不得擅自变更或者解除合同，更不得随意违约。该原则是从合同自由原则中引申出来的。既然合同是当事人自由协商的产物，是当事人意思自治的体现，是当事人自愿接受的约束，该合同就应当在当事人之间产生相当于法律的效力。

合同严守原则主要体现为：

(1) 自合同依法成立时起，合同当事人都要接受合同的约束；

(2) 如果情况发生变化需要变更或者解除合同时，应当按照合同的约定或者法律的规定协商解决，任何一方当事人都不得擅自变更或者解除合同；

(3) 除不可抗力等法律规定的免责事由外，当事人不履行合同义务或者履行合同义务不符合约定的，应承担违约责任。

（八）鼓励交易原则

鼓励交易原则是指合同法在具体的制度设计上以降低当事人的交易成本、减少交易的制度障碍为指导思想，达到促进当事人通过合同实现交易的立法目的。虽然《合同法》没有直接将该原则写入条文，但整部《合同法》都体现了这一精神。

具体而言，《合同法》在以下方面体现了鼓励交易原则：

（1）在合同形式上，多数合同类型无需采用书面形式。

（2）限制无效合同的范围，减少国家对合同效力的干预。

（3）在可撤销合同制度中，提倡当事人变更合同中不公平的内容从而使其成为有效合同。

（4）对当事人行使解除权规定了严格的法定条件。合同解除是提前终止合同关系、消灭交易的法律制度。为了尽量避免因当事人解除合同而使交易无法进行的情况发生，《合同法》对合同解除规定了较为严格的条件，一般只有在对方当事人严重违约的情况下，才可以解除合同。

思考题

1. 如何理解合同的含义？

2. 现代合同法在哪些方面修正了合同相对性规则？

3. 诺成合同与实践合同、双务合同与单务合同、有偿合同与无偿合同各自的区分意义是什么？

4. 如何认识合同法与债权法、物权法的关系？

5. 我国合同法的渊源有哪些？

6. 合同法的基本原则有哪些？

7. 如何理解合同自由原则？

8. 如何认识诚实信用原则在合同法中的作用？

第二章

合同的订立与成立

本章要点

本章主要介绍了合同订立与合同成立的关系、典型意义上的合同订立过程——要约与承诺、几种常见的特殊缔约方式、合同成立的时间与地点、缔约过失责任。本章的重点和难点是要约的构成要件、要约与要约邀请的区别、要约的效力、要约的撤回与撤销、承诺的构成要件、承诺的生效、承诺迟到、强制缔约、采用格式条款缔约、缔约过失责任。

第一节　合同的订立与成立概述

一、合同订立与合同成立的关系

合同的订立是指缔约当事人为意思表示并达成合意的全部过程。在这个概念中，缔约当事人是指参与缔约过程中的协商并在合同中享有权利、承担义务的当事人；意思表示是指将企图发生一定民法上效果的内心意思表示于外部的行为。合同的订立是一个动态的过程，主要由要约和承诺两个阶段组成。

合同的成立是指缔约当事人达成合意的状态，是合同订立的圆满结果。在实践中，当事人为了缔约而进行接触、洽商、谈判，但未必均能达到建立合同法律关系的目标。即使当事人因谈判破裂而终止缔约过程，也不意味着他们此前的行为没有任何法律意义。如果当事人在谈判过程中存在过失，则可能承担缔约过失责任。因此，合同订立与合同成立是有区别的：前者强调的是缔约过程，后者强调的是合意结果。合同订立并不必然产生合同成立的结果，这一过程可能止于合同成立前的某一阶段。

二、合同的成立要件

合同的成立要件是指认定当事人达成合意应当具备的条件，包括一般成立要件和特别成立要件。

（一）一般成立要件

1. 有特定的双方或多方当事人

合同必须在特定的双方或多方当事人之间产生，不存在只有一方当事人的合同，或者一方当事人特定而另一方当事人不特定的合同。

2. 意思表示一致

当事人双方应对合同内容意思表示一致，即通过要约、承诺的缔约程序而达成合意。不过，当事人只要对合同主要条款达成合意即可，不必面面俱到。所谓主要条款，一般指《合同法》第十二条规定的内容，包括当事人的名称（或者姓名）和住所，标的，数量，质量，价款或者报酬，履行期限、地点和方式，违约责任，解决争议的方法。

3. 有合同标的

合同标的是指合同的内容，即当事人通过意思表示所要达到的法律效果。因此，标的和意思表示紧密联系在一起，当事人合意的内容即为合同的标的。标的违法或标的不能均不影响合同的成立，但标的违法会导致合同无效。

（二）特别成立要件

在有些情况下，根据法律规定或者当事人的约定，除上述要件外，当事人还需要完成其他行为才能使合同成立，这些行为即属于合同的特别成立要件，主要表现为两个方面：

（1）交付标的物或完成其他给付，此为实践合同的成立要件；

（2）采用口头之外的某种特定形式，此为要式合同的成立要件。

三、合同成立的法律效力

《合同法》第八条规定：“依法成立的合同，对当事人具有法律约束力。当事人应当按照约定履行自己的义务，不得擅自变更或者解除合同。依法成立的合同，受法律保护。”可见，合同自成立时起即对当事人产生约束力。不过，合同成立并不意味着当事人意欲实现的法律效果就能够发生。只有在符合生效要件时，这一效果才能发生。当然，对绝大多数合同而言，成立即告生效，这也是《合同法》第四十四条第1款规定“依法成立的合同，自成立时生效”的原因。

第二节 要 约

一、要约的含义

要约是一方当事人以缔结合同为目的，向对方当事人作出的意思表示。发出要约的人称为要约人，受领要约的人称为受要约人。在贸易实践中，要约又被称为发价、发盘、出盘等。一般来说，一个完整的合同订立过程包括要约和承诺两个程序，而要约是启动合同订立过程的实质性环节。没有要约，就不可能有承诺，更不可能成立合同。

二、要约的构成要件

根据合同法理论及《合同法》第十四条的规定，要约只有在符合以下构成要件时，才能产生相应的法律效力。

1. 要约必须向要约人希望与之缔约的相对人发出

要约人只有向希望与之缔约的人发出要约，才有可能得到相对人的承诺，达到订立合同的目的。根据受要约人是否为特定人，可以将要约分为特定要约（specific offers）与公众要约（public offers）①。特定要约是指向特定的相对人发出的要约；而公众要约是指向公众、不特定人发出的要约，如自动售货机的设置。合同法并未要求要约必须向特定人发出，因此要约人既可向特定人发出要约，亦可向不特定人发出要约，但前者为多数情况。

2. 要约的内容必须具体且确定

《合同法》第十四条第1项规定要约的内容应当具体确定，但并未就“具体确定”作出解释。本书认为，“要约内容具体”是指要约的内容应当使当事人之间未来成立的合同具备最低限度的内容，即包含足以使合同成立的最基本条款。当然，何为最基本条款，应根据合同的类型加以判断，不同类型的合同在内容要求上会有所差异。“要约内容确定”是指要约的内容必须明确、清楚，不能含糊不清，必须使受要约人能够充分了解要约人的真实意图，从而使受要约人能够决定是否要向要约人承诺。另外，它还要求一旦合同成立，要约可以成为具有约束力的合同内容，要约人无权更改要约的内容。

---

① 韩世远．合同法总论．北京：法律出版社，2004：87。

3. 要约必须具有缔约目的

要约人发出要约的目的在于与受要约人订立合同，因此要约人应当在要约中充分表现出这种订立合同的意图。《合同法》第十四条第2项的规定，即要约应当表明经受要约人承诺，要约人即受该意思表示约束，就是要求要约必须具有缔约目的。

三、要约邀请

（一）要约邀请的含义与特征

1. 要约邀请的含义

要约邀请又称要约引诱、要约诱引、邀盘、虚盘，是指引诱他人向其发出要约的行为。

2. 要约邀请的性质

关于要约邀请的性质，存在两种见解：一是意思表示说，如《合同法》第十五条规定，要约邀请是希望他人向自己发出要约的意思表示；二是事实行为说，如史尚宽先生认为要约邀请为事实行为，并非意思表示，本身并不发生法律效力①。虽然两种观点存在明显不同，但均认为要约邀请不是合同订立的必经程序，不具有法律约束力。

本书认为，要约邀请既不是意思表示，亦非事实行为。第一，要约邀请不是意思表示。作为法律行为核心要素的意思表示是指向外部表明企图发生民事法律效果的意思，而要约邀请并不具有发生民事法律效果的意图，因此并非意思表示。《合同法》第十五条将要约邀请认定为意思表示，是不妥当的。第二，要约邀请不是事实行为。史尚宽先生认为，事实行为是指基于事实之状态或经过，法律因其所生之结果，特赋以法律上效力之行为。可见，史先生认为事实行为能产生法律效力。但是，在对要约邀请的认识上，史先生一方面将要约邀请认定为事实行为，另一方面又否定要约邀请具有法律效力，明显自相矛盾。因此，将要约邀请认定为事实行为，亦不可行。本书认为，要约邀请并不具有法律效力，不是合同订立的必需环节，只是民法理论对交易实践中要约前置环节的归纳总结，研究要约邀请不是为了认可其在缔约过程中的地位，而是为了将要约与其区分开来。因此，在合同法中，要约邀请仅具有工具性作用，并非一项法律制度。

3. 要约邀请的特征

要约邀请具有如下特征：

---

① 史尚宽．债法总论．北京：中国政法大学出版社，2000：20。

(1) 要约邀请是缔约的预备行为。要约邀请人发出要约邀请是希望对方向其发出要约，是要约邀请人对他方缔约目的的试探，因此是缔约的预备行为。

(2) 要约邀请没有法律意义。即使相对人接受了要约邀请，也不会因此使要约邀请具有法律约束力。

（二）要约邀请与要约的区别

1. 目的不同

要约邀请是要约邀请人希望相对人向其发出要约的缔约预备行为，而要约是要约人希望受要约人与其订立合同的意思表示。至于在实践中如何判断当事人的目的，本书认为主要应当根据当事人的措辞加以认定。如果使用诸如："你是否愿意……"、"你是否有兴趣……"等措辞，则应当认定当事人的意图是开始与另一方协商，仅构成要约邀请；如果使用诸如："我请求……"、"我愿意……"等措辞，则应当认定该当事人的意图是发出要约。

2. 后果不同

要约邀请对行为人并无约束力；而要约一经受要约人承诺，要约人就要受基于其要约而成立的合同的约束。

3. 内容不同

要约邀请并无确定的内容，其基本交易条件不明确、不完备，有选择和协商的余地；而要约的内容要求"具体确定"，并要表明一经受要约人承诺，要约人即受该意思表示的约束。

（三）典型的要约邀请

《合同法》第十五条列举了要约邀请的几种主要表现形式：

1. 寄送的价目表

商品生产者或销售者为了推销其产品，而向公众或者特定的人寄送或发出其商品的价格列表。价目表的寄送行为并不含有一经对方承诺，寄送人即受价目表内容约束的意旨，而只是希望对方向自己发出要约并经自己承诺后才成立合同。另外，价目表的内容一般都是不完备的，常常只包含商品的名称和价格，不符合要约内容应具体确定的条件。

但是，如果寄送的价目表符合要约的构成要件，即价目表内容具体确定，明确表明一经收到人承诺，寄送人即受该意思表示的约束，则应当认定该寄送的价目表的构成要约。

2. 拍卖公告

拍卖是指以公开竞价的形式，将特定物品或者财产权利转让给最高应价者的买卖方式。拍卖公告是指拍卖人就拍卖的时间与地点、拍卖标的、拍卖标的展示时间与地点、参与竞买应当办理的手续等所作的公开说明。根据《拍卖法》第四十七条的规定，拍卖公告应当通过报纸或者其他新闻媒介发布。拍卖人发出拍卖公告的目的只是向公众说明拍卖的有关情况，以吸引他人参与竞买，向自己发出要约。因此，拍卖公告属于典型的要约邀请。

3. 招标公告

招投标程序是指由招标人向数人或公众发出招标通知或公告，在诸多投标人中选择自己最满意的投标人并与之订立合同的方式。招标公告是指在招投标程序中，招标人依法向公众说明招标项目的情况之公告或者是向特定人发出的投标邀请书。招标人发出招标公告的目的在于邀请他人向自己发出要约，因此属于典型的要约邀请。

4. 招股说明书

招股说明书是股票发行人按照法律的要求，就招股的有关事项进行的必要说明，其目的是吸引投资者向股票发行人发出购买股票的要约，因此属于要约邀请。

5. 商业广告

商业广告是指商品经营者或者服务提供者，通过一定媒介和形式直接或者间接地介绍自己所推销的商品或者提供的服务的广告。因此，商业广告的目的是为了吸引他人购买商品经营者或服务提供者提供的商品或服务，因此一般属于要约邀请。不过，如果商业广告的内容符合《合同法》有关要约的规定，则视为要约（《合同法》第十五条第 2 款）。

四、要约的形式

要约的形式又称要约的方法，是指要约人发出要约的方式。《合同法》并未就要约的形式作出明确规定，本书认为，要约是希望与他人订立合同的意思表示，故要约人应使受要约人了解要约的内容，因此一般应当采取口头或书面形式。口头形式既包括当面提出，也包括通过语音形式远距离提出。书面形式既包括传统的合同书、信件、传真、电报等形式，也包括电子数据交换、电子邮件等新兴的信息传递方式。另外，要约人还可以通过实施某种特定行为发出要约，如将汽车停放在收费停车场即构成要约。但是，单纯的沉默不能作为要约的形式。

五、要约的效力

要约的效力又称要约的约束力、要约的拘束力，是指具备所有构成要件的要约对要约人和受要约人产生的法律效果。

1. 要约的生效时间

要约的生效时间决定了要约何时产生法律效力。要约的生效时间依不同的情形而有所不同：

(1) 如果要约是向特定人发出的，则要约的生效时间应根据具体情形而定：

①如果以对话的明示方式作出要约，则要约自受要约人了解时生效，此即了解主义原则。

②如果以非对话的明示方式作出要约，则要约自到达受要约人时生效，此即到达主义原则。所谓“到达受要约人”，并不苛求要约一定交付到受要约人或其代理人手中，只要送达到受要约人能控制并应当能了解的地方，即视为到达受要约人，如将载有要约的信件放入受要约人的信箱。《合同法》第十六条第2款还专门就采用数据电文形式订立合同时的“到达时间”作出了规定，即“采用数据电文形式订立合同，收件人指定特定系统接收数据电文的，该数据电文进入该特定系统的时间，视为到达时间；未指定特定系统的，该数据电文进入收件人的任何系统的首次时间，视为到达时间”。

③如果以行为作出要约，则要约自行为作出之时生效。

(2) 如果要约是向不特定人发出的，则要约于发出之时生效。

《合同法》第十六条第1款就要约生效时间统一规定为“到达受要约人时生效”，而没有考虑到在不同情形下，要约的生效时间并不相同，有欠妥当。

2. 对要约人的效力

要约对要约人的效力又称要约的形式效力，是指要约一经生效，即对要约人产生约束力，要约人不得随意撤销要约，亦不得对要约加以限制、变更或扩张。要约的此种效力是为了保护受要约人的利益，维护交易的安全和秩序。

3. 对受要约人的效力

要约对受要约人的效力又称要约的实质效力或承诺适格，是指在要约生效之时，受要约人享有对要约进行承诺的权利，受要约人既可以作出承诺，也可以不作出承诺。一经受要约人承诺，合同即告成立。应当注意的是，在强制缔约的情况下，承诺是法定义务①。

4. 要约的存续期间

要约的存续期间又称承诺期间（《合同法》称其为承诺期限），它既是要约人受要约约束的期间，也是受要约人作出承诺的期间。因这一期间对受要

---

① 崔建远. 合同法：第四版. 北京：法律出版社，2007：47。

约人的承诺更有意义，故本书将其放入本章第三节“承诺”中予以探讨。

六、要约的撤回与撤销

（一）要约的撤回

要约的撤回是指要约人阻止要约生效的意思表示。要约人在发出要约后，可能会因另有考虑而不愿让要约发生法律效力。法律为了兼顾要约人和受要约人的利益，在允许要约人撤回要约的同时，为撤回要约设定了时间限制。《合同法》第十七条规定：“要约可以撤回。撤回要约的通知应当在要约到达受要约人之前或者与要约同时到达受要约人。”因此，要约可通过两种方式被撤回：

（1）撤回要约的通知先于要约到达受要约人。

（2）撤回要约的通知与要约同时到达受要约人。

只要撤回的通知符合上述两种情形，即可产生撤回要约的效力。被撤回的要约无论对要约人，还是对受要约人都不产生效力。

关于要约的撤回，有两种特殊情形值得讨论：

（1）以电子数据交换或电子邮件等数据电文形式发出的要约是否存在撤回可能性。由于采用这种形式发出的要约的生效时间是要约进入收件人系统的首次时间，而撤回通知须先于要约通知到达或与要约通知同时到达受要约人，才能产生撤回要约的效力。但是，在现有技术条件下，尚不能实现这一目标，故此类要约是无法撤回的。

（2）向不特定人发出的要约是否存在撤回可能性。当该要约采用分别投寄的方式时，可以被撤回，但撤回要约的通知亦应分别寄送各相对人，且应先于要约到达或与要约同时到达。当该要约采用广播、电视等途径作出时，一经作出即视为到达受要约人而生效，因此只能撤销而不可能撤回①。另外，自动售货机亦为一经设置即生效的向不特定人发出的要约，同样只能撤销而不能撤回。

（二）要约的撤销

要约的撤销是指要约人使要约丧失法律效力的意思表示。对于要约人是否享有要约的撤销权，各国法学界是有争议的。由于要约已经生效，受要约人因此产生对要约的信赖，而要约的撤销往往不利于受要约人，所以各国法律均对要约的撤销作出较为严格的限制。《合同法》虽原则上允许要约人撤销要约，但也作了一些限制性规定。

---

① 韩世远．合同法总论．北京：法律出版社，2004：99。

根据《合同法》第十八条的规定，要约人可以撤销要约，但撤销要约的通知应当在受要约人发出承诺通知之前到达受要约人。要约一经撤销，即丧失法律效力。

同时，并非所有的要约均可被撤销，《合同法》第十九条规定，“有下列情形之一的，要约不得撤销：（一）要约人确定了承诺期限或者以其他形式明示要约不可撤销；（二）受要约人有理由认为要约是不可撤销的，并已经为履行合同作了准备工作”。下面对此三种情形逐一进行分析：

（1）要约人在要约中确定了承诺期间。要约人确定承诺期间表明要约人愿意在此期间内维持要约的效力，等待受要约人进行承诺，受要约人亦会因此产生对这一期间的合理信赖，因此法律要求要约人在承诺期间内不得行使撤销权。

（2）要约人明示要约是不可撤销的。此种情形是指要约人虽然没有确定承诺期间，但以口头或书面形式表明要约是不可撤销的。这主要包括：要约含有不可撤销的表述，如“本要约为不可撤销要约”；或要约人在要约中坚持要求受要约人答复，如“务必回复贵公司的意见”。但是，要约人明示要约不可撤销，并不等于要约永远有效。在要约没有确定承诺期间时，如要约以对话方式作出，则受要约人应当即时承诺，但当事人另有约定的除外；如要约以非对话方式作出，则承诺应当在合理期间内到达。如果承诺未在合理期间内到达，则要约自动失效。

（3）受要约人有理由认为要约是不可撤销的，并已经为履行合同做了准备工作。首先，在理解“受要约人有理由认为要约是不可撤销的”情形时，不应以受要约人的表述、实际认识能力作为判断标准，而应当以一个理性人的能力作为标准①。其次，受要约人为履行合同做了准备工作表明受要约人对要约产生了信赖，并以此为基础，为将来要达成的合同作出准备。因此，这种信赖和信赖支配下的行为应当受到保护。

要约不得撤销并不等于要约人必须无条件地按照要约的内容履行，而是指要约人在上述情况下撤销要约违反了《合同法》的规定。由于此时合同还未成立，尚处于缔约阶段，因此要约人应承担缔约过失责任。

（三）要约的撤回与要约的撤销的异同

二者都是为了取消原来的要约，都属于要约阶段的意思表示，都必须在承诺作出之前实施。二者的区别是：

（1）在结果上，要约的撤销是使要约已产生的效力消灭；要约的撤回是

① 崔建远．合同法：第四版．北京：法律出版社，2007：48。

使要约不产生效力。

(2) 在时间上，要约的撤销须在要约生效之后实施；要约的撤回则须在要约生效之前实施。

七、要约的失效

要约的失效是指要约不再对要约人和受要约人具有法律效力，要约人不再受要约的拘束，受要约人丧失承诺的权利。

根据《合同法》第二十条的规定，在如下情况下，要约失效：

1. 拒绝要约的通知到达要约人

要约的拒绝是指受要约人向要约人明确表明不接受要约。在拒绝要约的通知到达要约人时，要约失效。需说明的是，要约因拒绝而消灭，一般发生在要约向特定人发出的情形；对不特定人发出的要约，如标价商品的陈列，不会因为某个特定人的拒绝表示而失效。

2. 要约人依法撤销要约

依法撤销要约包括两个方面：一是要符合《合同法》第十八条规定的条件，即撤销要约的通知应当在受要约人发出承诺通知之前到达受要约人；二是被撤销的要约不属于《合同法》第十九条规定的情形。在被依法撤销后，要约失效。

3. 承诺期间届满，受要约人未作出承诺

如果要约确定了承诺期间，而受要约人未在此期间内作出承诺，则要约失效。如果要约没有确定承诺期间，则分为两种情形：在要约以对话方式作出时，受要约人没有即时作出承诺，则要约失效（除非当事人另有约定）；在要约以非对话方式作出时，受要约人没有在合理的期间内作出承诺，则要约失效。

4. 受要约人对要约的内容作出实质性变更

根据《合同法》第三十条的规定，如果受要约人对要约的内容作出实质性变更，则视为受要约人向要约人发出了新的要约，原要约失效。

第三节 承 诺

一、承诺的含义

承诺是指受要约人同意要约，决定与要约人订立合同的意思表示。从合同成立的角度来看，承诺是合同成立的关键阶段，有效的承诺一经到达要约人，合同即告成立。受要约人是否必须完全同意要约的内容才构成有效的承诺，各国法律的规定并不相同。根据《合同法》第三十一条的规定，只要承诺未对要约作出实质性变更，即构成有效承诺，合同成立。

二、承诺的构成要件

根据合同法理论及《合同法》的相关规定，承诺只有在符合以下构成要件时，才能产生相应的法律效力。

（一）必须由受要约人向要约人作出

这一要件包含两个方面的意思：

1. 承诺须由受要约人作出

要约的一项重要效力是使受要约人享有承诺的权利。这一权利具有专有性，受要约人不得将其转让给他人。因此，只有受要约人才可以向要约人作出承诺。当然，受要约人可通过其代理人作出承诺。

当受要约人为特定人时，承诺就由该特定人作出；当受要约人为不特定人时，任何一个不特定人均可作出承诺。

2. 承诺须向要约人作出

承诺是对要约的回应，且承诺一经生效，合同便告成立。如果受要约人不是向要约人作出承诺，则因要约人并未收到受要约人同意订立合同的意思表示，要约和承诺未能结合，要约人与受要约人未达成合意，合同便无法成立。因此，承诺只有向要约人作出才有意义，才可以发生承诺应有的法律效力。

（二）必须表明受要约人决定与要约人订立合同的意思

要约必须具有缔结合同的目的，承诺同样要明确表明这一意思。本书认为，可依据如下因素认定承诺是否具有订立合同的意思：

（1）承诺通知所用语言、文字的确定性。

（2）如承诺通知存在不确定之处，则可根据交易习惯、公平和诚实信用原则认定受要约人是否具有订立合同的意思。

（三）未对要约作出实质性变更

两大法系的传统理论均认为承诺必须在内容上与要约一致。具体言之，大陆法系认为，如果受要约人在承诺中对要约的内容作出了任何变动，则不构成承诺，而是对要约的拒绝；如果具备了要约的构成要件，则为反要约。英美法系则采用镜像规则（mirror rule），要求承诺的内容就如镜子反射出要约的内容一样，不应有任何不同。

由于这种要求承诺和要约的内容绝对一致的原则阻碍交易的达成，各国法律逐渐改变了这一僵化的做法，采取了灵活的态度，允许承诺对要约作出非实质性的添加、限制或其他更改。《合同法》接受了这一变化。作为一般规则，《合同法》要求承诺的内容应当与要约的内容一致。但是，承诺对要约的内容作出非实质性变更的，除要约人及时表示反对或者要约表明承诺不得对要约的内容作出任何变更的以外，该承诺有效，合同的内容以承诺的内容为准。受要约人对要约的内容作出实质性变更的，为新要约。有关合同标的、数量、质量、价款或者报酬、履行期限、履行地点和方式、违约责任和解决争议方法等的变更，是对要约内容的实质性变更。

三、承诺的形式

承诺的形式是指受要约人作出承诺所采取的方式。一般而言，如要约未指定承诺的形式，承诺应当以不要式为原则。受要约人可依交易习惯等因素，采用适当的方式作出承诺。如要约特别指定了承诺的形式，则受要约人应依此形式作出承诺。

《合同法》第二十二条规定，承诺应当以通知的方式作出，即承诺一般应以口头或书面等明示形式作出。书面形式是承诺的普遍形式，如信件、传真、电子邮件。而对于口头形式，只要要约没有要求采用书面形式作出承诺，受要约人即可采用。

除明示形式外，受要约人也可以通过行为作出承诺，如搭乘公共汽车。单纯的沉默不能表示任何意思，因此一般不构成有效的承诺。但在特定情况下，根据当事人的约定或交易习惯，沉默也可以构成承诺。

四、承诺期间

承诺期间是指受要约人所作承诺到达要约人的期间。

如果要约人确定了承诺期间，则法律尊重其意思。受要约人应当在此期间内作出承诺，否则要约失效。要约人可以延长承诺期间，但不得将其缩短，以保护受要约人的利益。

如果要约没有确定承诺期间，则应依要约的不同形式分别加以确定。

（1）如果要约是以对话方式作出的，则受要约人应当即时作出承诺，当事人另有约定的除外。

（2）如果要约是以非对话方式作出的，则承诺应当在合理期间内到达。这一合理期间包括三个部分：要约到达受要约人的时间、受要约人考虑是否承诺的必要时间、承诺通知到达要约人所需的时间。前后两个阶段较易确定，中间阶段则需根据当事人之间的交易习惯、合同类型、受要约人的性质等因素，依通常情形加以认定。受要约人的特殊情形，如周末度假、生病、出差，如为要约人所知的，亦应在考虑范围之内①。

五、承诺的生效

承诺的生效是指承诺对要约人和受要约人产生法律约束力，合同因此而成立。可见，承诺的生效在合同成立中具有决定性的意义。

1. 承诺的生效时间

承诺的生效时间是指受要约人所作承诺开始产生法律效力的时间。《合同法》第二十六条规定："承诺通知到达要约人时生效。承诺不需要通知的，根据交易习惯或者要约的要求作出承诺的行为时生效。采用数据电文形式订立合同的，承诺到达的时间适用本法第十六条第二款的规定。"本书认为这一规定不太全面，承诺的生效时间亦应依承诺形式的不同而有所不同：

（1）如果以对话的明示方式作出承诺，则承诺自要约人了解时生效，此即了解主义原则。

（2）如果以非对话的明示方式作出承诺，则承诺自到达要约人时生效，此即到达主义原则。但两大法系对这一问题的处理方法不同。大陆法系采到达主义，而英美法系则根据具体情形而定：对于邮寄承诺和电报承诺采投邮主义，即以受要约人将信件投入邮筒或将电报交付邮局发送时为承诺生效时间；对于实时同步传递承诺采到达主义②。

（3）如果以行为作出承诺，则承诺自行为作出之时起生效。

（4）如果以单纯的沉默作出承诺，则承诺在当事人约定的期间或合理期间经过后生效。

2. 承诺生效的法律意义

承诺生效的法律意义在于合同于此时成立。一旦承诺生效，要约人和受要约人之间便产生合同法律关系，但这只是一般规则。如果合同为要式合同，则合同在采用特定形式时才成立。如果合同为实践合同，则合同在当事人交付标的物或完成其他给付时才成立。

六、承诺迟到

承诺迟到是指承诺未于承诺期间内到达要约人，包括两种情形：一是因

---

① 王泽鉴．债法原理：第一册．北京：中国政法大学出版社，2001：173。

② 崔建远．合同法：第四版．北京：法律出版社，2007：52。

受要约人的迟延导致承诺迟到，又称通常的承诺迟到；二是因客观原因导致承诺迟到，又称特殊的承诺迟到。

1. 通常的承诺迟到

通常的承诺迟到是指受要约人未及时作出承诺，导致在承诺期间届满后承诺才到达要约人。《合同法》第二十八条规定的“受要约人超过承诺期限发出承诺”即属通常的承诺迟到。

根据《合同法》第二十八条的规定，对于通常的承诺迟到，除要约人及时通知受要约人该承诺有效的以外，受要约人所作意思表示为新要约，而不构成有效的承诺。可见，法律赋予要约人是否承认迟到的承诺的权利。如果要约人愿意认可迟到的承诺仍具有有效承诺的效力，则可以发出承认通知。否则，要约人保持沉默即可，无需发出拒绝通知或作出其他意思表示。需说明的是，不是所有迟到的承诺都是新要约，只有在符合要约的构成要件时，才可以成为新要约。

2. 特殊的承诺迟到

特殊的承诺迟到是指按照通常情形，承诺应当在承诺期间内到达要约人，但因在传递过程中出现了传达故障，使得承诺在承诺期间届满后才到达要约人。此种情况下，受要约人有理由信赖他所作出的承诺将适时到达要约人而生效，使得合同成立，因此，对于特殊的承诺迟到，依诚信原则，要约人应有通知义务。

《合同法》第二十九条规定：“受要约人在承诺期限内发出承诺，按照通常情形能够及时到达要约人，但因其他原因承诺到达要约人时超过承诺期限的，除要约人及时通知受要约人因承诺超过期限不接受该承诺的以外，该承诺有效。”可见，法律对要约人施加了通知义务，如要约人因承诺迟到而拒绝接受承诺，则应将此意思及时通知受要约人。如要约人未作此通知，则视为承诺未迟到，产生有效承诺的效力，合同成立。该承诺迟到的通知，属于一种事实通知，以要约人将承诺迟到的事实通知受要约人为已足，而不必告知其法律后果。

七、承诺的撤回

承诺的撤回是指受要约人阻止承诺生效的意思表示。受要约人在作出承诺后，可能会因某种原因而希望取消承诺，法律应当允许受要约人采取这一行动。但只有在承诺生效之前，受要约人才可以取消承诺，此即承诺的撤回。一旦承诺生效，合同即告成立，受要约人便无权再取消承诺，否则须承担缔约过失责任或违约责任。因此，承诺只可以被撤回，但不可以被撤销。

《合同法》第二十七条规定："承诺可以撤回。撤回承诺的通知应当在承诺通知到达要约人之前或者与承诺通知同时到达要约人。"可见，承诺的撤回类似于要约的撤回，撤回承诺的通知应当先于承诺通知到达，或者与承诺通知同时到达要约人，才能产生撤回承诺的法律后果。

第四节 特殊的缔约程序

一、竞争缔约

竞争缔约是指在合同的订立过程中引入竞争机制，以使启动缔约程序一方获得最优的缔约结果，包括最优的相对人和最优的合同内容。《合同法》并未规定竞争缔约的一般要求，该种缔约方式是在特别法中加以规定的。我国目前的竞争缔约方式主要包括《招标投标法》规定的招投标和《拍卖法》规定的拍卖。另外，本书认为，只要不违反法律、行政法规的强制性规定，当事人亦可自主设计竞争缔约方式。

（一）招投标

招投标是指由招标人向特定数人（三人以上）或公众发出投标邀请书或招标公告，在各投标人中选择最佳投标人并与之订立合同的缔约方式。招投标当事人和参与人包括招标人、投标人、招标代理机构、评标委员会。《招标投标法》对招投标缔约方式作出了较为详细的规定。依据该法，这一缔约方式由如下几个阶段构成：

1. 招标

招标是指招标人自己或者通过招标代理机构以公开招标或者邀请招标的方式向特定数人或公众发出的投标邀请，其性质为要约邀请。招标的目的在于吸引多数人投标，从而使得招标人能够更广泛地选择其认为合适的缔约对象。

2. 投标

投标是指投标人按照招标文件的要求，向招标人发出的以订立合同为目的的意思表示。当投标人少于三人时，法律要求招标人重新招标。投标文件包含了合同成立的条件，并且表明了投标人愿与招标人订立合同的意思，因此投标的性质为要约。

3. 开标、评标

开标是指在招标人主持召开的投标人会议上，当众启封标书，公开标书内容。评标由招标人依法组建的评标委员会负责，评标委员会应当按照招标文件确定的评标标准和方法，对投标文件进行评审和比较。评标委员会完成评标后，应当向招标人提交书面评标报告，并推荐中标候选人。开标和评标是招投标过程中的重要程序，但并非合同订立的法定程序。

4. 中标、订立书面合同

中标是指招标人对投标的完全接受。招标人应当根据评标委员会提交的书面评标报告和推荐的中标候选人确定中标人，也可以授权评标委员会直接确定中标人。

中标人确定后，招标人应当向中标人发出中标通知书。中标通知书的性质应为承诺。根据《招标投标法》第四十五条的规定，中标通知书对招标人和中标人具有法律效力。中标通知书发出后，招标人改变中标结果的，或者中标人放弃中标项目的，应当依法承担法律责任。至于此责任的性质，应为缔约过失责任。

应当注意的是，《招标投标法》第四十六条规定，招标人和中标人应当自中标通知书发出之日起30日内，按照招标文件和中标人的投标文件订立书面合同。招标人和中标人不得再行订立背离合同实质性内容的其他协议。据此可知，利用招投标程序订立的合同是要式合同，因此，虽然中标在性质上为承诺，但合同并不是在中标通知书到达中标人时成立，只有在订立书面合同时，该合同才成立。这是招投标缔约程序的一大特点。

（二）拍卖

拍卖是指以公开竞价的形式，将特定物品或财产权利转让给最高应价者的买卖方式。拍卖当事人和参加人包括拍卖人、委托人、竞买人和买受人；拍卖标的应当是委托人所有或者依法可以处分的物品或者财产权利。

根据《拍卖法》的规定，拍卖可以分为拍卖准备、竞买、买定三个阶段。

1. 拍卖准备

（1）拍卖委托。委托人与拍卖人签订书面委托拍卖合同，委托拍卖人拍卖物品或财产权利。

（2）拍卖公告与展示。拍卖人应于拍卖日的7日前通过报纸或其他新闻媒介发布拍卖公告，就拍卖时间与地点、拍卖标的、拍卖标的展示时间与地点、参与竞买应当办理的手续等作出说明。拍卖人还应在拍卖前展示拍卖标的，并提供查看拍卖标的的条件及有关资料。在合同订立过程中，拍卖公告应属于要约邀请。

2. 竞买

竞买是指竞买人以应价的方式向拍卖人作出应买的意思表示，其性质为要约。

3. 买定、签署成交确认书

买定是指拍卖人对竞买人中的最高应价人予以接受的意思表示。《拍卖法》第五十一条规定，竞买人的最高应价经拍卖师落槌或者以其他公开表示买定的方式确认后，拍卖成交。在性质上，买定应为承诺，合同成立。

应当注意的是，《拍卖法》第五十二条规定："拍卖成交后，买受人和拍卖人应当签署成交确认书。"签署成交确认书并不是订立合同，而是对经拍卖成立的合同的确认。

二、强制缔约

强制缔约是指一方有义务应相对人的请求，与其订立合同。强制缔约是法律对某些特定当事人的要求，限制了他们选择相对人的自由，是现代合同法对合同自由原则的修正，是保护消费者利益的重要体现。在现代社会中，居民的生活离不开电力、自来水、邮政、电信、天然气、煤气、医院、公共运输等公用事业，如果仍然允许经营此类事业的机构享有合同自由，居民的日常生活就得不到保障。因此，有必要对他们施加强制缔约义务。强制缔约仍由要约和承诺两个程序构成，只不过当事人一方负有要约或承诺的法定义务。

强制缔约有广义与狭义之分。广义的强制缔约不仅包括受要约人对要约有承诺的义务，还包括特定主体向他人发出要约的义务。狭义的强制缔约仅指第一种情形。

根据法律规定和学者的观点，强制缔约主要表现为如下两种情形：

（一）公用事业的强制缔约义务

公用事业是指与公众日常生活息息相关的部门或行业，其提供的服务是日常必需的东西。

1. 公共运输领域的强制缔约义务

《合同法》第二百八十九条规定："从事公共运输的承运人不得拒绝旅客、托运人通常、合理的运输要求。"该条确立了公共运输行业的强制缔约义务。

2. 电信行业的强制缔约义务

《电信条例》第十七条第2款规定："主导的电信业务经营者不得拒绝其他电信业务经营者和专用网运营单位提出的互联互通要求。"该条确立了电信业务经营者的强制缔约义务。

3. 供电企业的强制缔约义务

《电力法》第二十六条第1款规定："供电营业区内的供电营业机构，对本营业区内的用户有按照国家规定供电的义务。”该条确立了供电企业的强制缔约义务。

4. 供水、气、热力企业的强制缔约义务

《合同法》第一百八十四条规定，供用水、气、热力的合同参考供用电合同的有关规定。因供用电合同具有强制缔约性质，因此供应水、气、热力的企业亦负有强制缔约义务。

5. 医疗机构的强制缔约义务

《执业医师法》第二十四条规定：“对急危患者，医师应当采取紧急措施进行诊治；不得拒绝急救处置。”《医疗机构管理条例》第三十一条规定：“医疗机构对危重病人应当立即抢救。对限于设备或者技术条件不能诊治的病人，应当及时转诊。”上述法律确立了医疗机构的强制缔约义务。

（二）法律规定的其他强制缔约义务

除公用事业外，法律还规定其他人亦负有强制缔约义务。例如，《机动车交通事故责任强制保险条例》第二条规定，在中华人民共和国境内道路上行驶的机动车的所有人或者管理人应当投保机动车交通事故责任强制保险。该条例第十条第1款又规定：“投保人在投保时应当选择具备从事机动车交通事故责任强制保险业务资格的保险公司，被选择的保险公司不得拒绝或者拖延承保。”上述法律规定了机动车所有人或管理人在投保机动车交通事故责任强制保险方面、被选择的保险公司在承保该机动车交通事故责任强制保险方面的强制缔约义务。再如，《合同法》第二百三十条规定：“出租人出卖租赁房屋的，应当在出卖之前的合理期限内通知承租人，承租人享有以同等条件优先购买的权利。”该条规定了出租人在承租人行使优先购买权时的强制缔约义务。

三、采用格式条款缔约

（一）格式条款的含义

格式条款是指当事人为了重复使用而预先拟定，并在订立合同时未与对方协商的条款。德国将格式条款称为一般交易条款，我国台湾地区称为定型化约款，英美法系则称为标准条款。采用格式条款订立的合同称为格式合同，英美法系一般称为标准合同或标准格式合同，法国称为附合合同，我国台湾地区则称为定型化契约。格式合同分为典型的格式合同与非典型的格式合同两种。典型的格式合同是全部由格式条款组成的合同，非典型的格式合同是由部分格式条款和部分非格式条款组成的合同。

鉴于采用格式条款缔约已经在现实社会中广泛存在，因此有多部法律对这一缔约方式加以调整，主要包括《合同法》、《消费者权益保护法》、《保险法》、《海商法》等。

（二）格式条款缔约的特征

1. 格式条款由合同当事人一方预先拟定

格式条款既可以由当事人一方亲自拟定，也可以由该当事人之外的第三方代为拟定。无论何人拟定，它们都是当事人一方提供的业已拟就的合同条款，而不是当事人双方磋商的结果。

2. 格式条款具有定型化的特点

所谓定型化，是指格式条款具有稳定性，不因相对人的不同而有所区别。

3. 格式条款具有附从性的特点

拟定格式条款的一方将格式条款订入合同时，并未与对方协商，相对人对于格式条款一般只能整体接受或者拒绝，没有要求进一步协商的权利，而只能附从于格式条款拟定人的意思。

4. 拟定格式条款的目的是重复使用

拟定格式条款一方往往在经济上处于优势或垄断地位，在其经营的领域内有着众多消费者，为节约交易成本，该方当事人会重复使用格式条款。

（三）区分消费者合同与商业合同的必要性

各国在规制采用格式条款缔约时，往往首先区分所订合同是消费者合同还是商业合同。消费者合同是指消费者与经营者之间缔结的合同。因消费者与经营者之间的交易能力差距太大，故需要对消费者给予特殊保护。商业合同是指为商业目的而订立的合同，其主体均为从事商品或者服务经营的商人，相互间的交易能力没有差别或者差别较小，故不需要对任何一方给予特殊保护。因此，各国立法往往对采用格式条款订立的消费者合同采取严格的态度，而对采用格式条款订立的商业合同则适用截然不同的法律规则。例如，《德国民法典》第三百一十条明确规定，该法第三百零五条第2、3款以及第三百零八、三百零九条，不适用于经营者之间使用的一般交易条款，即仅对采用格式条款订立的消费者合同适用。

《合同法》第三十九条对采用格式条款缔约确立了统一的规则，并未区分所订合同究竟属消费者合同，还是商业合同，这种处理模式是不太妥当的，应适时作出修正。

（四）采用格式条款缔约的法律规则

《合同法》第三十九条第1款规定："采用格式条款订立合同的，提供格式条款的一方应当遵循公平原则确定当事人之间的权利和义务，并采取合理的方式提请对方注意免除或者限制其责任的条款，按照对方的要求，对该条款予以说明。”现依该规定，并借鉴其他国家和地区的立法，对采用格式条款缔约的法律规则作一全面归纳。

1. 提供格式条款一方应向对方当事人合理提示格式条款

提供格式条款一方有义务以明示或者其他合理、适当的方式提醒相对人注意其欲以格式条款订立合同的事实。

在判断提供格式条款一方的提醒是否已经达到合理程度时，应当考虑以下六个方面的因素：

（1）文件外形。载有格式条款的文件在表现形式上应当能够使对方当事人产生它是约定当事人权利义务关系的合同条款的认识。

（2）提示方法。一般而言，提供格式条款一方应个别地、直接地将格式条款提示给对方当事人，以提醒对方当事人注意其中的内容。但是，根据交易的具体情形，如果个别提示有困难的，则应当以其他显著方式，如广播、张贴、牌示、放映字幕等方式公告格式条款。

（3）提示范围。提供格式条款一方应当将全部的格式条款提示给对方当事人，并有义务特别提醒对方当事人注意其中免除或者限制提供格式条款一方责任的条款。

（4）条款内容的清晰程度。提供格式条款一方提醒对方当事人注意的文字必须清楚明白。如果意思不明确、字迹不清，对方当事人无法了解提供格式条款一方的真实意思，则不能产生提醒注意的效果。

（5）提示时间。提供格式条款一方提醒对方当事人注意的行为必须在合同订立之前或订立之时作出，如果在合同订立之后再提示格式条款，则该条款不能成为合同的内容。

（6）提示程度。提供格式条款一方的提示程度必须能够引起一般对方当事人的注意。

2. 对方当事人能够以合理的方式了解格式条款的内容

提供格式条款一方必须给予对方当事人合理的机会，以使其有充分的时间了解格式条款的内容。至于对方当事人事实上是否阅读了格式条款，则在所不问。另外，提供格式条款一方在给予对方当事人机会使其了解格式条款内容时，还应适当考虑到其可以发现的对方当事人的身体残疾。例如，当发现对方存在视觉障碍时，则应当向对方提供盲文文本的格式条款或向对方诵读格式条款。

3. 提供格式条款一方应对格式条款作出必要说明

提供格式条款一方应当主动或者应对方当事人的要求，对格式条款中的重要内容作出说明。

4. 对方当事人同意将格式条款订入合同

对方当事人同意将格式条款订入合同应当以明示同意为原则，其表现形式就是对方当事人在载有格式条款的文件上签字，认可其成为合同的内容。如果提供格式条款一方没有将格式条款载入合同文件之中，而是由于缔约方法的原因规定在公告、通知中，或于放映的字幕或录像中展示时，对方当事人无法以明示方式表示同意将格式条款订入合同。在此情况下，对方当事人可以默示方式，即通过接受对方提供的商品或服务表明其已同意将格式条款订入合同。另外，如果当事人之间有特别约定，则格式条款亦可以默示方式订入合同。

5. 异常格式条款不得订入合同

如果格式条款中的某些条款过分异常，以至于无法期待对方当事人预料到该条款出现在格式条款所适用的交易种类中时，则该条款视为未订入合同，此即异常条款不得订入合同的原则。例如，如果一计算机软件销售合同的格式条款中包含如下条款"本公司不能保证该软件享有合法的著作权"，则该条款即为异常条款，即使对方当事人在载有该条款的合同文本上签了字，该条款亦不能订入合同。

四、交叉要约

交叉要约又称交错要约，是指订立合同的双方当事人相互以非直接对话的方式向对方发出的独立但内容相同的要约。这一般发生于异地之间，并且两个要约到达各自受要约人的时间几乎是同时（即两个要约都因为到达时间的紧凑而不构成承诺）的情况。

在英美法系中，各国对交叉要约的规定并不一致。英国普通法认为交叉要约不能成立合同，但美国《第二次合同法重述》规定在交叉要约存在时，可推定双方当事人之间成立合同。在大陆法系中，德国和法国均未在其民法典中对交叉要约作出明确规定，但一般都认为存在交叉要约时，两个意思表示的内容一致，应当视为合同成立。

本书认为，虽然《合同法》未就交叉要约的效力作出规定，但双方当事人均有缔约的意思，且双方意思表示的内容一致，故可认定当事人双方已达成合意，合同成立。至于成立时间，本书认为合同应于双方的要约均到达相对人时成立。

五、意思实现

意思实现是指行为人的一种行为，这种行为并不是通过行为人表达法律行为意思的方式而使法律后果产生，而是以创设相应的状态的方式使行为人所希冀的法律后果实现①。它是德国部分民法学者使用的术语，是为了解释某些法律行为不是由典型的意思表示组成，而是体现为一种行为的情况。

在德国法上，法律行为是指以意思表示为要素，并依意思表示的内容产生私法上效果的行为；意思表示是法律行为的核心。如前所述，在一些德国法学家看来，意思实现是一种纯粹的实施行为，而不是表示行为，因此它是相对于意思表示而言的。不过，无论意思表示，还是意思实现，都是法律行为的核心要素，只不过大多数法律行为是由意思表示组成的，只有少数法律行为体现为意思实现，如先占无主物从而取得其所有权、丢弃自己的动产而放弃其所有权。

《德国民法典》第一百五十一条规定："依交易惯例，承诺无需向要约人表示，或要约人预先声明承诺无需表示的，虽未向要约人表示承诺，于可认为有承诺的事实时，合同也认为成立。"一些德国法学家认为，该条规定的承诺行为就是意思实现的一种主要表现形式②。我国台湾地区"民法典"第一百六十一条亦规定："依习惯或依其事件之性质，承诺无须通知者，在相当时期内，有可认为承诺之事实时，其契约为成立。前项规定于要约人要约当时预先声明承诺无须通知者，准用之。"

《合同法》借鉴了上述立法例，于第二十二条规定："承诺应当以通知的方式作出，但根据交易习惯或者要约表明可以通过行为作出承诺的除外。"在实践中，承诺无须通知的情形主要包括：第一，根据习惯，承诺无须通知，如预订酒店房间；第二，根据事件性质，承诺无须通知，如自动售货机的设置；第三，根据要约人的事先声明，承诺无须通知，如要约人要求对方即刻按要约内容发货。

尽管承诺无须通知，但受要约人仍应以行为作出承诺，具体包括：第一，履行行为，即履行因合同成立所负担的债务；第二，受领行为，即行使因合同成立所取得的权利。

在以行为作出承诺时，应以有承诺意思为必要，即受要约人应有愿意接

---

① ［德］卡尔·拉伦茨．德国民法通论：下册．王晓晔等，译．北京：法律出版社，2003：429。

② ［德］卡尔·拉伦茨．德国民法通论：下册．王晓晔等，译．北京：法律出版社，2003：431。

受要约内容，与要约人订立合同并受合同约束的意思。如果受要约人主观上无承诺意思，在此情况下，若仅依客观上可认为承诺之行为即可成立合同，使受要约人负担合同义务，不但有违私法自治原则，而且不利于保护受要约人的利益[①]。至于承诺期间，如要约未作要求，则应依《合同法》第二十三条的规定，认定为合理期间。只有受要约人在合理期间内实施了可认定为承诺的行为时，合同才能成立。

虽然实践中存在承诺无须通知的情形，但是否有必要在意思表示之外另设意思实现学说，却值得讨论。本书认为，法律行为的核心在于意思表示，无论当事人以何种方式表达其内心意思，都可使用意思表示加以概括，没有必要将以行为表达意思的方式单独列为意思实现，从而独立于意思表示。如果认为以行为表达意思不属于意思表示，就更难以解释为何单纯的沉默却属于意思表示的方式了[②]。因此，无论是以通知作出的承诺，还是以行为作出的承诺，均为意思表示。王泽鉴先生亦认为，无须通知之承诺究为意思表示或意思实现，仅为用语的问题，不具实质意义。即使属于意思实现，亦应类推适用民法关于意思表示的一般规定，即意思实现应如同意思表示加以处理。因此，本书认为不必将《合同法》第二十二条规定的“以行为作出承诺”视为意思实现，而应将其视为以默示形式作出的意思表示。

六、电子合同的订立

近年来，随着网络的普及，电子商务（E-Commerce）在全球范围内得到了充分的发展，已经体现出巨大的活力和发展潜力。为了适应电子商务的发展，《合同法》第十一条将电子数据交换（Electronic Data Interchange，简称EDI）、电子邮件（E-mail）等数据电文作为法定的合同书面形式对待。2004年，我国制定了《电子签名法》，为电子商务的开展提供了更为有力的法律保障。下文就电子商务的表现形式——电子合同订立的特殊性作一分析。

（一）电子合同的含义

电子合同有广义和狭义之分。广义的电子合同是指采用各种数据电文形式订立的合同；狭义的电子合同仅指采用电子数据交换、电子邮件等网络数据传输方式订立的合同。

本节仅探讨狭义的电子合同。

---

① 王泽鉴．债法原理：第一册．北京：中国政法大学出版社，2001：182。

② 苏号朋．民法总论．北京：法律出版社，2006：269。

（二）电子要约

1. 电子要约的特点

一般来说，电子要约和一般的要约并无实质上的区别，只不过电子要约的手段较为特殊。电子要约的最大特点在于它们在多数情况下都是向不特定的多数人发出的。由于这种要约的对象是不特定的，则承诺人数及订货数量也就是不特定的，而要约人的货物的数量又是相对有限的，因此就需要采取措施来保证承诺人的利益，同时又不限制要约发出的范围。为此，应当设置承诺的时间优先规则，即先作出承诺的人将优先与要约人订立合同。

2. 电子要约的生效

与普通要约一样，电子要约于到达受要约人时生效。

3. 电子要约的撤回

对于一般的要约来说，要约人可以在要约生效前随意撤回要约，但这一规则对电子要约却难以适用。这是因为网络数据传输的速度很快，要约人一般无法使撤回要约的通知先于要约到达受要约人或者与要约通知同时到达受要约人。另外，电子要约在很多情况下都是向不特定对象发出的，发出即已生效，无法撤回。因此，无论是从技术角度，还是从法律规则角度而言，电子要约都是不可以撤回的。

4. 电子要约的撤销

电子要约的撤销可以分为两种情形：

(1) 如果电子合同采用的是电子数据交换系统订立的，那么，由于电子数据交换系统是计算机按照预先设定的程序，对传输来的信息立即作出接受或者拒绝回复，在这种情况下，要约和承诺都是自动、迅速地完成的，故不存在撤销要约的可能性。

(2) 对于采用其他方式订立的电子合同，如电子邮件，因要约到达受要约人与受要约人的承诺之间会存在一定的时间差，故要约人有可能撤销要约。当然，《合同法》有关撤销要约的法律规则同样适用于电子要约的撤销。

（三）电子承诺

1. 电子承诺的生效

对于一般的承诺而言，英美法系的投邮主义和大陆法系的到达主义各有优势。但对于电子承诺来说，却只能采用大陆法系的到达主义。这是因为，对于电子承诺的生效时间来说，由于数据传输的即时性，采用何种主义在时间上都无区别。但对于电子承诺的生效地点来说，采用英美法系的投邮主义却会产生问题。由于电子合同的承诺人是通过计算机对要约人发送到其邮箱或者其他系统的要约进行承诺的，承诺人可以在任何一个地方通过任何一台可以浏览其系统以了解电子要约信息的计算机作出承诺。故采用投邮主义将会使得电子合同的成立地点很不确定，甚至在某些情况下变得没有意义（例如，承诺人使用无线网络技术时，其所在地是变化的）。

《合同法》第二十六条第2款规定："采用数据电文形式订立合同的，承诺到达的时间适用本法第十六条第二款的规定。"也就是说，要约人指定特定系统接收数据电文的，该数据电文进入该特定系统的时间，视为承诺到达时间；未指定特定系统的，则该数据电文进入要约人的任何系统的首次时间，视为到达时间。可见，我国对电子承诺的生效采到达主义原则。

2. 电子承诺的撤回

电子承诺撤回的问题与电子要约撤回的问题相似。由于电子传输具有快速性，承诺人很难撤回承诺，因此，本书认为电子承诺是不可以撤回的。

3. 电子承诺的撤销

在合同订立的要约、承诺过程中，要约一经承诺，合同即告成立，承诺人不可能再撤销承诺。但是，对于电子合同来说，电子商务常常采用点击成交的方式，当事人可能在"点击"这一很短的时间内，其意思表示不完全真实或者是错误点击。基于此，学者普遍认为点击成交的方式不一定能反映当事人的真实意思，故建议在点击交易后，给予其一段合理的期间，供其考虑是否最终确定交易，并认为这个考虑期间就是消费者行使承诺撤销权的期间。如果消费者于考虑期间经过仍未行使撤销权，则视为同意成交。

本书同意上述观点，认为由于点击成交这种交易系统的瞬时性，加上电子商务中大量广告等宣传手段的影响，消费者的意思表示很可能不完全真实，故应该给予消费者以适当的考虑时间，即允许其撤销承诺。

（四）电子合同的认证——电子签名

1. 电子签名的含义

电子签名是指数据电文中以电子形式所附含的用于识别签名人身份并表明签名人认可其中内容的数据，而数据电文则是指以电子、光学、磁或者类似手段生成、发送、接收或者储存的信息。

2. 电子签名的方式

目前，电子签名的技术手段种类较多，但得到普遍应用的手段是基于PKI的数字签名技术。所谓数字签名（Digital signature），是指由电脑产生的身份证明，运用非对称密码系统而产生的电子签名。非对称密码系统能够生成安全配对的密钥，私钥用于制作数字签名，公钥用于验证数字签名。数字签名是目前技术最成熟、可操作性最强的电子签名技术，正基于此，其也是使用最为广泛的电子签名方式。

3. 电子签名与手写签名的区别

(1) 使用条件不同。《电子签名法》第三条第 1 款规定："民事活动中的合同或者其他文件、单证等文书，当事人可以约定使用或者不使用电子签名、数据电文。"据此，本书认为电子签名的使用是需要当事人事先约定的，而手写签名则无需约定即可使用。一般来说，电子签名是一种异地的认证方式；而手写签名既可以是当事人在现场签名，也可以是通过确认书异地签名。

(2) 适用范围不同。《电子签名法》第三条第 3 款规定，电子签名不适用于下列文书："(一) 涉及婚姻、收养、继承等人身关系的；(二) 涉及土地、房屋等不动产权益转让的；(三) 涉及停止供水、供热、供气、供电等公用事业服务的；(四) 法律、行政法规规定的不适用电子文书的其他情形。"而手写签名除了当事人约定不予采用之外，对上述情形均可适用。

(3) 鉴别方式不同。手写签名可以进行视觉比较，而电子签名只能通过计算机系统进行鉴别。

(4) 展示方式不同。手写签名可以随时随同所签文件一起展示；而电子签名只可以被验证。并且展示电子签名是毫无意义的，即使要展示，也只能通过显示器等计算机显示工具予以展示。

4. 可靠的电子签名的条件

根据《电子签名法》第十三条的规定，电子签名同时符合下列条件的，才能被视为可靠的电子签名：

(1) 电子签名制作数据用于电子签名时，属于电子签名人专有；

(2) 签署时，电子签名制作数据仅由电子签名人控制；

(3) 签署后，对电子签名的任何改动都能够被发现；

(4) 签署后，对数据电文的内容和形式的任何改动都能够被发现。

当事人也可以选择使用符合其约定的可靠条件的电子签名。

第五节　合同成立的时间与地点

一、合同成立的时间

合同成立的时间是指合同对当事人产生法律约束力的时间。对绝大多数合同而言，合同成立即可生效，因此，确定合同成立的时间具有重要意义，它往往是区分当事人承担的责任是违约责任还是缔约过失责任的分界点。

关于合同成立的时间，《合同法》确立了如下法律规则：

1. 合同自承诺生效时成立

《合同法》第二十五条规定："承诺生效时合同成立。"这是我国法律确定合同成立时间的一般原则。在承诺需要通知时，于承诺通知到达要约人时，合同成立；在承诺不需要通知时，于受要约人作出可视为承诺的行为时，合同成立。

2. 合同自当事人在合同书上签字或盖章时成立

《合同法》第三十二条规定："当事人采用合同书形式订立合同的，自双方当事人签字或者盖章时合同成立。"这是对"合同自承诺生效时成立"原则的例外规定。也就是说，在当事人约定采用合同书形式订立合同时，虽然当事人之间有要约、承诺的缔约程序，但合同成立的时间并非承诺生效之时，而是双方当事人在合同书上签字或者盖章之时。依该条立法本意，合同书特指全面记载合同条款的纸质文件，其一般在最后一页为当事人留有签字或者盖章的地方；有的则在每一页均为当事人留有签字或者盖章的地方，并且，为了避免日后出现纠纷，当事人也最好在合同书的每一页均签字或者盖章。如当事人为自然人，则其应在合同书上签署自己的姓名，但在双方当事人均认可的情况下，亦可使用其他符号替代其姓名；如当事人为法人或非法人组织（即《合同法》第二条所称的"其他组织"），则其既可以由其法定代表人或负责人签字，亦可仅加盖法人或非法人组织的印章，或者同时使用签字和盖章。合同亦可依双方当事人之代理人的签字而成立，但应在合同书后加附代理证书。如果当事人双方签字或者盖章的时间不一致，则合同于最后完成签字或者盖章时成立。

3. 合同自当事人签订确认书时成立

《合同法》第三十三条规定："当事人采用信件、数据电文等形式订立合同的，可以在合同成立之前要求签订确认书。签订确认书时合同成立。"这也是对"合同自承诺生效时成立"原则的例外规定。所谓确认书，是指当事人为了确定合同订立过程中的哪些文件构成合同内容而签署的书面文件。在采用信件、数据电文等形式订立合同时，当事人之间往往会多次进行文件的传递，当事人最后就合同达成的合意散见于这些文件之中，因此，当事人有必要对这些文件加以清理，通过签订确认书的方式，确定哪些文件可认定为合同内容，哪些文件应当排除在合同之外。

根据《合同法》第三十三条的规定，在当事人签订确认书之前，合同并未成立，签订确认书的时间为合同成立时间。

4. 合同自一方接受对方履行时成立

《合同法》第三十六条规定："法律、行政法规规定或者当事人约定采用书面形式订立合同，当事人未采用书面形式但一方已经履行主要义务，对方接受的，该合同成立。"该法第三十七条规定："采用合同书形式订立合同，在签字或者盖章之前，当事人一方已经履行主要义务，对方接受的，该合同成立。"这两条规定允许当事人以履行和受领的方式来弥补合同在形式上的缺陷，从而成立合同，因此，同样是对"合同自承诺生效时成立"原则和"合同自当事人在合同书上签字或盖章时成立"原则的例外规定。

当事人要适用《合同法》的上述规定以成立合同，应当符合如下要求：

(1) 履行和受领弥补的是合同在书面形式上的缺陷，包括法律、行政法规规定或当事人约定采用书面形式订立合同而当事人未予采用的情形，以及当事人未在合同书上签字或者盖章的情形。

(2) 当事人一方履行的是主要义务。对于何为主要义务，《合同法》并未作出解释。本书认为应当将其理解为主给付义务，即合同关系所固有、必备，并用以决定合同类型的基本义务，如出卖人交付标的物的义务、买受人支付价款的义务。应当注意的是，只要当事人一方履行了主要义务即可，至于履行是否存在瑕疵，则在所不问。

(3) 当事人一方的履行须被对方接受。所谓接受，是指债权人受领了债务人的履行，如买受人接收了出卖人交来的货物。应当注意的是，只要当事人的履行被接受即可，至于相对人在接受履行后，是否因履行存在瑕疵而退货或更换履行标的，则在所不问。

二、合同成立的地点

合同成立的地点即当事人达成合意的地点。确定合同的成立地点具有重要的法律意义：它直接决定了合同纠纷的诉讼管辖、交易习惯的适用、有关费用的承担及涉外合同的法律适用等①。根据《合同法》的有关规定，应适用如下规则确定合同的成立地点：

1. 承诺生效地

根据《合同法》第三十四条的规定，承诺生效的地点为合同成立的地点。如果承诺是以通知方式作出，则承诺到达地为合同成立地点。如果承诺是以

---

① 隋彭生．合同法要义：第二版．北京：中国政法大学出版社，2005：76。

行为作出，则作出行为之地为合同成立地点。

2. 合同书签字或者盖章地

根据《合同法》第三十五条的规定，当事人采用合同书形式订立合同的，双方当事人签字或者盖章的地点为合同成立的地点。如果双方当事人签字或者盖章的地点不一致，则以最后完成签字或者盖章之地为合同的成立地点。

三、电子合同成立的时间与地点

1. 电子合同的成立时间

由于电子合同的成立具有即时性的特点，因此无论是英美法系的投邮主义，还是大陆法系的到达主义，在电子合同成立时间的认定上几乎没有差异。对于电子合同的成立时间，我国采用的仍是到达主义，即以电子承诺到达要约人的时间为电子合同的成立时间。

2. 电子合同的成立地点

基于电子合同的特殊性，在电子合同成立地点的问题上，各国的做法较为一致，即一般都采用到达主义。

第六节　缔约过失责任

一、缔约过失责任的含义

传统的大陆法系民事责任理论体系将民事责任分为违约责任与侵权责任，两种责任各有其构成要件、保护利益、法律效果、举证责任，以及诉讼时效等。一般而言，违约责任的构成要件较为宽松，而侵权责任的构成要件则较为严格。

在这种二分法的民事责任体系下，责任人要么承担侵权责任，要么承担违约责任，且违约责任的承担以合同生效为前提。因此，一方当事人如在合同订立过程中因对方的故意或过失而遭受损害时，只能依侵权法的规定，请求对方赔偿损失。但因侵权责任的构成要件较为严格，当事人的请求往往难以得到支持。为了解决这一问题，许多国家便在违约责任和侵权责任之外，设立了缔约过失责任。《合同法》第四十二条亦对缔约过失责任作出明确规定，从而使其成为与违约责任、侵权责任并立的第三种民事责任。

所谓缔约过失责任，是指在当事人订立合同的过程中，因过失而违反依照诚实信用原则所应尽的义务，致使另一方遭受信赖利益损失而应承担的赔偿责任。

二、缔约过失责任的构成要件

（一）违背诚实信用原则

这一构成要件包括两个方面：一是当事人的行为违反了先合同义务，二是有可归责的事由，即当事人存在故意或过失。如当事人的行为同时具备这两个方面，即为缔约过失行为。

根据《合同法》第四十二、四十三、五十八条的规定，并结合其他法律的规定，缔约过失行为主要表现为如下类型：

（1）以订立合同为借口进行恶意磋商；

（2）违反告知义务；

（3）违反保密义务；

（4）当事人在订立合同中的其他违背诚实信用原则的行为。

当事人其他违背诚实信用原则的缔约过失行为主要有以下几种情形：

（1）因当事人的过失致合同不成立、无效或被撤销；

（2）未被追认的无权代理行为；

（3）有损他人人格尊严的缔约；

（4）在缔约时未尽保护义务，致使对方当事人的财产、人身利益受损；

（5）违反初步协定；

（6）随意中断缔约。

（二）当事人违背诚实信用原则的行为发生在缔约过程中

当事人只有在合同订立过程中实施了违背诚实信用原则的行为，才会承担缔约过失责任。缔约过程从当事人为缔结合同开始接触时起算，至合同生效时结束。如果当事人还没有进入缔约阶段，就无先合同义务，也就无缔约过失责任的承担。在合同生效后，当事人如有违背诚实信用原则的行为，则应承担违约责任。因此，一般来说，只有在合同尚未成立，或者虽然合同已经成立，但因不符合法定生效要件而被确认无效或被撤销时，有过失的一方才会承担缔约过失责任。

（三）造成对方的损失

有过失一方造成对方的损失主要是指各项费用的支出及订约机会的丧失，即信赖利益的损失。所谓信赖利益的损失，是指当事人信赖合同可以成立并生效，却因合同未成立或无效、被撤销而遭受的损失。因此，信赖利益的损失既不是现有财产的毁损、灭失，也不是履行利益的损失，而是指因信赖无效的法律行为是有效的而受到的损害[①]。它只是消极地避免财产不当减少的利益，而不是积极的财产增加，因此又被称为消极利益。

（四）行为人具有完全民事行为能力

虽然《合同法》没有要求缔约过失责任人具有完全民事行为能力，但在解释上应设立本要件，以便保护无民事行为能力人和限制民事行为能力人。因此，限制民事行为能力人在缔约过程中即使存在违反告知、保密义务等情形，也不需要承担缔约过失责任。但若其行为具备了侵权行为的构成要件，则仍应承担侵权责任。

（五）侵害行为与损害之间具有因果关系

当事人违背诚实信用原则的行为与对方受到的损害之间应有相当因果关系[②]。所谓相当因果关系，是指如果没有行为人的这一行为，损害就不会发生；而在行为人为此行为时，损害通常都会发生，则行为与损害之间就存在因果关系。

三、承担缔约过失责任的方式

行为人承担缔约过失责任的方式是赔偿对方的信赖利益损失。这种损失主要包括缔约费用、准备履行合同所需费用及丧失订约机会的损害，另外，还可表现为因行为人未尽到保护、照顾义务致使对方身体或财产受到的损害。但因合同履行本应获得的利益不属于信赖利益。《合同法》并未就缔约过失责任的赔偿范围作出规定，但我国学者一般认为，缔约过失责任的赔偿范围不得超过合同有效且得到实际履行时所应获得的全部利益，即以履行利益为限[③]。不过，也有人认为信赖利益损害赔偿的范围不应受履行利益的限制[④]。本书认为，缔约过失责任是对侵权责任的补充，在责任范围的确定上应参照侵权法的规定，以全部赔偿为原则，而不应受履行利益的限制。

需说明的是，当事人在缔约过程中做出了违背诚实信用原则的行为，并不意味着合同就必然不成立、无效或被撤销。那么，在合同有效成立后，当事人是否还应就其缔约过程中的过失行为承担缔约过失责任呢？对于这一点，《合同法》第四十三条作出了明确规定，即“当事人在订立合同过程中知悉的商业秘密，无论合同是否成立，不得泄露或者不正当地使用。泄露或者不正

---

① 史尚宽．债法总论．北京：中国政法大学出版社，2000：289。

② 王泽鉴．债法原理：第一册．北京：中国政法大学出版社，2001：247。

③ 王利明．合同法研究：第一卷．北京：中国人民大学出版社，2002：344。

④ 王泽鉴．债法原理：第一册．北京：中国政法大学出版社，2001：247。

当地使用该商业秘密给对方造成损失的，应当承担损害赔偿责任。”

除损害赔偿外，我国一些法律还规定在发生缔约过失行为时，合同可以解除。例如，《保险法》第十七条第2款规定，“投保人故意隐瞒事实，不履行如实告知义务的，或者因过失未履行如实告知义务，足以影响保险人决定是否同意承保或者提高保险费率的，保险人有权解除保险合同”。

思考题

1. 合同订立与合同成立的关系是什么？
2. 合同的成立要件有哪些？
3. 要约的构成要件有哪些？
4. 要约与要约邀请的区别是什么？
5. 承诺的构成要件有哪些？
6. 承诺迟到的法律后果是什么？
7. 电子合同的成立具有哪些特点？
8. 常见的缔约过失行为有哪几种？
9. 缔约过失责任的构成要件有哪些？如何承担缔约过失责任？

第三章

合同的内容与形式

本章要点

本章主要介绍了合同债权与合同债务、合同条款、各种类型的合同形式——口头形式、书面形式和其他形式。本章的重点和难点是合同债权的权能、合同债务的类型、合同形式的具体表现方式。

第一节 合同的内容

合同的内容是指合同当事人之间的法律联系，主要体现为当事人享有的合同权利和承担的合同义务，因合同是债的发生原因之一，故我们可以将合同权利称为合同债权，将合同义务称为合同债务，因此，合同内容即为合同债权与合同债务。

一、合同债权

合同债权是指合同债权人请求债务人给付并予以保有的权利。合同债权主要具有如下权能：

（1）请求履行，即债权人有权要求债务人履行义务。

（2）受领履行，即债权人有权接受债务人的履行。

（3）保持所得利益，即债权人有权保持因债务人履行所得的利益。

（4）处分债权，即债权人有权以抵销、免除、债权让与或者设定债权质押等方式决定债权的命运。

（5）获得法律保护，即当债务人不履行债务时，债权人有权请求法院的保护。

二、合同债务

合同债务是指债务人依合同关系所负的义务，其核心是给付义务。另外，《合同法》还规定了附随义务、不真正义务、先合同义务和后合同义务。

（一）给付义务

给付是指合同债务人实施的特定行为，包括作为和不作为。给付义务分为主给付义务与从给付义务。所谓主给付义务，是指合同关系所固有、必备，并用以决定合同类型的基本义务。例如，在买卖合同中，出卖人转移标的物所有权的义务与买受人支付价款的义务，均为主给付义务。所谓从给付义务，是指本身不具有独立的意义，但具有辅助主给付义务的功能的义务。其目的不在于决定合同关系的类型，而在于确保债权人的利益获得最大的满足①。从给付义务主要基于以下原因而发生：

一是法律的明文规定。如《合同法》第一百九十九条规定："订立借款合同，借款人应当按照贷款人的要求提供与借款有关的业务活动和财务状况的真实情况。"

二是当事人的约定。例如，在买卖合同中，当事人可约定由出卖人向买受人交付标的物所有权单证以外的有关单证和资料，如电视机的使用说明书、进口货物的原产地证明。

三是基于诚实信用原则，即在法律没有规定以及当事人没有约定的情况下，根据诚实信用原则的要求，债务人应当承担的从给付义务。例如，在买卖电脑的合同中，即使当事人未在合同中约定交付与电脑有关的说明书的义务，出卖人也应当按照诚实信用原则的要求，向买受人交付电脑硬件及软件的说明书等资料。

债务人的给付义务也可分为原给付义务与次给付义务。原给付义务又叫第一次给付义务，是指合同原有的义务，如出卖人向买受人转移标的物的所有权的义务。次给付义务又叫第二次给付义务，是指在原给付义务无法正常履行时，由其衍生出来的义务，主要包括因原给付义务不能履行、逾期履行或不完全履行而产生的损害赔偿义务，以及合同解除时产生的恢复原状的义务。

（二）附随义务

合同债务以给付义务为核心，那么，为了更好地完成给付义务，使债权人的权利得到圆满实现，债务人还应当承担与给付义务相关的附随义务。附随义务是指基于诚实信用原则的要求，债务人为了更好地完成给付义务而应承担的义务，其目的在于要求债务人以对待自己事务的注意程度对待他人事务，求得当事人双方的利益平衡。附随义务为法定义务，无需当事人的特别约定，其法律依据是《合同法》第六十条第2款的规定，即"当事人应当遵

---

① 王泽鉴．债法原理：第一册．北京：中国政法大学出版社，2001：37。

循诚实信用原则，根据合同的性质、目的和交易习惯履行通知、协助、保密等义务”。

在各类具体的合同中，附随义务主要包括以下几种类型：

(1) 协助义务。例如，在融资租赁合同中，出租人、出卖人、承租人可以约定，出卖人不履行买卖合同义务的，由承租人行使索赔的权利。承租人行使索赔权利，出租人应当协助（《合同法》第二百四十条）。

(2) 通知义务。例如，在承揽合同中，承揽人发现定作人提供的图纸或者技术要求不合理的，应当及时通知定作人（《合同法》第二百五十七条）。

(3) 照顾义务。例如，在客运合同中，承运人在运输过程中，应当尽力救助患有急病、分娩、遇险的旅客（《合同法》第三百零一条）。

(4) 保管义务。例如，在承揽合同中，承揽人应当妥善保管定作人提供的材料以及工作成果。因保管不善造成其毁损、灭失的，承揽人应当承担损害赔偿责任（《合同法》第二百六十五条）。

(5) 保密义务。例如，在承揽合同中，承揽人应当保守秘密，不得留存承揽物的复制品或者技术资料（《合同法》第二百六十六条）。

(6) 告知或说明义务。例如，在客运合同中，承运人应当向旅客及时告知有关不能正常运输的重要事由及安全运输应当注意的事项（《合同法》第二百九十八条）。

(7) 忠实义务。例如，在居间合同中，居间人应当如实向委托人报告有关订立合同的事项。居间人故意隐瞒与订立合同有关的重要事实或者提供虚假情况，损害委托人利益的，不得要求支付报酬并应当承担损害赔偿责任（《合同法》第四百二十五条）。

(8) 保护义务。例如，在供用电合同中，供电人应当按照国家规定的供电质量标准和约定完全供电。供电人未按照国家规定的供电质量标准和约定完全供电，造成用电人损失的，应承担损害赔偿责任（《合同法》第一百七十九条）。

（三）不真正义务

不真正义务又称间接义务，是指债权人通常不得请求履行，违反它也不发生损害赔偿责任，仅使承担义务的一方遭受权利减损或者丧失的不利后果。如《合同法》第一百一十九条第1款规定：“当事人一方违约后，对方应当采取适当措施防止损失的扩大；没有采取适当措施致使损失扩大的，不得就扩大的损失要求赔偿。”

（四）先合同义务

先合同义务又称合同前义务，是指当事人为订立合同而接触、准备或磋商时，基于诚实信用原则而产生的说明、告知、注意、保密、忠实、保护等义务。由于这一义务发生在合同成立之前，故称为先合同义务。严格地讲，先合同义务发生于合同成立之前，并非合同债务，违反此义务则构成缔约过失，当事人应当承担相应的法律责任，即缔约过失责任。关于缔约过失责任，本书已在第二章中详述，此不赘述。

（五）后合同义务

后合同义务又称合同后义务，是指合同关系消灭后，当事人为了维护履行的效果，或者为了协助对方当事人处理善后事务所承担的作为或者不作为义务。后合同义务多由法律直接规定，也可由当事人约定。《合同法》有数个条文规定了后合同义务，如其第二百八十二条规定："因承包人的原因致使建设工程在合理使用期限内造成人身和财产损害的，承包人应当承担损害赔偿责任。"因此，建设工程合同履行完毕后，承包人仍应承担后合同义务，保证建设工程在合理使用期限内不会造成人身和财产损害，否则就要承担损害赔偿责任。

三、合同债务与违约责任

合同债务是当事人依据合同约定或者法律规定必须实施的行为，具有约束性。债务人如不履行债务，须承担违约责任。《合同法》第一百零七条规定："当事人一方不履行合同义务或者履行合同义务不符合约定的，应当承担继续履行、采取补救措施或者赔偿损失等违约责任。"因此，违约责任是当事人不履行合同债务而应当承担的法律后果。

法律之所以将合同债务与违约责任紧密地联系在一起，原因就在于使合同债权得到有力的保障，即以违约责任作为债务人不履行合同债务时对债权人的保障方式。若债务人能够全面履行合同债务，债权人的利益得到圆满实现，则合同权利、义务关系自然终止。而当债务人不履行或者不适当履行合同债务时，债权人就可以通过国家强制力，请求法院或者仲裁机构判令债务人承担违约责任，以尽可能地保障自己的利益。

四、合同条款

（一）合同条款概述

所谓合同的条款，是指当事人协商确定的合同内容，它主要是确定了当事人的权利、义务。《合同法》第十二条规定："合同的内容由当事人约定，一般包括以下条款：（一）当事人的名称或者姓名和住所；（二）标的；（三）数量；（四）质量；（五）价款或者报酬；（六）履行期限、地点和方式；（七）

违约责任；（八）解决争议的方法。当事人可以参照各类合同的示范文本订立合同。”本条规定贯彻了合同自由原则，即合同包括哪些条款，如何规定双方的权利、义务均由当事人决定，法律不再直接进行干涉，从而体现出“由当事人决定合同内容的自由”这一合同自由原则的基本要求。至于本条所列的合同条款则仅具有提示性，而不具有强制性。即使当事人实际订立的合同没有全部包括这些条款，也不影响合同的成立或生效。除了上述八类条款以外，当事人还可以根据合同的需要约定其他条款。

（二）合同的基本条款

《合同法》第十二条第1款所列的合同条款是一个合同一般应当包括的条款，即合同的基本条款。它在确定合同的类型、当事人双方的权利与义务等方面具有决定性作用。当然，该条规定的合同基本条款也并不是每个合同都必须具备的，至于何种合同应包括何种基本条款，应视具体情况而定。现将合同的基本条款分述如下：

1. 当事人的名称或者姓名和住所

这是指自然人的姓名和住所，以及法人、非法人组织的名称和住所。自然人的姓名是指经户籍登记机关核准登记的正式用名，自然人的住所是指自然人长期生活和活动的主要处所。法人、非法人组织的名称是指经登记主管机关核准登记的名称，法人、非法人组织的住所是指它们的主要办事机构所在地。

在合同中载明当事人的名称或者姓名和住所是必要的：合同中记载的当事人的名称或者姓名是确定合同当事人的标志，而住所则在确定合同债务履行地、法院对案件的管辖等方面具有重要的法律意义。

2. 标的

合同的标的是指当事人权利指向的对象。合同中的标的条款应当清楚地写明标的的名称，以使其特定化，并能够确定权利、义务的范围。

具体而言，合同的标的可以为以下几项：

（1）物，即有形财产，是指具有价值和使用价值，能够为人所利用，并且法律允许其流通的有形物质。它包括动产和不动产。

（2）智力成果，有时也称无形财产，是指人类通过创造性智力活动获得的，不以实物形态存在但具有价值和使用价值，并且法律允许其流通的知识成果，包括商标、专利、著作权、技术秘密等。

（3）行为，又称劳务，是指不能以有形或者无形财产的形式表现出来的劳动或者服务，如保管合同中的保管行为、运输合同中的运输行为。

（4）工作成果，是指在合同履行过程中产生的，体现履约行为的有形物或无形物，如建设工程合同的承包人完成的建设项目、委托技术开发合同的研究开发人完成的研究开发成果。

3. 数量

合同标的的数量是指衡量合同当事人权利、义务大小的尺度，一般以数字和计量单位来表示。以物为标的的合同，其数量主要表现为一定的长度、体积或者重量；以智力成果为标的的合同，其数量主要表现为智力成果的范围；以行为为标的的合同，其数量主要表现为一定的工作量。

4. 质量

合同标的的质量是指检验标的内在素质和外观形态优劣的标准。我国根据各行业发展的具体情况，规定了各种产品或者服务的国家标准或者行业标准。另外，如果当事人对标的的质量有特别约定的，则在不违反法律强制性规定的前提下，应根据其约定确定合同标的的质量。与合同标的的数量一样，标的的质量也是非常重要的合同条款，在约定此类条款时，一定要详细、具体、准确。

5. 价款或报酬

价款或报酬，也称合同酬金，有偿合同都必须有价款或报酬的约定。价款是指一方当事人向以货物为交付标的的另一方当事人所支付的货币；报酬是指一方当事人对完成一定劳务和实现一定劳动成果的另一方当事人所支付的酬金。

6. 履行期限、地点和方式

履行期限是指当事人履行合同和接受履行的时间。期限包括期日和期间两种类型。期日是指履行时间为不可分或者视为不可分的特定时间，如在某年某月某日履行或者在某时履行。期间是指履行时间为一个时间区间，如从某月某日到某月某日履行合同。不过，《合同法》没有完全使用期日和期间的概念，而是使用了期间和期限的概念，即将期日称为期限，如该法第一百三十八条规定："出卖人应当按照约定的期限交付标的物。约定交付期间的，出卖人可以在该交付期间内的任何时间交付。"

履行地点是指当事人履行合同与接受履行的地方。履行地点是确定交付与验收标的地点的依据，有时又是确定运费、风险由谁承担的依据，有时还是确定标的物所有权是否转移的依据。

履行方式是指当事人履行合同与接受履行的方式，包括交货方式、验收方式、付款方式、结算方式、运输方式等。

7. 违约责任

违约责任是指当事人不履行合同义务或者履行合同义务不符合约定时应

当承担的民事责任。它是促使当事人履行债务，保护守约方利益的救济手段，对当事人的利益关系有重大影响，合同当事人应当作出明确约定。当然，由于违约责任是法定责任，即使合同没有作出约定，违约方也不会因此而免除责任，除非双方约定有免责条款。

8. 解决争议的方法

解决争议的方法是指合同当事人解决合同纠纷的手段、地点。根据《合同法》第一百二十八条的规定，当事人解决合同争议的方法主要包括和解、调解、仲裁和诉讼四种。

第二节 合同的形式

一、合同形式概述

合同的形式是指合同当事人所达成的协议的表现形式，它是合同内容的外部表现，是合同内容的载体。

根据合同自由原则，当事人可以自由约定合同的表现形式。在不违反法律强制性规定的前提下，当事人可以根据自己的需要选择合同的形式。这一原则在《合同法》中得到了体现。该法第十条规定："当事人订立合同，有书面形式、口头形式和其他形式。法律、行政法规规定采用书面形式的，应当采用书面形式。当事人约定采用书面形式的，应当采用书面形式。"依照该条的规定，当事人可以自由选择合同的表现形式，无论书面形式，还是口头形式或者其他形式，都是《合同法》所允许的。但是，如果法律、行政法规规定或者当事人约定采用书面形式的，则必须采用书面形式。

根据《合同法》的上述规定，合同的形式可以分为约定形式与法定形式。合同的约定形式是指当事人对于无法定形式要求的合同，约定采用一定的形式，如约定合同采取书面形式。合同的法定形式是指法律明确规定合同应当采取的形式，对此当事人不得予以变更。如《合同法》第二百三十八条规定，融资租赁合同应当采用书面形式。

根据合同形式的具体表现，又可以将合同形式分为明示形式、默示形式与沉默形式三种。

二、明示形式

明示形式是指当事人使用直接语汇作为合同的形式。直接语汇包括口头语言、文字、表情语汇，以及特定形体语汇，因此，打电话、发传真、录音录像、拍卖市场中的特定手势等均是合同的明示形式。在明示形式中，口头形式和书面形式是其最典型的表现。另外，本书还将介绍视听形式。

（一）口头形式

合同的口头形式是指当事人以口头语言的方式达成协议、订立合同的形式。口头形式包括当面对话、电话联系等形式。

口头形式的优点是简便易行，故在日常交易中经常被采用，如商店里的零售买卖。由于口头形式是最为传统、适用最为广泛的合同形式，因此在当事人采用口头形式订立合同时不需要特别指明。只要是当事人没有作出明确约定、法律没有要求采用特定形式的合同，都可以采取口头形式。

口头形式的不足之处在于发生合同纠纷时存在取证上的困难，不利于分清责任。在发生争议时，往往需要当事人以其他证据证明合同的存在及其内容。

采取口头形式订立合同并不意味着不能产生任何书面凭证。在实践中，人们到商店购物，有时也会要求开具发票或者其他购买凭证。不过，此类书面凭证只能证明合同的成立，而不能视为合同成立的要件。

（二）书面形式

合同的书面形式是指当事人以书面文字有形地表现合同内容的方式。合同书、信件、数据电文等可以记载当事人合同内容的书面文件都是合同书面形式的具体表现。其中，合同书和信件是传统的书面形式；随着科技的进步，合同的书面形式也越来越丰富，电报、电传、传真、电子数据交换以及电子邮件等都已成为高效、快速的合同书面形式。

使用书面形式的好处在于：

第一，有利于减少合同纠纷，即使发生了合同纠纷，也因有据可查、举证简单而易于分清责任。

第二，可以使合同内容更为详细、周密。当事人在将其意思通过文字表达出来时，往往会更审慎，对合同的约定也就更全面、具体。

《合同法》第十一条规定：“书面形式是指合同书、信件和数据电文（包括电报、电传、传真、电子数据交换和电子邮件）等可以有形地表现所载内容的形式。”据此，合同书面形式的基本形态是合同书、信件和数据电文三种，但并不限于此，凡是与这些形式具有同类特征的合同形式都是书面形式。

1. 合同书

合同书是最为典型、使用最为广泛的一种合同书面形式，是指记载合同内容的文书。

2. 信件

信件也曾是经常被采用的一种订立合同的书面形式，常用于远距离当事人之间订立合同的情形。它是指当事人以传统的纸张记载要约与承诺内容的信函。随着传真、电子邮件等高科技通信手段的发展，采用信件形式订立合同的情况已经越来越少。

3. 数据电文

数据电文是当代信息技术的产物。电子数据交换、电子邮件等已经成为现代商业中最便捷、最常用的通信方式。

《合同法》第十一条规定："书面形式是指合同书、信件和数据电文（包括电报、电传、传真、电子数据交换和电子邮件）等可以有形地表现所载内容的形式。"《电子签名法》第二条第2款规定："本法所称数据电文，是指以电子、光学、磁或者类似手段生成、发送、接收或者储存的信息。"我们可以看出，前述两个法条是有区别的：《合同法》将数据电文与合同书、信件等并列作为订立合同的一种形式；而《电子签名法》将其作为信息，认为其是合同订立或者进行磋商的内容。本书认为，从行文的规范性而言，《电子签名法》较之《合同法》更为规范，后者中的数据电文应理解为"数据电文形式"。

数据电文形式并不限于《合同法》第十一条所列举的五类。联合国国际贸易法委员会于1996年通过的《电子商务示范法》第二条a项规定："数据电文指以电子、光学或类似手段生成、发送、接收或存储的信息，这些手段包括但不限于电子数据交换、电子邮件、电报、电传和传真。"因此，《合同法》第十一条对数据电文形式的罗列应视为不完全列举或示例性列举。目前，通过万维网（WWW）和电子公告牌系统（BBS）订立合同是电子商务中应用最普遍的形式，故万维网和电子公告牌系统也属于数据电文形式。

4. 其他可以有形地表现所载内容的形式

合同书、信件和数据电文形式是"可以有形地表现所载内容的形式"，但书面形式并不限于明确规定的这几类。凡是"可以有形地表现所载内容的形式"都可以作为合同的书面形式。

5. 证明合同成立的书面凭证

在交易实践中，当事人之间往往还存在一些证明合同成立的书面凭证，在此有必要对其性质和作用作一介绍。

一是车票、机票等合同凭证。这些合同凭证并不是合同书，但它们是证明当事人之间存在合同关系的凭证，因此具有合同书的作用。

二是合同确认书，即在当事人采用信件、数据电文等形式订立合同时，双方以书面形式对合同内容予以确认的合同形式。根据《合同法》第三十三条的规定，在此情形下，只有在签订确认书时，合同才能成立。合同确认书可以把分散的合同文件集中起来，使之更为具体、明确，便于双方保管和履行。

《合同法》第十条第2款规定，法律、行政法规规定采用书面形式的，则合同在采用书面形式时才成立。如果当事人未采用书面形式，则合同不能成立。但是，一概将未采用书面形式的合同认定为不成立，可能会对当事人的真实意思造成损害，为此，《合同法》作出了例外规定，如该法第三十六条规定："法律、行政法规规定或者当事人约定采用书面形式订立合同，当事人未采用书面形式但一方已经履行主要义务，对方接受的，该合同成立"。再如，该法第三十七条规定："采用合同书形式订立合同，在签字或者盖章之前，当事人一方已经履行主要义务，对方接受的，该合同成立。"

我国一些学者认为，合同的书面形式可分为一般书面形式与特殊书面形式，并将上述的合同书、信件或者数据电文等看做合同的一般书面形式，将公证、登记、批准等看做合同的特殊书面形式[①]。本书在此分别介绍公证、批准、登记、鉴证的含义及其对合同效力的影响，并对它们是否属于合同的书面形式予以分析。

1. 公证

公证是指当事人约定由公证机关对合同内容的真实性和合法性予以证明和确认的行为。公证机关一般均以合同的书面形式为基础，对合同内容进行审查后，在合同书上加盖公证印鉴，以资证明。目前，我国法律对合同公证实行自愿原则。

对于公证的法律效力，或者公证对合同成立或生效的影响，我国法律并未作出明确规定。从公证本身的作用来看，它主要是用来证明合同内容的真实性与合法性，因此，它的价值更多表现为一种证明力，而不应对合同的成立或生效产生影响。不过，如果当事人约定以公证作为合同成立或者生效的条件，则应尊重当事人的约定。由于公证是当事人之外的第三人对合同内容真实性与合法性的证明，而非合同当事人达成协议的形式，因此不应属于合同的书面形式。

2. 批准

批准是指法律规定某些类型的合同必须经过国家有关主管机关的审查同

① 魏振瀛．民法：第三版．北京：北京大学出版社，高等教育出版社，2007：144。

意。即此类合同除须当事人意思表示一致而成立外，还应将合同书及有关文件提交国家有关主管机关批准后才能生效。也就是说，这类合同的生效除应具备合同的一般生效要件外，还须具备“批准”这个特殊的要件。尽管我国法律在规定“批准”时，往往不对其法律效果作出明确的规定，但由于未经批准的合同无法使当事人达到预设的合同目的，因此批准应当是合同的生效要件。由于批准是当事人之外的第三人对合同内容的认可，而非合同当事人达成协议的形式，因此批准也不是合同的书面形式。

3. 登记

登记是指国家登记主管机关将民事主体的权利变更事项记载于登记簿上的行为，如房屋所有权变更登记、结婚登记。民法中最典型的登记是物权登记，即登记是物权（主要是不动产物权）变动的公示方式，但登记对合同的成立并无影响，因此不是合同的书面形式。在《物权法》出台之前，我国对登记的法律意义存在误解，将其与合同的效力联系在一起，并将其视为合同的特殊书面形式。例如，根据《担保法》第四十一条的规定，在以航空器、船舶抵押时，应当办理抵押物登记，抵押合同自登记之日起生效。《物权法》第一百八十七条则改变了《担保法》的规定，规定抵押权自登记时设立。可见，在当事人以合同的方式设立不动产物权时，登记仅对物权的设立具有意义，是物权设立的公示方式，而非合同的成立或生效要件，更不是合同的书面形式。

4. 鉴证

我国曾经还存在合同鉴证制度。所谓合同的鉴证，是指当事人约定或者依照法律规定，当事人将合同提交给工商行政管理机关或者其他合同管理机关以审查其真实性、合法性并予以证明的行为。鉴证是国家对合同进行管理和监督的行政措施，只能由国家合同管理机关（如工商行政管理机关）进行。合同鉴证是由合同当事人之外的第三人对合同的真实性、合法性所作的证明，而非合同的书面形式。由于合同鉴证行为与国家合同管理机关的职能不符，故该制度已被取消。

（三）视听形式

所谓视听形式，是指以录音、录像之类的视听手段记载合同内容的形式。《民法通则意见》第六十五条规定：“当事人以录音、录像等视听资料形式实施的民事行为，如有两个以上无利害关系人作为证人或者其他证据证明该民事行为符合民法通则第五十五条的规定（关于法律行为生效要件的规定——引者注），可以认定有效。”

从上述司法解释的内容来看，视听形式可以成为合同形式，但由于它具有易被篡改的缺点，因此在适用时有严格的要求，即当事人以录音、录像等视听资料形式订立合同的，只有在有两个以上无利害关系人作为证人或者有其他证据证明该合同符合法律规定的生效要件时，才能认定有效。

三、默示形式

所谓默示形式，是指合同当事人没有直接使用明示形式，而是通过实施某种特定行为达成协议，又称合同的推定形式。将汽车停放在收费停车场、在自选商场选定商品后携至结算处、登乘公共汽车、向自动售货机投入硬币、在拍卖会上举牌等均属于合同的默示形式。默示形式实际上就是通过当事人实施的积极作为，推定出当事人完成了合同的订立。我国法律允许当事人以默示形式订立合同，如《合同法》第二十二条规定："承诺应当以通知的方式作出，但根据交易习惯或者要约表明可以通过行为作出承诺的除外。"再如，该法第二百三十六条规定，"租赁期间届满，承租人继续使用租赁物，出租人没有提出异议的，原租赁合同继续有效，但租赁期限为不定期"。

四、沉默形式

沉默形式是指单纯的不作为，即当事人既未以明示方式订立合同，也未作出某种可以推定其订立合同的积极行为。因此，原则上，沉默不能成为合同的形式。但若当事人有此约定或者法律有此规定时，则沉默可以成为合同的形式。例如，合同当事人双方可以约定，对于一方变更合同的表示，另一方未在特定期间内作出拒绝的意思表示，则视为其同意变更。需说明的是，任何一方当事人均不得单方面决定沉默作为合同的形式。再如，《合同法》第一百七十一条规定，"试用买卖的买受人在试用期内可以购买标的物，也可以拒绝购买。试用期间届满，买受人对是否购买标的物未作表示的，视为购买"。

《民法通则意见》第六十六条规定："一方当事人向对方当事人提出民事权利的要求，对方未用语言或者文字明确表示意见，但其行为表明已接受的，可以认定为默示。不作为的默示只有在法律有规定或者当事人双方有约定的情况下，才可以视为意思表示。"该条即是对默示形式和沉默形式的规定。不过，沉默形式与默示形式有着本质的区别，因此该司法解释将沉默形式视为"不作为的默示"而将其归入"默示形式"之中，是不妥当的。

思 考 题

1. 合同债务包括哪些类型?
2. 主给付义务与从给付义务的区别是什么?
3. 附随义务有哪几种类型?
4. 合同的形式有哪些?

第四章

合同的效力

本章要点

本章主要介绍了合同的生效要件、附条件合同、附期限合同、可撤销合同、无效合同和效力未定合同，并分析了合同被确认无效或被撤销的后果。本章的重点和难点是合同的生效要件、附条件的合同、可撤销合同的类型、撤销权的行使、无效合同的类型、效力未定合同的类型、合同无效或被撤销的法律后果。

第一节　合同的效力概述

一、合同效力的含义

合同的效力是指已经生效的合同所具有的对合同当事人乃至第三人的法律上的约束力。合同是当事人双方为追求各自利益最大化，在意思自治的基础上达成的合意，故原则上只在合同双方之间产生效力。但若当事人违反合同内容，则会有国家强制力的介入，以强制当事人承担相应的责任；若合同内容违反法律的强制性规定，则合同无效。可见，从表面上看，合同的效力是当事人合意的结果，实质上它是来源于法律的赋予，是法律对当事人之间合意内容的积极评价，这样的合同被称为有效合同。但法律也经常会对一些合同作否定评价，即不赋予该合同以效力，这类合同一般被称为“欠缺有效要件的合同”，包括效力未定合同、无效合同、可撤销合同。

合同的效力由法律赋予并不意味着合同具有公法效力。相反，合同的效力是一种私法上的效力，它是指合同所产生的民法上的权利、义务关系，违反合同将承担民事责任。这是由合同双方当事人平等的民事主体地位以及合同所包含的民事权利、义务内容所决定的。而公权利介入，对合同赋予强制力的保障，只是促使双方当事人更好地履行合同。

二、合同生效与合同成立的关系

合同生效是指合同已经具备法律从外部施加的各种要求，在当事人之间产生了法律约束力。严格来说，合同的生效与有效是有差异的。合同生效是指合同产生法律约束力，侧重于合同效力的时间方面的问题，强调一个动态的过程；而合同有效则是指合同具有法律效力，侧重于合同效力的定性方面的问题。合同生效后自然发生合同有效的结果。

虽然合同成立与生效的要件不同，但在绝大多数情况下，当事人的合意同时符合法律对合同生效要件的要求，因此合同成立的时间就是合同生效的时间，此即《合同法》第四十四条第 1 款规定的"依法成立的合同，自成立时生效"的情形。在特殊情况下，合同虽然已经依法成立，但并不立即生效，即合同生效时间晚于合同成立时间，主要包括：

(1) 法律、行政法规规定应当办理批准手续生效的，则合同在办理此种手续时生效（《合同法》第四十四条第 2 款）。《合同法司法解释（一）》第九条进一步规定，法律、行政法规规定合同应当办理批准手续才生效，在一审法庭辩论终结前当事人仍未办理批准手续的，人民法院应当认定该合同未生效。

(2) 附生效条件的合同，自条件成就时生效（《合同法》第四十五条）。

(3) 附生效期限的合同，自期限届至时生效（《合同法》第四十六条）。

为了区分合同的成立与生效，《合同法》将二者分别加以规定，即在第二章"合同的订立"中规定合同的成立，在第三章"合同的效力"中规定合同的生效。

第二节　合同的生效要件

一、合同的生效要件概述

合同的生效要件是指法律对合同从外部施加的各项要求。《合同法》没有规定合同的生效要件，但合同是最为典型的法律行为，因此《民法通则》第五十五条对法律行为生效要件的规定对其同样适用。另外，本书认为，标的确定亦为合同生效的要件之一。具体而言，合同的生效要件应当包括：

(1) 合同当事人具有相应的民事行为能力；

(2) 意思表示真实；

(3) 标的达到最低限度的确定；

(4) 不违反法律或者社会公共利益。

上述四项要件是合同的一般生效要件，即一般来说，合同具备了这四项要件即可发生法律效力。但是，有些合同需要具备特殊的要件方能生效。通说认为，合同的特殊生效要件包括两种情形：

(1) 按照法律规定，合同必须经过法定程序。如法律、行政法规规定需经批准手续才可生效的合同。

(2) 附条件或期限的合同以条件的成就或期限的届满为生效要件。关于附条件或期限的合同，本书将在下一节中进行讨论。

二、合同当事人具有相应的民事行为能力

合同当事人具有相应的民事行为能力也可称为当事人适格。根据《合同法》第二条的规定，合同当事人包括自然人、法人和非法人组织。本书在此依次分析这三类合同当事人的民事行为能力。

(一) 自然人

《民法通则》以年龄和精神健康状况为标准，将自然人的民事行为能力分为完全民事行为能力、限制民事行为能力和无民事行为能力三种。

合同的生效要件之所以对当事人的主体资格予以要求，特别是针对自然人的不同民事行为能力进行效力划分，是为了维持交易秩序，维护社会稳定；更是为了保护限制民事行为能力人和无民事行为能力人的利益。但这并不意味着禁止限制民事行为能力人和无民事行为能力人参与所有的合同关系。法律禁止的只是与他们的年龄、精神状况、智力水平不相一致或者不相适应的行为。如《民法通则意见》第三、四条就规定了如何判断和认定未成年人和精神病人的此种“一致性”和“适应性”。

我国相关立法（如《民法通则》、《合同法》）并不承认无民事行为能力人实施的与其年龄、智力相适应的行为的法律效力。但在现实生活中，无民事行为能力人完全可以独立实施一些不需要较高社会经验、判断能力或者智商的日常行为活动。如果概括性地规定此类合同无效，会造成法律与生活的脱节。因此学理上一般认为，限制民事行为能力人和无民事行为能力人可以独立实施下列行为：

1. 纯获利益的行为

《民法通则意见》第六条规定：“无民事行为能力人、限制民事行为能力人接受奖励、赠与、报酬，他人不得以行为人无民事行为能力、限制民事行为能力为由，主张以上行为无效。”因此，在日常生活中，诸如接受奖励、赠与等行为，无论接受人是无民事行为能力人，还是限制民事行为能力人，他

人都不得以民事行为能力不足为由主张合同无效。

此处的利益应理解为法律利益，而非日常生活中一般意义上的经济利益。法律利益强调的是限制民事行为能力人或无民事行为能力人是否需要为了该利益而承受法律上的负担。但纯获法律利益的标准在具体案件中可以作适当变通。例如，如果该负担与所获赠与相比，后者的利益要远远大于前者，且该负担完全在无民事行为能力人或限制民事行为能力人的承受范围以内，在此情况下，也可以认为是纯获法律上的利益的。

2. 日常生活所必需的行为

行为是否为日常生活所必需，可以根据该行为与行为人生活的关联程度、行为标的的数额及行为人的经济能力等标准进行综合判断。

另外，对于限制民事行为能力人而言，其除可以独立实施上述行为外，根据《合同法》第四十七条第1款的规定，其所订立的合同，经法定代理人追认后有效。因此，即使限制民事行为能力人实施的行为与其精神状况、智力水平等不相适应，只要在合理时间内得到法定代理人的追认，或者其在获得完全民事行为能力后予以认可，仍然是有效的。但对于无民事行为能力人而言，其只能实施前述两类行为，超出这一范畴实施的行为无效。

（二）法人

按照我国原来的法律规定及学理解释，法人签订合同要受其宗旨、目的、章程即经营范围的严格限制，超过经营范围所签订的合同无效。但近年来的立法、司法实践和学说逐渐改变了这种观点。

《合同法司法解释（一）》第十条规定，当事人超越经营范围订立合同，人民法院不因此认定合同无效。但违反国家限制经营、特许经营以及法律、行政法规禁止经营规定的除外。其立法本意就是要顺应市场经济发展的需要，最大限度地保证交易的实现。

此外，2005年修订后的《公司法》将经营范围交由公司自行决定，并且删除了原法第十一条第2款中“公司应当在登记的经营范围内从事经营活动”的规定，不再将超越经营范围签订的合同认定为违法或者无效。但是，法律有特别规定的除外。

另外，关于法人的法定代表人超越权限代表法人所订合同是否应由法人承担法律后果，也是一个值得探讨的问题。法人的日常经济活动主要是由其法定代表人进行的，法定代表人代表法人参与谈判、签订合同。但是，法定代表人的权利并非毫无限制，公司往往会在章程中将法定代表人的权利限定在一定范围之内。但在现实经济活动中，却大量存在着法人的法定代表人超越权限订立合同的情形。此类合同的法律后果应当由谁承担呢？根据《合同法》第五十条的规定，法人的法定代表人超越权限订立的合同，除相对人知道或者应当知道其超越权限的以外，该代表行为有效。也就是说，在一般情况下，法定代表人的行为被视为法人的行为，其代表法人所签合同的法律后果应由法人直接承担。这是因为，对于合同相对人而言，其一般并不知道、也没有义务知道法定代表人的权利是否受到了限制。即使法人的内部规定限定了法定代表人的权利，这种规定也不应对合同相对人产生约束力，否则将不利于保护交易安全及合同相对人的正当利益。但是，如果合同相对人知道或者应当知道法人的法定代表人代表法人所签合同超越了代表权限，则该合同不应由法人直接承担法律后果，而应视法人是否追认而定。如果法人追认了法定代表人超越代表权限的行为，则由法人承担该合同的法律后果；如果法人拒绝追认，则法人不承担该合同的法律后果，而是由法定代表人充当该合同的当事人。

（三）非法人组织

非法人组织在我国法律中被称为“其他组织”，是指不具有法人资格但可以自己的名义进行民事活动的组织，包括法人的分支机构、从事经营活动的非法人事业单位、合伙企业等。对于非法人组织的缔约能力，学界看法不一，如有学者认为，应当根据该非法人组织是否领取营业执照来作为其是否有资格以自己的名义独立从事民事活动的依据①。本书认为，非法人组织可以作为合同主体参与交易，且《合同法》第二条在关于合同的定义中也承认非法人组织订立的合同受法律保护。

非法人组织与法人的区别在于，非法人组织虽然具有相对独立的财产，但却不能完全独立承担民事责任。也就是说，当非法人组织不能履行合同债务（特别是金钱债务），或者无力承担巨额的违约赔偿责任时，应由其出资人或开办单位承担连带责任。

关于非法人组织的负责人超越权限所订合同是否应由非法人组织承担法律后果的问题，《合同法》第五十条亦作了规定，具体内容与法人的法定代表人超越权限的情形相同，请参见前文相关内容，此不赘述。

三、意思表示真实

所谓意思表示，是指向外部表明企图发生一定民事法律效果的意思。它是合同等法律行为的核心要素。《合同法》第十四、二十一条规定的要约与承诺即属于当事人之间的意思表示。且如前所述，有效的合同是以合同当事人

---

① 王利明．合同法研究：第一卷．北京：中国人民大学出版社，2002：521。

之间的合意为基础的，因此，当事人的意思表示是否真实对合同的效力至关重要。

但在实践中，出于种种原因，当事人并不总是能够自由地、不受干扰地、完整无误地对自己的意思进行表达，从而造成当事人意思表示的瑕疵。意思表示的瑕疵分为两种情形：意思与表示存在不一致与意思表示不自由。意思与表示存在不一致是指表意人客观上所表示的意思与其内心意思不一致。此类瑕疵又分为两种情形：一是虚伪表示，是指表意人知道其内心真意与表示不一致而为意思表示，即其意思表示的瑕疵是出于表意人的故意；二是错误，是指表意人不知其内心真意与表示不一致而为意思表示，即其意思表示的瑕疵是表意人所不知道的。意思表示不自由是指表意人在意思形成和作出表示时因受到他人的非法干预而导致的意思表示瑕疵。

有效合同是以意思表示真实为前提的，因此当意思表示存在瑕疵时，合同效力自然就会受到影响。在意思表示存在瑕疵时，合同具有可撤销因素；但当意思表示瑕疵的后果涉及国家、社会公共利益，或者有违法情形的，根据我国法律的规定，此类合同为无效合同。

四、不违反法律与社会公共利益

合同之所以能产生法律效力、能由国家强制力予以保障，是因为当事人之间的合同符合法律规定。相应地，违反法律的合同自然不能产生法律上的效力。

本书认为，此处的不违反法律应当作限制解释，即应理解为只有在合同不违反法律的强制性规定并符合社会公共利益的情况下才赋予合同以效力。如果认为合同只要违反现行法律中的任意一条规定就因此无效的话，未免显得法律太过苛刻，而且也有国家意志侵犯公民意思自治的嫌疑。此外，即使合同违反了法律的强制性规定，也不可一概认定为无效而应视该法律强制性规定的规范目的而定。

将社会公共利益与不违反法律并列规定主要是为了弥补法律规定的不足，同时也使合同在最大程度上符合社会公众的价值取向。但是，如何明确社会公共利益的范围仍然是一个值得探讨的问题。

关于合同触犯法律时的效力认定以及社会公共利益部分的具体内容将在本章第五节“无效合同”中进一步论述。

五、标的应当达到最低限度的确定

除《民法通则》规定的三个要件之外，本书认为标的达到最低限度的确定也应是合同的一个生效要件。标的须确定是指合同的内容可以通过当事人的意思表示予以确定，但确定的程度达到最低限度即可。如果合同的内容不确定、不完整或者前后矛盾，应当根据法律的相关规定、当事人约定的方法或者交易习惯、履约过程等进行确定。根据《合同法》第六十一条的规定："合同生效后，当事人就质量、价款或者报酬、履行地点等内容没有约定或者约定不明确的，可以协议补充；不能达成补充协议的，按照合同有关条款或者交易习惯确定。"当事人依照上述规定仍不能确定合同内容的，适用该法第六十二条的相关规定。如果通过上述方式仍不能确定合同内容的，则该合同无效。例如，对买卖合同而言，通过上述方式至少应当可以确定买卖的标的物、数量、价格；如果最终连上述三个方面都不能确定，则该买卖合同无效。

第三节 附条件与附期限的合同

一、附条件与附期限合同概述

附条件与附期限合同以条件的成就或期限的届满为生效要件，即在满足合同的一般生效要件后，此类合同仍然尚未生效，只有在条件成就或期限届满时，才完全具备生效要件。《合同法》第四十五条规定，当事人对合同的效力可以约定附条件；该法第四十六条规定，当事人对合同的效力可以约定附期限。因此，附条件和附期限的合同所附的条件和期限实际上是对合同特别生效要件的规定。当然，当事人不仅可以将条件的成就或期限的届满约定为合同的生效要件，还可以将其约定为合同的失效要件。

二、附条件的合同

（一）概述

附条件的合同是指在合同中约定一定的条件，并且把该条件的成就或者不成就作为确定当事人之间的合同发生或失去法律效力之根据的合同。法律规定附条件合同的主要原因在于附条件合同充分尊重了当事人的意愿，使合同能够更好地满足当事人的特殊需要，也使合同的订立能够适应瞬息万变的市场。附条件合同中的条件是指当事人以将来客观上成就与否不确定的事实作为决定合同的效力发生或者消灭的附款，它具有限制合同效力的作用。

（二）条件的构成要件

条件的构成要件是指条件应当具备的法律上的要求。一般来说，条件的构成要件包括以下几点：

第一，条件应是将来发生的事实。条件须是行为人订立合同时尚未发生的事实。已经发生的事实，无论当事人是否知晓，均不构成条件。

第二，条件应是不确定的事实。条件须是可能发生，也可能不发生的事实。确定发生的事实不是条件而是期限。确定不会发生的事实也不能作为条件。例如，甲对乙说，如果人类移居到太阳上，甲就把自己的房子卖给他。由于该买卖所附条件不可能实现，因此该买卖合同无效。再如，甲对乙说，如果甲能够发明永动机，则甲、乙双方的房屋租赁合同终止。由于发明永动机不可能实现，则在此情况下，可以视为合同未附条件或所附条件无效，甲、乙双方的合同得以继续履行。

第三，条件应是由行为人约定的事实。条件不能是法律规定或者由合同性质决定的事实，而必须是由当事人约定的。如果合同所附条件属于法律规定，则视为未附条件，合同的效力不受条件的影响。

第四，条件应是合法的事实。《民法通则意见》第七十五条规定，附条件的民事行为，如果所附条件是违背法律规定或者不可能发生的，则应当认定该民事行为无效。

（三）条件的类型

1. 生效条件与解除条件

根据条件对合同效力的影响，可以将条件分为生效条件与解除条件。生效条件又称延缓条件、停止条件，是指限制合同生效的条件。解除条件又称消灭条件、失效条件，是指限制合同效力消灭的条件。

2. 积极条件与消极条件

根据作为条件的事实属于积极事实还是消极事实，可以将条件分为积极条件与消极条件。积极条件又称肯定条件，是以某事实的发生为条件的成就。消极条件又称否定条件，是以某事实的不发生为条件的成就。

（四）条件的效力

1. 条件的成就与不成就

所谓条件成就，是指构成条件内容的事实已经实现。对于积极条件，以条件事实的发生为条件成就。对于消极条件，以条件事实的不发生为条件成就。

所谓条件不成就，是指构成条件内容的事实不能实现。对于积极条件，以条件事实的不发生为条件不成就。对于消极条件，以条件事实的发生为条件不成就。

2. 条件成就或不成就的拟制

《合同法》第四十五条第2款规定："当事人为自己的利益不正当地阻止条件成就的，视为条件已成就；不正当地促成条件成就的，视为条件不成就。"此条即是对条件成就或不成就的拟制的规定。这是诚实信用原则在附条件合同中的具体应用，其目的是使任何人都不能出于自私的目的，从一个有违诚实信用的行为中得到法律上的利益。因此，如果合同当事人为了自己的利益促使条件成就或者阻止条件成就，他的行为就因违反诚实信用原则的要求而产生相反的法律后果。

条件成就或不成就的拟制的构成要件是：（1）阻止条件成就或不成就的人，必须是因条件成就或不成就而获得利益的当事人。如果是第三人阻止条件的成就或促成条件的成就，则不构成拟制。（2）当事人须以不正当行为阻止条件的成就或促成条件成就。何为不正当，应依诚实信用原则及相关情势作出衡量。例如，甲、乙约定，甲的马如生小马，则卖给乙。后因马得疫病，甲杀之，则甲杀马的行为不视为不正当行为。

阻止条件成就或不成就的当事人一方是否应对其行为承担法律责任，我国法律并未规定。本书认为，该当事人应当承担责任，不仅要赔偿消极利益，还要赔偿履行利益。这是因为，当事人订立的附条件的合同要么已经成立（附生效条件的合同），要么已经生效（附解除条件的合同），当事人之间已经存在合同关系，不同于单纯的缔约行为。如果仅让阻止条件成就或不成就的当事人一方承担缔约过失责任，向对方赔偿消极利益，就不能充分保护对方的利益。

3. 条件成就或不成就时的效力

附生效条件的合同在条件成就时发生效力，附解除条件的合同在条件成就时失去效力。我国法律没有对条件确定不成就时的合同效力作出明文规定。通说认为，附生效条件的合同在条件确定不成就时，合同不生效力。附解除条件的合同在条件确定不成就时，合同继续发生效力。

4. 条件成就与否未确定前的效力

我国法律没有对条件成就与否未确定前的效力作出明文规定，但有些国家或地区对此作出了规定，例如我国台湾地区"民法"第一百条规定："附条件之法律行为当事人，于条件成否未定前，若有损害相对人因条件成就所应得利益之行为者，负赔偿损害之责任。"民法学说认为，在此合同效力悬而未定的期间，当事人仍应受合同约束，负有注意义务，以便使当事人通过合同所欲实现的法律效果于条件成就时得以实现。该注意义务的内容应根据诚实信用原则，结合合同的性质、目的和交易习惯予以判定，通常属于消极的不作为义务。如果行为人违反此义务，损害了相对人在条件成就时的应得利益，则行为人须负损害赔偿责任。

三、附期限的合同

（一）概述

附期限的合同是指在合同中约定一定期限，并把该期限的到来作为确定当事人之间的合同发生或失去法律效力之根据的合同。例如，约定有租期的房屋租赁合同于租期届满时即丧失法律效力。

条件与期限的相同点在于二者都是当事人意思表示的组成部分，都是对合同效力的某种限制，都是未来的事实。二者的不同之处则在于：条件是将来发生与否不能确定的事实，而期限是将来确定发生的事实。具体而言，可以从以下四个方面来说明二者的区分标准：

（1）时期确定，到来也确定的，为期限。如甲、乙于 2007 年 10 月签订合同约定，本合同自 2008 年 1 月 1 日起生效。

（2）时期确定，到来不确定的，为条件。如甲、乙约定，若乙于次年 6 月份考上重点大学，甲就送乙一部手机。

（3）时期不确定，到来确定的，为期限。如甲、乙约定，在战争结束之时，乙向甲订购一批货物。

（4）时期不确定，到来也不确定的，为条件。如甲、乙约定，在乙设立的公司连续两年赢利之时，乙向甲购买一部汽车。

（二）期限的类型

期限可以分为两种：

1. 生效期限

生效期限又称延缓期限或始期，它是指限制合同生效的期限。也就是说，在期限到来以前合同已经成立，但其效力仍然处于停止状态，待期限到来时，效力才发生。此即《合同法》第四十六条所称的“自期限届至时生效”。例如，合同约定“本合同自某年某月某日生效”，该期限即为始期，于该期限到来后，当事人才能实际享有权利和承担义务。

合同中所附的生效期限与合同中的履行期限不同。因为在履行期限到来前，合同可能已经生效，债权债务已经产生，只是当事人尚未履行。而在生效期限到来前，合同根本没有生效，当事人既不能享有权利，也无须承担义务，换言之，此时债权债务并没有产生。

2. 终止期限

终止期限也称解除期限或终期，它是指限制合同失效的期限。此即《合同法》第四十六条所称的“自期限届满时失效”。例如，合同中约定：“本合同至某年某月某日终止”，该期限即为终止期限。

（三）期限的效力

根据《合同法》第四十六条的规定，附生效期限的合同，自期限届至时生效；附终止期限的合同，自期限届满时失效。

我国法律未对期限到来前的附期限合同的效力作出规定。通说认为，此种状态下的合同效力与附条件合同在所附条件未成就时的效力相同，此不赘述。

第四节　可撤销的合同

一、可撤销合同的含义与特征

“撤销”一词在民法中十分常用，在此处应是指对有瑕疵的意思表示的撤销，从而消灭合同效力的权利行使行为。相应地，我国《合同法》中的可撤销合同是指合同虽已成立，但由于意思表示不真实，经一方当事人的请求，由人民法院或者仲裁机构确认后予以撤销或者变更的合同。

可撤销合同具有以下特征：

首先，是否使可撤销合同的效力消灭，取决于享有撤销权的一方当事人的意志，撤销权人以外的任何人都无权撤销合同。

其次，可撤销合同在被撤销以前是有效的。即使合同具有可撤销的因素，但如撤销权人放弃了撤销权，则合同仍然有效；不享有撤销权的另一方当事人不得以合同有可撤销因素为由而拒绝履行合同。

最后，可撤销合同被撤销后，合同自始无效。也就是说，合同溯及地不发生当事人合意的法律效力。

二、可撤销合同的类型

（一）因欺诈订立的合同

欺诈是指故意告知对方虚假情况，或者故意隐瞒真实情况，使对方陷入错误而为意思表示。根据《民法通则意见》第六十八条的规定：“一方当事人故意告知对方虚假情况，或者故意隐瞒真实情况，诱使对方当事人作出错误意思表示的，可以认定为欺诈行为。”根据这一规定，欺诈的构成要件包括：

1. 有欺诈行为

欺诈行为主要表现为捏造虚假事实、隐匿或歪曲真实事实。欺诈一般表现为积极行为，如将走私的水货手机谎称为本国制造的正品行货，或将低劣产品说成高档产品。不作为原则上不构成欺诈，因为当事人并没有普遍的告知义务。但如果根据法律规定、合同约定、诚实信用原则或交易习惯，当事人就某事项负有告知或说明义务的，则沉默亦可构成欺诈。

2. 欺诈人为合同当事人或者第三人

在绝大多数情况下，欺诈行为都是由合同一方当事人实施的。在这种情况下，因受到欺诈而订立合同的对方当事人当然享有撤销合同的权利。如果欺诈人是第三人，则只有在因第三人的欺诈行为而受益的合同一方当事人明知或应当知道对方当事人受欺诈时，对方当事人才享有撤销合同的权利。这是因为，如果合同一方当事人并未参与欺诈行为，是善意无过失的，就不应当使其蒙受损失。

3. 欺诈行为与合同对方当事人陷入错误及作出意思表示存在因果关系

合同对方当事人作出错误的意思表示是因欺诈行为导致的，而其为意思表示是基于错误的认知。欺诈行为与合同对方当事人陷入错误之间的因果关系，不仅指该当事人原无错误，因受到欺诈而陷入错误，还包括该当事人原有错误，因受到欺诈而陷入更深的错误。错误与意思表示之间的因果关系可以分为两种情况：一是无此错误，则根本不为意思表示；二是无此错误，则不以此条件为意思表示。如果合同一方当事人的欺诈行为并未影响对方当事人为意思表示，则对方当事人无权撤销合同。

4. 欺诈人有欺诈的故意

这是指行为人意识到其欺诈行为，并且希望合同对方当事人受欺诈而陷入错误，并因此而实施意思表示。欺诈故意的含义包括：第一，行为人希望其欺诈行为使相对人陷入错误的认识。如果欺诈人并不知道自己表述的事实是虚假事实，或虽明知其表述的事实是虚假的，但并没有使相对人陷入错误的意思，则不构成欺诈。第二，相对人因错误而为一定意思表示。如果欺诈人虽明知其表述的事实为虚假事实，但并没有利用相对人的错误使其为一定意思表示的意思，则不构成欺诈。至于欺诈人是否存在取得财产利益的意思，或者使相对人遭受财产损失的意思，均不影响欺诈的成立。另外，相对人是否因欺诈行为而遭受财产损害，不是认定欺诈的条件。

（二）因胁迫订立的合同

胁迫是指合同相对人或第三人故意向对方当事人告以危害，致其产生恐惧而进行意思表示。《民法通则意见》第六十九条规定，以给公民及其亲友的生命健康、荣誉、名誉、财产等造成损害，或者以给法人的荣誉、名誉、财产等造成损害为要挟，迫使对方作出违背真实的意思表示的，可以认定为胁迫行为。根据这一规定，胁迫的构成要件包括：

1. 须有胁迫行为

胁迫行为是指将危害告知合同相对人的行为。危害是指任何将来的不利益，如损坏财物、败坏名誉、殴打、杀害、泄露秘密或拘捕等。胁迫行为既可以由合同当事人实施，也可以由第三人实施；既可以直接对合同相对人实施，也可以对其亲属或友人实施。胁迫的对象不仅包括人的生命、身体健康以及自由，也可以包括人的名誉、荣誉、隐私及财产。如果胁迫行为是由第三人实施的，即使合同当事人并不知情，合同相对人仍然可以撤销合同，这是因为胁迫行为本身是非法的。已经开始的损害一般不构成胁迫行为，但如果告知合同相对人欲将该损害继续以致其产生恐惧的，则构成胁迫行为。

2. 须胁迫行为与合同相对人产生恐惧及进行意思表示之间存在因果关系

首先，须胁迫行为与合同相对人产生恐惧之间有因果关系。恐惧状态应依合同相对人的主观状态确定，包括原无恐惧但因行为人的胁迫而产生恐惧，和已有恐惧但因行为人的胁迫而加深恐惧这两种情形。其次，须合同相对人产生恐惧与意思表示之间有因果关系。例如，甲以揭发乙的隐私胁迫乙，乙因惧怕自己的名誉受损而被迫与甲签订合同，则乙的恐惧与其所为的意思表示之间就存在因果关系。

3. 须胁迫具有违法性

胁迫具有违法性包括三种情形：一是手段与目的均违法，如甲对乙说，如果乙不同意与其合谋欺诈丙，甲就泄露乙的商业秘密；二是目的合法，手段违法，如甲为追回到期债务，就威胁乙说，如果乙不还债，就放火烧他家；三是手段合法，目的违法，如甲对乙说，除非乙将汽车无偿赠与甲，否则其将向司法机关检举乙的犯罪事实。如果手段与目的均合法，则一般不构成胁迫。但在例外情况下，如果手段与目的之间失衡，则是否构成胁迫，就需斟酌相关情势，尤其是要考量胁迫人对其所欲促成之意思表示是否具有正当利益，以及利用胁迫实现此项利益是否适当予以判断。例如，甲威胁乙说，若乙不偿还债务，甲将去告发他的贪污罪行。在该例中，虽然甲要求乙偿还债务和举报犯罪本身都是合法的行为，但以告发犯罪为手段胁迫他人偿还债务，其目的与手段之间不存在内在关联，手段与目的之间显失平衡，因此甲的行为具有违法性。

4. 须胁迫人有胁迫的故意

胁迫故意是指胁迫人意识到其胁迫行为，并且希望表意人产生恐惧，并因此而为意思表示。胁迫故意包括两个方面的含义：一是有使表意人产生恐惧的意思；二是有使表意人因恐惧而为一定意思表示的意思。至于胁迫人是否有取得财产利益或使表意人蒙受财产损失的意思，并不影响胁迫的成立。

（三）乘人之危订立的合同

乘人之危是指合同一方当事人利用对方当事人的急迫需要或危难处境，迫使其作出违背真意的意思表示。例如，乙心脏病发急待救援，甲趁机提出以低于市场价购买乙之货物的要求为施救条件，乙无奈接受。《民法通则意见》第七十条规定："一方当事人乘对方处于危难之机，为牟取不正当利益，迫使对方作出不真实的意思表示，严重损害对方利益的，可以认定为乘人之危。"根据这一规定，乘人之危的构成要件包括：

1. 相对人在客观上处于急迫需要或紧急危难处境

相对人的此种处境是真实存在的，而不是想象或臆测的。

2. 合同一方当事人实施了利用相对人艰难处境的行为，并使相对人遭受严重损害

虽然乘人之危的合同往往在内容上显失公平，但是判断是否构成乘人之危不能仅从结果上考虑，还应根据合同一方当事人是否实施了利用相对人艰难处境的行为来确定是否属于乘人之危。

3. 合同一方当事人的行为与相对人的意思表示之间存在因果关系

所谓合同一方当事人的行为与相对人的意思表示之间存在因果关系，是指一方当事人利用对方所处的艰难处境，要求对方接受不利的条件，对方因此而作出了违背真意的意思表示。如果相对人虽处于艰难处境，但他作出不利于己的意思表示是由于没有经验、缺乏判断力或者谈判能力不强，则不属于乘人之危。

4. 行为人有乘人之危的故意

一方当事人故意利用了相对人的急迫需要或危难处境，使相对人作出对自己不利的意思表示。

（四）因重大误解订立的合同

在传统民法中，错误与误解并不相同。错误是指表意人因其不正确认识，致使内心真意与外部表示不一致，包括认识错误和表示错误。认识错误又称内容错误，是指表意人错误地认识了其所使用的表达方式的意义，即表意人以为其使用的表达方式具有某一特定意义，但相对人对该表达方式的意义作出了另一种理解而且能够作出这种理解。例如，甲系北方人，到南方购买土豆（马铃薯），与乙签订了购买10吨土豆的合同。孰知在南方，土豆并非马

铃薯，而是花生。甲在合同中使用的“土豆”一词即构成内容错误。表示错误又称表达错误、欠缺对错误的认识，是指表意人对意思的表示存在错误，即在表示行为中发生的错误。例如，甲误将1000元写为100元。而误解又称受领人错误，是指受领人对表意人正确表达和正确传达的意思表示作出了错误理解。传统民法理论认为，误解并不属于错误的范畴。例如，甲系水果销售商，乙在甲处购买水果。甲向乙明确表示，樱桃30元一斤，但乙却错误理解为30元一箱，此即为误解。

我国法律并未规定错误，而是规定了重大误解。依据《民法通则意见》第七十一条的规定，行为人因对行为的性质、对方当事人、标的物的品种、质量、规格和数量等的错误认识，使行为的后果与自己的意思相悖，并造成较大损失的，可以认定为重大误解。据此，我国法律中的“重大误解”基本等同于内容错误，而非“误解”。如此使用法律概念是很不严谨的，而且导致了规范内容的不确定，造成司法实践的混乱。因此，本书建议，我国未来的民事立法应取消“重大误解”概念，改采“错误”概念。

根据上述《民法通则意见》的规定，重大误解一般有以下几种情况：

一是对合同性质的误解，如将出租误认为赠与、将加工承揽误认为买卖。此类误解将影响到当事人之间权利、义务的承担，不利于合同目的的实现。

二是对对方当事人的误解。一般而言，此类误解并不会对合同的实现产生消极影响。但对于信托、委托等以信用、人身信赖为基础的合同，以及传授技艺、知识等以特定人的身份、技能为基础的合同而言，由于此类合同对人身的依附性强，故对对方当事人的误解会直接影响到合同目的的实现。

三是对标的物品种的误解，如把大陆生产的水果误认为台湾水果而购买，使合同目的落空，购买人遭受重大损失。

四是对标的物质量、规格的误解，如误认水货为正品行货、合格品为一等品。

五是对标的物的数量、包装、履行方式、履行地点、履行期限等内容的误解。

（五）显失公平的合同

根据《民法通则意见》第七十二条的规定，一方当事人利用优势或者利用对方没有经验，致使双方的权利与义务明显违反公平、等价有偿原则的，可以认定为显失公平。因此，显失公平的合同是指一方在订立合同时因交易地位的悬殊或缺乏经验而订立的明显对自己有重大不利的合同。

合同是否显失公平主要是从合同订立时这个时间点上进行考虑，在结果上则表现为双方的权利、义务极不对等：一方承担的义务明显大于另一方，而其享有的权利却没有相应增加，甚至大为减少，在经济利益的获取上严重失衡。例如，在一个供求合同中，甲方要随时根据乙方的需求供应产品，并且在市场价格上涨时不得提价，而在市场价格下降时则要相应降低合同价格。这一合同明显违反了等价有偿原则，属于显失公平的合同。

需说明的是，如果在合同订立以后，由于市场环境等诸因素的变化导致双方的经济利益失衡，则属于正常的商业风险，应与显失公平的合同相区别。

在判断一个合同是否显失公平时，还要考察造成合同显失公平的原因。若将显失公平的衡量标准仅仅限于客观上的不公平未免有失妥当，因为这将与合同自由原则以及合同法的基本制度不相协调。一般情况下，如果没有导致不利方“不得已而选择”的情况，就应当认为合同是双方当事人合意的结果，具有法律约束力。不利方不能以显失公平为由请求法律救济，以维护交易安全①。

造成合同显失公平的原因通常表现为不利方在订立合同时欠缺经验或者一方与另一方相比明显具有优势地位，具体分析如下：

(1) 欠缺经验是指欠缺一般的生活经验或者商业交易经验。例如，初出校门的大学生在自主创业的过程中要与交易相对方签订形形色色的诸如买卖、租赁等合同，由于双方在信息、经验、能力等方面的不对等，并在交易相对方有意识地对这种状况加以利用的情况下，就有可能产生显失公平的后果，使创业的学生处于不利地位。

(2) 优势地位是指一方利用经济上的地位，而使对方难以拒绝对其明显不利的合同。例如，很多在市场上具有垄断地位的大公司、大财团都在合同中订有格式条款，它们通常对消费者不利，而消费者在缺乏与其讨价还价的能力并且没有更多产品或服务可供选择的情况下，只能无奈接受。

三、撤销权

(一) 撤销权的含义与性质

撤销权是指当事人享有的撤销法律行为的权利，可撤销合同的撤销权即是指当事人享有的撤销意思瑕疵合同的权利。撤销权在性质上属于形成权，撤销权人撤销法律行为的意思表示，无须相对人同意即能产生撤销法律行为并使之归于无效的效力。

(二) 撤销权的行使方式

就撤销权的行使方式来说，各国的立法规定各有不同。总结起来，主要

① 李永军. 合同法. 北京：法律出版社，2005：410。

有两种立法例：一种是要求撤销权人向对方当事人作出撤销的意思表示；另一种则要求撤销权人必须通过一定的司法程序，即以诉讼的方式来行使撤销权。

根据《合同法》第五十四条第1、2款的规定，撤销权的行使只能通过诉讼方式。我国如此规定的原因在于防止撤销权的滥用，即希望通过诉讼这种司法程序对撤销权的行使进行限制。另外，通过诉讼方式行使撤销权可以最大限度地避免双方当事人之间的争论和纠纷，又可以通过国家强制力的保障来更好地保护真正受害方的利益。

（三）撤销权的消灭

撤销权的消灭包括以下两种原因：

1. 除斥期间的经过

《民法通则意见》第七十三条第2款规定，可变更或者可撤销的民事行为，自行为成立时起超过一年当事人才请求变更或撤销的，人民法院不予保护。《合同法》第五十五条第1项规定，具有撤销权的当事人自知道或者应当知道撤销事由之日起一年内没有行使撤销权，撤销权消灭。据此可以看出，尽管《民法通则意见》与《合同法》都将撤销权行使的期限规定为一年，但在时间的起算点上却有着较大差别，本书认为，《合同法》的规定更有利于保护受害一方当事人的利益。

不过，这样的规定没有区别行使撤销权的事由的不同情形，未免粗糙。对此，可参考国外立法例。例如，在因胁迫而订立的合同中，只要胁迫的情形没有消除，被胁迫人的恐惧状态就会一直持续下去以致难以行使撤销权，因此《德国民法典》第一百二十四条规定被胁迫人享有的撤销权的除斥期间自胁迫终止之日起开始计算。这样的规定使法律更加贴近现实生活，也具有可操作性，能更好地保护受胁迫方，非常值得我国借鉴。

2. 撤销权的抛弃

《合同法》第五十五条第2项规定，具有撤销权的当事人知道撤销事由后明确表示或者以自己的行为放弃撤销权的，撤销权消灭。

受害一方当事人除了选择行使撤销权作为救济途径以外，还可以请求法院或者仲裁机构对合同进行变更。在某些情况下，对合同内容稍加变更（如将合同价格作适当调整）后，将合同继续履行下去会更符合受害一方当事人的利益，因此请求变更也是一个有效的救济途径。根据《合同法》第五十四条第3款的规定，对于可撤销的合同，当事人请求变更的，人民法院或者仲裁机构不得撤销。

第五节 无效合同

一、无效合同的含义

无效合同是指欠缺合同的生效要件，不产生当事人预期的民事法律效果的合同。

传统民法理论认为，无效合同是当然无效、自始无效、确定无效的合同。当然无效是指如果合同无效，不论当事人是否提出主张、是否知道无效的情况，也不论是否经过人民法院或仲裁机构的确认，该合同都是无效的。人民法院或仲裁机构在诉讼或仲裁中只是对“合同是无效的”这一已经存在的事实加以确认而已。自始无效是指合同一旦无效，即从合同成立时起就是无效的。确定无效是指无效的合同在其成立时即不发生效力，以后也不能生效，且没有任何事实能使之有效。

无效合同与可撤销合同既有相同之处，亦有明显的差异。二者的相同点在于合同无效或被撤销后的法律后果是一致的，二者的区别在于：

首先，可撤销合同主要是因意思表示瑕疵而使合同具有可撤销事由，因此，法律将是否请求撤销的权利赋予合同当事人，由其决定是否撤销。而无效合同则主要是因为合同违反了法律的强制性规定和社会公共利益而导致的。因此，对无效合同的确认不能由当事人选择，而是由国家强制力进行干预。

其次，可撤销合同在未被撤销前是有效的，根据《合同法》第五十四条的规定，撤销权人可以要求撤销合同，也可以仅要求对合同予以变更，抑或不作任何表示，使合同继续有效。无效合同则自始不具有法律约束力。

最后，对可撤销合同来说，撤销权必须在《合同法》第五十五条规定的除斥期间内行使，超过该期间未行使的，合同即确定地继续有效。而法院对无效合同的认定则不受除斥期间或诉讼时效的影响。

二、无效合同的分类

（一）全部无效与部分无效

合同的无效可分为部分无效与全部无效。部分无效是指合同的部分条款不具有法律效力，而其他条款仍然有效。《合同法》第五十六条规定：“合同部分无效，不影响其他部分效力的，其他部分仍然有效。”其中“不影响其他部分效力”可以理解为有效部分和无效部分可以独立存在，但若确认部分内容无效将影响有效部分的效力，或者依合同的目的、交易习惯以及诚实信用原则和公平原则，决定剩余部分有效对于当事人已无意义或有失公平、合理，则合同应被全部确认为无效[①]。全部无效则是指合同的所有条款都不具有法律效力。合同无效仅指不能产生当事人所预期的法律效果，而非不产生任何后果。《合同法》第五十七条规定，合同无效、被撤销或者终止的，不影响合同中独立存在的有关解决争议方法的条款的效力。合同被宣告无效以后，当事人之间将产生返还财产、赔偿损失等方面的民事责任，有时还会使当事人承担行政责任、甚至刑事责任。

（二）绝对无效与相对无效

绝对无效与相对无效是大陆法系国家对无效合同的一种分类。前者是指合同当然、自始、确定不发生效力，可以由任何人或对任何人主张[②]。绝对无效在一般情况下都是因为违反法律的强制性规定或者公序良俗而导致的。绝对无效合同是无效合同的典型形式，一般所说的无效合同主要指的是绝对无效的合同。相对无效则是指法律行为仅对某个特定的人不生效力，但对其他一切人则是发生效力的[③]。换言之，只有特定的人才能主张的无效，称为相对无效。

绝对无效和相对无效是以无效效果的范围为标准进行划分的。无效合同以绝对无效为原则，而以相对无效为例外。

我国当前的立法严格坚持无效合同绝对无效的观念，并未就相对无效作出明确规定，因此在我国不存在相对无效的合同。

三、无效合同的类型

（一）一方以欺诈、胁迫的手段订立的损害国家利益的合同

一般来说，一方以欺诈、胁迫的手段订立的合同是可撤销的合同。但根据《合同法》第五十二条第1项的规定，当以上述手段订立的合同损害国家利益时，此类合同无效。

《合同法》的这一规定在学界有不少争议。如有学者就认为，将损害“国家利益”作为法律行为无效的情形大约是我国法律的特例[④]。可见，对《合同法》第五十二条第1项规定的争议的关键不在于欺诈、胁迫本身，而在于对

① 王利明．合同法研究：第一卷．北京：中国人民大学出版社，2002：634。

② 王泽鉴．民法概要．北京：中国政法大学出版社，2003：136；胡长清．中国民法总论．北京：中国政法大学出版社，1997：326。

③ ［德］迪特尔·梅迪库斯．德国民法总论．邵建东，译．北京：法律出版社，2000：375。

④ 张广兴．法律行为之无效——从民法通则到民法典草案．载《法学论坛》，2003（6）。

“国家利益”的判断。

根据马克思主义国家观，国家是统治阶级进行阶级统治的工具，国家利益从根本上来说是统治阶级的利益。所以，在统治阶级占少数时，国家利益实质上是少部分人的利益，这和公共利益要求是多数人的利益并不一致。但是，国家利益在一定程度上又具有公共利益的性质。任何统治阶级为了自己和整个国家的存在，必须履行一定的社会公共职能，维护正常的社会公共秩序。另外，统治阶级与被统治阶级在某些非根本性问题上以及在某些特定的情况下可能有一致的利益，如普及教育、提高医疗水平等，这种一致的利益通常是以国家利益的形式出现的。因此，国家利益越来越成为全体社会成员的利益，两者有交集。本书认为，为了合理地区分国家利益与社会公共利益，应当将国家利益中未与社会公共利益有交集的内容视为国家利益，将二者有交集的部分归入社会公共利益之中。此种理解下的国家利益主要体现为国家经济利益（如不得买卖走私货物）、政治利益（如不得操纵选举、自设政府组织）、安全利益（如不得培训地下武装）。

要特别说明的是，国有企业的利益并非国家利益。国有企业只是特定的民事主体，与其他民事主体的法律地位平等，国有企业不应获得民法上的特殊保护，即使国有企业在合同中受到损失，亦应按照我国民事立法的一般规定获得救济，而不能将国有企业的利益视为国家利益，认定合同无效。合同因损害国家利益而无效的情形主要是指国家作为合同关系之外的第三人受到了损害，如购买走私汽车的合同就损害了国家的税收利益。当然，在少数情况下，国家可以直接以民事主体的身份与其他民事主体订立合同。如果相对人存在欺诈、胁迫的情形，损害了国家利益，则合同因此无效。

（二）恶意串通，损害国家、集体或者第三人利益的合同

《合同法》第五十二条第2项规定，恶意串通，损害国家、集体或者第三人利益的合同无效。

对于因恶意串通损害国家、集体利益导致合同无效的情形，学界一般无异议。但在损害第三人利益的场合，学界则存在不同意见，概括起来主要有两种观点：

一是绝对无效。即认为，《合同法》上的合同无效制度是针对严重抵触、违反合同制度目的的合同而设立的，该法第五十二条规定的无效合同是法律坚决不允许存在的[①]。因此，恶意串通，损害第三人利益的合同是绝对无效、自始无效的。

---

① 崔建远．合同无效与诉讼时效．载《人民法院报》，2002—02—22。

二是绝对无效与相对无效。即认为，《合同法》第五十二条第2项中的“损害第三人利益”应当依是特定的第三人还是不特定的第三人而有所区别：如果损害的是不特定的第三人的利益，则其实质上损害的是社会公共利益，应当认定为绝对无效；如果损害的是特定第三人的利益，则应当属于相对无效的合同，只能由该受害的第三人主张合同无效①。在司法实践中，就最高人民法院发布的相关司法解释和指导性案例观察，司法审判实务更倾向于采用第二种主张②。

本书认为，将《合同法》第五十二条第2项中的“第三人利益”理解为特定的第三人利益为宜。因为如果合同损害的是不特定第三人的利益，则应视为合同违反了社会公共利益，适用有关损害社会公共利益的条款来解决。故将该条规定为“当事人恶意串通，损害国家、集体或特定第三人利益的合同无效”似乎更为妥当。同时，本书认为，相对无效的合同仅限于法律明确规定的情形，由于《合同法》未就此类合同作出规定，因此损害第三人利益的合同仍应属于绝对无效的合同。因此，不仅该特定第三人可以主张合同无效，而且任何人均可以主张此合同无效。

（三）以合法形式掩盖非法目的的合同

以合法形式掩盖非法目的是指当事人订立的合同表面合法，但借以掩盖的另一合同是非法的，而被掩盖的合同是当事人订立表面合法合同的目的。此类合同的特点在于，表面合同的类型与内容均为法律所认可，但该合同并非当事人的真实意思，表面合同隐藏的另一非法合同才是当事人真正想订立的合同，是当事人订立表面合法合同的目的。由于目的非法，我国法律认定此类合同无效。此处的目的指的是当事人之间订立合同时的目的。

在此类合同中，当事人之间要掩盖非法目的，必然会恶意串通，因此应当注意将其与“恶意串通，损害国家、集体或者第三人利益的合同”区别开来。在前一种合同中，虽然当事人存在恶意串通的行为，但并未损害国家、集体或者第三人利益，而是为了掩盖另一非法合同；在后一种合同中，当事人不仅存在恶意串通行为，而且直接损害了国家、集体或者第三人利益，但并不是为了掩盖另一非法合同。也就是说，两者在目的和后果上是不同的。

另外要注意的是，如果合同内容违法，但并不存在当事人借表面合同掩盖另一非法合同的情形，则应以合同违反《合同法》第五十二条第5项“违

① 王利明．合同法研究：第一卷．北京：中国人民大学出版社，2002：649。

② 最高人民法院中国应用法学研究所编．人民法院案例选：民事卷·上．北京：中国法制出版社，2003：278—287。

反法律、行政法规的强制性规定”而认定无效。如果当事人并不是利用合法合同掩盖另一非法合同，而是利用合法合同实现（而非掩盖）非法目的，则应属于动机违法的情形，亦应以合同违反法律、行政法规的强制性规定而认定其无效。例如，甲、乙两人合谋，乙利用甲之房屋作为卖淫场所，甲、乙遂签订内容并无违法之处的房屋租赁合同。虽然该合同内容合法，也不是为了掩盖另一非法合同，但其动机违法（我国法律不允许卖淫），因此该合同因违法而无效。我们可以将该事例与下一事例作一比较：乙同意为甲提供6个月的性服务，甲愿意为此支付6万元。为了掩盖这一非法交易，甲、乙两人签订一份合法的雇佣合同。该合同应认定为以合法形式掩盖非法目的的合同，而非违反法律、行政法规强制性规定的合同。

（四）损害社会公共利益的合同

社会公共利益是指不特定多数人的共同利益，包括伦理道德准则、风俗习惯、社会秩序、生活环境、民族精神、宗教信仰等。学者普遍认为，我国法律规定的“社会公共利益”在性质与作用上和传统民法中的公序良俗原则相当，用于弥补法律强制性规定的不足，限制意思自治原则的滥用，使当事人的自主、自治符合社会的公共秩序和善良风俗。如果合同损害了社会公共利益，则为无效合同。

当然，无论公序良俗，还是社会公共利益，都是内涵很不确定的概念，现代社会又具有多元性和开放性，社会成员相互之间对公序良俗或社会公共利益的理解无法达成一致，因此在具体案件中往往需要依赖法官个人的认知。但是，法律的目的在于规范社会生活，实现正义，故法律的适用应当克服法官个人的主观性，排除可能的偏见，而使评价“事理化”，即应结合合同的内容、附随情况、当事人的动机、目的及其他相关因素加以判断，来确定合同是否损害了社会公共利益。为使法官对社会公共利益的判断更具操作性，应当将违反社会公共利益的合同类型化。

（五）违反法律、行政法规的强制性规定的合同

《合同法》第五十二条第5项规定，违反法律、行政法规的强制性规定的合同无效。这种合同属于最典型的无效合同。

从双方当事人的角度而言，其之所以订立合同，旨在借助合同这一载体实现各自的经济利益，故在司法实践中，依法保护当事人自由协商的空间是十分必要的；从社会关系的角度分析，当事人之间的合同并非孤立存在，而是社会经济利益锁链中的一个环节，是社会整体利益的一部分。换言之，这是社会利益与个人利益之间的博弈。合同的效力状况直接左右着合同经济价值的实现，因此如何确定合同无效的界限就显得尤为重要。

那么，在上述合同价值取向的引导下，如何认识“违反法律、行政法规的强制性规定”这一规定呢？本书认为，应主要从以下两个方面进行把握：

首先，此处的法律、行政法规应当是指全国人大及其常委会制定的法律和国务院制定的行政法规。《合同法司法解释（一）》第四条的规定反映了这一点，即“合同法实施以后，人民法院确认合同无效，应当以全国人大及其常委会制定的法律和国务院制定的行政法规为依据，不得以地方性法规、行政规章为依据”。在我国，利用行政规章甚至“红头文件”限制个体权利与意思自治的情形比较常见，有些行政规章甚至成为部门权力寻租的产物。因此，在法律适用中应该严格把握“全国人大及其常委会制定的法律和国务院制定的行政法规”这一范围，不应作出扩大解释。

其次，违反法律、行政法规的强制性规定并非都会使合同的效力受到影响。强制性规定可以分为两类：一类是一般的强制性规定，另一类是禁止性规定。违反一般的强制性规定，行政机关有权进行行政处罚，但并非都可宣告合同无效，而应根据一般的强制性规定的立法目的是在于阻止私法上的合同生效，还是在于实现行政管理职能，来确定该项规定能否作为认定合同无效的依据。这是因为，此类规定里面包括大量的规则，但这些规则不一定都是和合同的效力联系在一起的。法律设立这些强制性规则的目的主要是实现行政管理职能，并不具有评判合同有效与否的功能。也就是说，违反此类规定的合同效力并不受影响，而仅产生公法上的效果。

就禁止性规定而言，可以将其分为取缔规定和效力规定。取缔规定是指禁止从事某种行为，并对从事此类行为的当事人采取公法上的处罚措施的禁止性规定。此类规定往往是针对一方当事人进行的规定。合同违反此类规定时，其效力不受影响。效力规定则是指直接规范合同效力的禁止性规定，违反此类规定的合同无效。在司法实践中，对此两类禁止性规定，应当综合考虑立法目的、权衡各方利益等来加以区分。

将《合同法》对无效合同的规定与《民法通则》相关部分的规定相比较，可以发现《合同法》将无效合同的范围作了很大的限制。这可以理解为我国立法出现了从强调国家意志，动辄宣布合同无效，到尊重公民个体权利意识，注重法治与民主的立法趋势；而这也应该成为民事立法的指导思想。在未来的立法中，我们应该继续保持这一开放的思维，使法律成为促进市场发展、交易繁荣的“催化剂”。

第六节　效力未定合同

一、效力未定合同的含义

效力未定的合同又称效力待定合同，是指合同虽已成立，但尚欠缺某种生效要件而处于暂时无效的状态，须由该合同当事人之外的第三人同意而使其生效的合同。法律之所以规定某些合同需要以第三人同意为生效要件，原因在于：

(1) 该合同直接涉及第三人利益，须其协助方可进行，如无权代理和无权处分；

(2) 需要第三人对合同内容加以控制，具有保护目的，如法定代理人对限制民事行为能力人实施的法律行为的同意。

效力未定合同与可撤销合同的主要区别在于：

(1) 在合同的效力上，效力未定合同在未被第三人追认前，处于暂时无效状态。经第三人同意后，其效力确定地溯及于合同成立之时；经第三人拒绝，或者经相对人催告后，第三人在合理期间内仍不作任何表示的，则合同确定地自始无效。而可撤销合同在被撤销之前是有效合同，只是具有可撤销的因素。行使撤销权的结果是使该合同的效力消灭。

(2) 在导致合同瑕疵的原因上，效力未定合同的瑕疵主要在于当事人缺乏缔约能力和处分能力，但此类瑕疵并非不可补救。而可撤销合同的瑕疵主要在于当事人意思表示不真实，如《合同法》第五十四条列举的重大误解、显失公平。

效力未定合同与无效合同的主要区别在于：

(1) 存在效力瑕疵的原因不同。无效合同主要是由于违反了法律或社会公共利益；效力未定合同则主要是由于当事人欠缺主体资格，如行为人因缺乏处分权或代理权而使合同有待权利人的追认、行为人因自身民事行为能力的限制而有待其法定代理人的追认。

(2) 当事人享有的权利不同。对于无效合同，当事人仅享有提出确认合同无效的权利，但确认合同无效的权利则属于人民法院和仲裁机构。对于效力未定合同，当事人一方享有催告权和撤销权，合同当事人之外的第三人则享有追认权。

(3) 效力不同。无效合同具有自始、确定地无效的特点。效力未定合同在同意权人同意或拒绝前，处于暂时无效的状态；在追认后，则溯及既往地有效。

二、效力未定合同的类型

（一）限制民事行为能力人依法不能独立订立的合同

限制民事行为能力人依法不能独立订立的合同是指限制民事行为能力人订立的与其年龄、精神状况、智力、经济状况等不相适应的合同。这类合同原本应当由其法定代理人代为实施或者在征得其法定代理人同意后实施，因此，在缺少法定代理人的代理或者同意的情况下，该类合同即成为效力未定的合同。

对于此类合同，限制民事行为能力人的法定代理人享有追认权。追认是指法定代理人对效力未定合同予以承认的一种单方意思表示，它是一种形成权。法定代理人对效力未定合同的追认可以在相对人催告前作出，也可以在相对人催告后的一段合理时间内作出。根据《合同法》第四十七条第 2 款的规定，相对人可以催告法定代理人在一个月内予以追认。法定代理人未作表示的，视为拒绝追认。而一旦作出追认，合同即溯及既往地发生效力。

《合同法》第四十七条第 2 款规定的一个月期限应如何理解，在实践中有不同的意见：有的认为属于法律的强制性规定；有的则认为理解为倡导性规范似乎更贴近立法的意图①，毕竟交易类型纷繁复杂，交易习惯与行业惯例也各有不同。本书同意后一种意见，也就是说，法定代理人和相对人不必严格地将追认期间限定在一个月内，而可以在协商后另行确定一个合理的时间。之所以要限定在一个合理的时间内，是为了尽早明确各方的权利、义务以及应该承担的责任，从而确保交易的正常进行。如果双方无法协商或未协商的，则可以适用该条“一个月内”的期限的规定。

同时，为了保障合同相对人的利益，《合同法》赋予相对人以催告权和撤销权。催告权是指效力未定合同的相对人在得知合同存在效力未定的事由后，将该事由告知同意权人，并催告同意权人于法定期限或合理期限内予以确认的权利。催告权的作用在于督促法定代理人尽早对合同作出承认或拒绝的意思表示，使相对人能及时决定是否为履行合同作准备。撤销权是指效力未定合同的相对人撤销该合同的权利。相对人既可以向同意权人，也可以向对方当事人行使撤销权。与催告权相比，撤销权是对相对人权利的更直接、更全面的保护，它不需要再被动地等待法定代理人的意思表示，而是可以根据自己的利益判断和实际需要作出是否撤销合同的选择。相应地，相对人行使撤销权的条件要比催告权严格。根据《合同法》第四十七条第 2 款的规定，合同被追认之前，善意相对人有撤销的权利。撤销应当以通知的方式作出。可

---

① 尹忠显. 新合同法审判实务研究. 北京：人民法院出版社，2006：106。

见，催告权的行使不以相对人是否善意为条件，而撤销权的行使却要求相对人在订立合同时是善意的，即相对人在订立合同时不知道或不应当知道行为人为限制民事行为能力人。撤销权的行使应以明示、肯定的方式向法定代理人或对方当事人作出。

（二）无权代理的合同

无权代理分为狭义的无权代理与广义的无权代理。所谓狭义的无权代理，是指行为人既没有被代理人的实际授权，也没有足以使第三人相信其有代理权的表面特征，而以被代理人名义实施的代理。根据《合同法》和《民法通则》的相关规定，狭义的无权代理包括三种基本类型：自始无代理权的无权代理、代理权消灭以后的无权代理以及超越代理权的无权代理。在狭义无权代理中，代理人订立的合同是效力未定的合同。

广义的无权代理包括表见代理和狭义的无权代理。表见代理是指代理人虽不具有代理权，但是具有代理关系的某些表面特征，这些表面特征足以使无过错的第三人相信其有代理权。表见代理的构成要件包括：第一，行为人以被代理人的名义与第三人订立合同；第二，行为人和第三人之间订立的合同符合合同的成立要件和一般生效要件；第三，第三人有理由相信行为人有代理权。表见代理虽然也属于无权代理的一种，但为了保护善意第三人的利益，法律赋予其同有权代理一样的法律后果，因此表见代理合同是有效合同。《合同法》第四十九条规定："行为人没有代理权，超越代理权或者代理权终止后以被代理人名义订立合同，相对人有理由相信行为人有代理权的，该代理行为有效。"

在狭义无权代理中，被代理人对合同的效力享有追认权；第三人享有催告权；在合同被追认前，善意第三人还有撤销权。《合同法》第四十八条对被代理人的追认权和相对人的催告权、撤销权的行使进行了规定。其与限制民事行为能力人依法不能独立订立的合同中法定代理人和相对人相关权利行使的方式大致相同，此不赘述。

（三）无权代表合同

根据《合同法》第五十条的规定，法人或者其他组织的法定代表人、负责人超越权限订立的合同，除相对人知道或者应当知道其超越权限的以外，该代表行为有效。那么，在相对人知道或者应当知道其超越权限的情况下，该代表行为的效力应该如何认定，是无效还是效力未定呢？市场经济的特点决定了不应轻易认定一个合同无效，特别是当合同与国家、社会公共利益无关时，因此在当事人知道或者应当知道其超越权限的情况下，宜将合同认定为效力未定合同。此时，法人或其他组织享有追认权。如果法人或其他组织追认了无权代表行为，则合同有效；如果拒绝追认，则合同不对该法人或者其他组织发生效力，即它们不对合同的法律后果承担责任，而是由超越代表权限的法定代表人或负责人承担该法律后果。

需注意的是，对于上述的效力未定的无权代表合同，相对人仅享有催告权，而没有撤销权。因为撤销权行使的前提是相对人善意，由于相对人在订立合同时就知道或者应当知道法定代表人、负责人超越权限，明显不符合善意的构成要件，因此相对人也就不享有撤销权。

（四）无权处分合同

《合同法》第五十一条规定："无处分权的人处分他人财产，经权利人追认或者无处分权的人订立合同后取得处分权的，该合同有效。"但《合同法》未对无权处分的内涵作出规定，民事立法体系又不完善，对物权变动的模式亦尚未有定论，因此对于无权处分行为的效力问题，学界有很大的争议。概括起来主要有以下几种观点：

1. 效力未定说

此说系通说，我国大多数学者采纳的是这一观点。该说认为，无权处分人与第三人订立的合同，只有经权利人追认或无权处分人订立合同后取得处分权时才有效，否则无效。

2. 无效说

该说认为，无处分权人订立的合同是无效的。《合同法》第一百三十二条规定，出卖的标的物应当属于出卖人所有或出卖人有权处分，而无处分权人处分的是他人财产，违反了法律的强制性规定，故合同在订立时就处于无效状态。但由于这种合同只是侵害了特定权利人的利益，在经权利人追认后，违法的状态即可消除，合同可以被重新确认为有效。在《合同法》颁布以前，我国司法实践主要采纳了这一观点。

3. 有效说

持该说的绝大部分学者通过物权行为理论论证其观点，对通说——效力未定说构成了有力的挑战。物权行为理论区分负担行为（也称债权行为）与处分行为（主要表现为物权行为）。负担行为是指发生债法上的给付义务的法律行为，如买卖、赠与、保证；处分行为是指使权利发生、变更、消灭的法律行为，包括物权行为（如所有权转移、设定抵押权）和准物权行为（如债权转让、债务转移）[①]。负担行为的效力不受处分权的影响，处分行为则以行

① 王泽鉴. 民法学说与判例研究：第四册. 北京：中国政法大学出版社，2005：115。

为人具有处分权为核心要件。因此在无权处分的情况下，处分人虽然没有处分权，但并不影响合同（负担行为）的效力，只是影响处分行为的效力。即无权处分的合同为负担行为而非处分行为，其效力自然不应受处分权有无的影响。也就是说，物权行为的瑕疵不应反射到债权行为之上，因此无权处分合同只要不存在其他影响效力的因素，应当完全有效。

本书认为，采有效说更为可取。《合同法》是以债权合同为预设的调整对象的，在以债权合同的方式引起物权变动时，由于债权合同的生效要件和物权变动的要件各不相同，因此出卖人有无处分权仅对物权是否变动有影响，而不应影响债权合同的效力。《物权法》第一百零八条规定：“无处分权人将不动产或者动产转让给受让人的，所有权人有权追回；除法律另有规定外，符合下列情形的，受让人取得该不动产或者动产的所有权：（一）受让人受让该不动产或者动产时是善意的；（二）以合理的价格转让；（三）转让的不动产或者动产依照法律规定应当登记的已经登记，不需要登记的已经交付给受让人。受让人依照前款规定取得不动产或者动产的所有权的，原所有权人有权向无处分权人请求赔偿损失。”该条对善意取得制度的规定是对《合同法》第五十一条规定的有力补充，即在无权处分的情况下，债权合同并不因此而受到影响，只要符合我国法律规定的合同的生效要件，该合同即为有效合同。如果受让人是善意的，则发生所有权变动的法律后果，受让人取得不动产或动产的所有权。如果受让人不是善意的，则不发生所有权变动的法律后果，所有权人有权要求受让人返还不动产或动产。

第七节　合同无效或被撤销的后果

《合同法》第五十六条规定：“无效的合同或者被撤销的合同自始没有法律约束力。合同部分无效，不影响其他部分效力的，其他部分仍然有效。”据此可知，合同无效和被撤销的法律后果是相同的，都是自始无效。

合同无效是指不发生当事人合意的法律效果，而并不是不发生任何法律后果。在合同被确认无效或被撤销以前，当事人一方或者双方可能已经部分履行或者完全履行了合同内容，如已经交付了标的物，此时就会产生返还原物、赔偿损失等民事责任。另外，由于无效合同往往是由于违反了法律的强制性规定或社会公共利益而导致的，因此除上述的民事责任外，还经常伴随着其他法律责任，如行政处罚、吊销营业执照、吊销生产许可证等行政责任；情节严重的，甚至要追究当事人的刑事责任。

根据《民法通则》第六十一条和《合同法》第五十八条的相关规定，合同被确认无效或被撤销的法律后果主要包括返还财产、赔偿损失这两个方面。此外，如果合同损害了国家、集体或者第三人的利益，还应追缴财产，或将财产返还集体、第三人。

一、返还财产

在合同被确认无效或者被撤销以前，一方或双方已将财产交付对方的，取得财产的一方应将已取得的财产归还给对方。原物能够返还时，应返还原物；原物不能返还或者没有必要返还时，应当折价补偿。

返还财产是基于所有权返还，还是基于不当得利返还，我国法律并没有作出明确的规定，学界对此也是众说纷纭。有的学者认为，返还财产是一种物权上的救济措施，因此是基于所有权的返还。有的学者则认为，合同被确认无效或被撤销后，只能以不当得利为由要求返还。

考察这两种学说分歧的理论基础，可以将其归结为是否承认物权行为无因性理论。所谓物权行为有因或者无因，是指立法和理论如何解决债权行为与物权行为之间的关系问题，即物权行为的效力是否受原因行为——债权行为的影响。承认物权行为无因性的国家认为，合同无效或被撤销后，因此而取得标的物所有权的一方的权利不受影响，但因取得所有权的基础原因——合同被确认无效或被撤销，使得该财产成为没有合法根据而取得的财产，故应为不当得利，对方可依此为由而主张返还[①]。

相反，否认物权行为无因性的国家则认为，所有权发生转移的原因——合同被确认无效或被撤销，合同标的物的所有权的转移也就随之失去效力，所有权仍然属于交付方所有。因此，交付方是基于物上请求权而请求对方返还财产的。

我国法律未区分债权行为与物权行为，一旦合同无效或被撤销，依合同取得财产的一方即不具备取得财产所有权的要件，对方仍然是合法的所有权人，可以主张返还财产的物上请求权。因此，不应将返还财产视为不当得利返还，而应作为所有物返还看待。

在原物存在的情况下，返还原物应当是第一选择。要注意的是，此处的原物既包括动产也包括不动产。动产的返还依交付即可完成，不动产的返还则相对复杂。如果在合同被确认无效或被撤销之前，不动产已经依登记发生所有权转移的效力，在此情况下，它的返还应当通过如下两个程序完成：①撤销现有的不动产所有权登记；②将不动产交还原物所有权人并重新进行

① 李永军．合同法．北京：法律出版社，2005：461。

权属登记。

例外的情况是，原物虽然存在，但已经有偿转让给善意第三人。此时，为了维护交易的安全和稳定，第三人可以根据善意取得制度取得原物的所有权，当事人不能主张返还原物。所以在原物不存在或者虽然存在但不能返还的情况下，当事人可以获得折价补偿。

另外，在一些涉及劳务支出的合同中，由于劳务的人身属性决定其具有不可返还的特点，因此在这类合同被宣告无效或者被撤销后，也可以折价补偿作为返还财产的方式。

二、赔偿损失

赔偿损失是指因当事人的过错导致合同无效或被撤销，并造成了对方当事人的损失，有过错的当事人应当对该损失负赔偿责任。在法律性质上，它属于缔约过失责任的承担方式。如果当事人双方都有过错，且因此造成了对方的损失，则应当根据各自给相对方造成的损失，承担相应的赔偿责任。关于缔约过失责任，请参见本书第二章第六节的相关内容。

三、当事人因合同取得的财产收归国家所有或者返还集体、第三人

如果当事人恶意串通，利用合同损害了国家、集体或者第三人的利益，则合同无效，当事人因该合同取得的财产收归国家所有或者返还集体、第三人。

根据《民法通则意见》第七十四条的规定，当事人取得的财产包括已经取得和约定取得的财产。在实践中，国家无须作为当事人提起诉讼，只要法院认定无效合同属于上述情形，则可直接判决合同当事人取得的财产收归国家所有。不过，集体或者第三人欲保护自己的利益，就应当作为当事人参与诉讼，行使相应的请求权。如前所述，在法律性质上，这一请求权属于所有物返还请求权。

思 考 题

1. 合同成立与合同生效的关系是什么？区分二者有何意义？
2. 合同的一般生效要件有哪些？
3. 条件的构成要件有哪些？如何区分合同中的条件与期限？
4. 可撤销合同、效力未定合同、无效合同三者之间有何区别？
5. 合同被确认无效或被撤销会产生哪些后果？

第五章

合同的解释

本章要点

本章主要介绍了合同解释的必要性，合同解释的主体、客体和类型，合同解释在学理上的依据和各国的立法例，格式条款的特殊解释规则以及合同漏洞的填补。本章的重点和难点是合同解释的具体规则、格式条款的解释、合同漏洞的填补。

第一节　合同解释概述

一、合同解释的必要性与含义

“依法成立的契约，对缔结该契约的人，有相当于法律的效力”（《法国民法典》第一千一百三十四条第1款），当事人的权利、义务即由此而确定。但是，作为权利、义务表述工具的语言“是一种不断变化着的，具有适应能力的，通常充满着歧义的表达工具。某个表达方式的意义，可能随着它所处的不同的上下文、它所指的不同的情况以及说话者所属的阶层所独有的表达特点，而具有不同的意义。这是作为表达工具的语言的本质属性”①。而“之所以会对法律文字的精确意义，一再产生怀疑，首要的原因是：法律经常利用的日常用语与数理逻辑及科学性语言不同，它并不是外延明确的概念，毋宁是多少具有弹性的表达方式……即使是较为明确的概念，仍然经常包含一些本身欠缺明确界限的要素”②。所以，几乎很少有内容极端精确的合同。

具体而言，合同内容之所以无法达到极端精确的程度，主要源于以下原因：

（1）语言本身会有词不达意、言不尽意的缺陷；

---

① ［德］卡尔·拉伦茨．德国民法通论：下册．王晓晔等，译．北京：法律出版社，2003：456。

② ［德］卡尔·拉伦茨．法学方法论．陈爱娥，译．北京：商务印书馆，2003：193。

（2）当事人文字表达能力差或当事人缺少法律知识，造成合同含义不明确；

（3）当事人在订约时的受领能力也会影响合同意思表示的一致，往往会产生双方当事人使用相同语句，却赋予其不同含义的情况；

（4）合同意思表示一致是在一定环境中成就的，脱离具体订约环境的合同文本会由于失去环境的参照、阐释而致使文本语句不确定或有所缺漏[①]。

一方面，合同的性质决定了其广泛适用性和重要性；另一方面，合同所使用的语言的本质及达成合同过程中的各种因素又会破坏这一私法自治工具所能达至的功效。正是基于上述原因而有解释合同的必要。因此，合同解释的目的也是较为明确的，即探求当事人意思表示的确切含义，从而确定当事人的权利、义务，以作为履行合同的依据。

综上所述，所谓合同的解释，应当理解为对既已成立的合同确定何为其内容的一种作业[②]。

二、合同解释的主体与客体

（一）合同解释的主体

关于合同解释的主体，广义的合同解释理论认为，合同解释的主体不仅包括法院、仲裁机构等有权机构，还包括当事人本身以及诉讼代理人等其他人。而狭义的合同解释理论则认为，合同解释的主体应当仅限于有权解释的主体，即只能是受理合同纠纷并对合同的含义作出具有法律拘束力的解释的法院和仲裁机构[③]。尽管事实上当事人和其他人也确实可以对合同作出自己的解释，但是这些解释并不具有法律拘束力。合同解释的根本目的在于探求当事人意思表示的确切含义，使当事人之间的权利、义务清晰化，并最终解决当事人之间的合同纠纷。在合同解释实践中，由于当事人及其诉讼代理人等作出的解释往往是纷争的来源，因而无法实现合同解释的目的，从而不能作为最终的判断依据。因此，真正具有法律意义的合同解释只能是在处理合同纠纷过程中，有权机构所作的权威性的说明。所以，只有法院和仲裁机构才是真正的有权解释主体。

（二）合同解释的客体

合同解释的客体即解释的对象，它“只能是表示，即某种具有有效表示

① 胡基．合同解释的理论与规则研究．//梁慧星．民商法论丛：第8卷．北京：法律出版社，1997：28。

② 韩世远．合同法总论．北京：法律出版社，2004：791。

③ 王利明．合同法研究：第一卷．北京：中国人民大学出版社，2002：411—412。

意义的行为"[①]。对于这一点，学理上并无争论。比较有争议的问题是作为解释对象的"当事人的意思表示"的范围是否仅限于"争议条款"。

一种意见认为，应当将解释的对象限于争议条款[②]，即文字有疑义时，才有解释的必要。

另一种意见认为，合同解释的客体不仅仅限于合同中使用的发生争议的语言、文字，没有争议的合同文字也同样需要解释[③]。

本书赞同第一种观点。对意思表示进行解释的目的在于得出一种客观的、规范的意义，这种意义应该能为表意人和受领人双方所接受。如果当事人能够达成一致，则按双方当事人的理解即可。也就是说，当事人的合意是事实上的判断，不应当由法院过多予以干涉。

三、合同解释的类型

（一）有权解释与自由解释

按照合同解释的主体及由此决定的解释效力的不同，可以把合同解释分为有权解释与自由解释。有权解释是指由法院或仲裁机构等有权机构对合同所作的解释。此种解释对当事人有法律约束力。自由解释则是指当事人及其诉讼代理人或法学研究人员等其他人所作的解释。此种解释对当事人不具有法律拘束力。

如前所述，广义的合同解释包括有权解释和自由解释。狭义的合同解释则仅指有权解释[④]。本文仅探讨有权解释，即采用狭义的合同解释概念。

（二）阐释性的解释、补充性的解释与修正性的解释

从解释活动的实质的角度来判别，可将合同的解释分为阐释性的解释、补充性的解释与修正性的解释。

1. 阐释性的解释

阐释性的解释是指在合同条款具备，但当事人的意思不够明确时，借解释方法使合同内容趋于明确的解释。相对于修正性的解释和补充性的解释而言，阐释性的解释可以称得上是"真正的解释"。它是最典型的合同解释，也是一般意义上所理解的合同解释。

---

① ［德］卡尔·拉伦茨．德国民法通论：下册．王晓晔等，译．北京：法律出版社，2003：463。

② 李永军．合同法．北京：法律出版社，2005：61。

③ 崔建远．合同法：第四版．北京：法律出版社，2007：347。

④ 隋彭生．合同法要义．北京：中国政法大学出版社，2005：416。

2. 补充性的解释

补充性的解释是在合同欠缺某些条款以至于当事人的权利、义务关系不明确的情况下，对欠缺意思的补充。补充性的解释又称为合同补缺或合同漏洞的补充①。

阐释性的解释和补充性的解释构成合同解释的两个阶段，其区分标准为该解释活动是否超出了合同词句的可能文义范围：在阐释性的解释的情形下，须在已作出的意思表示的可能文义范围内为之；至于补充性的解释，则应在可能文义范围之外为之。由此可见，合同漏洞的补充构成合同解释的延长。因此，相对于修正性的解释，学理上也倾向于接受补充性的解释为合同解释的相关部分②。

3. 修正性的解释

修正性的解释即拟制解释，是指法院或仲裁机构无视当事人在合同中的意思表示，而基于公共政策或公平妥当之考虑，拟定合理、妥当的特定合同意思③。

合同解释的本来意义在于使不明确的意思明确化，以及使隐含的意思显现出来，即合同的解释一般是基于对合同文本所含意义的理解而作出的，即便是补充性的解释，也是如此。因此，合同解释要受到合同文义的限制，即使是补充性的解释，也是建立在当事人意思之基础上的一种拟制，解释者在进行补充性的解释时亦须受当事人选择之价值基础的约束。而修正性的解释却恰恰是无视当事人的意思的。因此，尽管修正性的解释名为“解释”，而实际上却是以有权解释主体所理解的社会普遍理念取代当事人的意思，其实质是合同公正或合同社会化观念对意思自治原则的限制或修正。所以，这一解释方法一般是受到严格限制的。

本文所称解释，主要是指阐释性的解释。同时，鉴于补充性的解释对合同漏洞的填补作用，亦将于下文略作论述。

① 隋彭生．合同法要义．北京：中国政法大学出版社，2005：416。

② 邱聪智．契约社会化对契约解释理论之影响．载邱聪智《民法研究》（一）．台北：三民书局，1986：47；王泽鉴．债法原理：一．北京：中国政法大学出版社，2001：218。

③ 邱聪智．契约社会化对契约解释理论之影响．载邱聪智《民法研究》（一）．台北：三民书局，1986：38。

第二节 合同解释的规则

一、合同解释的理论发展

合同的解释，归根到底是对需受领的意思表示的解释。意思表示被认为是私法秩序下大多数法律关系的起点。因此，对意思表示（法律行为）的解释一直是民法学中最重要的理论之一。作为一种法律行为的解释，合同的解释伴随着意思表示理论而经历了三个发展阶段。

（一）意思说——主观主义理论

大陆法系的主观主义理论（意思说）的基本思想源自德国18世纪的理性学派，19世纪时在德国的法律行为学说中居于支配地位。该理论认为，法律行为（意思表示）的实质在于行为人的内心意思，因此，探求行为人在行为时的真正主观意思应该成为解释法律行为的目标，而表示仅起从属作用。

直到19世纪晚期，主观主义理论仍在法律文化中占据着主导地位。大陆法系许多国家的民法典都将其作为合同解释的基本原则。如《法国民法典》第一千一百五十六条规定："解释契约，应从契约中寻找缔结契约之诸当事人的共同本意，而不应局限于用语的字面意思。"《德国民法典》第一百三十三条也规定："解释意思表示，应探求当事人的真实意思，而不得拘泥于所用的字句。"

英美法系对合同的解释，于19世纪初也主要采用主观主义解释的方法，即认为，如果当事人对合同用语的理解存在着实质性的差异，则合同不能成立。法院认为合同的形成必须要有实质性的合意。该方法集中体现在"皮尔尼斯案"（Peerless case）中①。吉尔默教授在1974年发表的著名的《合同的死亡》一文中，便认为主观主义解释理论代表了一种深刻的哲学思想，即个人的意思自治是不受限制的。

但事实上，当事人内心的意思往往是很难真实地判断的，尤其是在当事人作出了某种意思表示以后，相对人可能会对此种意思表示产生某种信赖，而主观主义理论过于倾向保护表意人，对相对人的信赖利益和交易安全则有考虑不周之处。此外，主观主义理论存在的另一个问题是，在实际运用过程

① See Raffles v. Wichelhaus，159 Eng. Rep. 375（1863）.//王利明．合同法研究：第一卷．北京：中国人民大学出版社，2002：417。

中，很难判定究竟何为“当事人的真意”。也就是说，当双方当事人就合同条款发生分歧时，要探求当事人的真实意思是十分困难的，甚至是不可能的。因此，许多国家的民法典虽然规定了“解释合同应探求当事人的真实含义”，但在司法实践中，往往都是以一个合理第三人的可能的意思为标准来确定所谓的“当事人的真意”，从而实际上借助了客观主义的标准。

（二）表示说——客观主义理论

表示说（客观主义理论）是19世纪末德国民法学说争论的产物，其早期的代表人物为耶林。这一理论在20世纪得到极端的发展，倡导者中又以弗卢梅与韦克尔最富代表性。按照这一理论，行为人的内心意思不是意思表示的成立要件，只要有外部意思的表示即足以认定其成立。也就是说，法律行为的本质不是行为人内心的意思，而是其“表示的意思”。

因此在合同解释方面，表示说主张，对合同的解释应以客观表示出来的意思为标准，而不能根据当事人自己的意思解释。在解释的过程中，则注重从订约时或订约后的客观情况去推定，以相对人足以合理、客观地了解的表示内容为准，以保护相对人的信赖利益。具体而言，主要体现为以下两点：

其一，对于合同的解释原则上采客观立场，在表示与意思不一致的情况下，应以外部的意思为准。因为内心的意思如何，非外人所能窥知。

其二，对于有相对人的意思表示的解释应以相对人足以合理、客观地了解的表示内容为准，以保护相对人的信赖利益。与主观主义理论相比，该理论更加注重对交易安全的保护，但并不意味着放弃对表意人的尊重。

从立法例上来看，《德国民法典》第一百五十七条规定的“合同应按照诚实信用的原则及一般交易上的习惯解释”，就体现了一定的客观主义标准。英美法系国家的法律也较多体现了表示说。例如，美国《第二次合同法重述》第二十条的注释即认为“法律所要求的不是相互间的同意，而是这种同意的外部表示”。

然而，极端的客观主义解释方法也受到了一定的批评。法官依据客观标准所解释出来的含义，与当事人双方的意思相距甚远。正是基于这个原因，在当代，无论是大陆法系，还是英美法系都抛弃了极端的主观主义理论和极端的客观主义理论，而采纳了一种折中的理论。两大法系在合同解释方面呈现出了一种社会化的倾向：在大陆法系中体现为“客观主义结合主观主义”原则，而在英美法系中则体现为“修正的客观解释说”。

（三）折中说

如前所述，在当代，两大法系均趋向于采纳折中的合同解释理论。也就是说，在解释合同的过程中，应当将内心的意思和外在的表示结合起来加以考虑，从而确定当事人的真实意思，即采取意思主义与表示主义相结合的方式。具体而言，在进行合同解释时，必须明确合同解释旨在探讨当事人的真实意思，如果在合同订立时，相对人已经知道了表意人的真实意思，则即使外部的表示是不明确的，甚至是模棱两可的，也应该按相对人已经知道的真实意思进行解释。如果当事人有确凿的证据证明在订立合同时，对于该用语赋予了特别的含义，则应当按照该特别的含义来进行解释。如果相对人在缔约时没有理解表意人的意思，则应当按照一个合理的相对人在缔约时能够从表意人的表示行为中合理理解的含义来进行解释。这就是说，在解释合同时，应当按照一个合理的交易当事人对意思表示的内容所能够理解的含义来进行解释，或者根据交易习惯和诚信原则来确定当事人的真实意图。在确定相对人是否理解时，要考虑其对信息了解的情况等各种因素综合加以决定①。

关于合同解释的理论，《合同法》并没有明确规定究竟是采意思主义，还是表示主义。对此，我国学者基本主张，应当采取客观标准与主观标准相结合的方法。

从立法上看，《合同法》第一百二十五条规定："当事人对合同条款的理解有争议的，应当按照合同所使用的词句、合同的有关条款、合同的目的、交易习惯以及诚实信用原则，确定该条款的真实意思。""确定该条款的真实意思"要求解释合同应当努力探索当事人的真意，即表明在合同解释方面，不得由法官自由行使解释权而忽视当事人内心的真实意思。这体现了意思主义的观点。但是，"按照合同所使用的词句、合同的有关条款"则又体现了表示主义。由此可见，《合同法》实际上也是采纳了一种折中的观点。

二、合同解释的具体规则

解释活动应当遵循一定的规则。按照我国学理上的一般理解和《合同法》第一百二十五条的规定，合同解释的具体规则主要有文义解释规则、整体解释规则、目的解释规则和习惯解释规则。合同解释首先应当采用文义解释规则，在采用文义解释仍不能确定合同条款的含义时，则根据具体情况采用整体解释、目的解释或习惯解释规则。

（一）文义解释

所谓文义解释，是指通过对合同所使用的文字、词句的含义的解释，探求合同所表达的当事人的真实意思②。考虑到当事人的文化和法律知识的不

① 王利明．合同法研究：第一卷．北京：中国人民大学出版社，2002：419—420。

② 梁慧星．合同的解释规则．//梁慧星．民商法论丛：第6卷．北京：法律出版社，1997：539。

足，其在订立合同时，难免使用不准确、不适当的词句，甚至可能有的当事人故意用不当词句隐蔽其真实意思。因此，进行文义解释应探求合同当事人共同的真实意思，不得拘泥于合同所使用的不适当的词句。

从解释规则的逻辑关系上讲，文义解释是合同解释的第一步。在当事人就合同条款发生争议后，首先应当考虑文义解释。毕竟合同的条款是当事人合意的产物，它最接近于当事人的真实意图，故不能完全撇开合同条款来任意作出解释。传统的合同解释理论认为文义解释是最为基本的解释方式，如果文义已经明确，则无解释的必要。只有在文义解释不能实现合同解释的目的时，才可采用合同解释的其他规则。

（二）整体解释

整体解释又称体系解释，是指把合同各项条款及其各个构成部分作为一个完整的整体，根据对各个条款及各个部分的相互关联性、争议条款与整个合同的关系及其在合同中所处的地位等各方面因素的考虑，来确定所争议的合同条款的含义[①]。整体解释作为一种重要的合同解释规则，已经得到了各国立法的广泛认可，如《法国民法典》第一千一百六十一条即规定，“契约之诸条款可互为解释，以赋予每一条款依据整个契约而产生的意义”。

整体解释实际上就是要从整个合同的全部内容上理解、分析和说明当事人争议的条款的内容和含义。这是因为，合同是由全部的条款构成的一个整体，各个条款之间密切关联，如果将某个条款单独解释，往往很难确定当事人的真实意思。但如果以整体的眼光去看，或许就不难理解。另外，整体解释要求合同解释不能局限于合同的字面含义，也不应仅考虑合同的条款，更不能将合同的只言片语作为当事人的真实意图，断章取义。这就要求考虑合同的订立过程，即综合考虑当事人订约的时间、地点和背景等情况；考虑当事人作出的各种书面的、口头的陈述或当事人已经作出的行为；考虑先前的交往过程和履约过程等[②]。从这一点上来说，也体现了有的学者所认为的“历史原则”。

（三）目的解释

所谓目的解释，是指当合同所使用的文字或某个条款可以作出两种或两种以上的解释时，应采纳其中最适合于合同目的的解释。例如，《法国民法典》第一千一百五十六条规定，“用语可作两种解释时，应取最适于契约之实

---

① 王利明．合同法研究：第一卷．北京：中国人民大学出版社，2002：437。

② See Farnsworth：Contracts：Second Edition：Little，Brown and Company，1990：511.//王利明．合同法研究：第一卷．北京：中国人民大学出版社，2002：439。

际目的的解释”。

目的解释规则具体表现如下：

第一，如果某一合同既可以被解释为有效，也可以被解释为无效，则原则上应当尽可能按照有效来解释。例如《法国民法典》第一千一百五十七条即规定：“一项条款可作两种解释时，宁取该条款能够产生某种效果的解释，而不取不能产生任何效果的那种解释。”

第二，在根据合同目的进行解释时，应考虑的是当事人订立合同时的目的。

第三，考虑缔约目的是指要考虑当事人双方而非一方缔约时的目的。

第四，如果合同条款中所使用的文字的含义与当事人所明确表达的目的相悖，而当事人双方对该条款又发生争议，在此情况下，不必完全拘泥于文字，可以按照该合同的目的进行解释。

第五，如果当事人在有关合同文本中所使用的用语的含义各不相同，应当根据合同的目的进行解释①。

（四）习惯解释

所谓习惯解释，是指合同所使用的文字、词句有疑义时，应参照当事人的习惯进行解释。合同之所以需要借助于习惯进行解释，其原因在于人们的行为除受到法律的支配以外，还经常受到习惯的支配。所谓习惯，是指当事人所知悉或实践的生活习惯和交易习惯。在合同当事人的意思存在缺陷或不当时，应当基于契约社会化的立场，借助习惯来补充或修正合同的内容。习惯解释已经成为各国法律及国际公约所认可的一种合同解释规则。如《法国民法典》第一千一百六十条规定：“属于契约习惯上的条款，即使在契约中未予写明，应以此种条款作为补充。”再如，《德国民法典》第一百五十七条规定，“对合同的解释，应遵守诚实信用原则，并考虑交易上的习惯”。

《合同法》第六十一条规定：“合同生效后，当事人就质量、价款或者报酬、履行地点等内容没有约定或者约定不明确的，可以协议补充；不能达成补充协议的，按照合同有关条款或者交易习惯确定。”该法第一百二十五条也规定，合同应当依据交易习惯进行解释，这就确立了习惯解释的规则。《合同法》不仅在总则中将交易习惯确定为填补合同漏洞的标准，而且分则中的大量的条文都涉及了根据交易习惯填补合同漏洞的问题。

① 王利明．合同法研究：第一卷．北京：中国人民大学出版社，2002：436—437。

第三节　格式条款的解释

一、格式条款解释的特殊性

格式条款的特殊性在于其双重性质：首先，它作为格式合同的内容，是合同的组成部分，并且一经相对人同意，即对其产生约束力；其次，由于格式条款是由当事人一方预先单方拟定的，另一方当事人没有参与拟定过程，一般只能被动接受。从这一角度而言，格式条款还是一种交易制度或规范。也就是说，即使不承认格式条款是法源之一种，但由于其具有为大量交易设定一般的、定型化的内容的特定性，故在交易上具有制度或规范的性质。正因为格式条款兼具规范与合同条款的特征，所以不应仅从合同解释或法律（规范）解释的角度来看待格式条款的解释问题，而应在合同解释与法律（规范）解释之间寻求其解释的原则。换言之，格式条款所具有的特殊性质决定了它在解释方法上的特殊性。

因此，对于格式条款的解释，重要者并不在于对合同当事人个人的意义，而在于对条款内容的社会意义的探究。具体而言，格式条款是拟定者为与大多数不特定的相对人订立合同之用而预先拟定的，在任何一个特定的格式合同中，相对人都是大量潜在的订约人中的一分子。为使格式条款的解释能够对广大潜在订约者具有普遍的适用价值，就应当摒弃当事人在合同中的个别意思表示，而更多地注重解释的客观意义。

二、格式条款解释的特殊规则

《合同法》第一百二十五条确立的是适用于一切合同的解释原则，当然也适用于对格式条款的解释。同时，《合同法》第四十一条还就格式条款解释的特殊规则进行了规定。在解释格式条款时，首先应采用《合同法》第一百二十五条规定的各种解释规则。如果据此解释后仍然有两种不同的解释意见，则应进一步采用《合同法》第四十一条规定的特殊解释规则进行解释。这些特殊解释规则包括如下几种：

（一）客观解释

由于格式条款具有约款与规范或制度的双重特征，因此对其进行解释时，应当同时适用法律解释与合同解释的规则，并依客观、合理的标准进行。也就是说，在适用合同解释中的客观标准对格式条款进行解释时，应当以该条款所预定适用的特定或不特定对象（顾客或消费者）之平均的、合理的理解为标准。

（二）统一解释

鉴于格式条款适用对象的广泛性，对其解释不应当以特定合同当事人之间的个别意思为解释标准，而应超越合同当事人订约时的特定环境及特殊意思表示，以该条款所预定适用之对象的平均、合理的理解可能性为标准。因此，为了使条款充分发挥其所具有的规范或制度的作用，使得对某一条款的解释能够对其他任何采用该条款的情形产生效力，就必须实现格式条款解释的统一。

不过，对于格式条款的统一解释也是受到较为严格的限制的，尤其是在可能因为其统一解释而使相对人处于不利地位时。这种限制是通过以下的几个解释规则来实现的。

（三）限制解释

限制解释又称严格解释，是指对格式条款的含义应当从狭解释。格式条款作为私法上的一种交易制度或规范，是以不违反国家法律的强制性规定为前提而存在的，其本身并不具备完整性。而且，格式条款是由企业经营者单方拟定的，因此条款内容本身必然更侧重于保护企业经营者的利益，这与由国家立法机构制定的，以维护普遍的公平与正义为目的的法律有着显著的不同。为了避免因完全根据条款的文意进行解释所可能产生的对合同相对人不公平的结果，防止条款使用人滥用权利、片面维护自身利益，就需要对条款所用词语、文句的含义进行严格的限制性解释。

在适用限制解释规则时，对于格式条款没有规定或规定不完备的事项，不得如在法律规定欠缺或不明时那样，采用论理的解释方法，类推其他条款的规定而扩张其适用范围或补充其规定的欠缺。某一条文或词语的适用范围不明确时，如存在广义与狭义的多种理解，则应当采最狭义的含义进行解释。此外，对于格式条款的解释，还存在着所谓“同类限制或同一种类原则”，即在格式条款中，如果将具体事项一一加以列举，最后用“其他”或“等等”字样进行概括规定的，对于此种概括词语，应当解释为与先前所列举的具体事项属于同一种类①。

需说明的是，如前所述，格式条款解释的最基本的指导原则是：以探求作为条款适用对象的消费者群体内一般消费者所能了解的合理意义为目标。在进行限制解释时，也应当以此为指针，“限制”本身并非指以条款文字为限

---

① 刘春堂．一般契约条款之解释．//郑玉波．民法债编论文选辑：上．台北：五南图书出版公司，1984：233。

进行严格的文义解释。

（四）不利于条款使用人的解释

“不利于条款使用人的解释”规则源于罗马法上“对书面文件上的用语作不利于文件提出人的解释”的法谚。由于条款使用人极力要通过格式条款减轻或者免除自己的责任，因此这一解释规则对格式条款的解释尤为重要。当格式条款有疑义时，为保护消费者的利益，应由条款使用人承担不利的解释后果，此即所谓的不利于条款使用人的解释规则，又称利用者不利益的解释规则（contra proferentem rule）。所谓格式条款有疑义，是指适用该条款的消费者根据诚实信用原则于客观上不明了条款的意义，或条款意义二元化或互相矛盾，而对消费者个人特有的疑义则不予考虑。产生这种疑义的原因主要在于条款使用人的主观恶意。英国普通法、《意大利民法典》第一千三百七十条、《德国民法典》第三百零五条、我国《合同法》第四十一条都规定，在条款不明确时，应当作出对相对人有利，而对条款使用人不利的解释。本原则主要是针对格式条款使用人提出的免责事由，即通过适用本原则，对格式条款中的免责条款作出符合文句的狭义解释，即使是在条款使用人意欲达到某种广义的解释的情况下，亦是如此。因此，本规则作为一般的解释规则，在格式条款以外的其他领域也可以适用。

（五）个别约定优先的解释

所谓个别约定，是指当事人双方就其合同经个别协商后所作出的具体约定。由于格式条款是当事人一方为与不特定多数人订约而预先拟定的合同条款，故在性质上属于一般的、通用的合同内容。如果双方当事人就他们之间的合同经个别协商后，就合同内容的全部或一部分达成了约定，而且该约定与当事人一方使用的格式条款相抵触，则因为个别约定更能反映当事人在具体交易中的真实意图，所以应当首先尊重当事人的特别意思，优先适用个别约定条款，此即在个别约定条款与格式条款产生冲突时，个别约定条款的效力优先于格式条款效力的解释规则。

此优先之个别约定条款既可以与格式条款载于同一文件之中，也可以另外载于一个单独的文件里。个别约定条款既可以是书面的，也可以是口头合意。至于是明示或是默示，也在所不问。该项合意是在缔约时或缔约后作成，均无不可。而且，合同相对人在与格式条款使用人达成此合意时，是否知道对方已经就该约定所涉及的事项，另外订有格式条款供通常订约之使用，原则上亦无关紧要①。

① 詹森林．定型化约款之基本问题．载《月旦法学杂志》，1996（11）：6。

第四节 合同漏洞的补充

一、合同漏洞补充的含义

合同漏洞是指当事人对于合同条款应当约定而没有约定的现象①。有学者认为也应当包括约定不明确②或者约定前后矛盾的部分。但由于对于约定不明确或者约定前后矛盾的部分主要由合同的解释活动来加以解决，因此，本节主要探讨合同条款应当约定而没有约定的情形。

一般来说，合同漏洞是当事人在订立合同时所不知道的，即当事人在订立合同时没有预见到将来会就某一问题发生争议，因而没有对此作出约定；或者是在双方当事人约定的合同条款或赋予合同用语的含义因违反了法律的强制性规定或社会公共利益而无效的情况下，出现合同漏洞。另外也存在这样的可能性，即当事人明知其未为约定而留待日后补充或者认为按照法律的规定或习惯做法就足以补足而予以忽略，这往往是基于降低交易成本的考虑。

合同漏洞的存在会影响到当事人权利的实现，因此有必要加以补充。合同漏洞的补充又称合同补缺、补充性解释，是指在合同欠缺某些条款导致当事人的权利、义务关系不明确时，对当事人欠缺意思的补充。

对于合同漏洞的补充的理解，要注意的是其与合同解释的关系。从广义上说，合同漏洞的补充可以归入合同解释之中，二者都是对当事人意思表示的确定。但从严格意义上讲，二者是有着明显区别的：合同漏洞的补充是法院或仲裁机构对当事人表示意思的“空白点”进行补充，实际上是代当事人为意思表示，并把这种意思表示视为当事人的意思表示；而合同解释只是根据合同中自相矛盾的条款或有歧义的条款，以及表示意思的行为、语言等判断当事人的真实意图或依照公平原则确定其应当具有的含义③。

二、合同漏洞补充的步骤

对于合同漏洞的补充，《合同法》第六十一条规定，“合同生效后，当事人就质量、价款或者报酬、履行地点等内容没有约定或者约定不明确的，可

---

① 王泽鉴．债法原理：一册．北京：中国政法大学出版社，2001：217。

② 王利明，崔建远．合同法新论——总则．北京：中国政法大学出版社，2000：479。

③ 隋彭生．合同法要义．北京：中国政法大学出版社，2005：204。

以协议补充；不能达成补充协议的，按照合同有关条款或者交易习惯确定”。该法第六十二条也规定了进行合同补缺的各项标准。

根据前述规定并参考相关学理，合同补缺的步骤如下：首先应当依照当事人的意图进行补充；然后参考习惯进行补充；如果仍然不能达到填补漏洞的效果，则应依法律任意性规定进行补充。

（一）依照当事人的意图补充

填补漏洞的第一步是依照当事人的意图进行补缺。这既包括依照当事人明示的意图补充，也包括依照推定的当事人的意图补充。

一般而言，推定的当事人的意图往往会与合同解释相关，在适用上与补充性解释的效果一致。另外要注意的一点是，在补缺的过程中，推定的当事人的意图应优先于法律规定的补缺规则。这是因为，推定的意图仍然是当事人的意图；并且法律规定的补缺规则往往是原则性的，不够具体，而推定的当事人的意图则是具体的。当然，推定的当事人的意图往往与适用法律规定的补缺规则的结果一致，以至于难以将二者截然分开 。

（二）依照习惯补充

在不能依照当事人意图达成一致而对合同漏洞予以补充的情况下，则应当由法官按照交易习惯来确定。

关于作为填补依据的交易习惯的内容，参见本章第二节“习惯解释”部分。

在具体填补过程中，要注意如下几点：

第一，按照当事人双方在订约时理解的习惯来填补漏洞；

第二，如果可用于补充的地区习惯和行业习惯发生冲突，则行业习惯应当优先适用；

第三，如果可用于补充的地区习惯和行业习惯与当事人之间的交易习惯发生冲突，则应当优先适用当事人之间的交易习惯进行补充。

（三）直接依照法律规定补充

直接依照法律规定补充即要求当事人直接依照法律的规定确定合同内容。它建立在这样的推定之上：对于合同的空白，当事人默示地同意以法律的规定填补。

这种补缺性的法律规定，从立法技术上看，主要有两种：

一种是采用“有疑问时，应如何……”的公式，如《德国民法典》第四百一十五条第3款规定“如债权人未确定答应承认，在发生疑问时，承认人对债务人负有对债权人及时清偿的义务”。《合同法》也多采用这种方式。例如，该法第六十二条规定：“当事人就有关合同内容约定不明确，依照本法第六十一条的规定仍不能确定的，适用下列规定：（一）质量要求不明确的，按照国家标准、行业标准履行；没有国家标准、行业标准的，按照通常标准或者符合合同目的的特定标准履行。（二）价款或者报酬不明确的，按照订立合同时履行地的市场价格履行；依法应当执行政府定价或者政府指导价的，按照规定履行。（三）履行地点不明确，给付货币的，在接受货币一方所在地履行；交付不动产的，在不动产所在地履行；其他标的，在履行义务一方所在地履行。（四）履行期限不明确的，债务人可以随时履行，债权人也可以随时要求履行，但应当给对方必要的准备时间。（五）履行方式不明确的，按照有利于实现合同目的的方式履行。（六）履行费用的负担不明确的，由履行义务一方负担。”

另一种是法律首先提出一条作为强制性规则的解决办法，然后规定“当事人另有约定的不在此限”。例如，《德国民法典》第六百四十一条规定，“定作人对以金钱确定报酬者，自验收之时起应支付利息，但允许延期支付报酬者，不在此限”。《合同法》也有此种方式的规定，如该法第一百四十二条规定，标的物毁损、灭失的风险，在标的物交付之前由出卖人承担，交付之后由买受人承担，但当事人另有约定的除外①。

思 考 题

1. 为什么要对合同进行解释？

2. 阐释性的解释、补充性的解释与修正性的解释的功能分别是什么？

3. 试分析合同解释的理论发展。

4. 合同解释的具体规则有哪些？

5. 格式条款解释的特殊性的法理依据是什么？格式条款解释的特殊规则有哪些？

6. 合同漏洞补充的步骤有哪些？

---

① 李永军．论合同解释对当事人自治否定的正当性与矫正性制度安排．载《当代法学》，2004（2）。

第六章

合同的履行

本章要点

本章主要介绍了合同履行的原则与规则、双务合同履行中的抗辩权。本章的重点和难点是情势变更原则、同时履行抗辩权、不安抗辩权。

第一节　合同履行的原则

一、合同履行的含义

合同的履行是指债务人按照合同的约定，全面、适当地完成自己所负义务的行为。合同的效力集中体现为履行的效力。合同之债消灭的正常途径就是履行。履行与违约责任关系密切，二者都是合同效力的体现：履行效力是合同的基本效力；而违约是对合同义务的违反，违约效力从属于履行效力。本章仅探讨正常情况下合同履行所涉及的内容，至于违约责任，本书第十章将作详细探讨。

二、合同履行原则的含义

合同履行应当遵循一定的原则。所谓合同履行的原则，是指当事人在履行债务时所应遵循的基本准则。

学者们对合同履行原则提出了不同见解，总结起来，主要包括以下原则：实际履行原则、全面履行原则、协作履行原则、正确履行（适当履行）原则、增进效益（经济合理）原则、诚实信用原则、亲自履行原则、同时履行原则、情势变更原则、合同落空原则、遵守约定原则等。确定合同履行的原则应当遵循一定的标准：首先，应当定位于具体原则而非基本原则；其次，合同履行原则应当具有“普适性”，且具有强行性，必须予以遵循[①]。在上述原则中，有的是所有民事活动都应遵循的基本原则，如诚实信用原则；有的则是针对合同制度整体，如遵守约定原则；而有的是专属于合同履行的原则，如适当履行原则。据此，本书认为，合同履行的原则应当包括适当履行原则、协作履行原则、经济合理原则和情势变更原则。

三、适当履行原则

适当履行原则又称正确履行原则或全面履行原则，是指当事人按照合同约定的标的及其质量、数量，由适当的主体在适当的履行期限、履行地点，以适当的履行方式，全面完成合同债务的履行原则。《合同法》第六十条第1款规定：“当事人应当按照约定全面履行自己的义务。”这一规定即体现了适当履行原则。

依法成立的合同在当事人之间具有相当于法律的效力，因此，合同当事人受合同的约束，履行合同约定的义务应是自明之理。法律谚语中有“契约必须遵守”的表述；《民法通则》第八十八条第1款亦有“合同的当事人应当按照合同的约定，全部履行自己的义务”的规定。尽管《民法通则》和《合同法》在用词上有“全部”与“全面”的差别，但实际上表达了相同的意思。可以认为，《合同法》在合同履行的问题上确认适当履行原则是对合同法基本原理的强调和重申。

在理解适当履行原则时，应注意其与实际履行的关系。二者有相同之处：两者都要求合同当事人按合同标的履行合同义务。亦存在区别：两者不是从同一个角度来认识履行的。实际履行原则要求当事人实际履行合同的各项义务，即使发生违约，也不能以违约金、赔偿金等替代履行。该原则限制了当事人变更、解除合同的权利，具有明显的形式主义的特征，是计划经济的产物。在市场经济不断发展的背景下，实际履行原则在某种程度上已经失去了其作为原则的意义，而只是在特定情形下对违约的一种补救方法。适当履行原则则不同，其并不禁止合同当事人变更和解除合同，且允许通过承担违约责任来替代履行，因为这也是合同自由的一部分，更是市场经济的内在要求。

此外，就在履行中的具体要求而言，实际履行重方式，适当履行重结果。实际履行强调债务人按照约定交付标的物或者提供服务，至于交付的标的物或提供的服务是否适当，则非其关注的重点。适当履行既要求债务人实际履行，交付标的物或提供服务，又要求交付的标的物或提供的服务必须符合法律规定及合同的约定。可见，适当履行必然是实际履行，而实际履行未必是

---

① 侯国跃．试论合同履行原则的唯一性．载《重庆大学学报》，2005（5）。

适当履行。适当履行不会存在违约责任，实际履行不适当时则会产生违约责任。从这一角度而言，适当履行已经涵盖了实际履行的要求，因此不必再将实际履行单独列为合同履行的原则。

需注意的是，尽管适当履行原则要求合同当事人严格履行合同义务，但这只是一个总体性的要求，我们要避免对其作单一、片面的理解，而应当结合以下各项原则来履行合同。

四、协作履行原则

协作履行原则是指合同一方当事人不仅要适当履行自己的债务，还应根据具体情形，为对方当事人提供协助或便利，使其能够更好、更方便地履行合同。该原则是诚实信用原则在合同履行阶段的具体体现。《合同法》第六十条第 2 款规定，当事人应当遵循诚实信用原则，根据合同的性质、目的和交易习惯履行通知、协助、保密等义务，其中就体现了协助履行原则。

在合同的履行中，若只有债务人的履行行为，而无债权人的受领行为，合同的内容仍然不能实现。另外，在一些合同中，如建设工程承包合同、技术开发合同，债务人实施给付行为本身就需要债权人的配合。因此，履行合同不仅是债务人的事，也是债权人的事，协助履行往往是债权人的义务。只有双方当事人在合同履行过程中互相配合，互相协作，合同才会得到适当履行。

协作履行要求双方当事人之间相互协助，但该协助并不是无限度的。一般认为，协作履行原则包含以下内容：

第一，债务人履行债务，债权人应及时、适当受领给付。

第二，债务人履行债务，债权人应创造必要的条件，提供方便。

五、经济合理原则

经济合理原则要求履行合同时应讲求经济效益，以最小的成本取得最佳的效益。

在履行合同中贯彻经济合理原则，表现在许多方面：

第一，选择最经济合理的运输方式。如在买卖合同的履行中，确定运输的路线、工具等时应选择快捷、合理的运输方式。

第二，选择最经济的履行期。

第三，选择最经济的履行方式。如在保管合同、仓储合同场合，保管人应及时处理临近失效期或有异状的物品。

第四，选用最经济的设备。

经济合理原则主要是在当事人就有关条款约定不明确或没有约定的情况

下，处理合同纠纷时适用。

六、情势变更原则

（一）概述

所谓情势变更原则，是指合同有效成立以后，因不可归责于双方当事人的原因发生了不可预见的情势变更，致使合同的基础动摇或丧失，若继续维持合同原有效力将显失公平时，允许变更合同内容或解除合同的原则。究其实质，情势变更原则是诚实信用原则的具体运用，其目的在于消除合同因情势变更所产生的不公平后果①。

德国学者认为，情势变更的理论根据是法律行为基础丧失。法律行为基础学说产生于第一次世界大战结束后不久，是由奥特曼创立的，并被德国帝国法院接受。奥特曼认为，法律行为基础是指双方当事人都具备的某种观念，或为一方当事人所具备，而另一方当事人至少知道其存在，并且有关的当事人将这种观念作为其考虑和决策的基础。很明显，他是从主观方面来认定法律行为基础的。有的学者，如克吕克曼、洛赫尔，则认为法律行为基础是处于法律行为之外的各种情形的总称，这些情形的存在或持续存在是一种先决条件，否则，鉴于法律行为的典型目的或在法律行为内容中体现出来的行为目的，法律行为不能作为一种有意义的规则存在下去。可见，他们是从客观方面来认定法律行为基础的②。拉伦茨则认为无论主观行为基础还是客观行为基础都应当受到重视。他主张对二者进行区分，并将主观行为基础的欠缺归入动机错误而放在民法总论之中加以研究，将客观行为基础的丧失归入给付障碍的范围③。拉伦茨的这一观点受到了迪特库斯的批评，他认为没有必要区分主观行为基础和客观行为基础，任何有关法律行为基础的事例，都类似于给付障碍④。

在很长的一段时间内，《德国民法典》并未就情势变更作出规定，法律行为基础学说是借助法学和司法实践逐步发展、完善起来的，并以《德国民法典》第二百四十二条关于诚实信用原则的规定为依据。不过，经过长期的争

---

① 梁慧星．中国民法经济法诸问题．北京：中国法制出版社，1999：170。

② ［德］卡尔·拉伦茨．德国民法通论：下册．王晓晔等，译．北京：法律出版社，2003：534—535。

③ ［德］卡尔·拉伦茨．德国民法通论：下册．王晓晔等，译．北京：法律出版社，2003：535。

④ ［德］迪特尔·梅迪库斯．德国民法总论．邵建东，译．北京：法律出版社，2000：652—653。

论，这一学说最终在民法典中得到了确定。2001 年修订的《德国民法典》第三百一十三条就法律行为基础丧失作出了规定。该条的标题为“行为基础的障碍”，内容是：“（1）已成为合同基础的情势在合同订立后发生重大变更，并且假使双方当事人预见到这一变更就不会订立或者会以不同的内容订立合同的，可以请求合同的改订，但以在考虑到个案的全部情况，特别是合同所规定的或者法定的风险分配的情况下，维持不改变的合同对一方来说是不能合理地期待的为限。（2）已成为合同基础的重要观念表明为错误的，与情势的变更相同。（3）合同的改订为不可能或者对一方来说是不能合理地期待的，遭受损害的一方可以解除合同。就继续的债务关系而言，以通知终止权代替解除权。”本条如拉伦茨主张的那样，将法律行为基础区分为主观行为基础和客观行为基础，不同的是，其未将主观行为基础的欠缺归入动机错误而放在民法总论中，未将客观行为基础的丧失归入给付障碍的范围而是赋予二者同样的法律效果，均为合同变更或解除的理由。

本书认为，当事人订立合同总是有其主观设想和客观条件的，它们都应当作为法律行为基础存在。为了分析的方便，可以将二者加以区分，但应赋予它们相同的法律效果。因此，法律行为基础又称交易基础，是指当事人订立合同（从事法律行为）时，当事人双方的共同设想，或者是为一方当事人所了解且并未反对的另一方当事人的设想，以及作为合同先决条件的客观情况。如果合同在订立后丧失法律行为基础，则不应再维持合同的效力，而应赋予当事人变更或解除合同的权利。如果丧失的法律行为基础是作为合同先决条件的客观情况，则属于情势变更。因此，情势变更是法律行为基础丧失的一种类型，是情势变更原则的适用对象。

英美法系解决情势变更问题的原则称为合同落空（frustration of contract）。英美法系的学者一般认为，合同落空是指合同的目的落空（frustration of purpose），并认为该原则源于 1903 年由英国上诉法院判决的著名案例——“克雷尔诉亨利案”。在该案中，法官强调目的落空并不等于当事人履行不能[①]。与大陆法系的“法律行为基础”相似的概念是“某种意外情况不发生是合同赖以订立的基本假设”。根据美国《第二次合同法重述》第二百六十五条的规定，当事人若因发生意外情况而请求适用合同目的落空原则，就必须证明具备四个条件：第一，该事件使订立合同的“主要目的（principal purpose）”“实质性地落空了（substantially frustrated）”。第二，该事件的不发生是合同赖以订立的基本假设。第三，目的落空不是因请求免责一方的过错而发生的。第四，请求免责方并没有在法律强加的义务之外承担额外的义

① 王军．美国合同法．北京：对外经济贸易大学出版社，2004：304—307。

务。美国法院一般认为，有三类事件是当事人在订立合同时假设不会发生的事件：一是政府不会直接干预和阻碍合同的履行；二是主要履行合同的人不会在履行前死亡或丧失履行能力；三是履行所需之物在履行期间一直存在①。

我国学理普遍承认情势变更原则。在立法上，虽然《合同法》未明确规定情势变更原则，但有些司法解释已经跨出了这一步，将情势变更引入合同履行之中，其中最典型者为最高人民法院《关于审理涉及农村土地承包纠纷案件适用法律问题的解释》第十六条规定："因承包方不收取流转价款或者向对方支付费用的约定产生纠纷，当事人协商变更无法达成一致，且继续履行又显失公平的，人民法院可以根据发生变更的客观情况，按照公平原则处理。"虽然该条没有"法律行为基础丧失"或"情势变更"的用语，但显然实质性地规定了情势变更原则。

（二）适用条件及效力

情势变更原则作为司法救济制度的一种，其适用应符合立法宗旨，以使其既起到司法救济作用，又不会侵害相对人的合法权益。因此，情势变更原则的适用应当严格遵循以下条件：

第一，合同订立后至履行完毕前，客观情势发生了异常变化。这是适用该原则的前提条件。首先，须客观情势发生了异常变化。所谓"情势"，是指作为合同成立基础或环境的客观情况，如政治、经济和社会形势，物价、币值、市场、行政管理措施等。所谓"异常变化"，是指合同所依赖的客观基础和环境发生了根本性变化，致使合同订立和存在的基础丧失。其次，客观情势的变化必须在合同订立后、履行完毕前发生，即只有情势变更发生在合同履行期间，当事人才能主张适用情势变更原则。如果情势变更在合同订立时已经发生，在此情况下，若当事人明知此等情况却仍然缔约，法律便无必要对其予以特别保护，此时订立的合同是以已经变更的事实为基础的，故不允许当事人予以变更。但若当事人因不知情而订立合同，则可以通过合同无效等制度加以解决。如果合同履行完毕后发生情势变更，则因合同关系已经消灭，情势如何变化均与合同无关。

第二，客观情势的变化须是当事人无主观过错，即客观情势的变化必须是不可归责于双方当事人并且是当事人所不可预见的。如果客观情势的变化可归责于当事人，则应由主观上有过错的当事人承担风险责任或违约责任，其不得以情势变更为由来请求免除自己的过错责任。如果当事人在订立合同时能够预见到客观情势的变化，则表明其承担了该种风险，因此也不能适用

---

① 王军．美国合同法．北京：对外经济贸易大学出版社，2004：298—301。

情势变更。

第三，客观情势的变化导致履行合同将会显失公平，即导致继续履行合同会造成当事人之间的利益严重失衡。这是适用情势变更原则的实质性条件。如果只是客观情势发生了变化，但并没有造成当事人之间利益的严重失衡，当事人就不能主张适用情势变更。情势变更造成合同显失公平包括履行特别困难、债权人受领严重不足、履行对债权人无利益等。适用这一原则的目的在于救济因情势变更所引起的交易上显失公平的结果。

如果当事人认为作为缔约基础的客观情势发生了变更，应当就此向法院提出变更或解除合同的主张，法院不得主动为之。情势变更原则之宗旨在于通过法理消除当事人之间利益显失平衡的局面，但处于显失平衡局面的仍为特定当事人之间的利益关系，所以在没有当事人申请的情况下，法院不得主动援引情势变更原则。

适用情势变更原则的效力包括：①变更合同内容，使其更为公平、合理。②解除合同。如果变更合同仍然无法消除显失公平的结果，则应解除合同。

第二节　合同履行的规则

一、履行主体

（一）债务人

履行的主体首先为债务人，包括单独债务人、连带债务人、不可分债务人、保证债务人。另外，如果债务为非专属于债务人的，债务人亦可指定其代理人履行。代理人履行的，亦视为债务人的履行。

债务人履行时是否应具备民事行为能力，应依履行行为的性质决定。履行行为系事实行为时，不要求债务人有民事行为能力；系法律行为时，则需要债务人有民事行为能力。此外，如果债务人通过转移财产权利来履行债务，还需要有对财产的处分权。

（二）第三人

一般情况下，当事人应亲自履行合同，特别是在要求债务人必须具备特定履行能力时，更是如此。但依合同自由原则，合同可以约定由第三人履行，即由第三人代债务人向债权人履行，但第三人并非合同的当事人。由第三人履行并不是债务的转移，而是债务人依照与债权人的约定指令第三人履行。

《合同法》第六十五条规定：“当事人约定由第三人向债权人履行债务的，

第三人不履行债务或者履行债务不符合约定，债务人应当向债权人承担违约责任。”可见，第三人履行具有如下特点：

第一，第三人不因该合同的订立而负给付义务。

第二，第三人履行与否，纯属自由；如不履行，无论其所持理由为何，都由债务人向债权人承担违约责任。

第三，债务人的责任原则上为损害赔偿责任，而非代为履行的责任。

二、履行标的

（一）概述

履行标的是指债务人应为履行的内容，也即合同当事人双方的权利所指向的对象。它是合同成立的必要条件，也是一切合同的必备条款。当事人应按照合同约定的标的履行，这是不言而喻的。按照约定的标的履行要求标的的品质、数量、金额等符合合同要求。履行的标的依合同类型的不同而有所不同，一般可分为以下四类：

一是有形财产，指具有价值和使用价值并且法律允许流通的有形物，如生产资料、生活资料、货币、有价证券；

二是无形财产，指具有价值和使用价值并且法律允许流通的不以实物形态存在的智力成果；

三是劳务，指不以有形财产体现其成果的劳动与服务，如运输合同中的运输行为，代理、行纪、居间行为；

四是工作成果，指在合同履行过程中产生的体现履行行为的其他结果。

（二）代物清偿

所谓代物清偿，是指债务人以他种给付代替合同原定给付。

代物清偿的构成要件如下：

第一，必须有原债务存在；

第二，债务人以他种给付代替原给付；

第三，必须有双方当事人关于代物清偿的合意；

第四，必须债权人现实地受领给付。

三、履行的期限、地点、方式与费用

（一）履行期限

履行期限是当事人完成合同义务的期限，一般指给付的最后期限。但合同中的期限有时指履行的阶段或期间，特别是持续性合同，往往每一阶段各有自己的履行期限。

当事人对履行期限有约定时，依照约定：当事人可以约定将一宗债务划分为几个部分，每个部分各有一个履行期限；还可以约定数个履行期限，届时可以选择确定；双务合同可分别约定两个对立债务的履行期限。没有约定或约定不明确的，可以由双方当事人协议补充；无法达成补充协议的，还可以根据合同解释和合同补缺的原则与步骤予以确定。在补缺时，应先以习惯确定；如没有习惯可以援用，则直接依照法律规定加以确定，如《合同法》第六十二条第4项规定，履行期限不明确的，债务人可以随时履行，债权人也可以随时要求履行，但应当给对方必要的准备时间。至于解释原则，详见本书第五章，此不赘述。

期限利益即当事人因期限的存在而享有的利益。就履行期限而言，债务人就期限的存在而享有的利益为在期限到来前可以不履行债务；而债权人就期限的存在而享有的利益为在期限到来前可以不受领给付、可以就期限届至前的期间享有利息等。

在许多情况下，履行期限利益由债务人享有，但也有一些履行期限利益由债权人享有，还有一些履行期限利益由双方共同享有。对于第一种情况，债权人不得随时请求履行，但债务人可以抛弃其期限利益，在履行期限届至前履行债务。对于第二种情况，债权人可以在期限届至前请求债务人履行，债务人不得拒绝，但债务人无权要求债权人于期限届至前受领给付。对于第三种情况，债务人无权要求债权人于期限届至前受领给付，债权人也不得要求债务人于期限届至前履行。

（二）履行地点

履行地点是指债务人履行债务的地点。只有在适当的地点履行债务，才发生债的消灭的效力，在其他地点履行债务则不会发生该效果。

合同的履行地点由当事人约定。当事人为多数时，可以各自订立不同的履行地点。同一个合同的数个债务不必约定相同的履行地点，尤其是双务合同中的两个债务可以在两个履行地点履行。即使是同一个债务，也可以约定数个履行地点，供当事人选择。

履行地点具有重要的法律意义，主要体现为以下几点：

(1) 履行费用的分配。原则上，当事人要承担其前往履行地点的费用和其他不便。

(2) 风险的转移。《合同法》原则上采交付主义（第一百四十二条），而履行的地点也就是交付的地点。

(3) 违约与否的判断标准之一。债务人如果是在一个错误的地点履行债务，通常构成违约；债权人如果因将履行地点判断错误以致在约定的时间没有受领履行，则会构成受领迟延。

（4）诉讼管辖的准据之一。如果当事人没有通过协议约定地域管辖，可由合同履行地人民法院管辖（《民事诉讼法》第二十四条）[①]。

履行地点的确定需要注意以下几点：

第一，法律对履行地点有特别规定的，依其规定。例如《票据法》第二十三条第3款规定："汇票上未记载付款地的，付款人的营业场所、住所或者经常居住地为付款地。"

第二，当事人没有约定的，履行地点可以依习惯确定。

第三，履行地点也可以依合同的性质和类型来决定。《合同法》第六十二条第3项规定，履行地点不明确，给付货币的，在接受货币一方所在地履行；交付不动产的，在不动产所在地履行；其他标的，在履行义务一方所在地履行。可见，在履行地点不明确的情况下，《合同法》是按照货币之债与非货币之债的区分来确定履行地点的：若债务人的债务为金钱债务（给付货币），则应在债权人一方所在地履行；若债务为非金钱债务，一般应在债务人的所在地履行。例如，在买卖合同未约定交货地点的情况下，卖方只需在自己的所在地交货而无送货的义务，无须负责运输。

（三）履行方式

履行方式是指完成债务的方法，如标的物的交付方法、工作成果的完成方法、运输方法、价款或报酬的支付方法。履行方式与当事人的利益有密切关系：履行方式不符合要求可能会造成标的物缺陷、费用增加、迟延履行等后果。

当事人有关于履行方式的约定时，依其约定；没有约定或约定不明确的，可以由双方当事人协议补充；无法达成补充协议的，可以依习惯确定；如没有习惯可以援用，则直接依照法律的规定确定，如《合同法》第六十二条第5项规定，履行方式不明确的，按照有利于实现合同目的的方式履行。

（四）履行费用

履行费用是指履行合同义务所需的必要费用，如物品交付的费用、运输费用、汇费邮资。

对于履行费用的负担，当事人有约定的，从其约定；没有约定的，可以由双方当事人协议补充；无法达成补充协议的，还可以根据合同解释和合同补缺的原则与步骤予以确定。在补缺时，先依习惯确定；如没有习惯可以援用，则直接依照法律的规定确定，如《合同法》第六十二条第6项规定，履

① 韩世远．合同法总论．北京：法律出版社，2004：294。

行费用的负担不明确的，由履行义务一方负担。至于解释原则，详见本书第五章，此不赘述。

第三节　双务合同履行中的抗辩权

一、双务合同履行中的抗辩权概述

双务合同的履行抗辩权是指合同当事人在符合法律要求的条件时，对抗相对人的履行请求权，暂时拒绝履行其债务的权利。传统民法将双务合同的履行抗辩权分为同时履行抗辩权与不安抗辩权。《合同法》除规定这两类抗辩权之外，还把一方在先履行、一方在后履行的情况从同时履行中脱离出来，另行规定了先履行抗辩权。双务合同的当事人互为债权人、债务人，双务合同抗辩权则是从债务人角度设置的权利。

抗辩权是指对抗请求权或否认对方权利主张的权利。对抗请求权的抗辩权称为延期的抗辩权或一时性抗辩权，否认对方权利的抗辩权称为消灭的抗辩权。双务合同的履行抗辩权是对抗合同相对方的请求权的抗辩权，属于延期的抗辩权。这些抗辩权的行使只是在一定期限内中止合同的履行，而并不能消灭合同的履行效力。在产生抗辩权的原因消失后，债务人仍然应当履行合同。双务合同的履行抗辩权正是合同效力的体现。

对于抗辩权人来说，双务合同的履行抗辩权是一种保护手段，可免去其履行后得不到对方履行的风险，促使对方当事人及时履行，所以它是债权保障的法律制度，其作用比违约责任更积极、比债的担保更安全。

双务合同的履行抗辩权的存在基础是双务合同的牵连性。所谓双务合同的牵联性是指在双务合同中，一方的权利与另一方的义务之间具有相互依存、互为因果的关系。也就是说，给付与对待给付之间具有不可分离的关系。此种牵连性表现为以下三个方面：

一是发生上的牵连性，即双方当事人的权利、义务由一个合同所产生且互为条件，一方的给付义务不发生、不成立或无效，另一方的对待给付义务亦不发生、不成立或无效。

二是履行上的牵连性，又称功能上的牵连性，即在双务合同成立后，当事人基于合同各负履行义务，一方负担的义务以他方负担义务为前提，如果一方不履行自己的义务，对方的权利便不能实现，其义务的履行也要受到影响。

三是存续上的牵连性，即双务合同的一方当事人的债务因不可归责于双方当事人的事由致不能履行时，债务人免于给付义务，债权人亦免于对待给付义务。

二、同时履行抗辩权

（一）同时履行抗辩权的含义

所谓同时履行抗辩权，是指在双务合同中应当同时履行的一方当事人有证据证明另一方当事人在同时履行的时间不履行或者履行不符合约定，在合同履行期届至时所享有的拒绝履行债务的权利。

《德国民法典》第三百二十条规定："因双务合同而负有义务的人，在另一方当事人履行对待给付之前，可以拒绝履行自己的给付，但自己负有先行给付义务的除外。"《日本民法典》第五百三十三条规定："双务契约当事人的一方，于相对人履行其债务前，可以拒绝履行自己的债务。但是，相对人的债务不在清偿期时，不在此限。"从上述规定可以看出，同时履行抗辩权实际上可产生于两种情况中：一是他方与己方有同时履行的义务，他方未为对待给付之前，己方可以拒绝履行自己的义务；二是他方有先为给付的义务而未为给付，己方可以拒绝履行自己的义务。这也是传统民法中的同时履行抗辩权。而《合同法》则采取了分别立法的模式。它将上述第一种情况规定为同时履行抗辩权，其第六十六条即规定"当事人互负债务，没有先后履行顺序的，应当同时履行。一方在对方履行之前有权拒绝其履行要求。一方在对方履行债务不符合约定时，有权拒绝其相应的履行要求"。同时，将上述第二种情况单独规定为先履行抗辩权。因此，《合同法》规定的同时履行抗辩权可以称为严格意义上的同时履行抗辩权。

在英美法上，对应"同时履行"的是"对流条件"。"当合同双方有义务在同一时间履行其义务时，双方的履行构成对流条件（concurrent conditions）①"。因对流条件未能满足而拒绝履行自己的义务，其效果相当于大陆法系的同时履行抗辩权。

（二）同时履行抗辩权的适用条件

同时履行抗辩权的行使需符合以下条件：

第一，须当事人双方因同一双务合同而互负债务，且所负债务之间具有对价关系。这就是说，双方当事人互负的债务是基于同一双务合同产生的，否则即使双方的债务在事实上具有密切联系，也不能适用同时履行抗辩权。同时，双方互负的债务之间应具有对价关系，即一方的债务与另一方的债务

---

① 王军．美国合同法．北京：对外经济贸易大学出版社，2004：283。

互相依存，互为因果，互有补偿性质，彼此互为代价。因此，对价关系仅存在于当事人双方的主给付义务之间；而一方的主给付义务与对方的从给付义务之间则无对价关系，不发生适用同时履行抗辩权的问题。

第二，须当事人双方互负的债务在履行时间上具有一致性。这就是说，当事人双方履行债务的时间应无先后之分。如果当事人履约有先后顺序之分，则应按顺序来履行，而不存在“同时”的问题，也就无同时履行抗辩权的适用余地。

第三，须对方未履行义务或者履行不符合约定。这就是说，一方向另一方请求履行债务时，若其自己负有的与另一方的债务有对价关系的债务未履行，另一方便可以主张同时履行抗辩权。

（三）同时履行抗辩权行使的效力

行使同时履行抗辩权所产生的直接效果是抗辩权人的拒绝履行不构成违约。其他的效力体现在对抵销、履行迟延的构成等方面的影响。就对抵销的影响而言，债权受同时履行抗辩的，不得以之为自动债权（用于抵销的债权，即债权人的债权），主张抵销。我国法律对此虽未作规定，但应作此解释。就对履行迟延的构成的影响而言，同时履行抗辩权的存在本身即排除履行迟延的构成。也就是说，在对方未为对待给付前，此方之债务即便已届清偿期而未清偿，亦不负迟延履行的责任。一方当事人如欲使对方陷于履行迟延，须先履行己方债务，以消灭对方的同时履行抗辩权。

三、先履行抗辩权

（一）先履行抗辩权的含义

所谓先履行抗辩权，是指在有履约顺序的双务合同中，后履行一方当事人在先履行一方当事人不履行合同或履行合同不符合约定时，有权拒绝先履行一方当事人的履约要求。《合同法》第六十七条规定：“当事人互负债务，有先后履行顺序，先履行一方未履行的，后履行一方有权拒绝其履行要求。先履行一方履行债务不符合约定的，后履行一方有权拒绝其相应的履行要求。”该条即是对先履行抗辩权的规定。

如前所述，依据大陆法系的传统民法理论，先履行抗辩权是同时履行抗辩权的组成部分；而《合同法》则将其作为单独的制度加以规定。《合同法》之所以这样规定的原因是，在该法通过之前的合同司法实践中，法官有时会将后履行一方因先履行一方未履行债务而拒绝己方履行的行为视为违约，而忽视了双方债务之间的牵连关系，损害了后履行一方的履行利益。本书认为，先履行抗辩权存在于有先后履行顺序的双务合同之中，且适用于先履行一方违约的情形，与同时履行抗辩权存在明显区别，《合同法》将其独立规定是合理的。

（二）先履行抗辩权的适用条件

行使先履行抗辩权必须符合以下条件：

(1) 须双方当事人因同一双务合同而互负债务，且所负债务之间具有对价关系。这与适用同时履行抗辩权时的情形相同，此不赘述。

(2) 须当事人互负的债务有先后履行顺序，而非同时履行。双务合同的当事人可以对双方的履约顺序作出约定。是否约定有履约顺序是同时履行抗辩权与先履行抗辩权区分适用的前提。先履行抗辩权仅为后履行一方当事人所享有。

(3) 须是先履行一方当事人不履行合同或履行不符合约定。“不履行”是指先履行一方当事人丧失了履行合同的能力或拒绝履行。“履行不符合约定”是指迟延履行、部分履行、瑕疵履行等情形。

（三）先履行抗辩权的行使及效力

因后履行一方享有顺序利益，在先履行一方未履行或未适当履行债务时，后履行一方可以行使先履行抗辩权，即不履行其债务或者拒绝先履行一方的履行要求，而且无需以明示方式行使，沉默亦为有效。应当注意的是，先履行抗辩权的行使要受到一定的限制，这主要表现在：一是后履行一方所拒绝履行的义务应当与先履行一方未履行的义务保持一定的对价性，即后履行一方只能拒绝先履行一方相应的履约请求。抗辩权的行使超出适当范围的，后履约一方应承担违约责任。二是在先履行一方按约履行后，后履行一方不得再延迟履行，否则构成违约。

先履行抗辩权的行使产生拒绝对方的履行请求、中止履行的效力。先履行一方采取措施适当履行所负义务后，先履行抗辩权即消灭，后履行一方应按约履行己方义务。

四、不安抗辩权

（一）不安抗辩权的含义

《合同法》第六十八条第1款规定：“应当先履行债务的当事人，有确切证据证明对方有下列情形之一的，可以中止履行：（一）经营状况严重恶化；（二）转移财产、抽逃资金，以逃避债务；（三）丧失商业信誉；（四）有丧失或者可能丧失履行债务能力的其他情形。”此条即是对不安抗辩权的规定。所谓不安抗辩权，是指合同中的先给付义务人在对方财产于订约后明显减少，有难为对待给付之虞时，在对方未为对待给付或提供担保之前，可以拒绝己方给付的权利。

（二）不安抗辩权的适用条件

行使不安抗辩权须符合以下条件：

第一，双方当事人因同一双务合同而互负债务，且所负债务具有对价关系。这与适用同时履行抗辩权时的情形相同，此不赘述。

第二，后给付义务人的履行能力明显降低，有不能为对待给付的现实危险。不安抗辩权制度保护先给付义务人是有条件的，即只能在后给付义务人有不能为对待给付的现实危险，害及先给付义务人的债权实现时，才能行使该抗辩权。

所谓后给付义务人的履行能力明显降低，有不能为对待给付的现实危险，包括其经营状况严重恶化；转移财产、抽逃资金，以逃避债务；以及其他丧失或者可能丧失履行债务能力的情况。

（三）不安抗辩权的行使及效力

为了兼顾后给付义务人的利益、便于其能及时提供适当担保，先给付义务人行使不安抗辩权的，应及时通知后给付义务人。该通知的内容包括中止履行的意思表示和后给付义务人提供适当担保的合理期限。行使不安抗辩权的先给付义务人还负有证明后给付义务人的履行能力明显降低，有不能为对待给付的现实危险的责任。先给付义务人及时通知后给付义务人，可使后给付义务人减少损害，及时恢复履行能力或提供适当担保以消除不安抗辩权，使合同得以继续履行。而令先给付义务人负上述举证责任，则可防止其滥用不安抗辩权，借口后给付义务人丧失或可能丧失履行能力而随意拒绝履行自己的债务。如果先给付义务人没有确切证据而中止履行，应当承担违约责任。

行使不安抗辩权的直接效果是抗辩权人的拒绝履行不构成违约。根据《合同法》第六十九条的规定，权利人行使不安抗辩权后，如对方当事人提供了适当担保，则权利人应当恢复履行。如对方当事人在合理期限内未恢复履行能力并且未提供适当担保的，权利人可以解除合同。如果相对人在合理期限内恢复履行能力或者提供了适当的担保，则抗辩权人应继续履行合同。

思考题

1. 合同履行应遵循哪些原则？
2. 情势变更原则的适用条件及效力是什么？
3. 同时履行抗辩权的适用条件包括哪些？
4. 不安抗辩权的适用条件包括哪些？
5. 同时履行抗辩权与不安抗辩权行使的效力分别是什么？有何不同？

第七章

合同的保全

本 章 要 点

本章主要介绍了合同的保全制度，包括债权人的代位权制度和债权人的撤销权制度。本章的重点和难点是债权人代位权的成立要件、债权人代位权的行使效力、债权人撤销权的成立要件、债权人撤销权的行使效力。

第一节　合同保全概述

一、合同保全的含义

合同的保全又可称为合同债的保全，是指法律为防止债务人责任财产的不当减少给债权人的债权实现带来危害而赋予债权人相应的权利以保障自己的债权实现的法律制度。合同的保全具体包括两种制度：一是债权人代债务人之位，以自己的名义向第三人行使债务人的权利的法律制度，即债权人的代位权制度；二是债权人请求法院撤销债务人与第三人之间的法律行为的制度，即债权人的撤销权制度。

二、合同保全的意义

合同的保全涉及第三人，其效力属于合同的对外效力。依传统民法，合同以相对性为原则，据此，债权人不得直接支配债务人的人身、行为及财产，更不得直接支配第三人的人身、行为及财产；债权人不得干涉债务人与第三人之间的法律行为。但合同的保全却允许债权人对第三人的行为或财产行使权利，这是对债务人与第三人之间的法律行为的干涉，是对合同相对性原则的突破。法律之所以允许这种突破的存在，其原因就在于合同保全制度具有充分的正当性和合理性。

合同关系成立后，债务人即负有履行合同债务的义务。当债务人不履行或者未适当履行其债务时，在设定有物的担保或者人的担保的场合，债权人可以通过担保权来实现其债权；但在没有担保的场合，债权人则只能向法院请求强制执行或令债务人赔偿损失，而这种方式在实际上是否可能，则要取决于债务人是否具有充足的财产。此时，债务人的财产便成为债权的一般担保，称为“责任财产”。

由于一般债权人（不享有担保权的债权人）能否实现其债权，最终取决于债务人有多少责任财产，因此债务人责任财产的减少，对于债权人有直接的利害关系。如果债务人有充足的财产，则原则上其可以自由地利用或处分；但在债务人的责任财产不充分的情况下，如果仍然允许其自由地利用或处分，则必然会对一般债权人的债权实现带来非常大的风险。因此，法律为了保护特定情况下处于不利地位的一般债权人，便设计了债的保全制度，允许一般债权人干涉债务人对其财产的自由处分。其中，债权人代位权制度针对的是债务人的消极行为，即当债务人有权利却怠于行使时，法律允许债权人代债务人之位，以自己的名义向第三人主张债务人怠于行使的权利；债权人撤销权制度针对的是债务人的积极行为，即当债务人不履行其债务，却以积极的方式减少其责任财产而对债权人债权的实现造成危害时，法律允许债权人请求法院撤销债务人的行为。综上可见，合同保全制度有着充分的正当性和合理性，其有利于保障一般债权的实现，维护交易秩序。

第二节 债权人的代位权

一、债权人代位权的含义

债权人的代位权是指当债务人怠于行使其对第三人（次债务人）享有的到期债权而有害于债权人的债权时，债权人为保障自己的债权而以自己的名义行使债务人对次债务人的债权的权利。

债权人代位权属于实体法上的权利。代位权对于债权人具有实际的财产利益，而非仅具有程序性意义。判断一项权利究竟是实体法上的权利，还是程序法上的权利，关键是看该权利的设定对当事人之间的法律关系是否有实质性的影响，能否导致当事人之间的法律关系的变动。债权人代位权行使的结果会导致债务人与次债务人之间的法律关系发生变化。此外，债权人代位权行使的效果在于通过获取作为债务人怠于行使的权利标的财产，增强债务人的履约能力，确保债权的圆满实现，故而有别于诸如诉讼保全、担保物权执行、强制执行申请等体现诉讼上利益的诉讼权利。因此，债权人代位权并非诉讼法上的权利，而是具有保全债务人责任财产意义的实体权利。

债权人代位权属于财产管理权。债权人行使代位权是为了维护债权人利益，并直接表现为管理债务人的财产，所以应当将债权人代位权的性质认定为财产管理权。此外，债权人的代位权是债权固有的内容，无需当事人约定。如果当事人约定排除该权利，则约定无效。

二、债权人代位权的成立要件

《合同法司法解释（一）》第十一条规定："债权人依照合同法第七十三条的规定提起代位权诉讼，应当符合下列条件：（一）债权人对债务人的债权合法；（二）债务人怠于行使其到期债权，对债权人造成损害；（三）债务人的债权已到期；（四）债务人的债权不是专属于债务人自身的债权。"对此司法解释，有学者认为第二个要件可以包括第三个要件，因为债务人怠于行使其到期债权，本身就意味着债务人的债权已经到期，即只有在债权到期以后，债务人不向次债务人提出请求才构成怠于行使，如果债务还没有到期，债务人根本不能向次债务人提出请求，也就谈不上怠于行使的问题①。根据此规定并参照学理，本书认为债权人代位权的成立要件包括如下几个方面：

（一）债权人对债务人的债权必须有效存在

债权人对债务人的债权有效存在是指债权人与债务人之间必须有有效的债权债务关系存在。如果债权人对债务人不享有有效的债权，其代位权就丧失了合法的基础。如果债权债务关系并不成立，或者具有无效或可撤销的因素而应当被宣告无效或者被撤销，或者债权债务关系已经解除，或者债权人和债务人之间的关系是一种自然债权债务关系，则债权人不享有代位权。不论是合同之债，还是不当得利之债、无因管理之债、侵权之债，都可以提起代位权诉讼，也就是说，行使代位权，不论债的发生原因，只要合法有效即可。

（二）债务人怠于行使其到期债权

所谓怠于行使其债权，是指应行使并且能行使而不行使其债权。所谓应行使，是指若不及时行使，债权将有消灭或灭失的可能，如请求权将因时效完成而消灭、受偿权将因不申报破产债权而丧失。所谓能行使，是指不存在行使债权的任何障碍，债务人在客观上有能力行使其债权。所谓不行使，是指消极地不作为，至于是否出于债务人的过错，其原因如何，都在所不问。

怠于行使其债权主要表现为根本不主张债权或迟延行使债权。若债务人

---

① 王利明．合同法研究：第二卷．北京：中国人民大学出版社，2003：134。

行使了其权利，则不论其行使的方法及结果对债权人是否不利，债权人均不得行使代位权，否则，将构成对债务人行使权利的不当干涉。

而且，债务人对次债务人的债权必须已经到期，因为只有在此情况下，债务人才能实际行使请求权，债权人也才能行使债务人对次债务人的该项请求权。

（三）债务人怠于行使债权的行为给债权人造成了损害

债权人有保全债权的必要是代位权产生的基础，而判断债权人是否有保全债权的必要的标准是：债务人怠于行使债权的行为是否给债权人造成了损害。对这一判断标准的认定，理论界存在不同的观点：部分学者认为应以履行期限作为认定标准，即只要债务人对债权人履行义务的期限届至，而债务人未予履行，又不以诉讼、仲裁的方式行使其对次债务人的到期债权，即构成对债权人的损害；部分学者则认为应以债务人的资力作为认定标准，即必须存在因债务人对次债务人怠于行使权利的行为导致债务人对债权人履行不能或有履行不能的危险时，才构成对债权人的损害。

《合同法司法解释（一）》第十三条第1款规定："合同法第七十三条规定的'债务人怠于行使其到期债权，对债权人造成损害的'，是指债务人不履行其对债权人的到期债务，又不以诉讼方式或者仲裁方式向其债务人主张其享有的具有金钱给付内容的到期债权，致使债权人的到期债权未能实现。"可见，我国立法采纳的是履行期限的认定标准。采纳这一标准是具有合理性的：一方面，这有利于债权人行使代位权，使其免丁承担举证责任，因为债务人的资力（财产状况）对于债权人而言往往是难以查明的；另一方面，在次债务人对债务人的债务履行期限届至的情况下，次债务人有义务履行其债务，在法律赋予了次债务人对债权人的抗辩权的情况下，次债务人向债权人履行与向债务人履行几乎无异，不会对次债务人的利益造成损害。

（四）债务人的债权不是专属于债务人自身的债权

《合同法》第七十三条规定，债权人可以代位行使的权利必须是非专属于债务人的权利。专属于债务人自身的债权是指与债务人的身份或特定的、不可或缺的生活需要紧密相连的债权。《合同法司法解释（一）》第十二条规定："合同法第七十三条第一款规定的专属于债务人自身的债权，是指基于扶养关系、抚养关系、赡养关系、继承关系产生的给付请求权和劳动报酬、退休金、养老金、抚恤金、安置费、人寿保险、人身伤害赔偿请求权等权利。"由此可见，专属于债务人自身的、不能由债权人代位行使的权利包括两类：一类是基于个人身份关系产生的给付请求权，由于其带有强烈的人身性质，故不得代位行使，如父母对成年子女的赡养费请求；另一类则是直接关系到自然人的基本生活和生存问题、不能强制执行的债权，如退役军人所享有的安置费请求权，当然也不能作为代位权的客体。

三、债权人代位权的行使

（一）代位权行使的要求

债权人行使代位权必须符合法律的要求，这主要包括两个方面的内容：其一为行使程序上的要求，其二为行使范围上的要求。违反此两项要求而行使代位权，给债务人造成损失的，债权人应负损害赔偿责任。

1. 行使程序上的要求

依《合同法》第七十三条的规定，债权人行使代位权的，必须“向人民法院请求以自己的名义代位行使债务人的债权”，即代位权的行使必须通过诉讼的方式。这与国外的一些规定不同，如有的国家规定代位权可以直接行使，有的国家则规定了直接行使与诉讼两种方式。

代位权诉讼是一种专门的诉讼，在诉讼类别上属于给付之诉。在此类诉讼中，债权人以自己的名义作为原告起诉次债务人，要求其履行对债务人所负的债务；而债务人则作为本诉的第三人。未将债务人列为第三人的，法院可以追加其为第三人。两个或者两个以上的债权人以同一次债务人为被告提起代位权诉讼的，法院可以合并审理。

应注意的是，代位权诉讼与破产诉讼不同：发生代位权并不必然意味着资不抵债，因此代位权诉讼仅涉及提起诉讼的债权人，而不需要其他债权人申报债权。对于代位权诉讼，将于下文中作进一步阐述。

2. 行使范围上的要求

《合同法》第七十三条规定，代位权的行使范围以债权人的债权为限。该规定有三点含义：

其一，“债权人的债权”系指行使代位权的单个债权人的债权，而非所有债权人的债权。因为某一债权人系以自己的名义行使代位权，不代表其他债权人，也正因此，其也只能在与自己债权价值相当的范围内行使代位权。

其二，在代位权诉讼中，债权人行使代位权的请求数额不能超过债务人所负债务额，也不能超过次债务人对债务人所负的债务额；对于超出部分，法律不予支持。

其三，如果通过代位行使债务人的一项债权即能满足自己的债权的，债权人就不应再对债务人的其他债权行使代位权。如果债务人对次债务人的某项债权在价值上大于债权人对债务人的债权，则债权人仅能就与自己债权价值相当的部分提出代位请求，分割债务人对次债务人的债权。也正是出于分割和行使代位权便利性的考虑，《合同法司法解释（一）》第十三条将可行使代位权的债权限定为具有金钱给付内容的到期债权。

（二）代位权行使的效力

债权人行使代位权，对其自身、债务人、次债务人都将产生影响，改变其相互之间的法律关系。具体分析如下：

1. 对债权人的效力

债权人行使代位权胜诉时，由次债务人向债权人履行清偿义务，债权人与债务人、债务人与次债务人之间相应的债权债务关系即告消灭。值得注意的是，这一做法是《合同法司法解释（一）》的独创。在传统民法上，根据债权平等原则，债权人只能代为受领次债务人的给付或者只能由债务人受领后加入其财产，而不能由行使代位权的债权人优先受偿。尽管司法解释的上述规定引起了争论，但应该说，如此规定是比较切合我国实际的。对此将于下文作进一步阐述。

2. 对债务人的效力

债权人对次债务人提起的代位权诉讼，其效力及于债务人，即全部或部分消灭债务人与次债务人之间的债务关系。债务人受判决的约束，不得再对次债务人提起诉讼。但如果债权人的起诉因为债务人对债权所提出的异议而被驳回的，则债务人可另行起诉次债务人。另外，对超过债权人代位请求数额的债权部分，债务人仍可起诉次债务人。

3. 对次债务人的效力

对次债务人而言，不论是债务人亲自行使债权，还是其他人代位行使债权，均不影响其利益。当次债务人根据判决向债权人履行债务后，其与债务人之间相应的债权债务关系即告消灭，但因此而增加的履行费用，其有权要求债务人偿还。在代位权诉讼中，次债务人对债务人的所有抗辩事由，均可对债权人主张，如债务不成立、无效、可撤销、同时履行抗辩，但其不得以其他债的关系所产生的自己对债权人的抗辩事由对抗债权人，因为债权人此时只是代位行使债务人的权利。

（三）代位权行使效果的归属

关于债权人行使代位权后的效果归属问题，在《合同法司法解释（一）》出台前，理论界和实务界存在不同的观点：一是认为债权人行使代位权的效果应当归属于行使代位权的债权人；二是认为债权人行使代位权的效果应当归属于该债务人的全部债权人；三是认为债权人行使代位权的效果应当归属于该债务人。

本书赞同第一种观点，即认为债权人行使代位权的效果应当归属于行使代位权的债权人，理由在于：

其一，激励债权人积极行使代位权。因为如果债权人对行使代位权的效果无优先受偿权，则对行使代位权的债权人而言未免有失公正，不利于鼓励债权人行使代位权。

其二，由于债务人尚未进入破产程序，也未进入强制执行程序，没有必要要求所有的债权人都申报债权，所以，如果没有其他债权人以同一次债务人提起代位权诉讼并获得胜诉，则人民法院可以直接判令次债务人向该债权人履行债务。

其三，由次债务人向债权人履行债务，能够节省诉讼成本，符合“诉讼经济”的思想，而且有利于解决现实经济生活中大量存在的“三角债”问题。

代位权制度设立的根本出发点是保障债权的实现，法律中的理论构架最终要用于解决现实中的问题，因此，宜将对债权人的保护置于首位，让代位权行使的效果归于行使代位权的债权人，从而使代位权制度于现实生活中发挥积极的作用。《合同法司法解释（一）》支持了这一观点。该司法解释第二十条规定：“债权人向次债务人提起的代位权诉讼经人民法院审理后认定代位权成立的，由次债务人向债权人履行清偿义务，债权人与债务人、债务人与次债务人之间相应的债权债务关系即予消灭。”

四、债权人的代位权诉讼

（一）代位权诉讼的主体

由于债权人行使代位权必须要以自己的名义提起诉讼，因此代位权诉讼的原告只能是债权人。而对于被告的确定，学界则存在着不同的观点：一是认为应以债务人为被告，次债务人为第三人；二是认为应以债务人和次债务人为共同被告。

由于代位权是针对次债务人提起的，它所解决的不是债权人和债务人之间的债务纠纷问题，而是债权人和次债务人之间因代位权的行使而产生的关系的问题，因此债权人不能仅以债务人作为被告。由于代位权关系的性质是债权人以自己的名义向债务人的债务人（次债务人）行使权利，而不是直接向债务人行使权利，因此也不宜将债务人和次债务人作为共同被告。由于代位权只是针对次债务人而行使，故只能以次债务人为被告。但是，债务人又必须参加诉讼，因为债务人如不参加诉讼，既不利于查明事实，也不利于对其合法利益的保护，同时还难以防止因次债务人滥用抗辩权而使债权人的代位权落空的情况的出现。基于以上分析，本书认为，债权人的代位权诉讼应以次债务人为被告，而以债务人为无独立请求权的第三人。

（二）行使代位权时，次债务人的相关权利

1. 次债务人的抗辩权

既然代位权制度赋予债权人以次债务人为被告提起诉讼的权利，那么次债务人对债务人的抗辩就有权对债权人行使，否则会造成对次债务人的不公。有学者认为，次债务人还应有权对债权人行使债务人对债权人的抗辩权，也就是说，虽然债务人没有行使自己的抗辩权，但次债务人仍应有权行使，否则也会造成对次债务人的不公。

2. 次债务人的抵销权

在法院认定次债务人有向债权人清偿的义务，同时次债务人又对债权人享有债权的情况下，次债务人可以向债权人行使抵销权。虽然债权人作为原告以次债务人为被告提起诉讼，是以自己的名义，但其直接行使的是债务人的相关权利，因此，尽管次债务人行使抵销抗辩针对的是债权人，但将导致消灭债务人相应的权利的结果，故这种抵销要以债务人的知晓为必要。

（三）代位权诉讼请求的数额

《合同法司法解释（一）》第二十一条规定："在代位权诉讼中，债权人行使代位权的请求数额超过债务人所负债务额或者超过次债务人对债务人所负债务额的，对超出部分人民法院不予支持。"代位权根源于债权人对债务人的债权和债务人对次债务人的债权，故债权人的请求要以这两个债权的数额为限，应属当然。

《合同法司法解释（一）》第二十二条规定："债务人在代位权诉讼中，对超过债权人代位请求数额的债权部分起诉次债务人的，人民法院应当告知其向有管辖权的人民法院另行起诉。债务人的起诉符合法定条件的，人民法院应当受理；受理债务人起诉的人民法院在代位权诉讼裁决发生法律效力以前，应当依法中止。"

（四）费用的负担

《合同法》第七十三条第2款规定，债权人行使代位权的必要费用由债务人负担。但《合同法司法解释（一）》第十九条却规定："在代位权诉讼中，债权人胜诉的，诉讼费由次债务人负担，从实现的债权中优先支付。"从表面上看，该司法解释似乎修改了《合同法》的规定，其实这两个条文的基本精神是一致的。债权人胜诉后，诉讼费用虽由次债务人承担，但却是从实现的债权中优先支付的，而该实现的债权部分本来就是应由次债务人向债务人履行的债务，其实就是债务人的责任财产。所以，该司法解释的规定没有改变《合同法》的规定，而是使债权人行使代位权的必要费用的承担更具有操

作性。

所谓“必要费用”，参照《合同法司法解释（一）》第二十六条的规定，应包括律师代理费、差旅费等，当然也包括诉讼费用。

第三节　债权人的撤销权

一、债权人撤销权的含义

债权人的撤销权是指债权人对于债务人所为的危害债权的行为，可请求法院予以撤销以维持债务人责任财产的权利。《合同法》第七十四条第1款规定：“因债务人放弃其到期债权或者无偿转让财产，对债权人造成损害的，债权人可以请求人民法院撤销债务人的行为。债务人以明显不合理的低价转让财产，对债权人造成损害，并且受让人知道该情形的，债权人也可以请求人民法院撤销债务人的行为。”债权人撤销权制度的目的在于防止债务人责任财产的不当减少，保护交易的安全。

二、债权人撤销权的成立要件

论及债权人撤销权的成立要件时，应先区分债务人的行为是无偿行为，还是有偿行为，在此基础上，再具体区分主观方面和客观方面的设定。该模式始自罗马法，德国、瑞士民法典以及我国台湾地区“民法”均予以继受，《合同法》亦采此模式。具体而言，债权人撤销权的成立要件应包括如下几个方面：

（一）客观要件

1. 债务人实施了减少责任财产的行为

根据《合同法》第七十四条第1款的规定，债务人实施的减少责任财产的行为主要包括三种：一是放弃到期债权的行为，二是无偿转让财产的行为，三是以明显不合理的低价转让财产的行为。其中，前两种为无偿行为，第三种为有偿行为。此处“明显不合理的低价”，不应在数额上限定，而应根据在同等条件下，一个普通的正常人在进行同样的交易时，无论如何也不会以该种价格转让该种财产来予以判断①。

---

① 程啸．撤销权．//王利明．合同法要义与案例解析：总则．北京：中国人民大学出版社，2001：289。

债权人撤销权制度的立法本旨在于使债务人的责任财产维持在适当状态，以达到保障债权人债权实现的目的。因此，有学者提出，只要债务人的行为减少了责任财产并害及到债权人的债权，债权人就可以行使撤销权。本书认为，按照此种观点，诉讼上的和解、抵销等减少财产或增加财产负担的适法行为将成为撤销权的行使对象；债务人以其财产设定抵押、质押，交付定金，充任保证人的行为因为可能减少责任财产，害及债权人的债权，也将成为撤销权的行使对象。这就过分扩张了撤销权的行使范围，损害了正常的交易秩序，是不足取的。基于此，本书不赞同上述观点，而是认为《合同法》对债务人减少责任财产行为类型的规定是比较适当的。

2. 债务人的行为须以财产为标的

所谓以财产为标的的行为，是指当事人的权利、义务直接指向财产。债务人的行为必须以财产为标的，如其行为不以财产为标的，则债权人不得撤销，如结婚、离婚、收养。

债务人拒绝财产增加的行为虽然以财产为标的，但此种行为并未减少债务人的责任财产，因此不应列为债权人撤销权的行使对象，如拒绝赠与要约、拒绝第三人承担债务、抛弃继承或遗赠的行为。

3. 债务人的行为害及债权人的债权

害及债权的行为一般可以分为两类：减少积极财产的行为和增加消极财产的行为。前者如让与所有权、于自己的财产上设定他物权、免除债务等行为，后者如债务人新负担债务的行为。但应当注意的是，债务人实施的买卖、互易等对现有财产的数量有改变的行为，只要有相当的对价，并未减少债务人的清偿资力，就不属于害及债权人债权的行为。

（二）主观要件

如果债务人的行为是无偿行为，则只要具备客观要件，债权人就可以行使撤销权；如果债务人的行为是有偿行为，则债权人撤销权的行使还要以主观要件的存在为必要，即债务人与第三人存在恶意。之所以作此区分，是因为在债务人的行为为无偿行为的情况下，撤销该行为仅使受益人失去非因交易所得到的利益，并不危及市场信用与交易安全，因此没有必要增设主观要件。而在债务人的行为为有偿行为的情况下，则须顾及到市场信用与交易安全，故有增设主观要件的必要。《合同法》第七十四条规定，债务人以明显不合理的低价转让财产，对债权人造成损害的，只有在受让人知道该情形时，债权人才可以行使撤销权。这就是对债权人行使撤销权的主观要件的规定。依此规定并结合民法原理，债权人撤销权的主观要件包括债务人的恶意和第三人的恶意。具体分析如下：

1. 债务人的恶意

关于债务人恶意的界定问题，存在观念主义和意思主义两种主张：依照观念主义，只要债务人对其行为可能影响其履行资力并害及债权人的后果具有一定的认识，即构成恶意，而不必有诈害的意思；而依照意思主义，债务人不仅要认识到危害后果，主观上还必须要有诈害的故意。法国、日本的民法典和我国台湾地区“民法”均采观念主义，《合同法》亦然。因为从实务操作的方面考虑，债权人仅能证明债务人对其行为可能害及债权的后果具有认识，如果要求债权人对债务人在行为时有无恶意的主观心理状态也进行证明，未免过于严苛。

2. 第三人的恶意

此处的第三人包括两种情况：一是与债务人交易的相对人，其在《合同法》中称为受让人；二是由该相对人（受让人）处取得权利和利益的人，此类人在法国法中称为转得人，在德国法中称为权利转受人，我国学者一般将其称为转得人①。

受让人的恶意是指受让人在自债务人处取得权利和利益时，已经知道债务人所为的行为害及债权人的债权。

如果受让人受益时为善意，则债权人就不得对其行使撤销权。在司法实务中，应由受让人自己举证证明其主观上善意的状态。受让人在受益后才为恶意的，债权人也不得行使撤销权。

转得人的恶意是指在受益时为恶意，即转得人在自相对人（受让人）处取得权利和利益时，已经知道债务人的行为害及债权人的债权。在受益后才为恶意的，债权人不得行使撤销权。转得人受益与债务人为行为在时间上不一致时，则只需考察受益时转得人是否为恶意，受益时为恶意即构成恶意；债务人为行为时，转得人善意与否则不予考虑。

三、债权人撤销权的行使

（一）撤销权的行使要求

撤销权的行使要求与代位权的行使要求基本相同，也包括行使程序上的要求和行使范围上的要求两个方面。

1. 行使程序上的要求

依《合同法》第七十四条的规定，行使撤销权必须由债权人“请求人民法院撤销债务人的行为”，即通过诉讼的方式。撤销权诉讼是一种专门的诉

---

① 姚辉．论债权人撤销权．载《法律科学》，1999（3）。

讼，在诉讼类别上应属于变更之诉和给付之诉。债权人提起变更之诉，通常是为了要求第三人返还利益，因此通常一并提起给付之诉。

《合同法司法解释（一）》第二十四条规定，债权人依照合同法第七十四条的规定提起撤销权诉讼时只以债务人为被告，未将受益人或者受让人列为第三人的，人民法院可以追加该受益人或者受让人为第三人。可见，该司法解释仅承认撤销之诉的被告为债务人，至于受益人或受让人则只能作为诉讼中的第三人。在司法实践中，一般而言，如果所诉的是债务人的单独行为，如免除，通常仅以债务人为被告；如果是双方行为，如赠与或低价转让财产，则通常将受益人或受让人列为诉讼第三人。但本书认为，在双方行为的情况下，仅以债务人作为被告是缺乏合理性的，故本书建议，在此情况下应将受益人或受让人也列为被告，而非第三人。

2. 行使范围上的要求

关于撤销权的行使范围，《合同法》第七十四条第2款规定的是以“债权人的债权为限”。与对代位权行使范围的规定一样，该规定也没有明确“债权人的债权”是指行使撤销权的单个债权人的债权，还是所有债权人的债权。有学者认为，行使撤销权的目的在于保全所有债权人的一般债权，所以行使范围应以全体债权人的债权数额为其限度[①]。本书认为，债权人是以自己的名义行使撤销权，并不代表其他债权人，因而其也只能在与自己债权价值相当的范围内行使撤销权，以保障自己的债权。

（二）撤销权的行使期间

《合同法》第七十五条专门规定了撤销权的行使期间：“撤销权自债权人知道或者应当知道撤销事由之日起一年内行使。自债务人的行为发生之日起五年内没有行使撤销权的，该撤销权消灭。”依学理，此条所规定的期间应为除斥期间。设定此期间的目的在于：在保护债权人利益的同时兼顾债务人的利益及交易的安全。本条规定的除斥期间采用的是双重的计算方法：如果自债权人知道或者应当知道撤销事由之日起计算，除斥期间为一年。由于这个期间不是一个完全确定的期间，该条又规定了五年的期间作为补充，即“自债务人的行为发生之日起五年内没有行使撤销权的，该撤销权消灭”。也就是说，即使债权人由于种种原因不知道撤销事由已经发生，只要其发生的时间已逾五年，同样消灭撤销权。这两个期间发生交叉时的处理原则是，以先到的期间作为撤销权的消灭时间。

① 张广兴．债法总论．北京：法律出版社，1997：211。

（三）撤销权的行使效力

行使撤销权也属于债权的对外效力，若所诉行为被依法撤销，该行为便自始无效，从而对债权人、债务人、第三人三方均产生影响。具体分析如下：

1. 对债权人的效力

《合同法》并未规定债权人是否能在撤销权诉讼中请求债务人或第三人直接向自己履行债务。但是，因此处的撤销权指的是破产外的撤销权，尽管债权人提起撤销权诉讼是为了恢复债务人的财产，客观上有利于所有债权人，但实际上是为了使其自己的债权得到清偿，因此从学理的角度而言，债权人不但可以代债务人受领第三人的履行和财产返还，而且还可以在符合条件的情况下将其与自己的债权抵销以获得优先受偿的利益。如果不符合抵销条件，则应将收取的利益加入债务人的责任财产，作为全体债权的一般担保。但是，债权人行使撤销权的必要费用，可以要求债务人负担。所谓必要费用，包括诉讼费用、代为受领（保管、运输）的费用等。当收回的财产作为全体债权的一般担保时，行使撤销权的费用可以优先于所有债权而得到清偿。

2. 对债务人的效力

债务人的行为被撤销后，行为将自始无效，不发生行为的效果，意图免除的债务或转移的财产仍为债务人的责任财产，应以此清偿债权。另外，债务人还应承担债权人行使撤销权的必要费用和向第三人返还因有偿行为获得的利益。

3. 对第三人的效力

如果第三人对债务人负有债务，则债务人免除该债务的行为不生效力，第三人应继续履行债务。如果第三人已经受领了债务人转让的财产，则其应返还该财产。原物不能返还的，应折价赔偿。同时，第三人有权要求债务人偿还因有偿行为而得到的利益（即第三人已经支付的对价）。

四、债权人的撤销权诉讼

（一）撤销权诉讼的主体

债权人撤销权的行使必须由享有撤销权的债权人以自己的名义，向法院提起诉讼，请求法院撤销债务人不当处分财产的行为。如果债权人为多数人，则其可以共同享有并行使撤销权。如果债权人为连带债权人，则所有的债权人可以共同行使撤销权，也可以由连带债权人中的一人行使。如果数个债权人因债务人的同一行为而受到损害，则各个债权人均有权提起诉讼，请求撤销债务人的行为，但其请求的范围仅限于各自债权的保全范围。

如前所述，一般而言，在撤销权诉讼中，债权人为原告，债务人为被告，受益人或者受让人为诉讼中的第三人。两个或两个以上的债权人以同一债务人为被告，就同一标的提起撤销权诉讼的，人民法院可以合并审理。

（二）举证责任

在司法实践中，提起撤销权诉讼的债权人往往难以确知所有一般债权的总额及债务人的财产有无设立担保等情形，故若仅要求该债权人一方举证可能无法充分保障其行使撤销权，因此应当参考当事人的举证能力等因素要求债务人配合举证或由法院依申请进行调查取证。

（三）费用的负担

对于费用负担的问题，《合同法》第七十四条第 2 款规定："债权人行使撤销权的必要费用，由债务人负担。"《合同法司法解释（一）》第二十六条又进一步规定为："债权人行使撤销权所支付的律师代理费、差旅费等必要费用，由债务人负担；第三人有过错的，应当适当分担。"

思 考 题

1. 债的保全制度对于交易安全有何意义？
2. 债权人代位权的成立要件有哪些？
3. 如何行使债权人代位权？债权人行使代位权的效力有哪些？
4. 债权人撤销权的成立要件有哪些？
5. 如何行使债权人撤销权？债权人行使撤销权的效力有哪些？

第八章

合同的变更与转让

本章要点

本章详细阐述了合同的变更与转让，其中，合同的转让包括债权让与、债务承担及合同权利义务的概括移转三种类型。本章的重点和难点是合同变更的条件与效力、债权让与的限制、债权让与的条件与效力、债务承担的条件与效力。

第一节 合同的变更

一、概述

合同的变更有广义与狭义之分。广义的合同变更包括合同主体和合同内容的变更；而狭义的合同变更是指合同主体不变，仅合同的内容发生改变。本节所讲的是狭义的合同变更。

依学理及《合同法》的有关规定，合同的变更主要有如下几种类型：

其一，形成权人行使形成权使合同变更。例如，在因重大误解而订立合同或在订立合同时显失公平的情况下，或当事人一方以欺诈、胁迫、乘人之危的手段使对方在违背真实意思的情况下订立合同时，受损害方可诉请变更或撤销合同，法院或者仲裁机构裁决变更合同（《合同法》第五十四条）。

其二，当事人双方经协商同意变更合同。

其三，在因情势变更使合同履行显失公平的情况下，当事人诉请变更合同，法院或者仲裁机构依职权裁决变更合同。

其中，第三种类型到目前为止还只是学术界的看法，《合同法》并没有采纳。

二、合同变更的条件

（一）原已存在有效的合同关系

合同的变更是对原合同内容的改变，因此，既存有效的合同关系是合同变更的前提条件。

无效的合同从其成立时起就不具有法律效力，因此不会涉及变更的问题。

可撤销的合同如果被撤销，合同自始失去法律约束力，当然不用再予以变更；但如果撤销权人没有请求撤销合同，这时的合同仍然有效，可以成为变更的对象。

效力未定合同的效力取决于合同当事人之外的第三人即追认权人的追认，即追认是合同发生效力的前提条件。若追认权人拒绝追认，则合同无效，因此亦无合同变更的适用余地。

（二）合同变更的内容明确

我国法律中的合同变更属于狭义的合同变更，即仅合同的内容发生改变，这通常表现为对合同条款的修改、补充或增减。

合同内容的变更应包括以下几种类型[①]：

①合同的标的物的变更；

②合同履行条件的变更；

③合同价金的变更；

④合同性质的变更；

⑤合同所附条件或期限的变更；

⑥合同担保的变更；

⑦其他内容的变更。

为避免发生争议，当事人对合同变更的内容的约定必须明确，否则依《合同法》第七十八条的规定处理，即“当事人对合同变更的内容约定不明确的，推定为未变更。”

（三）须依当事人的约定或法律的规定进行

在一般情况下，当事人双方经协商一致可以变更合同。不论是口头协议，还是书面协议，均无不可。没有达成协议或内容约定不明确的，不发生合同变更的效果。如果任何一方未经对方同意，无正当理由擅自变更合同内容，不仅不能对合同的一方产生约束力，反而将构成违约。在协议未达成以前，原合同关系仍然有效。

基于形成权人的意思表示亦可变更合同。这是指基于一方的单方变更权（即一方依法享有的单方通知对方变更合同的权利）所发生的合同变更[②]。但单方变更权的行使给相对人造成损失的，应当予以赔偿。例如，《合同法》第

---

① 崔建远．合同法：第四版．北京：法律出版社，2007：198。

② 隋彭生．合同法要义．北京：中国政法大学出版社，2005：265。

三百零八条规定，在承运人将货物交付收货人之前，托运人可以要求承运人中止运输、变更到达地等，但应当赔偿承运人因此受到的损失。

法律要求合同变更采取一定方式的，当事人须遵守相应要求。这主要是指合同变更须经法院裁决的情形，此以意思表示不自由情况下的合同变更为其典型，如《合同法》第五十四条的规定。

另外，根据《合同法》第七十七条第2款的规定："法律、行政法规规定变更合同应当办理批准、登记等手续的，依照其规定。"

三、合同变更的效力

在合同变更后，当事人应当按照变更后的合同内容履行合同，任何一方违反变更后的合同内容都将构成违约，而未变更的部分继续有效。

合同变更原则上只能对将来产生效力，而对已按原合同所作的履行则没有溯及力，任何一方不能因为合同的变更而要求对方返还已为的给付，但法律另有规定或当事人另有约定的除外。

另外，依据《民法通则》第一百一十五条的规定，合同的变更或解除不影响当事人要求赔偿损失的权利。

第二节 合同的转让

一、合同的转让概述

合同的转让即合同权利、义务的转让，是指在不改变合同内容的前提下，合同一方当事人依法将其权利、义务全部或者部分转让给第三人，即合同的主体发生变化。

合同的转让按照转让内容的不同可以分为债权让与、债务承担与合同权利义务的概括移转：这几种类型的合同转让都既可以是全部转让，也可以是部分转让。

合同转让的原因有以下三种：

(1) 法律规定。这是指基于法律的直接规定而发生的合同转让，即法律上的转让。

(2) 法律行为。这是指基于法律行为而发生的合同转让，即法律行为上的转让。合同转让既可因单方法律行为（如遗赠）而发生，也可因双方法律行为（即合同）而发生。

(3) 法院裁决。这是指基于法院裁决而发生的合同转让，即裁判上的转让。

下文所指的合同转让，除另有说明外，仅指依法律行为而发生的合同转让。

二、债权让与

（一）债权让与的含义

债权让与是指不改变合同的内容，债权人通过与第三人订立合同的方式将债权全部或者部分移转于第三人。其中，债权人称为让与人，第三人称为受让人。

依据《合同法》第八十七条的规定，债权让与的转让协议是一种不要式合同，即债权让与除法律、行政法规有特别规定的以外，可以由当事人自由约定采取口头形式或者书面形式。

（二）债权让与的限制

《合同法》第七十九条规定："债权人可以将合同的权利全部或者部分转让给第三人，但有下列情形之一的除外：（一）根据合同性质不得转让；（二）按照当事人约定不得转让；（三）依照法律规定不得转让。"具体分析如下：

1. 根据合同性质不得转让的债权

所谓根据合同性质不得转让的债权，又称根据债权性质不容转让的债权，是指如债权人改变就不能维持债的同一性或者就不能达到债权目的的债权。根据权利的性质，某些合同债权只能在特定当事人之间发生效力，如果将其转让给第三人，将会使合同内容发生变更，从而使转让后的合同内容与转让前的合同内容失去联系性和统一性，且违反当事人订立合同的目的。此类债权主要包括以下几种情形：

（1）根据债权人和债务人的特殊信赖关系而发生的债权，如雇佣、委托等合同债权。但此类债权若经过债务人同意，应当认为也是可以转让的。

（2）以当事人的特定能力为基础发生的债权，如演出、培训等合同债权，须由预定的当事人受领的非金钱债权。

（3）以特定身份为基础或根据特殊目的发生的债权，如抚养请求权、退休金领取权。

（4）从权利，此类债权原则上不得让与，因为其一般随着主权利的移转而移转，不得单独让与。但如果从权利可与主权利分离而单独存在，则可以单独转让，如已经产生的利息债权可以与本金相分离而单独让与。

2. 按照当事人约定不得转让的债权

依据合同自由的原则，当事人可以在订立合同时或者之后，约定当事人一方或双方不得向第三人转让合同债权，但此约定必须在债权让与之前作出。

3. 按照法律规定不得转让的债权

这是指法律规定不得让与某些种类的债权的情形，其多是基于社会政策以及维护社会公共秩序的客观需求。

（三）债权让与的条件

债权让与须具备以下条件：

1. 须存在有效的债权

有效的债权的存在是债权让与的基础，而对此“有效的合同债权”应从宽解释，不要求其必须是效力齐备的债权，如可撤销的合同所生的债权，由于其在被撤销前是有效的，故也可让与。

2. 须被让与的债权具有可让与性

在债权让与中，被让与的债权必须具有可让与性，否则就不会发生债权移转的效果。债权通常都具有可让与性，但基于法律的强制性规定、社会秩序和公共道德等的要求，可让与的债权的范围将受到一定限制，如上文提到的三类不得转让的债权。

3. 须有让与人和受让人之间的协议

债权让与的成立必须让与人和受让人就债权的转让达成意思表示一致。

（四）债权让与的效力

1. 债权让与的内部效力

债权让与在让与人和受让人之间的效力就是债权让与的内部效力。具体分析如下：

（1）法律地位的取代。在债权全部让与的场合，让与人（即原债权人）脱离与债务人的债权债务关系，而由受让人取代其地位成为新的债权人。但在债权部分让与时，让与人就其转让的部分丧失债权，但其仍为合同债权人，同时受让人加入合同关系，亦成为合同债权人。受让人加入合同关系后，如果债权可以分割（如金钱之债），则让与人与受让人为合同中的两个独立债的债权人；如果债权不可分割，则二者将共同享有债权。此时的债权，既可以是按份债权，也可以是连带债权。

（2）从权利的移转。《合同法》第八十一条规定，债权人转让权利的，受让人取得与债权有关的从权利。此处的从权利包括担保权、利息债权、违约金债权等，但该从权利专属于债权人自身的除外。例如，在保证合同约定专为债权人而设定保证责任的情况下，该保证责任便与原债权人不可分离，不随同主债权的让与而移转于受让人。

(3) 债权人对让与的债权负瑕疵担保义务。债权让与只是改变债权的主体，债权的性质不因此而有所改变，所以若债权本身存在瑕疵，其也将一并移转于受让人，有害于受让人行使债权。因此，让与人应对转让的债权负瑕疵担保义务，在债权存在瑕疵时，类推适用《合同法》第一百五十条的规定，对受让人承担违约责任。

(4) 让与人应将有关债权的全部文件交给受让人，并告知受让人行使合同权利所必需的一切情况，以使受让人能够圆满实现债权。

2. 债权让与的外部效力

所谓债权让与的外部效力，是指让与人与债务人之间的效力和受让人与债务人之间的效力。

(1) 让与人与债务人之间的效力。首先，债权让与应通知债务人。《合同法》第八十条第1款规定，债权人转让权利的，应当通知债务人。未经通知，该转让对债务人不发生效力。该规定表明，债权人转让权利不以债务人的同意为必要，但应当通知债务人，否则，债务人没有向受让人履行债务的义务。《合同法》第八十条第2款规定，债权人转让权利的通知不得撤销，但经受让人同意的除外。这是为了保护受让人的利益而作出的规定。但该让与通知可以撤回，撤回通知应当在让与通知到达之前，或与让与通知同时到达债务人。

其次，在债权全部让与时，让与人与债务人完全脱离关系；在债权部分让与时，让与人就转让的部分与债务人脱离关系。

(2) 受让人与债务人之间的效力。首先，债务人享有抗辩权。《合同法》第八十二条规定，债务人接到债权让与通知后，债务人对让与人的抗辩可以向受让人主张。

其次，债务人享有抵销权。《合同法》第八十三条规定，债务人接到债权让与通知时，债务人对让与人享有债权，并且债务人的债权先于让与的债权到期或者同时到期的，债务人可以向受让人主张抵销。

三、债务承担

(一) 债务承担的含义

债务承担又称债务转移，是指不改变合同的内容，债权人或债务人通过与第三人订立合同的方式，将债务全部或部分移转给第三人承担。其中，债务人称为转让人，第三人称为承担人。

债务承担包括免责的债务承担和并存的债务承担。

（二）免责的债务承担

免责的债务承担又称狭义的债务承担、债务的特定承受，是指由第三人替代原债务人承担其全部或者部分债务，从而使原债务人就该部分债务免除责任的债务承担。此类债务承担可由债权人与第三人订立债务承担合同，在此情况下，无需债务人的同意，但债权人与第三人订立的债务承担合同不得损害债务人的利益；也可由债务人与第三人订立债务承担合同。

（三）并存的债务承担

并存的债务承担又称债务加入，是指债务人不脱离债的关系，而由第三人加入到债的关系，与原债务人共同承担债务，债务人与第三人一同向债权人负连带责任。并存的债务承担的方式也有第三人与债权人订立债务承担合同和第三人与债务人订立债务承担合同两种。

（四）债务承担的条件及效力

1. 债务承担的条件

（1）须存在有效的合同债务。

（2）须被移转的合同债务具有可移转性。债务原则上都具有可移转性，但存在一些例外的情形：一是依其性质而不得移转的债务；二是当事人约定不得移转的债务；三是法律规定不得移转的债务。对于前两种情形，本书认为，在债权人同意的基础上，该债务也可以移转。

（3）须第三人与债权人或者债务人就债务的移转达成合意。此处的合意就是指债务承担合同。

（4）须经债权人同意。这主要是针对第三人与债务人订立债务承担合同的情形。《合同法》第八十四条规定，债务人将合同的义务全部或者部分转移给第三人的，应当经债权人同意。在债权人同意之前，当事人（债务人、第三人）有权变更或撤销债务承担合同。

2. 债务承担的效力

（1）免责的债务承担合同生效后，第三人就其承担的债务部分取代原债务人的地位，直接向债权人承担债务；原债务人就该部分债务免除责任。并存的债务承担合同生效后，第三人加入到债的关系中，与原债务人一起对债权人承担债务，对该债务负连带责任。

（2）抗辩权随之移转。根据《合同法》第八十五条的规定，债务人转移义务的，新债务人可以主张原债务人对债权人的抗辩。也就是说，新债务人取得原债务人基于债的关系而享有的抗辩权。

（3）从债务一般也随之移转。《合同法》第八十六条规定，债务人转移义务的，新债务人应当承担与主债务有关的从债务，但该从债务专属于原债务人自身的除外。

四、合同权利义务的概括移转

（一）合同权利义务概括移转的含义

所谓合同权利义务的概括移转，又称合同权利义务的一并转让、合同权利义务的概括承受，是指合同关系的一方当事人与第三人订立合同，将其权利、义务一并移转于第三人，由第三人概括地继受该权利、义务。

（二）合同权利义务概括移转的类型

1. 意定概括移转

意定概括移转又称合同承受，它一般是基于当事人和第三人之间的转让合同（即双方的合意）产生的。根据《合同法》第八十八条的规定，合同承受必须经对方当事人的同意才能生效。除此以外，还须具备以下构成要件：

（1）须有有效的合同存在。

（2）须承受的合同为双务合同。因为在单务合同中，双方当事人都只有债权人或债务人的单一身份，故不可能发生债权债务的概括移转。

（3）须被移转的合同债权与债务具有可移转性，即对债权让与和债务承担中可移转的债权和债务的限制，亦适用于合同承受。

2. 法定概括移转

法定概括移转又称法定概括承受，是指直接依据法律规定产生的债权债务的概括移转。法定概括移转的原因主要是企业的合并与分立，如《民法通则》第四十四条第2款规定："企业法人分立、合并，它的权利和义务由变更后的法人享有和承担。"

企业合并是指两个或两个以上的企业合并为一个企业。企业分立是指一个企业分立为两个或两个以上的企业。《合同法》第九十条规定，当事人订立合同后合并的，由合并后的法人或者其他组织行使合同权利，履行合同义务；当事人订立合同后分立的，除债权人和债务人另有约定的以外，由分立的法人或者其他组织对合同的权利和义务享有连带债权，承担连带债务。

企业合并与分立引起的债权债务的概括移转属于法定概括移转，而非基于当事人的合意，因此无须取得相对人的同意，依合并或分立后的企业的通知或者公告即可发生效力，单独通知或公告通知都可。

（三）合同权利义务概括移转的效力

合同权利义务的概括移转既包括合同债权的转让，也包括合同债务的移转，所以《合同法》第八十九条规定，权利和义务一并转让的，涉及合同权利转让的部分适用债权让与的有关规定，涉及合同义务移转的部分适用债务承担的有关规定。而债权让与和债务承担产生的法律效力，同样适用于合同权利义务的概括移转。

首先，从权利和从债务一并移转。在概括移转的情况下，新的合同当事人取得与债权有关的从权利和与主债务有关的从债务，但该从权利和从债务专属于原债权人和原债务人自身的除外。

其次，债务人享有抗辩权和抵销权。在概括移转的情况下，债务人对让与人的抗辩，可以向受让人主张；债务人的抵销权可以向受让人行使。

思考题

1. 合同变更的条件与效力是什么？
2. 不可转让的合同债权有哪些？
3. 债权让与的效力是什么？
4. 债务承担的效力是什么？
5. 免责的债务承担与并存的债务承担有何区别？

第九章

合同权利义务的终止

本章要点

本章主要介绍了导致合同权利义务终止的六种原因：清偿、解除、抵销、提存、免除和混同，着重阐述了这六种原因的含义、特征、构成要件、效力，以及我国法律规定的一些具体制度。本章的重点和难点是合同权利义务终止的效力、清偿抵充、代物清偿、合同解除的条件、合同解除的程序、合同解除的效力、法定抵销的要件、提存的原因、提存的效力。

第一节　合同权利义务的终止概述

一、合同权利义务终止的含义

合同权利义务的终止是指由一定的法律事实引起的合同权利义务消灭、合同关系在客观上不复存在的法律现象。合同关系是一种有期限的民事法律关系，并且是一种动态的关系，不能永久存在。合同关系因订立而产生，因清偿、解除、抵销、提存、免除、混同等事由而消灭。合同一旦终止，当事人便不再受合同关系的约束，合同权利义务也归于消灭。

二、合同权利义务终止的原因

在民法理论上，合同权利义务终止的原因大致可以归纳为如下三类：

(1) 因合同目的消灭而终止。这又可以分为合同目的实现和合同目的不能达到两种情况。

合同目的实现是指债务人按照约定履行了合同，这是导致合同权利义务终止最正常、最主要的原因。合同是当事人为了一定的目的而缔结的，债务人按照约定履行债务，债权人的债权得以实现，因而也就达到了合同的目的，合同权利义务即告终止。

合同目的不能达到是指当事人的合同利益在客观上无法实现。由于不可归责于当事人的原因使得债务履行不能，债务人的义务即可免除，从而合同权利义务终止。例如，在与当事人人身不可分离的债务中，由于债务人死亡或者丧失民事行为能力导致合同义务无法履行，则合同关系消灭，权利义务也相应终止。

（2）基于当事人的意思而终止。合同因当事人的意思表示一致而产生，也可因当事人的意思而终止。例如，当事人抛弃其债权，即免除债务人的义务，使合同权利义务关系终止；双方当事人达成协议或者一方当事人行使解除权解除合同，使合同权利义务关系终止；当事人约定了合同的终止期限，当期限届至时，合同权利义务关系即消灭；互负债务的当事人之间，在有可抵销的情形时，一方可以行使抵销权而消灭双方的债务关系。

（3）基于法律规定的某种事实的发生而终止。为了维护某种财产关系的稳定性，法律规定当某种事实出现时，合同权利义务即终止。此类情形以混同为典型，即当债权人和债务人为同一主体时，由于债务的履行已经没有必要，故直接产生权利义务关系终止的效果。

三、合同权利义务终止的效力

合同的权利义务终止后，产生如下法律效力：

（1）合同关系消灭、从权利义务终止。在合同权利义务终止时，当事人不必主张即自动脱离合同关系，并使合同关系消灭。合同权利义务终止一般没有溯及力，但在合同解除的情况下，有时会产生权利义务溯及消灭的后果。合同关系消灭后，依附于该合同的从权利义务也随之消灭，如各种担保物权、保证债务、违约金债权均归于消灭。

（2）返还负债字据。负债字据为合同权利义务的证明，合同关系消灭后，债权人应当将负债字据返还给债务人。如果该字据丢失，债权人应当向债务人作出债务消灭的证明，以维护交易的安全和稳定。

（3）违反合同一方对受损害方仍需承担损害赔偿责任。合同的权利义务消灭后，合同关系便不复存在，但这并不影响因违约而受到损害的一方享有的救济权利。也就是说，如果在合同的存续期间内一方当事人的行为违反合同，损害了合同相对方的利益，则即使合同关系已经终止，其仍需承担损害赔偿责任。

（4）合同权利义务的终止并不影响合同中结算、清理条款和有关争议解决条款的效力。《合同法》第九十八条规定：“合同的权利义务终止，不影响合同中结算和清理条款的效力。”结算和清理条款是处理双方在经济往来中产生的、合同终止后遗留的财产问题的条款，争议解决条款是当事人解决合同纠纷的处理办法，二者都是当事人事先约定的，其内容涉及对合同权利义务终止后的事务的处理，具有相对独立性，不受合同关系消灭的影响。

(5) 当事人仍负有后合同义务。后合同义务是指合同关系消灭后，当事人依照诚实信用原则和交易习惯应当履行的义务。《合同法》第九十二条规定："合同的权利义务终止后，当事人应当遵循诚实信用原则，根据交易习惯履行通知、协助、保密等义务。"法律规定当事人负有后合同义务的原因在于维护合同履行效果，以及妥善处理合同关系终止后的事务，以保护正常的交易秩序。后合同义务可以是作为义务，如通知、协助义务；也可以是不作为义务，如不得泄露对方的商业秘密。

第二节 清　　偿

一、清偿的含义

债的法律关系是动态发展的，都有一个从发生到消亡的过程。履行债的内容是消灭债的最基本形式，《合同法》第九十一条将其称为"债务已经按照约定履行"，而学说上则通常使用"清偿"这一术语。所谓清偿，是指债务人按照合同的约定适当地履行合同义务，实现债权人权利的行为。可见，清偿是从消灭债、满足债权人的债权角度而言的，与履行的意义相同，是实现债的目的的行为，如买卖合同的货款已付清、货物已妥善交付，借款合同的本息已偿还。

由于清偿与履行的意义相同，故对于清偿的若干问题，如清偿的原则、方式、时间及地点等可参见本书第六章"合同的履行"部分的内容，此处仅讨论有关清偿的几个特殊问题。

二、清偿抵充

(一) 清偿抵充概述

清偿抵充是指债务人对同一债权人负有同种类的数宗债务，但没有能力清偿全部债务时，决定其履行行为抵充其中某宗或某几宗债务的规则。债务人的履行到底应抵充哪一宗或哪几宗债务，关系到当事人双方甚至是第三人的利益，清偿抵充通过决定这些债务的清偿顺序，来解决这种复杂的履行问题。

清偿抵充的构成要件是：

(1) 必须是债务人对同一债权人负有数宗债务。该数宗债务的取得方式、有无担保、是否到期，均在所不问。若债务人仅负担一宗债务，而其履行不能完全清偿该宗债务，此时仅发生部分清偿而不是清偿抵充的问题。

（2）该数宗债务的种类必须相同。种类不相同的债务不发生清偿抵充的问题，只要债务人对某宗债务为给付行为，该宗债务即可消灭。这属于正常的债务清偿。

（3）必须是债务人的履行不足以清偿所有债务，但能够清偿其中至少一宗债务。如果债务人的履行连一宗债务都无法清偿，则属于部分履行。债权人可以拒绝其部分履行，而不发生清偿抵充的效果①。

（二）清偿抵充的方法

清偿抵充的方法包括约定抵充、债务人指定抵充和法定抵充三种：

（1）约定抵充。这是指当事人对某一履行行为消灭哪一宗或哪几宗债务作出约定。该约定既可以是明示的，也可以是默示的；且该约定发生时间如何，亦在所不问。

（2）债务人指定抵充。这是指于当事人之间没有约定时，债务人有权单方面指定其履行行为清偿的是哪一宗或哪几宗债务。债务人的此项权利是一种形成权，于行使时必须以明示方式向债权人作出意思表示，一经行使，不得撤回。

（3）法定抵充。如当事人未约定抵充，债务人亦未指定抵充，则适用法定抵充。这是清偿抵充规则的实质所在，其对抵充顺序的规定表明了立法者对当事人权益的平衡和取舍。根据学理，这一顺序为：已届清偿期的债务应当优先抵充；在已届清偿期或未到清偿期的债务之间，无担保或者担保最少的债务优先抵充；担保相等的，债务人因清偿而受益最大的债务优先抵充；受益相等的，先到期的债务优先抵充；清偿期相同的，按比例抵充数宗债务的一部分。除原债务外，若还存在清偿费用和债务利息，当债务人的清偿能力不足以完全履行这些义务时，应当按照清偿费用、债务利息、原债务的顺序进行抵充。

三、代物清偿

代物清偿是指债务人以其他种类的给付代替合同中原定种类的给付，债权人受领而使债的关系消灭的制度。债的标的物通常是确定的，给付该确定的标的物才能构成清偿，但如果债权人同意，债务人也可以用原标的物以外的物品来清偿债务，同样引起消灭债的效力。

代物清偿的构成要件是：

（1）存在原债务。如果债务自始不存在或者已经消灭，则债务人的代物

---

① 崔建远．合同法：第四版．北京：法律出版社，2007：261。

清偿无效，其可依不当得利要求偿还。

(2) 以他种给付代替原定给付。债务人给付的标的无非是物、行为与权利，这三者间可以相互代替，从而成立代物清偿。即使原定给付与他种给付同为三者之一，只要种类不同，也可成立代物清偿。

在代物清偿中，如果原定给付与他种给付在价值上并不相同，当事人可以就二者的差额部分进行约定：或者由债务人一并履行他种给付少于原定给付的差额部分，或者由债权人补偿或退回他种给付超过原定给付的差额部分。

(3) 需债权人同意。债务人不能单方面决定以他种给付代替原定给付，而必须经债权人同意。实际上，债权人与债务人就代物清偿达成合意，可认为是债的变更。

代物清偿的效力：一是消灭债的关系；二是债务人对于他种给付仍负有瑕疵担保责任，如果他种给付不符合约定，债权人可采取补救措施，但不能要求恢复原定的给付，因为原定给付之债已经因代物清偿而消灭。

第三节 解　　除

一、合同解除概述

（一）合同解除的含义

合同解除是指合同有效成立后、履行完毕前，当事人通过协议或者行使解除权的方式，使合同权利义务关系自始或者向将来消灭的行为。合同生效后，当事人就要受到合同的约束，按约履行合同。但在合同履行过程中，可能会出现当事人不能预见的客观情况的变化或者当事人违反合同义务而使合同的履行成为不必要或者不可能等情形，这些情形将导致合同成立的基础动摇，使合同的目的难以实现，严重影响当事人的利益。因此，法律允许当事人通过协议或者行使解除权的方式来解除合同，以终止合同权利义务关系，保护当事人的合法权益。

（二）合同解除的特征

合同解除具有以下特征：

1. 合同解除的前提是存在有效成立但尚未履行完毕的合同

合法、有效的合同对当事人产生约束力，如果合同无效、被撤销或者效力未定且未得到追认权人的追认，则因合同自始不存在，而不存在合同解除的问题。合同履行完毕后，当事人的权利、义务已经实现，产生清偿的效果，也不存在合同解除的问题。

2. 合同解除必须具备一定的条件

合同成立后，当事人不得随意解除合同。只有当约定或法定的条件具备时，当事人才可解除合同，以满足自身利益的需要。不过，在当事人协议解除合同时，当事人意思表示一致是解除合同的唯一事由，而不需要特定的解除条件。也就是说，只有在当事人以行使解除权的方式解除合同时，才需要具备特定的条件。

3. 合同解除原则上必须有解除行为才能发生

一般来说，当解除的条件具备时，合同并不会自动解除，而是需要当事人的解除行为才能发生。协议解除本身就含有解除行为；当事人行使解除权时，也必须明确通知合同相对方，解除通知到达对方时合同解除。当然，在适用情势变更原则的情况下，解除合同须由法院或仲裁机构根据具体情况予以裁决，而无需解除行为。另外，法律、行政法规规定解除合同应当办理批准、登记等手续的，依照其规定。

4. 合同解除后，合同权利义务关系自始或者向将来消灭

《合同法》第九十七条规定："合同解除后，尚未履行的，终止履行；已经履行的，根据履行情况和合同性质，当事人可以要求恢复原状、采取其他补救措施，并有权要求赔偿损失。"该条规定了合同解除后的溯及力问题，即根据合同的性质，合同权利义务关系自始或者向将来消灭。一时性合同的解除一般有溯及力，合同关系自始消灭，如买卖合同；但若当事人约定合同解除没有溯及力的，则依当事人的意思而定。继续性合同的解除则没有溯及力，合同关系仅向将来消灭，如劳务合同。

二、合同解除的类型

（一）单方解除与协议解除

根据是否以解除权的存在为必要，合同解除可以分为单方解除与协议解除。单方解除是指合同关系中有解除权的一方行使解除权，终止合同权利义务的行为。可见，单方解除时，必须要有解除权的存在。该解除权的行使无需经过对方的同意，只要把解除意思通知对方，于通知到达时合同即可解除。对方对合同解除有异议的，可以向法院或者仲裁机构申请确认。

协议解除是指合同成立后，当事人通过协商达成合意而将合同解除的行为。协议解除不以解除权的存在为必要；解除行为也不是解除权的行使，而是当事人就解除合同的意思表示一致。在协议解除中，当事人达成一个新合同取代原合同，从而终止原合同的权利义务关系。因此，协议解除实质上是

一种合同行为，其必须具备合同的生效要件。

（二）约定解除与法定解除

以当事人的解除权是法定的，还是约定的为标准，合同解除可分为约定解除与法定解除。约定解除和法定解除都以解除权的存在为前提；要达到合同解除的效果，享有解除权的一方或双方都必须向对方作出解除合同的意思表示，所以约定解除和法定解除同属于单方解除。

约定解除是指当事人在原合同中或者另外签订的新合同中约定某些条件，当条件成就时，合同一方或者双方有权解除合同。此保留解除权的约定被称为解约条款，解除权的保留也就是指解除权的享有。合同解除权既可以由当事人一方享有，也可以由当事人双方享有。只要解约条款不违反法律的强制性规定和社会公共利益，于约定的条件成就时，享有解除权的一方或双方就可以直接通知对方解除合同。在约定解除中，解除权的行使、期限及效力都由当事人约定。

法定解除是指当事人在法律规定的事由出现后，行使解除权来解除合同。在符合法定事由时，当事人享有法定解除权，不必征得对方同意而可直接通知其解除合同。法定解除权既可以由当事人一方享有，如发生根本性违约时，非违约方有解除权，而违约方无解除权；也可以由当事人双方享有，如发生不可抗力致使合同目的不能实现时。法定解除权不得通过当事人的约定予以排除，否则约定无效，但约定解除可以对法定解除作具体的补充，并对法定解除事由作扩大解释，只要不违反法律的强制性规定和社会公共利益即可。

三、合同解除的条件

（一）协议解除的条件

协议解除的特点在于解除合同取决于当事人双方的意思表示一致。因此，协议解除应遵循民法关于意思表示及《合同法》关于合同订立的相关规定，此处不再赘述。

（二）约定解除的条件

约定解除权最本质的特点在于行使解除权的条件完全由双方当事人约定。当事人可以在原合同中约定保留一方或双方解除权的条件，也可以订立一个新的合同约定解除原合同的条件。约定的解除条件具有约束力，当条件成就时，保留解除权的一方或双方就可以直接通知对方解除合同。

（三）法定解除的条件

根据《合同法》第九十四条的规定和民法原理，法定解除的条件包括如下情形：

1. 因不可抗力致使不能实现合同目的

不可抗力是指在合同订立后、履行完毕前发生的当事人不能预见、不能避免、不能克服的客观事实。例如，发生地震、洪水导致合同履行不能；当事人不能预见的政府新政策的出台，严重影响合同履行的，也可以看做是不可抗力。因发生不可抗力而解除合同须满足如下条件：

第一，不可抗力是在合同订立后、履行完毕前发生的，即在合同的存续期间出现。

第二，不可抗力的发生不可归因于当事人，是其不能预见、不能避免并不能克服的。由于当事人的疏忽，对本应预见到的事实没有预见，导致合同的履行受到严重影响的，其不能依据不可抗力的规定解除合同。若当事人采取必要的措施便能够防止客观事实对合同履行的影响，却未予采取，也不能援引不可抗力的规定解除合同。

第三，不可抗力的发生必须使得合同的目的不能实现。不可抗力的发生对合同履行的影响在程度上有所差别：有的可能直接使合同成立的基础丧失；有的可能导致履行迟延或者部分履行，但当事人的合同利益并未完全丧失。在后一种情况下，当事人可以采取补救措施或于债务人能够为履行时，由其继续履行尚未履行的义务，则仍可实现合同目的。只有当不可抗力足以使合同的目的不能实现、当事人的合同利益丧失、合同失去了继续存在的基础时，当事人才可以援用不可抗力的规定来解除合同。

在发生不可抗力导致合同目的无法实现时，双方当事人均享有解除权。

2. 迟延履行

迟延履行又称履行迟延，是指合同履行期限届满，当事人有能力履行债务却无正当理由而未按时履行。迟延履行并非都可产生合同解除的后果。根据《合同法》第九十四条第3、4项的规定，因迟延履行而解除合同主要有如下两种情形：

第一，当事人迟延履行主要债务，经催告后在合理的期限内仍未履行的，当事人可以解除合同。这主要适用于履行期限对合同目的的实现并非特别重要的场合，即债务人的履行迟延没有达到根本违约的程度。在此情况下，法律不允许债权人立即解除合同，而是要求其先向债务人发出催告，并给予债务人一段合理的宽限期，当债务人在宽限期内仍未履行合同时，债权人才能解除合同。此处的迟延履行是指迟延履行主要债务，若债务人只是迟延履行次要债务，则只要不影响合同目的的实现，债权人就不能解除合同。

第二，当事人一方迟延履行债务致使不能实现合同目的的，当事人可以解除合同。这主要适用于依据合同的性质或当事人的意思，合同履行期限对于当事人利益的实现特别重要的场合，也就是说，债务人迟延履行将会导致合同目的不能实现，即构成根本违约。在此情况下，当期限届满而债务人未履行合同时，债权人有权直接解除合同，而不必经过催告程序。

3. 拒绝履行

拒绝履行是指债务人有能力履行债务，却无正当理由而明确表示或者以行为表明其将不履行债务。根据《合同法》第九十四条第2项的规定，在履行期限届满以前，当事人一方明确表示或者以自己的行为表明不履行主要债务的，当事人可以解除合同。

当事人在履行期限到来之前拒绝履行合同的，在英美法上被称为预期违约。预期违约包括两种情形：一是债务人事先声明其将不履行合同，即明示预期违约；二是债务人通过自己的行为使债权人推定出其将不履行合同，即默示预期违约。例如，在买卖合同中，卖方在交付期限到来之前将合同的标的物转卖并交付给第三人，以表明其不履行原买卖合同的意思。同样，在履行期限到来之后、届满之前，当事人一方明确表示或者以自己的行为表明将不履行主要债务的，也有明示拒绝履行和默示拒绝履行两种情况。除了《合同法》规定的履行期限届满前拒绝履行外，当事人在合同履行期限届满后明确表示或者以行为表明其将不履行债务，即迟延之后仍拒不履行的，亦可构成拒绝履行，这也有明示拒绝履行和默示拒绝履行两种情况。

当事人拒绝履行合同，表明其完全不愿受到合同的约束，使得对方的合同利益根本无法实现，不能达到合同目的，属于根本违约，非违约方有权单方直接解除合同。需注意的是，拒绝履行的前提是合同能够履行，且当事人有履行能力，否则应属于履行不能。而且，拒绝履行主要债务的，才可构成根本违约而致合同解除；拒绝履行次要债务的，一般不能导致合同解除，除非它直接影响到了合同目的的实现。另外，合同解除权只有在当事人无正当理由而拒绝履行的情况下才能产生，如果债务人具有合理的抗辩理由而拒绝履行合同义务，如先履行抗辩权、不安抗辩权，则不构成拒绝履行。

当事人拒绝履行后，只有非违约方享有合同解除权。该解除权的行使不必经过催告程序，非违约方直接通知违约方即可解除合同。

4. 不能履行

不能履行是指当事人没有能力履行合同义务或者合同标的为法律所禁止而无法履行。不能履行是确定、持续的不能履行，有自始不能和嗣后不能之分。自始不能履行的，合同无效；嗣后不能履行的，当事人的合同利益丧失，合同没有继续存在的必要，双方都可以直接解除合同。

对于因不可抗力致使合同不能履行而解除合同的情形，前文已有说明，此不赘述。当因可归责于债务人的事由导致合同不能履行时，债权人无须催告即可直接解除合同。如果债务人不能履行是由于债权人的原因所致，则其应当承担此不利后果而不能解除合同。在合同标的的一部分不能履行的场合，若已履行的部分无法实现合同目的，债权人可以解除整个合同。

5. 不完全履行

不完全履行是指债务人虽然履行了债务，但其履行不符合合同的约定或者法律的规定。《合同法》第九十四条第 4 项规定，当事人一方有其他违约行为致使不能实现合同目的的，对方当事人可以解除合同。其中的“其他违约行为”包含不完全履行的情况。不完全履行包括瑕疵给付和加害给付。

瑕疵给付是指债务人履行合同义务不符合约定，但是没有对债权人的其他权益造成损害的情形，它损害的只是债权人的履行利益。当债务人存在瑕疵给付的情形时，债权人首先应当要求债务人在一定的期限内对标的不符合合同之处进行补救，即采取修理、降价、更换等救济方式。如果通过补救可以使履行标的符合合同的要求，则债权人不能解除合同。如果债务人在此期限内没有采取补救措施或者虽然采取了补救措施，但仍不能使履行标的符合合同的要求，以致不能实现合同目的，则债权人可以解除合同。当瑕疵给付构成根本违约时，债权人可以直接解除合同，不必经过救济程序。

加害给付是指债务人的不完全履行行为除侵害债权人的履行利益外，还侵害债权人一般法益的情形。与瑕疵给付的情形相类似，债务人的加害给付也并不必然导致合同的解除，只有在债务人的加害给付导致债权人不能实现合同目的时，债权人才能解除合同。

有关瑕疵给付与加害给付的内容，本书第十章第一节将作进一步阐述。

6. 不安抗辩

根据《合同法》第六十八、六十九条的规定，在双务合同中，负有先履行义务的一方当事人有证据证明对方明显欠缺履行能力或者信用时，可以中止自己的履行。对方接到中止履行的通知后，在合理期限内未恢复履行能力并且未提供相应担保的，中止履行的一方可以解除合同。

四、合同解除的程序

因协议解除在当事人就解除合同事宜达成合意时，即产生合同解除的法律效果，无须特定程序。因此本书在此仅分析单方解除（含约定解除与法定解除）的程序。

合同解除的条件只是解除合同的前提，要达到合同权利义务终止的效果，还必须经过一定的程序。综观各国法律，有关合同解除程序的规定，主要存在以下几种模式：

(1) 自动解除。即合同在一定的条件具备时自动解除，不以当事人的意思表示为必要。此模式为日本法所采纳。

(2) 法院裁决。即合同解除必须通过法院的司法行为进行裁决，当事人不得以自己的行为终止合同关系。此模式为法国法所采纳。

(3) 当事人行使解除权解除合同。即在符合法定或约定的条件下，解除权人把解除的意思通知对方即发生合同解除的效力。此模式为德国法所采纳。

对此，我国法律采纳了行使解除权解除合同，以及特殊情况下的法院或仲裁机构裁决解除合同这两种模式。

(一) 行使解除权的程序

单方解除是由合同关系中有解除权的一方行使解除权，使合同权利义务终止，其不以当事人的意思表示一致为必要。解除权可以依据当事人的约定或者法律的规定而享有，当约定或法定的解除条件具备时，解除权产生。解除权人在法定的或者约定的期限内把解除的意思通知合同相对人，就可发生合同解除的效果。

享有解除权的主体依解除权产生根据的不同而有所差异：

(1) 在约定解除的场合，依当事人的意思而定。当事人既可以约定双方均享有解除权，也可以约定只由其中一方享有解除权。

(2) 在法定解除的场合，解除权可以分为因不可抗力而产生的解除权和因当事人违约而产生的解除权两种。因不可抗力导致合同目的不能实现的，双方当事人均享有解除权。因违约方的过错导致合同目的不能实现的，只有守约方享有解除权，以防止违约方利用合同解除制度来谋取不正当利益。

根据《合同法》第九十五、九十六条的规定，行使解除权应遵循如下规则：

(1) 通知相对人。解除权是形成权，解除权人把解除合同的意思通知相对人即可解除合同，而不必征得其同意。通知的形式既可以是口头的，也可以是书面的。该通知到达相对人时，合同解除。

(2) 解除权人应在除斥期间内通知。享有解除权的一方当事人如果长期不行使解除权，就会影响当事人之间权利义务关系的确定，所以法律规定了解除权的除斥期间。除斥期间经过，解除权消灭，当事人不得再主张解除合同。另外，除斥期间也可由当事人约定。

(3) 法律、行政法规规定解除合同应当办理批准、登记等手续的，当事人应依照其规定办理。

(4) 相对人对合同解除有异议的，可以向法院或者仲裁机构申请确认。若裁决认定解除权成立的，解除的效力溯及至解除权人的解除通知到达相对人之时。

（二）法院或仲裁机构裁决解除的程序

法院或仲裁机构裁决解除的程序是指在适用情势变更原则的情况下，由当事人诉请法院或仲裁机构裁决解除合同的程序。当出现不可预见的情势变更导致合同成立的基础动摇时，当事人无权直接解除合同，而只能向法院或仲裁机构请求解除合同，由法院或仲裁机构来决定是否解除合同。

五、合同解除的效力

（一）合同解除的溯及力

合同解除后，合同究竟是自始消灭还是仅向将来消灭，属于合同解除的溯及力问题。这是分析合同解除的法律效力的前提。

《合同法》第九十七条规定："合同解除后，尚未履行的，终止履行；已经履行的，根据履行情况和合同性质，当事人可以要求恢复原状、采取其他补救措施，并有权要求赔偿损失。"对该规定可以作如下理解：

（1）合同解除后，当事人未履行的债务不再履行，即合同解除具有使合同权利义务向将来消灭的效力。

（2）合同解除后，对于当事人已履行的债务，当事人选择恢复原状的，则合同关系自始消灭，合同解除具有溯及力。

（3）合同解除后，对于当事人已履行的债务，当事人不要求恢复原状或者不宜恢复原状的，则合同关系仅向将来消灭，合同解除没有溯及力。当事人要求采取其他补救措施的，则应看做是在维持合同原履行效力的基础上的补救措施，所以合同解除也没有溯及力。

本书认为，合同解除是否具有溯及力，应根据合同的性质、种类和合同解除的原因等情况加以判断，在违约解除时还要考虑尽量保护非违约方的合法利益①。

1. 合同的性质

前文已述，以时间因素对给付义务的内容及范围的影响为标准，可以将合同分为一时性合同与继续性合同。一时性合同的内容通过一次给付行为即可实现，如买卖、赠与合同。继续性合同的内容则需要持续性的给付才能实现，如劳务、委托、租赁合同。一般来说，由于一时性合同的内容一次给付即可完成，故在大多数情况下，于合同解除时，合同的债务已经履行完毕，

---

① 崔俊贵．我国合同解除的相关问题探讨．载《北京科技大学学报》，2004（12）。

因此，此类合同在解除后通常可以恢复原状，合同的权利义务溯及地消灭；如果分期给付合同的当事人约定合同解除没有溯及力，则依当事人的意思而定。继续性合同的当事人在对方的持续履行中不断享受到合同确定的利益，这些利益大多是无形的或者消耗性的，一般都不可能恢复原状，所以此类合同解除后，权利义务关系应当仅向将来消灭，而没有溯及力。

2. 合同解除的原因

在约定解除的场合，合同解除是否有溯及力，原则上应按照当事人的意思而定，当事人可以选择最利于维护各方利益的方式终止合同关系。在法定解除的场合，当发生不可抗力使合同解除时，判断解除是否具有溯及力应当从保护双方当事人的利益着眼，把双方的损失降到最低限度，因为双方均没有过错。如果因一方当事人的违约导致合同解除，则解除有无溯及力的判断应以是否有利于保护守约方的利益为衡量标准①，选择对守约方最有利的合同关系消灭方式。

（二）合同解除与恢复原状、不当得利返还

合同解除的效力因合同解除是否具有溯及力而有所不同：在合同解除具有溯及力的场合，合同解除将产生物的返还请求权；在合同解除无溯及力的场合，则不存在物的返还请求权，只产生债权请求权。

所谓恢复原状，是指合同当事人双方恢复到合同债务未履行的状态，它是合同解除具有溯及力的直接后果和重要标志。在合同解除具有溯及力的情况下，合同自始失去效力，如果当事人已履行部分或全部债务，则若要使当事人的关系回复到订约前的状态，使双方的利益、财产在数量上保持原状，当事人就应当相互返还已经取得的财产。原物不存在的，应当折价返还。原物产生孳息的，则孳息一并返还。

在合同解除没有溯及力的情况下，合同关系仅向将来消灭，解除前的合同关系有效，如果当事人双方此前已作给付，且彼此间的给付价值相当，则应维持给付状态，无需恢复原状。但是，如果当事人一方已履行部分或全部债务，而对方未作相应的对待给付，则受益的一方应当将获得的超过相应对价部分的给付按照不当得利的规定返还给对方，因为这部分给付因合同的解除而失去了合法的依据，其余的、有相应对价的部分仍然有效。

（三）合同解除与赔偿损失

合同解除并不影响当事人追究对方的违约责任，除非该违约责任与合同解除的效力相冲突（如在合同解除后，当事人不得再要求对方继续履行合

① 钟奇江. 论合同解除的效力. 载《法制与经济》，2006（3）。

同)，因此，合同解除与赔偿损失（又称损害赔偿）可以并存。《合同法》第九十七条规定，合同解除后，当事人有权要求赔偿损失。不过，如何在合同解除的情况下适用损害赔偿的违约责任，则需进行具体分析。

(1) 在当事人协议解除合同的情况下，合同解除可以与损害赔偿并存，当事人可依合同履行的具体情况确定损害赔偿责任的承担。

(2) 在合同因不可抗力而解除时，由于合同解除无法归责于任何一方当事人，所以一般不产生损害赔偿责任。但是，在下述情况下，仍然会发生损害赔偿：①当事人一方迟延履行后发生不可抗力，致使不能实现合同目的；②在不可抗力发生时，当事人应采取补救措施，尽量减少不可抗力造成的损失。如果当事人未采取适当的补救措施，则应对扩大的损失负赔偿责任。

(3) 在合同因一方违约而解除时，合同解除可以与损害赔偿并存。

(4) 在合同任意解除的情况下，合同解除可以与损害赔偿并存。至于赔偿范围，本书认为宜为信赖利益。

第四节 抵　销

一、抵销的含义

抵销是指当事人双方互负债务（互为债权人与债务人）时，当事人各以其债权充当债务的清偿，使双方的债务在等额的范围内归于消灭。用于抵销的债权即抵销权人的债权，学理上称为自动债权或主动债权；被抵销的债权则称为受动债权或被动债权。

抵销依其产生依据的不同，可以分为法定抵销和合意抵销。

二、法定抵销

（一）法定抵销的含义与构成要件

法定抵销是指合同双方当事人互负同种类的到期债务，一方当事人作出以其债权清偿对方债务的意思表示，从而使双方的债务在对等额内归于消灭。在法定抵销中，当事人享有抵销权，其向对方作出抵销的意思表示，该意思表示到达对方时即产生债权债务关系消灭的后果，因此抵销权是一种形成权。根据《合同法》第九十九条的规定，法定抵销需具备如下构成要件：

1. 当事人互负合法有效的债务

首先，当事人双方必须互享债权、互负债务。抵销的最终目的是使双方的债务在对等额内归于消灭，因此要产生抵销的效果，当事人互享债权、互负债务是前提条件。只享有债权而不负担债务或者只负有债务而不享有债权，则无从发生抵销的效果。

其次，双方的债务必须是合法有效的。如果债务没有得到法律的认可，在法律上不能有效存在，抵销权便丧失了产生的基础条件，故不发生抵销的问题。附条件的债权中，附停止条件的债权在条件成就前并未生效，不得抵销；附解除条件的债权在条件成就前是有效的，可以进行抵销，即使债权所附条件在债务抵销之后成就了，也不影响抵销的效力。

第三，双方的债务必须是确定的，不确定的债务不能抵销。如果当事人一方对另一方的债权享有抗辩权，则该债务即为不确定的债务而不能抵销。

2. 双方互负的债务的标的物种类、品质相同

《合同法》第九十九条第 1 款规定："当事人互负到期债务，该债务的标的物种类、品质相同的，任何一方可以将自己的债务与对方的债务抵销。"之所以要求标的物的种类、品质相同，理由在于：在抵销时，双方互负的债务的标的物种类、品质都相同，便于清楚地计算双方债务的对等额度，具有公平性。如果标的物的种类不同或种类、品质均不同，则说明当事人对债的履行有不同的要求，若仅依主动债权人的意思表示即可抵销，则可能达不到订立合同的目的，而且会给受动债权人带来利益上的损失，导致不公平的结果，所以不能抵销。如果标的物的种类相同但品质不同，原则上也不能抵销。不过，如果用品质高的标的物抵销品质低的标的物，则表明主动债权人放弃了一部分合同利益，这对于受动债权人来说并无不利，因此可以抵销，且无需征得受动债权人的同意。

用于抵销的债的标的物通常是种类物或者货币。特定物包含有当事人不同的履行要求，所以特定物之间不能抵销，除非当事人依合意抵销。如果当事人一方的债权标的为特定物，另一方的为与该特定物属于同一种类的种类物，则允许以该特定物抵销种类物，而不能以种类物抵销该特定物。同样，如果当事人双方的债的标的物都是种类物，而且属于同一种类，则允许以该种类中范围小的种类物抵销范围大的种类物，反之则不能抵销①。在破产程序中，若于破产宣告时破产债权人对债务人负有债务的，则不论种类是否相同、是否到期，双方的债务都可以抵销。

3. 双方的债务均已届清偿期

当事人互负的债务必须均已届清偿期，才能予以抵销。这是因为债务人

① 崔建远. 合同法：第三版. 北京：法律出版社，2003：211。

对未到期的债务享有期限利益，债权人不能以未到期的债权抵销自己的到期或者未到期的债务，否则无异于在清偿期到来之前强制债务人履行其债务，以致损害了债务人的期限利益。但是，如果主动债权已届清偿期，主动债权人以此来抵销未到期的受动债权，则意味着主动债权人放弃了其期限利益，抵销有效。同样，在破产程序中，若于破产宣告时破产债权人对债务人负有债务的，则不论是否到期，双方的债务都可以抵销。

4. 双方互负的债务并非不能抵销的债务

并非所有的债务都可以抵销，某些债务基于合同的性质或法律的规定是不能抵销的。

按照合同的性质，有些债务是不能抵销的，否则就违反了债务设立的本旨而不能实现合同的目的。例如，不作为债务不能抵销；要求当事人一方亲自作为的劳务、承揽合同所产生的债务也不能抵销，因为此类债务具有强烈的人身属性，需要当事人亲自履行才能达到合同的目的。

法律规定不得作为抵销标的的债权、债务包括以下几类：

(1) 抚恤金、养老金、保险金等债权不能抵销，因为其关系到当事人的日常生活等基本利益需要。

(2) 因故意或者重大过失实施侵权行为的债务人，不得以其债权抵销该损害赔偿义务，否则，在客观上可能产生债权人在债权得不到清偿时故意侵害他人权利的情况，不利于社会的安定。

(3) 被扣押、冻结的债权因为其不能自由流转，权利受到了限制，故不能抵销。

(4) 超过诉讼时效的债权不能作为主动债权抵销，因为其已经丧失了强制执行力；但是其可以作为受动债权而实现抵销的效果，即主动债权人放弃了其时效利益，使受动债权人的没有强制执行力的债权得以抵销。

(二) 法定抵销的方法

关于抵销的方法，主要有两种立法例。一种是抵销当然主义，其规定当双方的债务得为抵销时，即法律规定的抵销的构成要件完全具备、抵销权发生之时，不需要当事人作出任何行为，依照法律规定自动产生抵销的后果。此为法国法所采用。另一种是抵销意思主义，其规定当双方互负的债务得为抵销时，不能自动发生抵销的后果，仅赋予当事人抵销权；抵销权人需要行使权利，向对方发出抵销的意思表示，当该意思表示到达对方时才能产生抵销的效果。此为德国法所采用。

《合同法》第九十九条第2款规定："当事人主张抵销的，应当通知对方。通知自到达对方时生效。抵销不得附条件或者附期限。"可见，我国法律采取的是抵销意思主义，并且抵销为单方法律行为。

据此，应注意以下几点：

第一，由于抵销是一种单方法律行为，抵销权人需要作出意思表示，因此其必须具有相应的民事行为能力，而且必须有权处分其债权。

第二，抵销权人应当明示地作出抵销的意思表示。该意思表示既可以向受动债权人作出，也可以向其代理人作出，但不能向第三人作出。其在形式上，既可以采用书面形式，也可以采用口头形式。

第三，意思表示的通知到达对方时产生抵销的效果，且该意思表示不能撤销。

第四，抵销权是一种形成权，其性质决定了抵销不能附条件或者期限，否则就会使抵销的效力处于不确定的状态，与抵销的本旨、功能相悖，特别是在一方不能清偿的场合，给抵销设定条件或者期限将会极大地损害债权人的受偿利益。所以，附条件或者期限的抵销无效。

（三）法定抵销的效力

当事人行使抵销权后，双方互负的债务在对等额内归于消灭。债务消灭后，不得发生恢复原状的后果。债务不相等的，未为抵销的部分依然存在，债务人对债权人仍负有清偿的义务。抵销具有溯及力，其效力溯及于抵销权产生之时，即按照当时双方互负的债务额进行抵销。这是因为，当事人在法定抵销的构成要件具备时会认为可以随时抵销，所以往往怠于作出抵销的意思表示，如果抵销的意思表示仅向将来发生效力，就容易产生不公平的后果①。例如，一方的债务利息会因时间的经过而增加。由于为抵销的意思表示时，以抵销权的存在为必要，因此，若因清偿等原因使抵销权归于消灭，则即使再为抵销的意思表示，也不发生抵销的效力②。债务抵销后，除了抵销的债务消灭以外，双方的从债务，如担保债务、违约金和损害赔偿债务等亦溯及于抵销权产生时消灭。

三、合意抵销

合意抵销是指当事人双方经协商一致将其互负的债务抵销，或者约定一定的条件，当条件成就时当事人有权将互负的债务抵销。《合同法》第一百条规定："当事人互负债务，标的物种类、品质不相同的，经双方协商一致，也可以抵销。"合意抵销实质上是当事人双方订立的以抵销债务为内容的合同。

---

① 崔建远．合同法：第四版．北京：法律出版社，2007：264。

② 韩世远．法定抵销的效力．载《人民法院报》，2001（12）。

合意抵销的功能主要是对法定抵销的构成要件作适当变通，弥补法定抵销的不足，给当事人处分自己的债权留有更大的余地，更有利于实现各方的利益。

合意抵销对法定抵销的补充主要有如下几种情形：

（1）当事人双方互负债务，其标的物的种类、品质不相同的，经双方协商一致可以将债务抵销。

（2）当事人的债务未届履行期限，双方可以约定以未到期的债权抵销到期债权，未到期的债权之间也可以依约定抵销。

（3）当事人双方可以约定一定的条件或期限，当条件成就或期限到来之时，双方的债务可以相互抵销。

第五节　提　　存

一、提存的含义

提存有广义和狭义之分。广义的提存包括清偿提存和担保提存两种类型：前者是合同法上的概念，是一种消灭债务、终止合同权利义务关系的方法；后者是担保法上的概念，是一种担保债务履行的手段，并不发生债的关系消灭的效果。狭义的提存仅指清偿提存。本节所讨论的提存采用狭义的提存概念，即清偿提存。

提存是指债务履行期限到来后，由于债权人的原因致使债务人无法向其履行债务，债务人将债的标的物交给提存机关保存，以终止合同权利义务关系的行为。合同内容的实现主要依靠债务人的履行行为，但债权人也需要受领给付以协助债务人完成其履行行为。债权人无正当理由拒绝受领或者不能受领时，债的关系并不因此而消灭，债务人仍负有给付义务，因而处于不利的被动地位。为解决这一问题，《合同法》规定了提存制度，债务人可以通过把债的标的物交给提存机关保存来消灭债务，以便从债权债务关系的束缚中解脱出来，既提高了交易效率又可保护其正当利益。

二、提存的原因

根据《合同法》第一百零一条和《提存公证规则》的相关规定，提存可基于如下几种原因而发生：

（1）债权人无正当理由拒绝受领。这是指债权人在债务履行期限届满后有条件接受债务人的履行，却无正当理由而没有接受。此处的拒绝受领也包括无正当理由而受领迟延的情况。由于债权人的此类行为违反了合同的约定，使债的关系迟迟不能终结，给债务人带来了不必要的负担，因此债务人可以通过将标的物提存来获得救济。但这里有一个重要的前提，即债务人必须现实地提出了给付，而且该给付行为是按照双方在合同中约定的各项履行要求进行的。如果债务人的履行行为不符合合同的约定，即构成违约，债权人有权以这种正当理由作为抗辩而拒绝接受债务人的履行行为，此时债务人不得将标的物提存。因不可抗力导致受领不能或者受领迟延的，因不可归责于债权人，故债务人同样不能采取提存措施。另外，若债权人在履行期限届满前拒绝受领，债务人也不得提前采取提存措施，因为此时债权人并未陷于受领迟延，而且债务人有保管标的物的义务，所以债务人必须等到履行期满后才能提存。

（2）债权人下落不明。债权人下落不明包括如下几种情形：债权人不明确、债权人变更或者离开住所不知去向、债权人地址不详、债权人失踪而无财产代管人等。债权人下落不明的，债务人无法给付，因此其可以将标的物提存而摆脱债的关系的束缚。债权人下落不明应基于其自身原因，而非基于可归责于债务人的原因所致，否则该风险应由债务人自负，而不得提存。

（3）债权人死亡未确定继承人或者丧失民事行为能力未确定监护人。债权人死亡后，其债权由其继承人继承；丧失民事行为能力的人由其监护人代理行使其权利。继承人或者监护人未确定的，债务人因没有履行受领人而无法履行其给付义务，因此其可将标的物提存，以消灭债的关系。

（4）法律规定的其他情形。这是一个弹性规定，以解决法律不能预见的其他情形。例如，《合同法》第七十条规定：“债权人分立、合并或者变更住所没有通知债务人，致使履行债务发生困难的，债务人可以中止履行或者将标的物提存。”《担保法》第四十九条第3款规定：“抵押人转让抵押物所得的价款，应当向抵押权人提前清偿所担保的债权或者向与抵押权人约定的第三人提存。”《提存公证规则》规定债权人不在债务履行地，又没有办法到履行地受领的，债务人可以将标的物提存，以消灭合同关系。

另外，当事人双方还可以约定提存条款，当条件成就时，债务人可以依约定的提存方式完成清偿，以消灭债务。

三、提存规则的适用

（一）提存的主体

提存共涉及三方当事人：提存人、提存机关和提存受领人。一般来说，提存人是为清偿债务而向提存机关申请提存的债务人。由于提存是处分自己利益、消灭债务的法律行为，因此债务人在行为时必须具有相应的民事行为能力，而且提存的意思表示必须真实。提存机关是指国家设立的接受并保管合同标的物，并应债权人的请求而将其交付给债权人的机关。《提存公证规则》规定公证机关为提存机关。提存受领人是指提存之债的债权人，其有权向提存机关领取提存物。

（二）提存的标的物

提存的标的物是指债务人按照合同约定应当交付的，并且适合于提存机关保管的标的物。债务人提存时，提存物必须与合同中约定的标的物相符，否则不能产生债务消灭的后果。《提存公证规则》第十三条第2款规定："提存标的与债的标的不符或在提存时难以判明两者是否相符的，公证处应告知提存人如提存受领人因此原因拒绝受领提存物则不能产生提存的效力。"此外，提存标的物必须适合于保存，提存费用不能过高。长期保存会使其价值明显降低的物品以及危险品不宜提存，如鲜活食品、化学药品。保存费用过高的物品也不适宜提存。《提存公证规则》第七条规定："下列标的物可以提存：（一）货币；（二）有价证券、票据、提单、权利证书；（三）贵重物品；（四）担保物（金）或其他替代物；（五）其他适宜提存的标的物。"《合同法》第一百零一条第2款规定："标的物不适于提存或者提存费用过高的，债务人依法可以拍卖或者变卖标的物，提存所得的价款。"

（三）提存的程序

《提存公证规则》对提存的程序作了下列具体规定：

（1）债务人应当向提存机关提交提存申请书。申请书上须载明提存人的姓名或名称，标的物的名称、种类、数量，以及提存受领人的姓名或名称、地址等内容。债务人还应提交债权人拒绝受领或受领迟延的相关材料，以证明其提存符合法定的提存原因。此外，债务人还须提供合同书等履行债务的依据，以证明提存物与债务的标的物相同。

（2）提存人提交的申请材料符合条件的，提存机关应予以受理。提存机关审查后，认为提存人具有民事行为能力、意思表示真实，提存之债真实、合法，提存符合法定的提存原因，以及提存标的与债的标的相符并适宜提存的，应当予以提存。提存机关应当验收提存标的物并登记存档。对于不能提交的提存物，提存机关应派人到现场实地验收。对于难以验收的提存物，提存机关可予以证据保全，并在笔录和证书中注明。经验收的提存物，提存机关应采用封存、委托代管等必要的保管措施。对易腐、易烂、易燃、易爆等物品，在保全证据后，由债务人拍卖或变卖，提存其价款。需要验收的提存物，以提存机关验收合格的日期为提存日期；无需验收的提存物，以实际提交的日期为提存日期。提存之债从提存之日起即告清偿。

（3）提存人应将提存事实及时通知提存受领人。以清偿为目的的提存或提存人通知有困难的，提存机关应自提存之日起 7 日内，以书面形式通知提存受领人，告知其领取提存物的时间、地点、期限、方法。提存受领人不明确或下落不明、地址不详无法送达通知的，提存机关应以公告方式通知其受领。

四、提存的效力

由于提存涉及三方当事人，故其所产生的效力也包括三个方面：

（一）债务人与债权人之间的效力

从提存之日起，债务人的债务得到清偿，债权人对债务人的给付请求权消灭，不得再向其要求履行合同，债务人的主给付义务消灭。其他从债务，如利息、担保债务等均归于消灭。

标的物提存后，债权人对提存物享有所有权；提存物在提存期间所生孳息亦归债权人所有；标的物毁损、灭失的风险也转由债权人承担。当因不可归责于提存机关的原因导致标的物毁损、灭失时，其后果由债权人承担。

（二）债务人与提存机关之间的效力

提存机关是国家设立的用以解决债务人债务清偿问题的机关，当债务人的提存申请符合要求时，其有义务予以提存并保管提存物。

关于标的物提存后，债务人是否有权将其取回的问题，《合同法》原则上不予认可，但《提存公证规则》则对提存物的取回作了例外规定。提存人可以凭人民法院生效的判决、裁定或提存之债已经清偿的公证证明取回提存物。提存受领人以书面形式向提存机关表示抛弃提存受领权的，提存人得取回提存物。提存人取回提存物的，视为未提存，因此产生的费用由提存人承担。提存人未支付提存费用前，提存机关有权留置价值相当的提存标的。

（三）债权人与提存机关之间的效力

（1）提存机关对提存标的物有妥善保管的权利和义务。提存机关应采取适当的方法妥善保管提存标的，以防止其毁损、变质或灭失。对不宜保存的、提存受领人到期不领取或超过保管期限的提存物品，提存机关可以拍卖，以保存其价款。提存机关挪用提存物或者由于其过错造成提存物毁损、灭失的，提存机关应负相应的损害赔偿责任。

（2）标的物提存后，债权人（提存受领人）对其享有所有权，可以随时领取提存物及其孳息，提存机关有交付的义务。提存受领人符合提取条件的，提存机关应当向其交付提存物。提存机关拒绝交付给提存受领人造成损失的，应负赔偿责任。《合同法》第一百零四条规定："债权人可以随时领取提存物，但债权人对债务人负有到期债务的，在债权人未履行债务或者提供担保之前，提存部门根据债务人的要求应当拒绝其领取提存物。债权人领取提存物的权利，自提存之日起五年内不行使而消灭，提存物扣除提存费用后归国家所有。”该条规定对债权人提取提存物的权利作了两个限制：一是债务人的先履行抗辩权或同时履行抗辩权对其的限制，以担保债务人利益的实现；二是除斥期间的限制，如果债权人长期不行使权利，不但提存机关难于管理，而且提存物长期处于闲置状态，不利于物尽其用。

（3）债权人支付提存费用。除当事人另有约定外，提存费用由提存受领人（债权人）承担。因为提存是因可归责于债权人的原因致使债务人不能正常履行债务而进行的补救行为，其有利于保护债权人的利益，而且债权人是提存物的所有权人，所以由债权人承担提存费用是合理的。债权人未支付提存费用前，提存机关有权留置价值相当的提存标的物。

第六节　免　　除

一、免除的含义

免除是指债权人以消灭债务人的债务为目的而抛弃债权，从而全部或者部分终止合同权利义务关系的行为。清偿、抵销、提存等合同权利义务终止的方法都达到了债权实现的目的，与此不同的是，免除是债权人抛弃债权而不让其得以实现。

二、免除的特征

免除具有如下特征：

（1）免除是单方法律行为。债权人单方作出免除的意思表示即可发生债务消灭的效力。

（2）免除是无因行为。债权人抛弃债权的意思表示到达债务人时，免除即生效，免除的原因或债权人的动机为何，都不影响免除的效力。即使免除的原因行为无效或被撤销，免除依然有效。

（3）免除是无偿行为。通过免除消灭债务人的债务，并不需要债务人对债权人作出相应的对价。虽然免除的原因行为既可以是有偿的，也可以是无偿的，但由于免除具有无因性，其原因行为的性质并不影响免除的无偿性。

（4）免除是处分行为。债权本身具有处分权能，债权人无需征得债务人同意而单方抛弃债权即可发生债务免除的效力，所以免除是一种处分行为。免除的这一性质要求在为免除时，须存在合法的债权并且债权人具有处分能力，另外，处分行为还必须由债权人作出。

（5）免除是不要式行为。债权人免除的意思表示不需要特定的形式，它既可以是书面的，也可以是口头的；既可以是明示的，也可以是默示的。

三、免除的条件

免除需具备如下条件：

（1）债权人必须具有相应的民事行为能力。免除是处分债权、消灭债的关系的行为，将使债权人遭受不利益，因此，债权人作出该行为之时必须具有相应的民事行为能力，即有处分自己债权的能力。

（2）债权人必须向债务人作出免除的意思表示。要通过免除来达到债务消灭的效果，债权人就必须向债务人或者其代理人作出抛弃债权的意思表示。如果债权人对第三人作出免除的意思表示，则不发生免除的效力。

（3）免除不得损害第三人的合法利益。债权人有权处分自己的债权，免除债务人的债务，但不得损害第三人的利益。例如，当债权人以自己的债权为第三人设定权利质权时，其不得抛弃该债权以免除其债务人的债务，以免损害第三人的担保利益。

四、免除的效力

免除自债权人放弃债权的意思表示到达债务人时生效。免除一经生效，不得撤销。也就是说，免除使债务绝对消灭，合同的权利义务随之终止。免除还可以附条件或期限。免除的债务既可以是到期债务，也可以是未到期债务；可以是金钱债务，也可以是非金钱债务。附属于主债务的从债务，如利息债务、违约金债务、保证债务等也随主债务的免除而归于消灭。当债权人免除合同的一部分债务时，该部分债务消灭，在免除的范围内合同权利义务终止；若免除合同的全部债务，则整个合同关系归于消灭。有担保债务存在时，如果债权人仅免除担保人的担保债务，则主债务不消灭；如果免除的是主债务，则作为从债务的担保债务随之消灭。债务被全部免除后，有债权证书的，债务人可以请求返还该债权证书。

第七节　混　同

一、混同的含义

混同是指债权与债务同归于一人而使合同权利义务终止的法律事实。债权是对人权，债权人和债务人是债的关系中两个必备的对立主体，若二者归为同一主体，即一个主体既是权利的享有者，又是相对应的义务承担者，一方为另一方所吸收，则债的关系已无存在的必要，因而发生消灭的效果。混同的发生不需要当事人作出意思表示或为一定行为，只要有债权、债务同归于一人的事实出现，就可以产生合同权利义务关系消灭的效力。因此，混同属于法律事实中的事件，是一种独立的债的消灭原因。

我国民法上存在广义的混同概念，它是指不能并立的两种法律关系同归于一人而使其权利、义务归于消灭的法律现象，主要包括如下几种情形：

（1）同一物上的所有权与设定于其上的他物权同归于一人，他物权因混同而消灭。

（2）同一物上的他物权与以该他物权为标的的权利同属一人，后权利消灭。

（3）主债务和保证债务同归于一人，保证债务消灭。

（4）债权与债务的混同，即合同法上的狭义的混同。本书仅讨论狭义的混同。

二、混同的适用情形

1. 合同当事人对债权或债务的承受而使债权债务同归于一人

对于债权债务的承受，学理上分为两种情况：概括承受与特定承受。概括承受是指合同中确定的债权和债务一并转移给同一主体承受，该主体既可以是合同当事人，也可以是第三人。特定承受是指债权人将自己的债权转让给债务人，或者债务人将自己的债务转由债权人承担，从而脱离原合同关系。特定承受实质上是合同当事人之间的债权让与和债务承担，其直接发生混同的效果而终止合同权利义务关系。

2. 不得涉及第三人的利益

《合同法》第一百零六条规定：“债权和债务同归于一人的，合同的权利义务终止，但涉及第三人利益的除外。”混同使合同关系消灭，通常与第三人无关，但当涉及第三人利益时，合同则不得因混同而消灭。例如，债权人以其债权为第三人设定了权利质权，后来债务人将债务转移给债权人，此时虽然债权债务同归于债权人，但是如果发生混同的效果，则债权消灭，质权也就因为权利标的的丧失而消灭，从而影响到第三人的担保利益，所以在这种情况下不成立混同。

三、混同的效力

混同一旦成立，合同权利义务即终止，债的关系绝对消灭。消灭的效力不仅及于主债权，而且及于附属于主债权的从债权，如利息、违约金债权以及担保物权。但混同的效力存在如下例外情形：

（1）涉及第三人的利益时，不产生混同的效力；

（2）债权与保证债务混同时，保证债务消灭而主债权债务仍然存在；

（3）票据出票后，在流通过程中又回到了原背书人或者出票人手中，其享有的票据权利与其保证付款的票据义务归于同一主体，但是为了维护票据的信用和流通性，票据权利和保证付款的义务并不因混同而消灭。

思 考 题

1. 合同权利义务终止的原因有哪些？
2. 合同权利义务终止的效力有哪些？
3. 清偿抵充的构成要件和方法是什么？
4. 合同解除具有哪些特征？
5. 合同的法定解除条件有哪些？
6. 合同解除产生哪些效力？
7. 法定抵销的构成要件有哪些？法定抵销的效力是什么？
8. 提存的原因有哪些？提存的效力有哪些？
9. 免除的条件和效力是什么？
10. 混同的适用情形和效力是什么？

第十章

违约责任

本章要点

本章主要介绍了违约行为的含义、构成要件及形态，违约责任的含义及归责原则，违约责任的三种承担方式——强制履行、赔偿损失、违约金，违约责任与侵权责任的竞合，违约责任的免责。本章的重点和难点是违约行为的形态、违约责任的归责原则、强制履行、赔偿损失、违约金、违约责任的免责事由。

第一节 违约行为

一、违约行为的含义

违约行为是指合同当事人违反合同义务的行为。此处的合同义务既包括当事人在合同中约定的义务，还包括根据民法基本原则和法律规定，当事人所必须遵守的义务，如根据诚实信用原则、合同的性质及目的、交易习惯所发生的通知、协助、保密等附随义务。违反这些附随义务，违约方亦须承担违约责任。

违约行为的主体一般是债务人，但在受领迟延的场合，违约行为的主体则是债权人。事实上，受领迟延同样是对合同义务即受领义务的违反，所以将违约行为的主体都称为债务人也未尝不可。

违约行为是对合同当事人行为的客观判断，而不涉及对违约方的主观状态的判断。在判断当事人的行为是否构成违约时，不需要考虑其主观过错。只要当事人的行为违反了合同义务，即为违约行为。

二、违约行为的形态

违约行为的形态又称违约形态，是指根据违约行为违反义务的性质和特点而对违约行为所作的分类，如不能履行、迟延履行、不完全履行等。

关于违约行为的形态，《合同法》第一百零七条规定：“当事人一方不履行合同义务或者履行合同义务不符合约定的，应当承担继续履行、采取补救措施或者赔偿损失等违约责任。”该法第一百零八条又规定：“当事人一方明确表示或者以自己的行为表明不履行合同义务的，对方可以在履行期限届满之前要求其承担违约责任。”其中，第一百零七条是对实际违约的规定，第一百零八条则是对预期违约的规定；第一百零七条所规定的“不履行合同义务”包括不能履行和拒绝履行这两种违约形态，而“履行合同义务不符合约定”则包括了不完全履行、迟延履行和债权人迟延这三种违约形态。可见，《合同法》上的违约行为首先可分为预期违约与实际违约两类，然后实际违约又可分为不能履行、拒绝履行、不完全履行、迟延履行和债权人迟延五种情形。具体分析如下：

（一）预期违约

1. 预期违约的含义

预期违约又称先期违约，是指合同生效后、履行期限到来前的违约，它源于英美法系，但《合同法》已予以采纳。预期违约包括两种形态：明示预期违约与默示预期违约。对此两种形态，下文将作进一步阐述。

预期违约具有以下特点：

（1）预期违约侵害的是期待的债权，而不是现实的债权。也就是说，在合同约定的履行期限到来之前，债权人不能请求债务人提前履行债务或提前实现其债权，但其享有履约期待权，即期待债务人于履行期限到来时将履行债务，此种权利也是不可侵犯的。若债务人侵犯了债权人的此种期待权，即构成预期违约。

（2）预期违约表现为在未来将不履行义务，而不是现实地违反了义务。因此也可以说，预期违约只是一种违约的可能性或危险。

（3）预期违约债权人可以选择不同的救济方式。由于履行期限未到，债权人为了争取合同的履行，可以给对方补救的机会，等待履行期的到来，要求对方履行，如果对方仍不履行，则预期违约已经转化为实际违约，债权人可以采取实际违约的救济方式。债权人也可以在对方预期违约时就直接要求其承担违约责任，而不再等待履行期的到来。

2. 明示预期违约

（1）明示预期违约的含义。所谓明示预期违约，又称明示毁约，是指在合同履行期到来前，一方当事人无正当理由，明确地向另一方当事人表示他将在履行期限到来时不履行合同。

（2）明示预期违约的构成要件。

第一，明示预期违约必须以合法有效的合同关系为前提，并在合同履行期届至之前提出。

第二，明示预期违约行为表现为一方当事人必须明确地向对方表示他将不履行合同义务。

第三，当事人表示的不履行必须是重大的不履行，即不履行的是合同的主要义务。

第四，提出不履行必须没有法定理由。如果一方享有抗辩权而提出不履行，则不构成违约。

(3) 明示预期违约的救济。在发生明示预期违约时，债权人享有如下选择权：

第一，接受预期违约。其法律效力表现为：债权人中止自己的履行及履行准备活动；解除合同；立即请求损害赔偿。

第二，不接受预期违约，等待实际违约发生后再请求损害赔偿。如果预期违约方虽然表示拒绝履行，但在履行期届至时又履行合同，则合同圆满实现，不发生实际违约。如果预期违约方在履行期限届满时，仍然拒不履行合同，则构成实际违约，应承担实际违约的损害赔偿责任。但是，如果一方预期违约，而另一方未要求其承担违约责任，则另一方必须承担其后因不可抗力而导致预期违约方免责的风险。

3. 默示预期违约

(1) 默示预期违约的含义。默示预期违约又称默示毁约，是指在履行期限到来之前，一方当事人有确凿的证据证明另一方当事人在履行期限到来时，将不履行或不能履行合同，而另一方又不愿提供必要的履行担保。

(2) 默示预期违约的构成要件。

第一，一方预见到另一方在合同履行期限到来时将不履行或不能履行合同。在默示预期违约的情况下，债务人并未明确地表示他将不履行合同义务，债权人只是根据某些客观情况预见到其将不履行义务。该预见必须建立在合理的基础之上，主要表现为这样三种情况：一是债务人的经济状况恶化，将无能力履行合同义务；二是债务人的信用不佳；三是债务人在履行期限到来前的行为表明其有违约的危险，如已将合同项下的货物转卖。

第二，一方的预见有确切的证据。预见的一方必须举出证据证明对方届时确定不能或不会履行合同义务。

第三，被要求提供履行担保的一方不能在合理的期间内提供适当的担保。

默示预期违约的构成要件与明示预期违约的构成要件相比，不同之处在于预期违约方没有将到期不履行合同义务的意思明确地表示出来，而是另一方根据某些情况预见到其将不履行合同义务。

（3）默示预期违约的救济。对于默示预期违约，债权人一般可采取三种救济方法：

① 中止自己的履行及履行准备活动；

② 请求对方提供适当担保，确保届时能够全面地实际履行合同；

③ 若预期违约方不提供担保，则可准用明示预期违约规则予以救济。

4. 默示预期违约与不安抗辩权

默示预期违约与不安抗辩权颇为相似：均为在合同订立后、履行期限届满前，一方未明确表示将不履行合同义务，但另一方根据客观情况预见其有届时不会或不能履行的危险；有着相同的制度价值，都是基于公平理念而设立的；在实际运用过程中，二者可以实现结合，并可规定在同一部法律之中，《合同法》就是既借鉴了预期违约制度，又吸收了不安抗辨权制度。但二者毕竟是不同的法律制度，存在着一定的差异，主要表现为以下几点：

（1）不安抗辩权的权利主体是有先履行义务的一方，而默示预期违约可以由合同当事人任何一方主张。

（2）不安抗辩权适用于合同双方当事人履行债务有先后顺序的情况，而默示预期违约则无此种限制。

（3）不安抗辩权行使的依据是他方财产于订约后显著减少，有难为对待给付之虞。默示预期违约所依据的理由则更为宽泛，如前所述，债务人的经济状况恶化、商业信用不佳或其行为表明其有违约的危险等均可以成为认定默示预期违约的依据。

（二）实际违约

1. 不能履行

（1）不能履行的含义。不能履行又称履行不能或者给付不能，是指不能依债务本旨为给付，表现为债务人在客观上已经没有履行能力，或者法律禁止债务的履行。给付不能有两种含义：一是指实际上无给付的可能，此为狭义的给付不能；二是指虽然给付是可能的，但给付的结果在当事人之间显失公平，也属于给付不能，即广义的给付不能。给付不能时，债务人是否要负违约责任，以给付不能是否因可归责于债务人的事由所致为判断根据：如果是因为不可归责于债务人的原因导致债务不能履行的，则债务自行终止，债务人不承担违约责任；如果是因可归责于债务人的事由而致履行不能的，则债务人要承担违约责任。

关于不能履行的判断标准，不应是物理学的法则，而应当是社会的观念，即针对个案，根据具体情况，斟酌交易观念予以判断，如海底寻针在物理学上虽属可能，但在社会观念上则为不能。

（2）不能履行的分类。

①自始不能与嗣后不能。自始不能是指在给付义务成立之时给付即为不可能，属于债务成立的问题；嗣后不能是指给付在债务成立后始为不可能，属于债务履行的问题。

②客观不能与主观不能。客观不能是指给付对任何人而言皆为不能。履行债务客观不能有基于自然原因的，如标的物于订约前已经灭失；有基于法律规定的，如标的物为法律禁止流通的物；有基于社会观念的，如海底寻针。主观不能是指虽然债务人不能履行，但债务人以外的人有能力履行，如订立演出合同而该演员因患病不能出演。

③永久不能与一时不能。永久不能是指债务的履行存在障碍，该履行障碍在履行期限届满前不能消除，债务不能履行。如果只是此期限中的一段有障碍，即该障碍是暂时的，在履行期限内是可以消除的，则为一时不能。

④全部不能与一部不能。全部不能是指合同债务全部不能履行。一部不能是指合同债务的一部分不能履行，如标的物的一半灭失。

⑤事实上的不能履行与法律上的不能履行。事实上的不能履行又称自然不能履行，是指基于自然法则而履行不能，如因标的物的灭失而履行不能。法律上的不能履行是指基于法律的规定而履行不能，属于法律行为内容违法的问题，出卖禁止流通物即为典型；还有依法律规定在逻辑上履行不能，如给付属于债权人之物。

（3）不能履行的法律后果。不能履行并不当然产生违约责任，而仅在可归责于债务人的情形下产生违约责任。但在不可归责于债务人之时，仍有其特定的法律后果。

第一，可归责于债务人之不能履行。因可归责于债务人的事由导致不能履行时，应区分是全部不能，还是部分不能来确定其效力：全部不能时，债务人应承担由此产生的损害赔偿责任。部分不能时，则对该不能履行之部分，债权人可请求损害赔偿。但对能履行之部分，债权人可以选择要求债务人继续履行，也可解除合同并请求损害赔偿。

第二，不可归责于债务人的不能履行。如因不可归责于债务人的事由导致不能履行，则债务人免于承担违约责任。但是，如果债务人因该特定事由而对第三人享有损害赔偿请求权时，债权人得请求债务人让与该请求权或交付其所受领的赔偿物。

2. 迟延履行

（1）迟延履行的含义。迟延履行又称逾期履行，即债务人能够履行，但在履行期限届满时却未履行债务的现象，此为狭义的迟延履行，即给付迟延。

广义的迟延履行则包括狭义的迟延履行（给付迟延）和债权人迟延（受领迟延）。本书所称迟延履行仅指狭义的迟延履行，不包括债权人迟延。

（2）迟延履行的构成要件。

第一，须有有效的合同债务存在。因此，附生效条件的合同在所附条件生效前，不发生迟延履行的问题。

第二，违反了履行期限的约定。判断债务人是否迟延履行，通常以债务是否到了履行期限而债务人不履行债务为标准。履行期限到来之后，债务人不履行债务，则为迟延履行。

第三，在迟延履行的情况下，履行是可能的。如果因为债务人的过错使债务根本不能履行，则构成不能履行。区分迟延履行与不能履行的关键在于不能履行开始的时间：如果履行期限届满时，债务人仍然可以履行，之后才导致不能履行的，则构成迟延履行；如果履行期限届至以前，债务人已不能履行的，则为不能履行。但是，因迟延履行导致不能履行的，债权人应获得与不能履行相同的救济，因为债务人的违约行为最终导致的是不能履行的后果。

第四，在履行期限届满时，债务人没有履行合同债务。此处所称“没有履行”不包括其他不适当履行的行为，因为如果履行了部分债务，则构成不完全履行。但如果债务人明确表示不再履行，则转化为拒绝履行。

第五，迟延履行没有正当理由。如债务人依法行使同时履行抗辩权而暂不履行债务，则不构成迟延履行。如因债权人的原因造成迟延（如债权人改变地址未通知债务人），则应当由债权人负责，债务人不构成迟延履行。

（3）迟延履行的法律后果。在迟延履行的情况下，如果当事人约定或法律规定有赔偿性违约金的，则非违约方有权要求违约方支付迟延履行的违约金。如当事人约定的违约金为惩罚性违约金，则在有损害时还可一并请求损害赔偿。在许多情况下，债务人在迟延一段时间之后，还会作出履行。但如果拒绝继续履行债务，则在拒绝之时，迟延履行已转化为拒绝履行，此时债权人可以适用拒绝履行的各种救济。

3. 债权人迟延

（1）债权人迟延的含义。债权人迟延（受领迟延）是指债权人对于债务人的给付未为受领或未为其他给付以完成必要的协助的事实。

（2）债权人迟延的构成要件。债权人迟延的构成，需要具备以下要件：

①债务内容的实现以债权人的受领或者其他协助为必要条件，也即债务的履行需债权人之行为方能完成，债权人有协助、配合等义务。

②债务已届履行期。

③债务人已依合同提供了履行。

④债权人拒绝受领或受领不能。拒绝受领是指对于债务人已经提供的给付，债权人无正当理由却拒绝如期受领，即能够受领而不受领。受领不能是指债权人不能如期受领，而不考虑此种不能是否基于债权人的意思。受领不能包括受领行为不能及受领行为以外的协助行为不能。

(3) 债权人迟延的法律后果。债权人迟延的法律后果包括如下几个方面：

一是减轻债务人的注意义务；

二是在债权人迟延期中，债务人免负利息；

三是债权人应当赔偿因其迟延受领而给债务人造成的损失，以及由此增加的费用。

4. 拒绝履行

(1) 拒绝履行的含义。拒绝履行是指在合同履行期到来后，一方当事人无正当理由却表示不履行任何合同义务。此种不履行的表示既可以是明示的，也可以是默示的。

(2) 拒绝履行的构成要件。拒绝履行的构成要件包括如下几个方面：

①存在有效的债务；

②债务人有不履行债务的意思表示；

③债务人有履行债务的能力；

④债务人拒不履行债务无正当理由；

⑤债务人表示拒绝履行的是合同的全部义务。

(3) 拒绝履行的法律后果。在一方拒绝履行的情况下，另一方有权要求其承担继续履行、支付违约金或赔偿损失的责任，另外，《合同法》第九十四条第2项规定，在履行期限届满之前，当事人一方明确表示或者以自己的行为表明不履行主要债务的，对方可以解除合同。此处的“履行期限届满之前”包括两种情形：一是履行期限尚未到来；二是履行期限已经到来，但尚未届满，而拒绝履行即发生于第二种情形下。基于上述分析，在一方拒绝履行的情况下，非违约方还可以解除合同。

5. 不完全履行

(1) 不完全履行的含义。不完全履行是指债务人虽然履行了债务，但其履行不符合约定。不完全履行在德国一般称为积极侵害债权，在我国台湾地区则称为不完全给付，在日本仍称为不完全履行。

不完全履行不同于不适当履行：不完全履行是与不能履行、迟延履行、拒绝履行相对应的概念，它在范围上包括了不适当履行、部分履行、违反附随义务等各种违约行为；而不适当履行只是不完全履行的一种形态。

(2) 不完全履行的类型。根据不完全履行对债权人所造成的损害后果，可以将不完全履行分为瑕疵给付与加害给付。

①瑕疵给付。瑕疵给付是指债务人履行合同义务不符合约定，但是没有对债权人的其他权益造成损害的不完全履行。即履行本身具有瑕疵，损害的仅是债权人的履行利益，如《合同法》第一百一十一条规定的“质量不符合约定”的情况。

瑕疵给付主要表现为如下情形：

第一，履行在质量上不完全，即标的物的品种、规格及型号等不符合合同约定，或者标的物有缺陷。对于此种不完全履行，可由债权人指定一定期限，令债务人修补或者另行给付。还应指出的是，债务人修补或者另行给付超过合理期限的，则构成迟延履行。

第二，履行在数量上不完全。这一般表现为履行在数量上有所短缺，有时也包括数量的增加。

第三，履行方式的不完全，如本应一次履行却分期履行。

第四，违反附随义务的不完全履行。

②加害给付。加害给付是指债务人的不完全履行行为除了侵害债权人的履行利益外，还侵害了债权人的一般法益的情形。

加害给付具有如下特点：

第一，债务人的履行行为不符合合同的约定或法律规定。

第二，债务人的履行行为造成了债权人的履行利益外的其他利益的损害。所谓履行利益外的其他利益，学理上称为固有利益或维护利益，是指债权人享有的不受债务人和其他人侵害的现有财产和人身利益。例如，交付的财产有缺陷，造成他人的人身伤害，交付的财产属于履行利益，人身伤害属于固有利益的损失。

第三，加害给付是一种同时侵害债权人的相对权和绝对权的不法行为。履行利益是债权人享有的债权（相对权），而履行利益外的其他利益则主要是债权人享有的绝对权。

（3）不完全履行的法律后果。《合同法》不再区分大陆法系国家的瑕疵担保责任与违约责任，而认为包括瑕疵给付在内的不完全履行是一种独立的违约行为。

在瑕疵给付时，非违约方可以选择适用强制履行、损害赔偿或违约金等违约责任形式，以实现其履行利益。例如《合同法》第一百一十一条规定：“质量不符合约定的，应当按照当事人的约定承担违约责任。对违约责任没有约定或者约定不明确，依照本法第六十一条的规定仍不能确定的，受损害方根据标的的性质以及损失的大小，可以合理选择要求对方承担修理、更换、重作、退货、减少价款或者报酬等违约责任。”

但在加害给付时，债权人除得请求履行利益外，还可以请求固有利益的损害赔偿。

第二节 违约责任概述

一、违约责任的含义与性质

（一）违约责任的含义

我国法律严格区分债务与责任，这从《民法通则》第八十四条和第一百零六条的规定上可以明显地反映出来：其第八十四条第1款规定，债是按照合同的约定或依照法律的规定，在当事人之间产生的特定的权利和义务关系；第一百零六条第1款规定，公民、法人违反合同或不履行其他义务的，应当承担民事责任。学者通说认为，债务是法律规定或者合同约定的当事人应当实施的行为，而责任则是债务人不履行债务时，国家强制债务人继续履行或者承担其他负担的表现。强制债务人继续履行或承担其他负担，这些责任方式是对原债权债务关系中的债务的“替代”，即责任是债务的转化形态，这是二者具有同一性的表现。二者的不同则在于：债务“并不包括任何债务人的强制，在债务人不履行义务时，强制其履行或赔偿损害，则属于民事责任问题”①。

所谓违约责任，是指在合同当事人一方不履行合同债务或其履行不符合合同约定时，其对另一方当事人所应承担的民事责任。《合同法》第一百零七条规定：“当事人一方不履行合同义务或者履行合同义务不符合约定的，应当承担继续履行、采取补救措施或者赔偿损失等违约责任。”根据该条及《合同法》的其他规定，违约责任包括强制履行、赔偿损失和违约金三种。本章第三、四、五节将对它们作详细阐述。

违约责任制度是保障债权实现及债务履行的重要措施，它与合同义务有密切联系，合同义务是违约责任产生的前提，违约责任则是合同义务不履行的结果。

（二）违约责任的一般性质

违约责任作为民事责任的一种，具有民事责任的一般属性：财产性、补偿性。

---

① 梁慧星．论民事责任．载《中国法学》，1990（3）。

1. 违约责任具有财产性

违约责任表现为责任人向对方支付一定的货币或者给付一定的财物，充分体现了民事责任的财产性。合同是最为常用的财产流转的法律形式，合同关系是财产关系而非人身关系，合同内容通常具有财产价值；而违约责任作为合同债务之替代，与合同债务有着同一性，所以通常表现为财产责任。

2. 违约责任具有补偿性

违约责任作为一种财产责任，其本质意义在于补偿性。因为承担违约责任的主要目的在于补偿合同当事人因违约行为所遭受的损失。

违约责任是违反合同义务的后果，实质上可以看做是第二次给付，以起到满足或补偿守约方履行利益的作用。

（三）违约责任的特殊性质

违约责任除具有民事责任的一般性质外，还具有自身的特殊性质，具体分析如下：

(1) 违约责任是在当事人一方不履行合同债务或其履行不符合合同约定时所产生的民事责任。首先，违约责任产生的基础是双方当事人之间存在合法有效的合同关系，若当事人之间不存在合法有效的合同关系，则无违约责任可言。其次，违约责任的发生须为一方当事人不履行合同债务或其履行不符合合同约定。

(2) 违约责任可以由当事人在法律允许的范围内约定，具有一定的任意性。根据合同自由原则，当事人可以在合同中约定违约责任的方式，其最典型的表现为约定违约金的数额、损失赔偿额或其计算方法等，此类约定具有方便诉讼的功能。当然，这并不否定违约责任作为民事责任所具有的强制性，因为此类约定应限制在法律允许的范围内。

(3) 违约责任原则上是不履行合同债务或其履行不符合约定或法律规定的一方当事人向另一方当事人承担的民事责任，即违约责任具有相对性。根据合同相对性原则，违约责任具有相对性主要是指违约责任只在特定的当事人之间才能发生，合同以外的第三人不负违约责任。因为只有合同的当事人双方才享有合同权利、承担合同义务，而第三人既不通过合同享有权利，也未通过合同承担义务，通常不会因为违约方的违约而受到损害，所以不能由违约方向其承担违约责任。

二、违约责任与相关概念辨析

（一）违约责任与合同责任

对于这两个概念是否具有同样的意义，学界有肯定说与否定说两种观点。

肯定说认为合同责任就是违约责任，它指的是违反合同债务所生的民事责任，而不包括违反先合同义务所生的民事责任。其理由在于：首先，缔约过失责任成立时并不存在合同关系，把它叫做合同责任容易发生歧义。其次，缔约过失责任与合同责任在理论依据、主观条件、赔偿范围等方面均存在差异，不应混为一谈，故主张将合同法上的民事责任作为上位概念，以之涵盖合同责任（违约责任）和缔约过失责任①。

否定说的内部见解也不完全统一。一种见解认为，合同责任是合同法上的民事责任，它既包括违约责任，也包括缔约过失责任。也就是说，违反合同债务所生的民事责任与违反先合同义务所生的民事责任都属于合同责任。而违约责任只是违反合同债务所生的民事责任，不包括缔约过失责任，因此合同责任是违约责任的上位概念②。另外一种见解则将合同责任定义为合同上的责任，而不仅指违反合同义务所产生的责任，即认为合同责任是一个比违约责任更为广泛的概念，它不仅包括违约责任，还包括：①变更、解除合同所产生的责任；②保证责任；③非违约方未尽到防止或减轻损害的义务所应负的责任。可见，此种见解与前一种见解的明显分歧在于认为合同责任并不包括缔约过失责任。

本书赞成肯定说，认为合同责任不应包括缔约过失责任，应将缔约过失责任看做特定的法定责任类型，合同责任即指违约责任。

（二）违约责任与缔约过失责任

缔约过失责任是指在合同订立过程中，当事人一方因过失而违反依诚实信用原则所应尽的义务，致使另一方遭受信赖利益损失时应承担的民事责任。违约责任与缔约过失责任都属于民事责任，都具有民事责任的一般特征，有相似之处，但也有着本质的不同，是两种不同性质的民事责任，其主要区别在于：

1. 产生的依据不同

缔约过失责任是在订立合同的过程中，基于缔约一方当事人违反依诚实信用原则所应负的通知、协助、忠实、照顾等先合同义务，导致合同不成立、无效或被撤销的情形而产生的责任，此时合同并未生效。因此，缔约过失责任产生的依据是法律的直接规定而非生效的合同。而违约责任则只能产生于已生效的合同，它是以合同关系的存在为前提的。

① 崔建远．合同责任研究．长春：吉林大学出版社，1992：8。

② 韩世远．合同法总论．北京：法律出版社，2004：685。

2. 责任性质不同

缔约过失责任是基于法律的直接规定而产生的，具有法定性。而违约责任则具有一定程度的可约定性，即当事人可以在法律允许的范围内就违约责任的形式作出约定，如约定违约金及赔偿损失的数额，这是意思自治原则的体现。

3. 保护的利益不同

缔约过失责任主要是为了保护信赖利益，即缔约双方从开始接触、磋商到合同成立前或合同被撤销、被确认无效前，双方之间形成了一种特殊的信赖关系，并基于这种特殊的信赖关系期望通过合同的订立、履行来实现合同目的而产生的利益。简言之，信赖利益就是指当事人信赖其与对方签订的合同有效而产生的利益。而违约责任则重在保护合同当事人的履行利益。所谓履行利益，是指合同当事人基于有效的合同得到实际履行后所获得的利益。

4. 归责原则不同

缔约过失责任的归责原则是过错责任原则，即以过错作为确定责任的要件及责任范围的依据。而违约责任的归责原则是严格责任原则，即违反合同义务的当事人无论主观上有无过错，均应承担违约责任，除非有法定免责事由。

（三）违约责任与侵权责任

侵权责任是指行为人因其侵权行为而依法应当承担的民事责任。违约责任与侵权责任是两类最为典型的民事责任形态，它们存在如下区别：

1. 责任基础不同

违约责任的责任基础是违反当事人之间的约定义务，侵权责任的责任基础是加害人违反法律直接规定的法定义务。前者存在当事人基于意思自治的合意过程，后者则不存在此合意过程。

2. 归责原则不同

包括我国在内的许多国家的法律规定都对违约责任适用严格责任原则。侵权责任在各国法律中则通常以过错责任为基本原则，而对某些特殊的侵权行为实行严格责任原则。

3. 责任构成要件和免责事由不同

在违约责任中，行为人只要实施了违约行为且不具有有效的抗辩事由，就应承担违约责任，而不以损害的发生为必要（损害赔偿责任除外）。但是在侵权责任中，损害事实是侵权损害赔偿责任成立的前提条件。无损害事实，便无侵权责任的产生。

在违约责任中，除了法定的免责事由以外，合同当事人可以事先约定免除或限制责任的情况。在侵权责任中，免责事由只能是法定的，当事人不能事先约定免责事由，也不能对不可抗力的范围事先约定。

4. 责任形式不同

违约责任形式较多，常见的有强制履行、损害赔偿和违约金等形式。而侵权责任主要表现为损害赔偿。

5. 责任范围不同

尽管违约责任和侵权责任都适用损害赔偿责任，但二者的责任范围并不相同。合同的损害赔偿责任主要是财产损失的赔偿，且法律常常采取“可预见性”等规则来限定赔偿的范围。侵权损害赔偿不仅包括财产损失的赔偿，还包括精神损害的赔偿，而且其赔偿范围不能以“可预见性”为限定。

6. 举证责任不同

在违约责任中，非违约方无须证明违约方的故意或过失，只需证明合同有效存在以及合同不履行或履行不符合约定的事实即可；而违约方若想使自己免负违约责任，则必须证明免责事由的存在，否则就要承担违约责任。在侵权责任中，受害人一般要证明行为人的故意或过失（特殊侵权责任除外）。因此，受害人在侵权责任中比在违约责任中承担着相对较多的举证义务。

三、违约责任的归责原则

（一）违约责任的归责原则概述

所谓归责原则，是指特定民事不法事实发生后，责任的归属据以确定的标准和原则。换言之，其意义在于决定什么人依据什么基础对特定事实之后果承担责任。可以说，归责原则是确定责任成立和归属的核心，对于侵权责任和违约责任都具有重要意义。

违约责任的归责原则是指基于一定的归责事由而确定违约责任成立及违约方承担该责任的法律原则。归责原则决定着违约责任的构成要件和举证责任的内容，也影响着违约责任的形式和违约责任的范围。归责事由即特定民事不法事实，违约责任中的归责事由就是合同当事人的违约行为。

（二）《合同法》确立的违约责任归责原则

关于《合同法》所确立的违约责任的归责原则问题，学界有不同见解：有的学者认为其采取的是过错责任原则，有的学者则认为采取的是严格责任原则。过错责任原则是指以行为人的主观过错作为确定其承担责任的要件及责任范围的依据。严格责任原则是指违约发生以后，确定违约当事人的责任应主要考虑违约的结果是否因违约方的行为造成，而不考虑违约方的故意或过失。本书认为，《合同法》在违约责任的归责原则上，是以严格责任原则为主要原则，而以过错责任原则为补充原则。具体分析如下：

《合同法》第一百零七条规定："当事人一方不履行合同义务或者履行合同义务不符合约定的，应当承担继续履行、采取补救措施或者赔偿损失等违约责任。"可见，该条没有将违约方的过错作为其承担违约责任的要件，表明《合同法》采取了严格责任的归责原则。

在将严格责任原则作为归责的一般原则的同时，《合同法》并未完全否定过错责任原则适用于例外情况。《合同法》分则规定的具体合同中有相当一部分采纳了过错责任原则，主要体现在对赠与、保管、仓储、委托等合同的相关规定中。例如，因赠与人故意或者重大过失致使赠与的财产毁损、灭失的，赠与人应当承担损害赔偿责任（《合同法》第一百八十九条）；赠与人故意不告知瑕疵，造成受赠人损失的，应当承担损害赔偿责任（《合同法》第一百九十一条第 2 款）；在运输过程中旅客自带物品毁损、灭失，承运人有过错的，应当承担损害赔偿责任（《合同法》第三百零三条第 1 款）。

第三节 强 制 履 行

一、强制履行概述

1. 强制履行的含义

强制履行在《合同法》中称为继续履行，学理上又称强制实际履行，是指在一方违反合同时，另一方有权要求其依据合同的约定继续履行。《合同法》第一百零七条规定："当事人一方不履行合同义务或者履行合同义务不符合约定的，应当承担继续履行、采取补救措施或者赔偿损失等违约责任。"《合同法》第一百零九条和第一百一十条针对金钱债务和非金钱债务的强制履行责任分别作了规定。

2. 强制履行的特点

强制履行主要具有如下特点：

第一，强制履行的基本内容是要求违约方继续依合同约定履行。强制履行也是《合同法》第六十条关于"当事人应当按照约定全面履行自己的义务"的规定的间接体现。

第二，在强制履行中，合同义务的履行是借助国家强制力实现的，也就是说，强制履行比正常的合同履行行为多了一层国家强制的色彩。

二、强制履行的构成要件

1. 须有违约行为的存在

强制履行责任是一方违约时所产生的民事责任，只有在一方不履行合同义务或者履行合同义务不符合约定的情况下，另一方才有权要求强制其继续履行。

2. 须非违约方在合理期限内提出继续履行的请求

《合同法》从保护债权人的利益出发，将是否请求强制履行的选择权交给非违约方，由非违约方决定是否采取该方式，法院不能依职权代当事人作出此种选择。对于金钱债务，请求强制履行并无时间上的特别要求。但对于非金钱债务，如果非违约方决定采取继续履行的补救措施，就必须要在合理的期限内向违约方提出继续履行的要求。如果在违约方违约后，非违约方未在合理期限内提出继续履行的要求，则根据《合同法》第一百一十条第 3 项的规定，其不得再提出此种要求，以便平衡双方的利益、提高交易的效率。

3. 须债务是能够履行的

一般而言，在金钱债务中，当事人一方不支付价款或报酬的，另一方有权要求其继续履行，违约方不得以任何理由拒绝履行。但在非金钱债务中，如果依据法律的规定或合同的性质，债务不能继续履行，则违约方也可以拒绝非违约方的继续履行的要求。具体分析如下：

（1）依据法律的规定不能继续履行。在某些情况下，法律并不要求违约方承担继续履行责任，而只要求其承担违约金和赔偿损失责任。例如，在债务人破产时，如果强制其履行与某个债权人所订立的合同，则实际上是赋予了该债权人某种优先权，使其优先于违约方的其他债权人而受偿，这与破产法的有关规定是相悖的，故在此情况下，不能要求违约方继续履行。

（2）依据合同的性质不能继续履行。对一些基于人身依赖关系而产生的合同，如委托合同、合伙合同以及提供服务和劳务的合同，具有人身性质，故不能要求违约方继续履行。

4. 须强制履行在事实上是可能的，并在经济上是合理的

如果履行在事实上已经丧失了可能性或者在经济上不合理，则不能适用强制履行的责任形式。具体分析如下：

（1）继续履行在事实上不可能。例如，合同的标的物是特定物并已灭失，在这种情况下，强制债务人履行债务是不可能的。当然，此处所说的事实上

的不可能，是指履行的标的客观不能或永久不能，如果债务人采取一定的行为或作出一定的努力仍可以履行合同，或者合同只是部分不能履行或暂时不能履行，则仍可以要求违约方继续履行。

(2) 继续履行在经济上不合理。任何合同的履行都要体现经济上的合理性，对于违约的救济来说，也应当如此。如果继续履行的费用过高，在经济上是不合理的，则不宜采取继续履行的责任方式。

三、强制履行的具体表现形式

1. 继续履行（限期履行应履行的债务）

无论是金钱债务，还是非金钱债务，如果债务人违反合同义务，守约方都可以提出一个新的履行期限，也即宽限期或延展期，要求违约方在该期限内履行合同债务。违约方仍不履行时，守约方可以请求法院强制其履行债务。

2. 修理、重作、更换

在债务人交付的标的物或提供的工作成果与合同约定不符而债权人仍需要的情况下，可以适用“修理、重作、更换”的方法。《合同法》第一百一十一条规定：“质量不符合约定的，应当按照当事人的约定承担违约责任。对违约责任没有约定或者约定不明确，依照本法第六十一条的规定仍不能确定的，受损害方根据标的的性质以及损失的大小，可以合理选择要求对方承担修理、更换、重作、退货、减少价款或者报酬等违约责任。”这些违约责任形式中的修理、更换、重作均为强制履行的具体形式，但是仅适用于非金钱债务。

四、强制履行与其他违约责任方式的关系

（一）强制履行与赔偿损失

非违约方可以选择适用强制履行或赔偿损失的违约责任方式，但就其效果而言，二者不能完全相互替代。这主要表现在以下两个方面：

1. 二者可以并用

在迟延履行的情况下，强制履行虽然可以使非违约方得到合同履行的效果，但是对于其遭受的迟延损害，仍然可以请求迟延损害赔偿。

2. 根据具体情形确定二者的适用关系

在当事人存在迟延履行之外的违约行为时，赔偿损失是否可以与强制履行并存，则应当根据强制履行能否全部满足非违约方的目的而定。如果非违约方可以通过强制履行获得满足，则不应再请求赔偿损失。但是，如果非违约方不能通过强制履行满足其债权，则仍可请求赔偿损失。《合同法》第一百一十二条体现了这一精神，即“当事人一方不履行合同义务或者履行合同义

务不符合约定的，在履行义务或者采取补救措施后，对方还有其他损失的，应当赔偿损失”。

当然，对非违约方来说，在赔偿损失能够有效地维护其利益的情况下，则完全可以放弃强制履行的补救方式。

（二）强制履行与合同解除

强制履行和合同解除不能并用。这是因为合同解除制度的目的与强制履行的目的相悖：解除合同的目的是使合同关系消灭，债务人不再承担履行义务；而强制履行则是继续履行原合同义务，因而这两种救济方式是相互排斥的。

关于强制履行与违约金的关系，参见本章第五节“违约金”部分的内容。

第四节 赔 偿 损 失

一、赔偿损失概述

（一）赔偿损失的含义

赔偿损失也称损害赔偿，是指合同当事人一方对其违约行为以金钱或实物的形式弥补对方因此而遭受的损失。

（二）赔偿损失的性质

关于赔偿损失的性质，主要有两种观点：一种观点认为，赔偿损失兼有补偿性和惩罚性；另一种观点则认为，补偿性是赔偿损失的一般属性，惩罚性仅适用于例外情况，因为从设立赔偿损失这一责任形式的目的来看，赔偿损失在于对守约方的补偿而非对违约方的惩罚。本书赞同后一种观点。

二、赔偿损失的构成要件

（一）须有违约行为的存在

违约行为的发生是损害赔偿的前提，也就是说，合同当事人存在违反合同义务的行为。

（二）须一方当事人受到损害

1. 损害的含义

损害是指非违约方因违约方违约所受到的损失。

2. 损害的分类

(1) 直接损失与间接损失。直接损失是指因违约行为直接造成的损害后果，而间接损失是介入了其他因素所造成的后果。

这种分类来源于罗马法，并对大陆法系国家产生了重大影响，在我国学说上也沿用已久。但我国学者认为此种分类并不科学，并可以为“所受损失”与“所失利益”取代。本书亦不采纳此种分类方式来确定违约损害赔偿的范围。

（2）所受损失与所失利益。所受损失也称积极损害，是指因损害事故的发生，赔偿权利人现有财产所减少的数额。所失利益也称消极损害，是指因损害事故的发生，赔偿权利人的财产应增加而未增加的数额。这种分类具有一般适用性。无论所受损害，还是所失利益，均为违约损害赔偿的对象。

（3）期待利益的损害、信赖利益的损害与固有利益的损害。期待利益也称履行利益或积极利益，是指当事人根据合同约定的给付本身所能获得的利益，如买卖合同中的货物或价款。期待利益的损害是法律行为有效成立但因债务不履行而发生的损害。对期待利益损害的赔偿应当达到如同合同正常履行一样的经济效果。期待利益的损害为违约损害赔偿的对象。

信赖利益的损害又称消极利益的损害。违约中的信赖利益损害是指当事人一方信赖相对人会依约履行义务，并因此支出了费用，但因对方未履约而受到的损害。例如，甲、乙之间签订机器买卖合同，甲为了按期交货，在市场上寻找货源，支出了相当的差旅费用，还建了一个仓库用于储存机器。但是，在合同履行完毕之前，乙告知甲其已经买到所需机器，不再向甲购买，并拒绝支付货款。乙的行为构成违约，甲为实现合同目的而支出的费用（差旅费用、建仓库的费用等）属于信赖利益的损失，应当得到补偿。信赖利益损害赔偿的结果应当达到如同合同未曾发生过一样。

固有利益的损害是指当事人一方的违约行为对另一方当事人现有财产和人身利益的损害。例如，甲向乙交付的电视机因存在质量问题而发生爆炸，导致乙身体受伤，则乙受到的损害即为固有利益的损害。违约一方应当赔偿对方遭受的固有利益的损害。

（4）财产损害与非财产损害。财产损害包括物质损害和人身损害。物质损害是指权利人人身之外的物质财产所发生的损害，如物的毁损。人身损害是指权利人的生命、身体健康受到侵害时所造成的财产上的损害，如医药费的支出。非财产损害即精神损害，是指权利人生理上和心理上所遭受的损害。

财产损害是违约损害赔偿的对象，自无异议。但是，对于非财产损害能否列入违约损害赔偿的范围，各国态度不一，但越来越多的国家和地区倾向于肯定这一点。

本书认为，违约可以导致精神损害，并主要表现为精神痛苦和精神利益的丧失或减损，它可以来自于生理上的损害，也可来自于精神、心理上的损害，还可来自于特定财产的损害。因此在违约损害赔偿中，不能一概排除非财产损害的赔偿，而是应适当承认违约之非财产损害赔偿，但可在适用中设定较为严格的条件。即只有当在某些特定类型的合同中，精神利益格外显著，甚至已经成为合同目的时，才允许当事人请求非财产损害赔偿（精神损害赔偿）。

（三）须违约行为与损害之间存在着因果关系

所谓因果关系，是指违约行为与损害后果之间的相互关系。因果关系是归责的重要前提：一方面，任何人都必须对自己的行为所造成的损害后果承担责任；另一方面，因果关系对损害赔偿范围的确定也有重要意义。

（四）须违约方不存在免责事由

在严格责任归责原则下，如果违约方有法定或者约定的免责事由，则可以免于赔偿。关于免责事由，参见本章第七节。

三、赔偿损失的分类

（一）约定损害赔偿与法定损害赔偿

根据赔偿的依据是当事人的约定，还是法律的直接规定，可以将损害赔偿分为约定损害赔偿与法定损害赔偿。

约定损害赔偿是指当事人约定的损害赔偿。《合同法》第一百一十四条第1款规定："当事人可以约定一方违约时应当根据违约情况向对方支付一定数额的违约金，也可以约定因违约产生的损失赔偿额的计算方法。"

法定损害赔偿是指法律规定的，因违约方的违约而使守约方遭受的损失应当由违约方承担的损害赔偿。《合同法》第一百一十三条第1款规定："当事人一方不履行合同义务或者履行合同义务不符合约定，给对方造成损失的，损失赔偿额应当相当于因违约所造成的损失，包括合同履行后可以获得的利益，但不得超过违反合同一方订立合同时预见到或者应当预见到的因违反合同可能造成的损失。"

（二）迟延损害赔偿与填补损害赔偿

根据损害赔偿的目的，可以将损害赔偿分为迟延损害赔偿和填补损害赔偿。迟延损害赔偿产生于迟延履行场合，是与本来的给付一并请求的损害赔偿，这种迟延损害赔偿被解释为本来给付的扩张。填补损害赔偿以履行不能场合产生的损害赔偿为典型，是代替本来给付的损害赔偿。

不过，在因迟延履行导致履行不能的场合，守约方请求的损害赔偿既包括填补损害赔偿部分，也包括迟延损害赔偿部分。

四、违约损害赔偿与其他损害赔偿的关系

（一）违约损害赔偿与侵权损害赔偿

违约损害赔偿与侵权损害赔偿虽然在性质上都属于损害赔偿之债，但二者仍存在着明显的区别，主要表现在如下几个方面：

1. 产生基础不同

侵权损害赔偿的发生根据是侵权行为人的侵权行为致使受害人的人身、财产遭受损害，当事人之间并没有合同关系存在。而违约损害赔偿的发生根据是合同当事人一方违反了合同义务并且造成了另一方的损害，即当事人之间必须存在着合同关系。

2. 保护对象不同

违约行为侵害的对象是合同债权，违约损害赔偿的目的在于保护合同债权。而侵权行为侵害的对象是物权、人身权等绝对权，侵权损害赔偿的目的在于保护物权等绝对权。

3. 赔偿的范围不同

违约损害赔偿的范围可以由合同当事人事先约定。而侵权损害赔偿的范围则不能由当事人事先约定，即使约定，也是无效的。

一般情况下，违约损害赔偿原则上应当赔偿财产损失，而不包括非财产损失。而对于侵权损害赔偿来说，不仅应赔偿财产损失，而且在侵犯人格权的情况下，也应当赔偿非财产损失。

4. 举证责任不同

违约损害赔偿以严格责任作为一般归责原则，非违约方对违约方的过错不负举证责任。只要债务人违约，就要承担民事赔偿责任。侵权损害赔偿则以过错责任作为一般归责原则，除法律另有规定外，受害人通常要证明侵权行为人有过错，才能要求其承担民事赔偿责任。

《合同法》第一百二十二条规定："因当事人一方的违约行为，侵害对方人身、财产权益的，受损害方有权选择依照本法要求其承担违约责任或者依照其他法律要求其承担侵权责任。"可见，侵权损害赔偿责任与违约损害赔偿责任之间存在竞合的问题，对此本章第七节将作详细阐述。

（二）违约损害赔偿与精神损害赔偿

国外通说认为，精神损害是指受害人因侵权行为所受到的精神的、肉体的痛苦。我国学理上则通常认为，精神损害就是精神痛苦和精神利益的丧失或减损，即因生命权、健康权等物质性权利受到侵害而遭受的生理和心理损

害，以及因名誉权等精神性权利受到侵害而遭受的精神利益的损失。

侵权可以产生精神损害，自无异议。但对于违约是否会产生精神损害这一问题，则需要从实践中去考察。如前所述，精神损害主要表现为精神痛苦和精神利益的丧失或减损，它既可以来自于生理上的损害，也可来自于精神、心理上的损害，还可来自于特定财产的损害。事实上，任何一个违约行为都可能造成非违约方的一些心理波动，这种心理波动可能是轻微的，也可能是剧烈的。对此，各国于立法和实践中都给予了一定的关注。例如，美国《第二次合同法重述》第三百五十三条规定："不允许对精神损害获取赔偿，除非违约同时造成了身体伤害，或者合同或违约系如此特殊以至严重的精神损害成为一种极易发生的结果。"从该条可以看出，美国已经有条件地认可了违约精神损害赔偿。

我国民法学说对这一问题长期以来多持否定态度，但也有不同观点。有学者认为，《合同法》中虽然没有明确使用非财产损害或精神损害的用语，但第一百一十二条的规定已为此留有解释的余地；另外，第一百二十二条肯定了违约责任与侵权责任的竞合。这些规定并没有排斥对非财产损害的赔偿[①]。还有学者认为，根据《合同法》第一百一十三条的规定作适当的推论，则某些类型的合同的违约责任中可以包括精神损害赔偿，如旅游服务合同。因为旅游度假以休闲娱乐为目的，这是一种期待精神利益，违约方在订立合同时能够预见到其违约行为将会导致对方该精神利益的损害，即具有可预见性，所以根据《合同法》第一百一十三条的规定，违约方应当予以赔偿。因此，如果旅行社不完全履行合同义务造成旅客根据合同所期待的精神利益受损，则旅客可以请求精神损害赔偿。在司法实践中，有的判决也已经表现出了承认违反合同时的非财产损害赔偿的倾向。

如前所述，本书认为，在违约损害赔偿中，对于非财产损害赔偿不应一概否定，而是应借鉴美国的模式，承认违约之非财产损害赔偿，但在适用中设定较为严格的条件。也就是说，只有当在某些特定类型的合同中，精神利益格外显著，甚至已经成为合同的目的时，才允许当事人请求非财产损害赔偿。

（三）违约损害赔偿与惩罚性损害赔偿

惩罚性损害赔偿又称惩戒性损害赔偿，是指除补偿性损害赔偿之外给予的赔偿，即赔偿数额超出实际损害的赔偿。惩罚性损害赔偿的实施通常是因为违约方实施了特别严重的不法行为。

---

① 韩世远．合同法总论．北京：法律出版社，2004：724。

学理上，对于损害赔偿是否可以具有惩罚性的问题，存在两种不同的观点：一种观点认为，损害赔偿应当兼具补偿性和惩罚性；另一种观点则认为，补偿性是损害赔偿的一般属性，而惩罚性仅适用于例外情况①。本书赞成后一种观点。有关惩罚性损害赔偿的规定，在我国立法中已有所体现，如《消费者权益保护法》第四十九条就是关于惩罚性损害赔偿的规定。该条规定："经营者提供商品或者服务有欺诈行为的，应当按照消费者的要求增加赔偿其受到的损失，增加赔偿的金额为消费者购买商品的价款或者接受服务的费用的一倍。"该项规定是对我国以往赔偿实际损失原则的突破，表明我国立法已在一定范围内确认了惩罚性损害赔偿。

五、赔偿损失与其他责任方式的关系

关于赔偿损失能否与解除合同并用，我国法律一直持肯定态度。《民法通则》第一百一十五条规定："合同的变更或者解除，不影响当事人要求赔偿损失的权利。"《合同法》第九十七条亦规定，合同解除后，当事人可以要求赔偿损失。不过，立法对合同解除时的赔偿损失的范围并未予以明确。本书认为，合同解除时的损害赔偿仍然是因当事人一方违约而发生的损害赔偿，因此其赔偿范围即为违约损害赔偿的范围，既包括履行利益，也包括信赖利益和固有利益。不过，本书认为在合同任意解除的情况下，赔偿范围宜为信赖利益。

关于赔偿损失与强制履行、赔偿损失与违约金能否并用的问题，请参见本章第三节及第五节的相关内容。

六、赔偿损失的责任范围

（一）完全赔偿原则

对于违约损害，原则上应当采取完全赔偿原则，即因违约方的违约使非违约方遭受的全部损失都应当由违约方负赔偿责任。完全赔偿原则是现代各国违约损害赔偿的基本原则，也被我国《合同法》第一百一十三条采纳，即"当事人一方不履行合同义务或者履行合同义务不符合约定，给对方造成损失的，损失赔偿额应当相当于因违约所造成的损失"。

但实际上，赔偿损失责任的范围是受到一定限制的。赔偿损失的限制包括两种：一种是约定限制，即当事人在合同中约定损害赔偿的最高额，这主要是通过免责条款来达成的；一种是法定限制，即法律规定的对损害赔偿的

① 王利明．合同法研究：第二卷．北京：中国人民大学出版社，2003：676。

一系列限制，如可预见性规则、过失相抵规则、减轻损失规则等。对于这些规则，具体分析如下。

（二）可预见性规则

可预见性规则是指当事人只对在订立合同时能够合理预见的损失进行赔偿。《合同法》第一百一十三条规定，赔偿损失不得超过违反合同一方订立合同时预见到或者应当预见到的因违反合同可能造成的损失。根据这一规定，只有当违约所造成的损害是违约方在订约时可以预见到或者应当预见到的情况下，才能认为损害结果与违约行为之间具有因果关系，违约方才应当对这些损害负赔偿责任。如果损害不可预见，则违约方不应负赔偿责任。

采用可预见性规则的根本原因在于，订约当事人只有对其未来的风险和责任可以预测，才能正常地从事交易活动。如果未来的风险过大，远非当事人订立合同时所能预见，此时若仍由当事人对该风险承担责任，未免有失公允，亦影响当事人从事交易活动的积极性。所以，可预见性规则将违约方的责任限制在可预见的范围之内，这对保障交易活动的正常进行、促进交易的发展具有重要意义。

1. 预见的主体

《合同法》第一百一十三条第1款明确规定损失赔偿额“不得超过违反合同一方订立合同时预见到或者应当预见到的因违反合同可能造成的损失”，因此，预见的主体为违约方。

2. 预见的时间

《合同法》第一百一十三条第1款将预见的时间确定为“订立合同时”，有其合理性。因为合同的缔结是当事人以其订立合同当时了解的情况而对日后的风险所作的一种分配，并在这种分配的基础上讨价还价而形成了合同的对价关系。如果以订立合同后的情况加之于违约方，且又未使其有机会通过提升价格或者作其他适当安排来防范风险，对其而言则是不公平的。如果合同订立后出现了新情况，则双方可就风险的分配协商解决。

3. 预见的内容

《合同法》第一百一十三条第1款并未特别言明是否要求预见到损害的程度或数额，解释上宜将预见的内容确立为只要求预见损害的类型，而无须预见损害的程度。

4. 判断可预见性的标准

可预见性的判断通常是依客观标准进行的，也就是说，以一个“理性人”的标准来判断：对于抽象的损害，法律推定是属于违约方可以预见的范围之内的；对于具体的损害，应由受害人对具体的情势进行举证，在此基础上，法院再依此抽象的“理性人”的标准进行判断，以确定是否属于当事人应当预见的范围之内的损害。此种判断是一个法律问题，而不是一个事实问题，其中涉及法律的价值判断，最终是要确定归责与否与责任的公平分摊。本书认为，在考虑判断标准时，除应一般地采用“理性人”的标准外，还应根据各种交易的具体情况，如当事人在订约前了解的情况、标的物的种类和用途等来予以确定。

（三）过失相抵规则

1. 过失相抵的含义

过失相抵也称与有过失，是指就损害的发生或者扩大受害人有过失时，法院可以减少违约方的赔偿数额，甚至免除其赔偿责任。

过失相抵规则是诚实信用原则的具体化。就违约方的违约与受害人的过失加以衡量，各自承担相应的责任，并最终表现为违约方的责任减免，从而使损害后果得以公平分担。如果说完全赔偿原则是侧重于保护受害人的原则，那么，与有过失规则就是在受害人有过失时，对违约方加以适当保护的规则。

2. 过失相抵规则的适用条件

（1）须受害人有过失。与违约的严格责任不同，过失相抵规则的适用前提是受害人具有过失。受害人的行为虽然是损害发生的共同原因，但如果受害人没有过失，仍不得减免违约方的责任。所谓受害人的过失，是指其行为虽无须为违法，但就其为自己的利益上，为了不当的行为。所以，阻却违法的行为（如正当防卫、紧急避险）应不适用过失相抵规则。此外，受害人与有过失并不限于积极作为，也可包括消极的不作为。

（2）须受害人的过失行为助成损害的发生或扩大。所谓助成，是指受害人的过失行为须是损害发生或扩大的共同原因，而不管其与违约行为发生的先后顺序如何。

3. 过失相抵规则的适用范围

关于过失相抵规则的适用范围，立法及学说均存在分歧。大陆法系一般认为，过失相抵规则适用于侵权损害赔偿与违约损害赔偿的场合，但有的学说认为还适用于其他依法律规定所发生的损害赔偿的场合。而英美法系则明确承认过失相抵规则仅适用于侵权损害赔偿的场合。我国学说倾向于采纳大陆法系的理论，即过失相抵规则亦适用于违约损害赔偿，但由于我国的违约责任采以严格责任为原则，过错责任为例外的归责体系，因此该规则的适用余地较小。

（四）减轻损失规则

1. 减轻损失规则的含义

所谓减轻损失规则，是指在一方违约并造成损害后，另一方应及时采取合理的措施以防止损失的扩大，否则应对扩大部分的损害负责，即不得就扩大的损失要求赔偿。这一原则几乎为各国的立法和判例所承认和采纳。

《合同法》第一百一十九条第1款规定："当事人一方违约后，对方应当采取适当措施防止损失的扩大；没有采取适当措施致使损失扩大的，不得就扩大的损失要求赔偿。"减轻损失规则是依据诚实信用原则而产生的，未尽到减轻损失的义务，已构成对诚信原则的违反。

受害人在采取措施减轻损害的过程中，也要支付一定的费用。《合同法》第一百一十九条第2款规定："当事人因防止损失扩大而支出的合理费用，由违约方承担。"因此，只要受害人所支付的费用是合理的，就应由违约方承担。

2. 减轻损失规则的适用条件

第一，一方的违约导致了损害的发生。这是适用该规则的前提。也就是说，受害人对损失的发生没有过错，其本身的行为不构成违约。区分减轻损失规则与过失相抵规则的关键之处在于时间，即受害人减轻损失的义务发生于相对人违约且已经造成了损失之后；但在过失相抵规则中，受害人的过失是损害发生的原因之一，因此早于损害的发生或与损害同时发生。

第二，未采取合理措施是导致损失扩大的原因。确定受害人采取的措施是否合理，主要应考虑受害人主观上是否按照诚实信用原则，努力采取一切措施以避免损失的扩大。受害人采取的措施不仅要在经济上合理，而且要及时。例如，在违约发生后，受害人应为违约方妥善保管标的物，而不能置标的物于不顾，使其遭受毁损、灭失。

第三，造成了损失的扩大。这就是说，违约已经发生并造成了损害，而受害人未能防止损害的进一步扩大，导致该损失在量上有了增长。不过，在违反减轻损失的义务的情况下，受害人并没有从违约中获得利益。如果违约方的违约行为使受害人受到了某种利益，如因违约方的违约而使受害人免除了履行义务并节省了履行费用，那么，在确定赔偿损失额时，则应采取损益相抵的规则，扣除所得的利益，而不适用减轻损失的规则。

（五）损益相抵规则

1. 损益相抵规则的含义与意义

损益相抵又称损益同销，是指违约人因违约所需支付的赔偿额应当减去受害人因违约而减少的支出或者获得的利益。

损益相抵属于赔偿责任范围确定的问题，而不是两个债权的相互抵销；是确定受害人因对方违约而遭受的“净损失”的规则，即计算受害人所受“真实损失的法则”，而不是减轻违约方本应承担的责任的规则。例如，一方当事人交付的标的物有缺陷，在对方已经受领该标的物的情况下，违约损害赔偿的数额中不包括该缺陷标的物的现有价值。

损益相抵的理论依据是赔偿责任制度本身的目的，即在于补偿受害人因违约而遭受的损失，使其利益恢复到合同正常履行后的状态，而非使受害人因此而不当得利，以致得到比合同履行后更优越的结果。

2. 损益相抵的构成要件

损益相抵的构成要件应包括损害赔偿之债的成立、受害人受有利益以及损害事实与利益之间存在因果关系三个方面。其中，前两个要件是前提，而第三个要件——因果关系则为关键。英美普通法在这一要件上的一个基本原则是：如果没有发生违约，就不可能获得某种利益，那么，受害人获得该种利益的，在计算损害赔偿额时应将该利益扣除。

第五节 违 约 金

一、违约金概述

（一）违约金的含义

违约金是合同当事人在合同中预先约定的或法律直接规定的，在合同当事人一方不履行合同或履行合同义务不符合约定时，由违约方支付给对方的一定数额的金钱或其他给付。《合同法》第一百一十四条第1款规定：“当事人可以约定一方违约时应当根据违约情况向对方支付一定数额的违约金，也可以约定因违约产生的损失赔偿额的计算方法。”

（二）违约金的特征

（1）违约金主要是由当事人约定的。当事人双方可以将违约金作为一项条款订入合同，也可以在合同订立之后，对其进行补充约定。不过，法定违约金是由法律直接规定的，无需当事人约定。

（2）违约金责任多表现为一定数额的金钱给付。违约金是对违约责任的约定，它通常表现为由违约方支付一定数额的金钱，但也可以金钱以外的其他给付充当，如物、权利、行为。

(3) 当事人约定的违约金数额可能与实际损失不相当。根据《合同法》第一百一十四条第2款的规定，约定的违约金低于或过分高于违约造成的损失的，当事人可以请求人民法院或者仲裁机构予以增加或适当减少。

(4) 违约金的支付是独立于履行行为之外的给付。只要当事人没有特别约定，违约金的支付不能代替合同的履行。例如，就迟延履行约定违约金的，违约方支付违约金后，还应当履行债务。

二、违约金的种类

(一) 赔偿性违约金与惩罚性违约金

赔偿性违约金是指旨在弥补一方因另一方违约所受到的实际损失而约定的违约金。设定此种违约金时，合同当事人双方应预先估计到因违约而可能导致的损失数额，以免使约定的违约金的数额与违约导致的损失数额差距过大而有失公平，所以又叫做损害赔偿额的预定。此种违约金的运用，使当事人免除了事后计算损害赔偿数额的麻烦以及举证的困难。

惩罚性违约金是指对违约方施加的具有惩罚性质的违约金。债务人违约时，除须支付惩罚性违约金外，还应承担因其违约所应承担的其他一切责任，如债权人除得请求违约金外，还可以请求损害赔偿。惩罚性违约金因对违约行为具有惩罚性，故其数额可以大于守约方的实际损失。

(二) 法定违约金与约定违约金

法定违约金是指法律明确规定了当事人应当承担的数额、比率或标准的违约金。

约定违约金是指由双方当事人约定了适用条件及具体数额或比例的违约金，即是否采用违约金这一补救办法以及如何适用，均由当事人约定。

在具体适用违约金时，除非法律就违约金作出明确规定，否则，如合同当事人未约定，则不得适用这一责任形式。

三、违约金的适用

(一) 违约金责任的构成要件

1. 须有有效的合同存在

作为一种违约责任，违约金成立的前提是存在有效的合同关系，如果合同不成立、无效、不被追认或被撤销，则违约金也就不成立或无效。但因违约而解除合同时，根据《合同法》第九十八条的规定，违约金条款作为“合同中结算和清理条款”依然有效。

2. 须法律规定了违约金或合同约定了违约金条款

与强制履行或损害赔偿等无须约定的违约责任形式不同，违约金的适用除法律规定外，以合同约定有违约金条款为必要。在约定违约金的场合，违约金条款可以于合同订立时包含在合同中，也可以在合同订立之后补充约定。

3. 须有违约行为存在

违约金的适用以违约行为的存在为必要，也就是说，一方当事人必须有不履行合同义务或者履行合同义务不符合约定的行为，这是构成违约责任的客观条件。但具体何种违约行为可适用违约金的责任形式，则依法律规定或当事人的约定而定。

4. 违约方的过错是否为违约金责任适用的要件应区别不同情形而定

(1) 依意思自治原则，当事人可以约定在违约方有过错的条件下，违约方承担违约金责任，此时过错为适用违约金责任的要件。

(2)《合同法》及相关法律、行政法规特别规定违约责任为过错责任的场合，过错为适用违约金责任的要件。

(3) 在赔偿性违约金场合，因《合同法》原则上采纳严格责任原则，所以一般不以过错为适用违约金责任的要件。

(4) 在惩罚性违约金场合，因惩罚性违约金制度之目的在于对过错的惩罚，因此过错为适用违约金责任的要件。

(二) 违约金数额的调整

《合同法》第一百一十四条第2款规定："约定的违约金低于造成的损失的，当事人可以请求人民法院或者仲裁机构予以增加；约定的违约金过分高于造成的损失的，当事人可以请求人民法院或者仲裁机构予以适当减少。"据此，违约金数额的调整应注意以下两个问题：

(1) 违约金数额调整的前提是约定的违约金"低于造成的损失"或"过分高于造成的损失"。

(2) 违约金的调整必须由当事人提出请求，法院或仲裁机构不能依职权主动予以调整。一般而言，守约方会提出增加违约金的请求，而违约方会提出减少违约金的请求，但是否调整由法院或仲裁机构审查决定。

四、违约金与其他违约责任方式的关系

(一) 违约金与强制履行

惩罚性违约金可以与其他因违约所发生的各种责任形式并用，强制履行

自不例外。但赔偿性违约金能否与强制履行并用，则应根据不同的违约情况加以具体分析。

履行不能不适用强制履行，因此在履行不能时，不发生违约金与强制履行并用的关系。

如果在约定有赔偿性违约金时发生拒绝履行，则违约金的约定并不使履行请求权消灭。

如果在不完全履行时适用赔偿性违约金，则与强制履行相互排斥，即只能选择其一行使。

如果违约金是针对迟延履行约定的，若当事人没有将其约定为惩罚性违约金，就应当推定为因迟延履行所生损害的赔偿额预定。因此，当债务人迟延履行时，债权人仍享有履行请求权，并享有违约金请求权。这两项请求权指向的对象并不相同，因此可以同时主张。《合同法》第一百一十四条第3款印证了这一点，即“当事人就迟延履行约定违约金的，违约方支付违约金后，还应当履行债务”。

（二）违约金与赔偿损失

惩罚性违约金与赔偿损失可以并用，无需讨论。至于赔偿性违约金与赔偿损失可否并用，则应依违约损害赔偿的类型而定。首先，如果当事人就某一损害约定了违约金，则该违约金即为预定的赔偿损失额。在损害发生时，债权人既享有违约金请求权，又享有填补赔偿请求权。但是，违约金请求权与赔偿损失请求权并非处于债权人可自由选择的地位，而是在有违约金请求权的场合必须行使违约金请求权，作为优先适用违约金的反射效力，债权人的赔偿损失请求权实际上停留在不得行使的状态①。因此，当事人不得行使赔偿损失请求权，否则债权人将获得双重利益。其次，如果违约金请求权与赔偿损失请求权针对的损害不同，则二者可以同时适用，互不影响。

（三）违约金与定金

《合同法》第一百一十六条规定：“当事人既约定违约金，又约定定金的，一方违约时，对方可以选择适用违约金或者定金条款。”该规定没有考虑到定金的具体形态，不尽合理。

根据《担保法》和《担保法司法解释》的规定，我国存在如下五种定金：一是立约定金，是指当事人为保证以后订立合同而设立的定金；二是证约定金，是指为证明合同关系的存在而设立的定金；三是成约定金，是指以定金的交付作为合同成立要件的定金；四是解约定金，是指当事人为保留合同解

① 崔建远．合同法：第四版．北京：法律出版社，2007：339。

除权而交付的定金；五是违约定金，是指为担保合同的履行，根据法律规定或依当事人的约定，由当事人一方按合同标的额的一定比例，预先交付于对方而设立的定金。

就违约金与违约定金的适用关系而言，如定金为惩罚性违约定金，则可以与违约金并用，无论违约金是惩罚性违约金还是赔偿性违约金；如定金为赔偿性违约定金，则与赔偿性违约金功能相同，不能并用，但赔偿性违约定金可与惩罚性违约金并用。不过，如果定金和违约金适用的违约行为类型不同，则在当事人实施了这些不同类型的违约行为时，定金与违约金可以同时适用。如果当事人未就违约定金属于赔偿性还是惩罚性作出明确约定，则应将其视为赔偿性违约定金，并以此为基础，确定它与违约金的适用关系。

就违约金与解约定金的适用关系而言，如当事人以抛弃定金为代价而解除合同，并非因债务不履行而解除合同，不产生违约金请求权，因此不存在解约定金与违约金的并用问题①。由于立约定金是保证正式立约的定金，可认定为预约的违约定金，因此此种定金可准用违约定金的规定②。其与预约中约定的违约金的关系，与上段所述相同。至于证约定金和成约定金均无定金罚则的意义，不存在与违约金的适用关系问题。

（四）违约金与合同解除

在约定有违约金并且一方违约导致合同解除的情况下，是否可以允许另一方主张违约金责任，是一个值得探讨的问题。有学者认为，合同解除后，合同自始不存在，而违约金条款是原合同的一部分，不具有独立性，其随合同解除而归于消灭，受害人当然不得依照原合同约定的违约金条款主张违约金，只能要求赔偿损失。本书认为，上述观点虽然有一定道理，但对于违约解除的情形并不适用。因为在一方违约的情况下，受害人既可以要求违约方承担违约责任，包括支付违约金，也可以通过行使法定的解除权解除合同，即这两种补救措施是可以并用的，尤其是在约定惩罚性违约金的场合。即使约定的是赔偿性违约金，如果一方的违约行为给非违约方带来损害的，则受害人仍然可以在合同解除的同时适用违约金。

---

① 韩世远．合同法总论．北京：法律出版社，2004：787。

② 史尚宽．债法总论．北京：中国政法大学出版社，2000：512，514。

第六节 违约责任与侵权责任的竞合

一、违约责任与侵权责任竞合概述

（一）违约责任与侵权责任竞合的含义

违约责任与侵权责任竞合是指某一不法行为同时具备了违约责任和侵权责任的构成要件，符合合同法律规范和侵权法律规范，导致该数种法律规范皆可适用，但受害人只能择一适用的法律现象。

违约责任与侵权责任的竞合不同于民事责任的聚合。所谓民事责任的聚合，是指不法行为人实施一种行为，同时符合多种民事责任的构成要件，可以适用不同法律规范，依法同时承担多种民事责任的法律现象。民事责任聚合与民事责任竞合之间的差别在于：就民事责任聚合而言，不同责任形式并不相互排斥；就民事责任竞合而言，则不同的责任形式相互排斥，不能并存，只能择一适用。

（二）违约责任与侵权责任竞合的特点

(1) 责任竞合必须是由同一不法行为造成的。一个不法行为产生数个法律责任是责任竞合产生的前提条件。如果行为人实施两个以上的不法行为引起侵权责任与违约责任同时发生，则应适用不同的法律规定，承担不同的责任。

(2) 责任竞合表现为同一不法行为既符合侵权责任的构成要件，又符合违约责任的构成要件，从而使两个民事责任在同一不法行为上并存。

(3) 责任竞合中承担责任的必须是同一民事主体。引起违约责任与侵权责任同时发生的同一不法行为，是由同一个民事主体实施的。

(4) 受害人只能在违约责任与侵权责任中择一提出请求。侵权责任与违约责任并存，却相互冲突，当事人只能获得一次给付，而不能同时基于两种责任提出两种请求。

二、违约责任与侵权责任竞合的学说

对违约责任与侵权责任实质的不同认识构成了竞合理论的三种不同学说，即法条竞合说、请求权竞合说与请求权规范竞合说。

（一）法条竞合说

法条竞合说也称法规竞合说，为早期德国学者所主张。该学说认为违约行为是侵权行为的特别形式，二者均为不法行为，在本质上并无差别。因此，侵权行为违反的是一般义务，违约行为违反的是特别义务，而违约行为的法律责任与侵权行为的法律责任相比处于特别法地位，根据特别法优于普通法的适用规则，只能追究关于违约的责任，即只发生合同上的请求权①。该理论的优点是体现了合同至上的精神，使法律适用更具确定性，也避免了多重法律规范的适用所带来的冲突，但其明显缺陷在于忽视了侵权责任与违约责任的差异，不能客观、公平地保护权利人的利益，可能导致显失公平的后果。

（二）请求权竞合说

请求权竞合说源于罗马法上“诉的竞合”。该学说认为，一个行为同时具备侵权责任与违约责任的构成要件时，因之产生的违约损害赔偿和侵权损害赔偿可以并存，权利人可任意主张其一或同时主张其全部请求权②。请求权竞合说又可分为请求权自由竞合说和请求权相互影响说。

请求权自由竞合说主张违约责任与侵权责任各自独立、互不影响，权利人可同时享有两个独立的请求权且可合并或择一行使，若其中一个请求权因目的达到而消灭，则另一个请求权也消灭。若其中一个请求权非因目的达到而消灭（如因时效而消灭），则另一个请求权并不因此而消灭。并且，请求权自由竞合说允许权利人把请求权让与不同的人或保留其一而将另一请求权让与他人。

请求权相互影响说则认为因竞合产生的两个请求权并不是绝对独立的，而是相互影响、相互作用的。合同上的请求权可适用于侵权行为产生的请求权，反之亦可。权利人一旦选择适用某一项请求权，则另一请求权也随之适用该请求权的相关规定，从而构成两个请求权之间的相互影响。该学说的目的在于克服承认两个独立请求权相互作用所发生的不协调或矛盾。

请求权竞合说大大加强了对受害人利益的保护，从而避免了采取法条竞合说可能发生的不公平结果，使民事责任规范制裁民事违法行为的功能得到强化。

（三）请求权规范竞合说

请求权规范竞合说亦称为请求权基础竞合说，为德国学者拉伦茨所主张。该学说认为，违约行为与侵权行为发生竞合时并不产生两个独立的请求权，仅产生一个请求权，但这个请求权有两个法律基础：一为合同关系，一为侵

---

① 吴德桥．违约责任与侵权责任竞合的几种理论学说评述．载《法学评论》，1991（2）。

② 王泽鉴．民法学说与判例研究：第一册．北京：中国政法大学出版社，1998：402—403。

权关系。虽然此请求权只能有一个救济目的，但因请求权基础不同，故举证责任也不同。不管当事人基于何种原因起诉，法院均应按事实选择最适当的法律规范进行判决，而无需在请求权中作出选择，权利人也无权在请求被驳回后以另一请求权重新起诉。

本书赞同请求权竞合说。根据《合同法》第一百二十二条的规定："因当事人一方的违约行为，侵害对方人身、财产权益的，受损害方有权选择依照本法要求其承担违约责任或者依照其他法律要求其承担侵权责任。"可见，我国法律是允许责任竞合的。但是立法允许责任竞合的规范目的在于保护请求权人而并非允许其滥用权利，故不允许请求权人分别处分两个请求权，或让与不同之人，或自己保留其中一个而将另一个让与他人。同时，这两个请求权是相互独立存在的，原则上彼此不生影响，故有别于请求权相互影响说。因此，可以认为，我国对于违约责任与侵权责任的竞合采取的是"请求权有限自由竞合说"。

三、违约责任与侵权责任竞合的具体表现

由于民事法律关系的复杂性以及民事违法行为性质的多重性，违约责任与侵权责任经常发生竞合。只要当事人之间存在合同关系，并且引起一方当事人的人身、财产权益受到损害的违约行为同时也符合侵权行为的特征，就会产生违约责任与侵权责任的竞合。在实践中，较为常见的违约责任与侵权责任竞合现象主要有如下几种情形：

（1）在买卖合同中，出卖人因故意或过失交付有瑕疵的标的物于买受人并致其受到损害的，出卖人依合同法的规定应负违约责任，依侵权法的规定应承担导致买受人的人身、财产损害的侵权责任，从而发生责任竞合。

（2）在租赁合同中，因出租人提供的租赁物存在瑕疵而侵害承租人的身体健康或造成其财产损失的，或者因承租人的过失行为致租赁物毁损、灭失的，均可产生违约责任与侵权责任的竞合。

（3）在医疗事故中，医院或医务人员依医疗合同的约定应负违约责任，而依侵权法的规定应负医疗事故的侵权责任，从而发生责任竞合。

（4）在保管合同中，保管人因过错行为致保管物损害，依保管合同应负违约责任，因为保管人违反了妥善保管的义务；而依侵权法的规定，保管人因过错毁损他人财产的，应负侵权损害赔偿责任，从而发生责任竞合。

（5）在运输合同中，无论是客运合同，还是货运合同，都经常出现违约责任与侵权责任竞合的问题。《合同法》第三百零二条第1款规定，承运人应当对运输过程中旅客的伤亡承担损害赔偿责任；其第三百一十一条规定，承运人对运输过程中货物的毁损、灭失承担损害赔偿责任。对于上述承运人违

反运输合同义务的行为，如因其过失而发生，也同时构成侵权行为，从而发生责任竞合。

根据《合同法》第一百二十二条的规定："因当事人一方的违约行为，侵害对方人身、财产权益的，受损害方有权选择依照本法要求其承担违约责任或者依照其他法律要求其承担侵权责任。"可见，在发生违约责任与侵权责任竞合时，《合同法》对当事人要求对方承担违约责任或侵权责任的选择权没有加以限制，因此在实务中一般不应限制当事人的选择权。但在下列情况中，并不成立违约责任与侵权责任的竞合，当事人的选择权也因失去存在的基础而受到限制：

(1) 因不法行为造成受害人的人身伤亡和精神损害的，当事人之间虽然存在着合同关系，也应按侵权责任而不能按违约责任处理。

(2) 虽然双方当事人之间存在着合同关系，但一方当事人与第三人恶意串通，损害合同另一方当事人的利益，则由于恶意串通的一方当事人与第三人的行为构成共同侵权，第三人与受害人之间又无合同关系存在，则应按侵权责任处理，使恶意串通的行为人向受害人负侵权责任。

(3) 在责任竞合的情况下，如果当事人事先约定，双方仅承担合同责任而不承担侵权责任，则原则上应依照当事人的约定处理，一方不得行使侵权责任的请求权。但如果在合同关系形成以后，一方基于故意或重大过失使另一方遭受人身伤害或死亡，则应承担侵权责任。

(4) 如果法律特别规定，在特殊情况下应减轻当事人的注意义务和责任的，则应依据法律的规定合理地确定责任。

四、违约责任与侵权责任竞合的处理模式

(一) 比较法上的模式

1. 禁止竞合模式

该模式主张违约责任与侵权责任的"二元"立法例，认为违约责任与侵权责任是互不相干的两种责任方式。法国法是禁止竞合模式的典型代表。法国民法认为，合同当事人不能将对方的违约行为视为侵权行为，只有在没有合同关系存在时，才产生侵权责任，两类责任是不相容的，不存在竞合的问题。

2. 允许竞合模式

该模式以德国民法为代表，认为在违约行为侵犯了对方的人身、财产权利时，受害人既可以提起违约之诉，也可以提起侵权之诉，如果一项请求权因时效届满而被驳回的，还可以行使另一项请求权，但受害人的双重请求权

因其中之一的实现而消灭。

3. 有限制的选择诉讼模式

有限制的选择诉讼为英国的模式。根据英国法，如果原告属于双重违法行为的受害人，那么他既可以提起侵权之诉而获益，也可以提起违约之诉而获益[①]。虽然英国法在实践中在允许当事人选择方面与德国法相似，但对责任竞合的处理原则则与德国法并不相同。英国法认为，解决责任竞合的制度只是诉讼制度，它主要涉及诉讼形式的选择权，而不涉及实体法上的请求权的竞合问题。

（二）我国法上的处理模式

《合同法》第一百二十二条规定："因当事人一方的违约行为，侵害对方人身、财产权益的，受损害方有权选择依照本法要求其承担违约责任或者依照其他法律要求其承担侵权责任。"可见，我国采允许竞合模式。它主要确立了以下三项规则：

（1）确认了责任竞合的构成要件；

（2）允许受害人就违约责任或侵权责任作出选择；

（3）受害人只能在两种责任中选择一种责任提出请求，不能同时基于两种责任提出请求。

第七节　违约责任的免责事由

一、免责事由概述

免责是指在合同履行的过程中，当出现法律规定或当事人约定的特定事由时，违约方将免于承担部分或全部违约责任。这些特定事由称为免责事由，包括法定的免责事由和约定的免责事由。法定的免责事由是指由法律直接规定，不需要当事人约定即可援用的，当事人对其违反合同的行为不承担违约责任的事由，主要包括不可抗力、货物本身的自然性质导致的损失、货物的合理损耗及债权人的过错等；约定的免责事由是指当事人约定的免除或限制未来违约责任的事由，具体表现为合同中的免责条款。

---

① 崔建远．合同法：第四版．北京：法律出版社，2007：303。

二、不可抗力

（一）不可抗力的含义

不可抗力是指不能预见、不能避免并不能克服的客观情况。

（二）不可抗力的特征

（1）不可抗力具有不能预见性。在判断是否可以预见时，必须以一般人的预见能力及现有的科学技术水平作为判断标准。

（2）不可抗力具有不能避免并不能克服性。对不可抗力事件，即使当事人已经尽到最大努力，仍不能避免其发生；或者在事件发生以后，即使当事人已经尽到最大努力，也不能克服事件所造成的损害后果，以使合同得以履行。

（3）不可抗力是独立于当事人意志和行为以外的事实，具有客观性。

（三）不可抗力的范围

从《民法通则》第一百五十三条对不可抗力的定义以及我国理论界对不可抗力的划分来看，不可抗力的范围主要包括如下几个方面：

（1）自然灾害。这主要是指地震、洪水、海啸、火灾等较严重的灾害性自然事件。自然灾害属于典型的不可抗力。

（2）政府行为。这是指当事人订立合同以后，政府颁布新的法律、法规和政策以及采取新的行政措施致使合同不能履行的情形。

（3）社会异常事件。这主要是指一些偶发的事件阻碍合同的履行，如罢工、骚乱。这些事件是社会中人为的行为，但对于合同当事人来说，在订约时是不可预见的，且往往无力抵御由其产生的后果，因此也可以作为不可抗力。

（四）不可抗力适用的法律效果

（1）不可抗力的发生可能使一方完全免除违约责任，也可能只是免除部分责任或者推迟合同的履行。《合同法》第一百一十七条第1款前半部分规定："因不可抗力不能履行合同的，根据不可抗力的影响，部分或者全部免除责任，但法律另有规定的除外。"这就是说，不可抗力是否会导致责任的全部免除，关键在于不可抗力的影响程度。如果不可抗力的发生持续地影响致使合同义务不能履行，则可以导致责任的全部免除；如果只是暂时阻碍合同的履行，则可以推迟合同的履行，等到影响合同履行的不可抗力因素消除后，当事人还应当继续履行合同；如果不可抗力因素并未导致合同的主要义务不能履行，则只能导致次要责任的免除。

（2）在迟延履行的情况下发生不可抗力，债务人仍应当承担违约责任。《合同法》第一百一十七条第1款后半部分规定："当事人迟延履行后发生不可抗力的，不能免除责任。”因为债务人迟延履行后，债务人已经违约，故在迟延履行行为发生后所出现的不可抗力事件与债务人的违约行为之间具有因果关系，即如果债务人没有迟延履行，则不可抗力的发生就不会导致合同的不能履行，所以当事人迟延履行后出现不可抗力的，债务人仍应当承担违约责任。

（3）不可抗力发生后的通知义务。《合同法》第一百一十八条规定，当事人一方因不可抗力而不能履行合同的，应当及时通知对方，以告知其合同不能履行或者需要迟延履行、部分履行的情由，并应当在合理期限内提供有关证明。如果不履行一方不及时发出通知，对由此给对方造成的损失，应承担相应的损害赔偿责任。

三、免责条款

（一）免责条款的含义

免责条款是指当事人以协议排除或限制其未来责任的合同条款。按照合同自由原则，当事人可以在法律规定的范围内，自由约定合同内容，包括约定免责条款。

（二）免责条款的特征

（1）免责条款是合同的组成部分，是一种合同条款。

（2）免责条款必须是明示的，不允许当事人以默示方式作出，也不允许法官推定免责条款的存在。

（3）免责条款是事先约定的，其与责任产生之后当事人达成的减轻责任的和解协议有本质的不同。

（三）免责条款的合理性

（1）允许当事人订立免责条款可以鼓励交易，促进经济发展。通过免责条款，将各种风险在当事人之间进行公平、合理的分配，避免不必要的诉讼和争议，有利于刺激交易的发展，促进民事流转的展开。

（2）允许当事人订立免责条款可以提高企业效率。由于免责条款的设立，可使企业能预先精确地确定和计算其生产成本、利息，免除负担、消耗等，从而能努力完善管理、节约成本。

（四）免责条款的限制

（1）免责条款不得违反法律的强制性规定。《合同法》第五十二条第5项规定“违反法律、行政法规的强制性规定”的合同条款无效，此规定同样适用于免责条款。

（2）免责条款不得免除造成对方人身伤害的责任，也不得免除因故意或者重大过失造成对方财产损失的责任。《合同法》第五十三条即规定："合同中的下列免责条款无效：（一）造成对方人身伤害的；（二）因故意或者重大过失造成对方财产损失的。"

（3）格式化的免责条款，不得不合理地免除条款使用人的责任、加重对方的责任以及排除对方的主要权利。《合同法》第四十条即规定："格式条款具有本法第五十二条和第五十三条规定情形的，或者提供格式条款一方免除其责任、加重对方责任、排除对方主要权利的，该条款无效。"

思 考 题

1. 违约行为的具体形态有哪些？
2. 试比较默示预期违约与不安抗辩权的异同。
3. 试比较违约责任与合同责任、缔约过失责任、侵权责任的异同。
4. 《合同法》的违约责任归责原则是什么？
5. 哪些违约责任方式可以并存？
6. 哪些情况不能适用强制履行责任？
7. 试述损害赔偿的限制。
8. 如何认识损害赔偿责任中的可预见规则？
9. 试分析违约金与定金条款的适用关系。
10. 试分析违约责任与侵权责任竞合的处理模式。

分　　论

第十一章

买卖合同

本章要点

本章主要介绍买卖合同的概念、买卖合同的标的物、出卖人的义务、买受人的义务、买卖合同中的风险负担、买卖合同中的利益承受、买卖合同的解除以及特种买卖合同。本章的重点和难点是买卖双方的义务、标的物所有权的转移、瑕疵担保责任、标的物风险承担。

第一节　买卖合同概述

一、买卖合同的概念

买卖合同，是出卖人交付标的物并转移标的物的所有权于买受人，买受人支付价款的合同（《合同法》第一百三十条）。其中，应交付标的物并转移标的物所有权的一方称为出卖人，应支付价款的一方称为买受人，标的物称为买卖物。从上述规定来看，买卖合同的意义可以从以下几个方面来理解。

1. 买卖合同的对象为物

买卖合同的标的物只能是物。所以，买卖合同又被称为物的买卖。如果提供的纯粹是劳务（例如运输、保管等），则属于劳务合同而非买卖合同。虽然提供的是物，但是如果制造或生产该物所需的大部分重要材料是由买受人提供的，出卖人提供的本质上仍然是劳务，仍属于劳务合同。无论动产，还是不动产，都可以作为买卖合同的标的物，但《合同法》将水、电、气、热力的转让单独列为一类合同，由《合同法》第十章调整，不在买卖合同的范围之列。所以，买卖合同的标的物是水、电、气、热力之外的物，即买卖合同标的物的范围要比《物权法》规定的“物”的范围小一些。至于非物质财产（例如技术）、所有权以外的财产权利（例如债权、股权等），由于在这些财产上不存在所有权，所以不能成为买卖的对象。我国参加的《联合国国际货物买卖合同公约》（以下简称《公约》）也将股票、投资证券、流通票据的转移排除在“国际货物买卖”之外。这些非物质财产或所有权以外的财产权利的转移，则通过其他种类的转让合同进行，例如通过技术转让合同、土地使用权转让合同等进行。此外，买卖合同的标的物可以是现实存在的物（现有物)，也可以是将来产生的物（期待物）；可以是特定物，也可以是不特定物；可以是可替代物，也可以是不可替代物。

2. 买卖合同为出卖人转移物的所有权的合同

在同一物上可以存在互相兼容的多种权利，例如所有权、用益物权、担保物权等。买卖合同是卖方转移标的物所有权的合同。卖方不仅要将标的物交付给买方，而且要将标的物的所有权转移给买方。所以，买卖合同又被称为所有权买卖。因此，虽然将标的物交付于相对人，但其目的并非转移所有权的，仍非买卖合同。例如，一方将自己的物交给他人使用或保管，由于所有权并未发生转移，不构成买卖合同。

3. 买卖合同是买受人支付价款的合同

价款是取得标的物所有权的对价。这表明买卖合同是有偿合同，买受人取得标的物所有权必须付出对价，当然对价没有必要与标的物的价值完全相等，但应当是合理的。如果一方获得他人的物的所有权但没有付出任何对价或者对价微不足道，则属于赠与合同。

买受人支付的对价必须是金钱，亦即货币。但是不必支付现金，通过票据、转账等方式支付亦未尝不可。如果以金钱之外的其他物（代替物）代替，则属于互易合同。同理，买受人支付的对价也不能是服务或劳务。如果买受人支付的对价中既包括金钱，也包括其他物甚至服务，只要金钱占大部分，仍可认为是买卖合同。

应当注意的是，鉴于买卖合同是最典型的有偿合同，能够充分体现有偿合同的特征，《合同法》对买卖合同的规定最为详细，其中有一些规定实际上是对于有偿合同的共通性规定，不但适用于买卖合同，也可以适用于其他有偿合同。为避免立法方面的不必要重复，《合同法》第一百七十四条规定，“法律对其他有偿合同有规定的，依照其规定；没有规定的，参照买卖合同的有关规定”。

二、买卖合同的种类

1. 即时买卖和非即时买卖

按照买卖能否即时清结，可分为即时买卖和非即时买卖。即时买卖，又称现实买卖，是指当事人在买卖合同成立时即时履行债务、即时清结的买卖。非即时买卖指当事人在买卖合同成立时未即时履行其全部债务、未即时清结的买卖。在实务中，除日常生活上的零细买卖常为即时买卖外，一般情形，大都属非即时买卖①。

非即时买卖又可分为一般买卖、预约买卖、信用买卖等。一般买卖是指在买卖成立后的某一确定日期或不确定日期双方才履行其债务的买卖。预约买卖，又称先付买卖，是指买卖成立时买受人先支付价款，出卖人后转移所有权的买卖。预约买卖与买卖预约不同。预约买卖是已经成立的买卖关系，而买卖预约仅是将来成立买卖合同的预先约定。信用买卖是指买卖成立时出卖人先交付货物或转移所有权，买受人后支付价款的买卖。赊购、分期付款买卖是最典型的信用买卖。

2. 自由买卖与竞价买卖

按照是否采用竞争的方法进行买卖，可分为自由买卖和竞价买卖。竞价买卖，也称为竞争买卖，是指多数人就同一标的物，同时竞争购买的形态。例如，拍卖及标卖。多数人竞争价格，应买之人丧失个别自由议价机会，是对合同自由的限制。未采用竞争方法买卖的，为自由买卖。在实务中，绝大多数买卖均为自由买卖。

三、有关标的物的特殊规定

买卖合同的标的物种类繁多，但是为了保护交易安全和维护社会公共利益，因此有必要对买卖物予以限制。

1. 买卖物应当是出卖人所有或者有权处分的物

“任何人只能向他人转让属于他自己的权利”是自罗马法以来就确立的一项基本原则②。这表明，出卖人一般来说应当是物的所有权人。所有权人对自己的不动产或者动产，依法享有占有、使用、收益和处分的权利。不过，买卖是对标的物的处分，即使出卖人对某物没有所有权，如经所有权人的事先授权或事后追认或直接基于法律规定，对该物享有处分权的，也可以将该物的所有权移转于他人。在我国现行立法中对标的物虽不享有所有权但享有合法处分权的情形主要包括：

①担保物权人、法定优先权人对担保财产拍卖、变卖的权利；

②行纪人根据委托人指示的价格出售委托人的物品；

---

① 邱聪智．新订债法各论：上．北京：中国人民大学出版社，2006：63。

② ［意］彼得罗·彭梵得．罗马法教科书．北京：中国政法大学出版社，1992：209。

③国家机关、国家举办的事业单位对其直接支配的不动产和动产依法处分；

④行政机关和司法机关可以拍卖或者变卖被查封、扣押的财产；等等。

如果出卖人是无权处分人，并且事后也未经所有权人追认，则不能有效转移属于他人的不动产或者动产的所有权，所有权人有权追回。但是如果符合善意取得的条件，受让人仍然可以有效取得所有权。根据《物权法》第一百零六条的规定，出卖人进行无权处分的，符合下列情形的，受让人取得该不动产或者动产的所有权：

①受让人受让该不动产或者动产时是善意的；

②以合理的价格转让；

③转让的不动产或者动产依照法律规定应当登记的已经登记，不需要登记的已经交付给受让人。

2. 法律、行政法规禁止或者限制转让的标的物，依照其规定

法律、行政法规禁止转让的物不得作为买卖物，否则买卖合同无效。如淫秽出版物、毒品等。法律、行政法规限制转让的物，如果作为买卖物，只有符合法定条件，买卖合同才能生效。例如，有些物品的流通，须经主管部门的行政许可，如未经许可擅自买卖，则买卖合同无效。有些物品只能由有关单位收购，如将这些物品出售给其他人，买卖合同也不能生效。

四、买卖合同的成立

买卖合同的订立也采取要约、承诺方式。要约、承诺应当具备买卖合同的内容。根据《合同法》第一百三十一条的规定，买卖合同的内容除应包括合同的一般条款外，还可以包括包装方式、检验标准和方法、结算方式、合同使用的文字及其效力等条款。所谓一般条款即《合同法》第十二条规定的当事人的名称或者姓名和住所，标的，数量，质量，价款，履行期限、地点和方式，违约责任，解决争议的方法等条款。在实务中，买卖双方在缔约时，如果事无巨细，要求具备以上全部条款，势必影响交易效率。一项买卖合同，只要买卖双方对必备条款达成意思表示一致即可成立，其他一些条款可以事后再予确定。根据《公约》第十四条的规定，当事人只要对货物、数量和价款达成一致，国际货物买卖合同就可以成立。而按照《合同法》第六十二条的规定，当事人即使对价款没有约定或者约定不明确，也不影响合同的成立。所以买卖双方只要对于标的和数量两项条款达成一致，买卖合同即可成立。也就是说，标的和数量是买卖合同不可或缺的必要条款。

买卖合同可以是口头的、书面的或法律规定的其他形式。

第二节　买卖合同的效力

一、出卖人的义务

（一）交付标的物或者交付提取标的物的单证

交付的本意是指出卖人将标的物占有转移于买受人。出卖人不交付标的物，买受人就难以对标的物加以支配，所以交付标的物是卖方应当负担的重要义务。

1. 交付方式

根据占有是否实际上转移于买受人，可以将交付分为现实交付和观念交付。所谓现实交付，又称实际交付，是指出卖人将标的物置于买受人的实际控制之下，即标的物直接占有的转移。观念交付包括简易交付、占有改定和指示交付：

（1）所谓简易交付，是指在买卖合同订立前，买受人已实际占有标的物的，合同生效时即视为交付。在这种情形中，虽然在买卖合同成立之前已经将标的物实际交付，但那与买卖合同无关。因此，该交付行为也就不能作为买卖合同中的交付行为，但又不应要求先将标的物返还，然后再依照买卖合同交付，否则有悖常理。从有利于节省交易费用和方便生产生活的角度出发，规定买卖合同生效的时间即为标的物交付时间是合理的。

（2）所谓占有改定，是指由双方当事人约定，仍由出卖人直接占有标的物，使买受人取得标的物的间接占有，以代替标的物直接占有的转移。

（3）所谓指示交付，是指在标的物由第三人依法占有时，出卖人可以通过转让请求第三人返还原物的权利代替交付。也就是说，指示交付是指出卖人将对第三人享有的返还请求权转移给买受人，再由买受人请求该第三人交付。在实务中，指示交付经常表现为出卖人向买受人交付提取标的物的单证。例如，出卖人可以将保管人开出的仓单或承运人开出的提单交给买受人以代替实际交付。

出卖人交付标的物，标的物有从物时，除非当事人另有约定，应当同时交付从物。

2. 交付期限

交付期限应当按照《合同法》关于履行期限的一般规定来确定。约定交付期限的，出卖人应当按照约定的期限交付标的物。当事人未约定标的物的交付期限或者约定不明确的，可以协议补充；不能达成补充协议的，按照合同有关条款或交易习惯确定；仍不能确定的，可以随时交付，但应当给买受人必要的准备时间。

3. 交付地点

出卖人应当按照约定的地点交付标的物。例如，在国际货物买卖中，如果买卖双方约定采用FOB这种贸易术语的，出卖人则应当在指定的装运港交货。当事人未约定交付地点或者约定不明确，可以协议补充；不能达成补充协议的，按照合同有关条款或者交易习惯确定。仍不能确定的，则应当根据标的物是否需要运输来决定，其具体规则如下：

（1）标的物需要运输的，出卖人向第一承运人交付标的物的地点即为交付地点。标的物需要运输的，无论运输是出卖人安排的还是买受人安排的，出卖人将标的物交付给第一承运人以运交给买受人，即认为出卖人已履行了交付义务。因此，交付地点也就是应当将标的物交付给第一承运人的地点。

（2）标的物不需要运输的，出卖人和买受人订立合同时知道标的物在某一地点的，出卖人应当在该地点交付标的物。如果标的物不需要由第三人（即承运人）运输，买卖双方在缔约时知道标的物在某一地点的，该地点即为交付地点。双方当事人知道标的物在某一地点，经常出现在以下情形：买卖合同的标的物是特定物；标的物虽然是不特定的现货，但是这些货物存放在某一地点的仓库中；标的物虽然为期待物，但是这些将来产生的货物将在某一地点的工厂制造或加工。

（3）标的物不需要运输的，买卖双方在缔约时不知道标的物在某一地点的，应当在出卖人订立合同时的营业地交付标的物。从减轻债务人负担的角度出发，以出卖人缔约时的营业地为交付地点是合理的。出卖人有多个营业地的，应当以生产或经营买卖物的营业地为交付地点。

4. 标的物数量

出卖人应当按照约定的数量交付标的物。出卖人少交标的物的，买受人可以拒绝接收，但不损害买受人利益的除外。出卖人多交标的物的，买受人可以接受或者拒绝接收多交的部分。买受人接收多交部分的，按照原合同的价格支付价款；买受人拒绝接收多交部分的，应当及时通知出卖人。买受人怠于通知的，应当承担因此产生的损害赔偿责任。合同中约定分批交付的，出卖人应按照约定的批量分批交付。

5. 标的物包装方式

在很多情形下，包装对于保证标的物质量是至关重要的。出卖人应当按照约定的包装方式交付标的物。对包装方式没有约定或者约定不明确的，可以协议补充；不能达成补充协议的，按照合同有关条款或者交易习惯确定；仍不能确定的，应当按照通用的方式包装；没有通用方式的，应当采取足以保护标的物的包装方式。

（二）转移标的物的所有权

取得标的物的所有权是买受人的缔约目的，标的物占有的转移并不当然意味着标的物所有权的转移，出卖人仅转移标的物的占有是不够的。买受人最关注的问题是所有权转移的时间。《民法通则》第七十二条第 2 款规定："按照合同或者其他合法方式取得财产的，财产所有权从财产交付时起转移，法律另有规定或者当事人另有约定的除外。"《合同法》第一百三十三条重申了上述规定。因此所有权转移的时间可以区分为以下几种情形。

1. 法律另有规定的，按照法律规定的时间转移

不动产物权的设立、变更、转让和消灭，经依法登记，发生效力；未经登记，不发生效力，但法律另有规定的除外（《物权法》第九条）。因此，如果买卖物为不动产，而且其所有权的转让应当登记（绝大多数不动产的物权变动都需要登记），所有权应当自登记生效时（即自记载于不动产登记簿时）转移于买受人。买卖双方不得通过约定变更不动产所有权转移时间，否则无效。应当注意的是，不动产物权变动通常以合同为依据，但合同生效的时间与物权变动的时间没有必然的联系。也就是说，不动产买卖合同，不动产所有权转让未登记的，只不过是所有权不能转移而已，并不影响买卖合同的生效，登记并非买卖合同的生效要件。

大型交通工具（船舶、航空器和机动车等）是一类特殊动产，因其价值较高，其重要性类似于不动产，因此被称为准不动产。它们的权属状态对于交易安全具有重要影响。法律虽然没有规定大型交通工具的转让必须进行登记，但是又同时规定"船舶、航空器和机动车等物权的设立、变更、转让和消灭，未经登记，不得对抗善意第三人"（《物权法》第二十四条）。例如，甲将自己的汽车转让给乙，但是没有办理登记，随后甲又将汽车转让给丙，丙不知道甲一物二卖，并办理了登记。丙取得汽车所有权，乙对丙不能主张对汽车享有所有权，只能追究甲的违约责任。因此，在实践中，大型交通工具的转让，通常办理登记，但是登记并非所有权转移的要件，只是使所有权发生对抗力的要件，登记生效时也未必就是所有权转移的时间。所有权转移的时间仍然取决于买卖双方的约定，没有约定时，从交付时转移。

2. 当事人另有约定的，按照约定的时间转移

除不动产转让不允许另行约定所有权转移时间外，动产转让允许买卖双方约定所有权何时转移。当事人可以约定自买卖合同成立时所有权即发生转

移，也可以约定买受人支付全部价款后转移所有权，还可以约定其他转移时间。

3. 法律没有规定并且当事人没有约定的，自交付时起转移

标的物所有权自交付时起转移适用于动产转让。《物权法》第二十三条规定："动产物权的设立和转让，自交付时发生效力，但法律另有规定的除外。"具体而言，如果是现实交付，则在现实交付完成时发生转移；如果是简易交付，在买卖合同生效时发生转移；如果是占有改定，在由出卖人继续占有该动产的约定生效时发生转移（《物权法》第二十七条）；如果是指示交付，在返还请求权的转让对第三人生效时发生转移。

另外，除非当事人另有约定，主物转让的，从物随主物转让，因此，如果买卖物为主物，买卖物的从物的所有权也转移于买受人。

应当注意的是，在现代社会中，很多买卖物是利用出卖人或者第三人的知识产权生产或制造的，越来越多的买卖物成为知识产权的物质载体。这样，在买卖物上可以同时存在所有权和知识产权，二者并行不悖。由于买卖合同是转移标的物所有权的法律行为，买卖物上的知识产权并不当然随之转移。《合同法》第一百三十七条规定："出卖具有知识产权的计算机软件等标的物的，除法律另有规定或者当事人另有约定的以外，该标的物的知识产权不属于买受人。"之所以作出这样的规定，是基于以下几个原因：

首先，知识产权是一种独立的权利，知识产权虽然必须通过一定的物质载体才能表现出来，但知识产权的客体并非是它的物质载体。买卖物的知识产权与所有权并无必然联系，转让买卖物的所有权并不意味着知识产权的转让。

其次，在很多情况下，出卖人并非知识产权主体，仅为标的物的所有权人或处分权人，第三人才是权利人，出卖人显然无权出卖不属于自己的权利。

再次，买卖物如为种类物，如果转让买卖物所有权时知识产权亦随之转移，势必造成每个买受人都享有标的物的知识产权，这显然有悖于知识产权的创新性。

最后，知识产权中也含有人身权利，人身权利无论如何是不能转让于其他人的。

（三）物的瑕疵担保义务

物的瑕疵担保义务是指出卖人应当保证其向买受人交付的标的物的质量应当符合合同的约定或法律的规定，也可以称为质量担保义务。从一般意义而言，债务人的履行如果不符合债务的本旨，都可认为具有瑕疵，而物的瑕疵则专指标的物的质量与买卖合同的内容不符。

出卖人负担物的瑕疵担保义务，是由买卖合同的有偿性决定的。买受人负担支付价款的绝对义务，不因买受人欠缺或丧失支付能力而减轻或免除，与之相应，出卖人也必须向买受人交付合格的标的物。

出卖人是否履行了物的瑕疵担保义务，首先取决于其交付的标的物是否符合合同的约定。买卖合同对质量有约定的，出卖人应当按照约定的质量要求交付标的物。特别是出卖人提供有关标的物质量说明的，交付的标的物应当符合该说明的质量要求。但是，因为质量条款并非买卖合同成立的必备条款，当事人对标的物的质量标准没有约定或约定不明确的，可以协议补充；不能达成补充协议的，按照合同有关条款或者交易习惯确定；仍不能确定的，出卖人交付标的物，应当具有同种物的通常标准或者为了实现合同目的该物应当具有的特定标准。

出卖人交付的标的物不符合质量标准的，则属于对物的瑕疵担保义务的违反，不论出卖人是否有过错，应当承担相应的违约责任，即物的瑕疵担保责任。买卖双方对物的瑕疵担保责任有约定，应当按照当事人的约定承担违约责任；对违约责任没有约定或者约定不明确的，可以协议补充；不能达成补充协议的，按照合同有关条款或者交易习惯确定；仍不能确定的，受损害方根据标的的性质以及损失的大小，可以合理选择要求对方承担修理、更换、重作、退货、减少价款、赔偿损失等违约责任。其中，作为救济手段的退货，在通常情形下就是行使解除合同的权利。

但是，出卖人承担物的瑕疵担保责任并不是绝对的。具备以下情形的，出卖人可以免除或减轻责任：

（1）买受人在订立买卖合同时知道或者应当知道标的物质量不合格的。此种情况中，买受人不得要求出卖人承担违约责任，否则有悖于诚实信用原则，特别是当出卖人在缔约时已向买受人告知物的瑕疵的情况下。买受人是否明知或应知买卖物有瑕疵，以买卖成立时为准。如买卖成立后买受人才知道其瑕疵，则出卖人仍应承担违约责任。

（2）买受人没有将质量不符合约定的情形通知出卖人。买受人收到标的物后应当进行检验。发现买卖物存在瑕疵的，应当在法定期间内通知出卖人。买受人怠于通知的，视为标的物的质量符合约定。

（3）双方约定免除或限制物的瑕疵担保责任。《合同法》关于出卖人物的瑕疵担保责任的规定，并非强制规定，当事人双方通过免责条款免除或限制该责任的，只要免责条款符合法定生效条件，应当是允许的。

（四）权利的瑕疵担保义务

权利的瑕疵担保义务指的是出卖人应当保证对标的物享有合法的权利，

没有侵犯第三人的权利，并且第三人不得向买受人主张任何权利。物的瑕疵担保义务是保证标的物具有相应的使用价值和效用，权利的瑕疵担保义务是保证买受人对标的物享有充分完整的权利，买受人对标的物的支配不受妨碍和侵扰。与物的瑕疵担保义务一样，该义务也是法定义务，即使当事人对其未作约定或者欠缺认识，出卖人也要履行该义务。

1. 权利瑕疵担保义务的内容

权利的瑕疵担保义务的内容是保证第三人不得向买受人主张任何权利。第三人主张的权利，包括影响买受人对标的物完全支配的任何权利。具体来说，出卖人的此种保证义务主要包括：

（1）出卖人应当保证对买卖物享有所有权或者处分权。如果出卖人既没有所有权又没有处分权，而且买受人的取得又不符合善意取得的要件，真正的所有人可以要求买受人返还，买受人取得所有权的缔约目的将无以实现。

（2）出卖人应当保证标的物没有侵犯他人的知识产权。除法律另有规定外，未经知识产权人许可，任何人不得为生产经营目的制造、使用、销售、进口其知识产权产品。如果出卖人未经知识产权人许可，利用他人的知识产权制造或销售产品，买受人即使取得该产品所有权，也可能丧失所有权或对产品无法充分支配。

（3）出卖人应保证标的物上不存在担保物权或法定优先权。标的物上如存在担保物权或法定优先权，担保债权人或法定优先权人在债务人不履行到期债务时，依法享有该标的物优先受偿的权利，买受人的所有权有可能丧失。

（4）出卖人应保证标的物上不存在租赁权。根据“买卖不破租赁”原则，买卖物上如果已经存在承租人的租赁权，那么它可以有效对抗买受人的所有权，从而使买受人的所有权受到限制。

2. 对买受人的救济

对于出卖人违反权利的瑕疵担保义务的行为，买受人可以通过两种途径保护自己的合法利益，即行使中止履行抗辩权（价金支付拒绝权）和追究出卖人的违约责任。

（1）买受人在履行支付价款的义务之前或支付过程中，买受人有确切证据证明第三人可能就标的物主张权利的，可以行使合同履行的抗辩权，中止支付相应的价款。如果标的物为数物，第三人对其中之一主张权利的，除非影响买受人全部利益的实现，买受人仅能中止支付该标的物的价款。中止履行抗辩权是为了防止买受人因支付价款而受到损害。但是出卖人提供适当担保的，买受人应当继续履行。

（2）出卖人违反权利的瑕疵担保义务，应对买受人承担违约责任（权利瑕疵担保责任)。程度严重的，致使不能实现合同目的，买受人可以解除合同。程度不严重的，可以要求出卖人减少价款或者赔偿损失。

3. 权利瑕疵担保责任的免除

但是，出卖人承担权利的瑕疵担保责任也不是绝对的：

首先，法律另有规定的，出卖人可以免于承担责任。例如，根据《公约》第四十二条规定，如果卖方在缔约时不知道第三人可能提出知识产权主张，或者第三人的知识产权主张如果不是根据货物将进行转售或进行其他使用的国家法律或买方营业地国家法律提出的，则出卖人免于承担权利的瑕疵担保责任。

其次，买受人订立合同时知道或者应当知道第三人对买卖的标的物享有权利的。在这种情形下，因为买受人遭受的损害不属于不可预测的损害，无保护必要，由出卖人承担责任有悖于诚实信用原则。

最后，当事人另有约定的。关于权利的瑕疵担保责任的规定也不是强制规定，买卖双方通过协议免除或限制该责任也是允许的。

(五) 交付有关单证和资料

出卖人还应当按照约定或者交易习惯向买受人交付提取标的物单证以外的有关单证和资料。该项义务是出卖人负担的从合同义务。这些单证和资料有助于对标的物查验核对，或正确使用标的物，或对标的物维修保养，或有助于发挥其他辅助作用。例如，房地产开发企业应当在商品房交付使用时，向购买人提供住宅质量保证书和住宅使用说明书。不过，不同的买卖合同要求提交的单证和资料也不尽相同。

二、买受人的义务

(一) 支付价款

价款是买受人取得标的物所应支付的代价，它通常是指标的物本身的价款，但是很多买卖是异地买卖，便产生了运输费、保险费、装卸费、报关费等一系列额外费用。这些费用由谁支付，也需在买卖合同的价款条款中予以明确。

支付价款是买受人的主要义务。买受人应按照合同约定的数额、地点、时间支付价款。

1. 价款数额的确定

对于价款的确定，法律有特别规定的，应当遵照执行。法律、行政法规对一些商品的物价实行政府指导价或者政府定价。例如，《城市房地产开发经营管理条例》第三十条规定“享受国家优惠政策的居民住宅价格，应当实行政府指导价或者政府定价”。

除此之外，大多数商品实行市场调节价，可以由买卖双方自由约定。如果买卖物有多个，总价款确定，究竟是直接约定一个总价款，还是按重量、件数或其他计算单位来计算，也由当事人自由约定。当事人约定的数额不必自始就是明确无疑的，例如双方约定价格由出卖人或买受人指定，也未尝不可。

如果买卖合同对价款有约定的，买受人就应当按照约定的数额支付价款；对价款没有约定或约定不明确的，可以协议补充；不能达成补充协议的，按照合同有关条款或者交易习惯确定；如仍不能确定，按照订立合同时履行地的市场价格履行。之所以以缔约时的市场价格为准，是因为此时的价格买卖双方都可以预料，符合当事人的意思。

2. 价款的支付时间

价款的支付时间，可以由双方当事人约定，买受人应当按照约定的时间支付价款；对支付时间没有约定或者约定不明确的，可以协议补充；不能达成补充协议的，按照合同有关条款或者交易习惯确定；仍不能确定的，按照同时履行的原则，买受人应当在收到标的物或者提取标的物单证的同时支付。价款与标的物同时交付，符合双务合同的本质。

3. 价款的支付地点

价款的支付地点可由双方当事人约定，买受人应当按照约定的地点支付价款。对支付地点没有约定或者约定不明确，可以协议补充。不能达成补充协议的，按照合同有关条款或者交易习惯确定。仍不能确定的，应当区分两种情形：如果合同约定支付价款以交付标的物或者交付提取标的物的单证为条件的，则在交付标的物或者提取标的物单证的所在地支付，这样可以节省履行成本，除此之外，买受人应当在出卖人的营业地支付，这就是《合同法》第六十二条规定的金钱债务应当在债权人所在地履行的原则的体现。

（二）受领标的物

受领或接收标的物既是买受人的权利又是其义务。但受领以出卖人已经合法提出履行为要件，出卖人提出的履行如果不符合债的本旨，买受人有拒绝受领的权利，自然无受领标的物的义务。买受人有依照合同约定或者交易惯例受领标的物的义务，对于出卖人不按合同约定交付的标的物，例如多交付、提前交付、交付的标的物有瑕疵等，买受人有权拒绝接收。当然，即使出卖人交付的标的物不符合合同，买受人也可以接收，但并不妨碍追究出卖人的违约责任。

对于出卖人多交标的物的情形，《合同法》第一百六十二条特别规定，买受人接收多交部分的，按照合同的价格支付价款，以防止买受人不当得利；买受人拒绝接收多交部分的，应当及时通知出卖人，该通知义务为附随义务，目的是提示出卖人对多交部分及时进行处置，以免遭受不必要损失。

（三）检验标的物

标的物的检验是指买受人收到出卖人交付的标的物时，对其质量、数量、包装等情况进行查验、测试或者鉴定。当事人可以在买卖合同中加入检验条款，对检验标准、检验期限、检验方法等作出明确规定。

对于检验方法，当事人有约定依照约定。没有约定的，只要按照标的物的性质，依照通常方法进行检验即可。如果标的物数量较大，无须全部检验，仅须抽查其中一部分即可①。

买受人应当在检验期间内及时检验，发现标的物不符合合同的，必须在检验期限内通知出卖人，否则视为标的物符合合同。当事人约定检验期间的，买受人应当在约定期间内，将标的物的数量或质量不符合约定的情形通知出卖人，买受人怠于通知的，视为标的物的数量或质量符合约定。当事人没有约定期间的，买受人应当在发现或者应当发现标的物数量或质量不符合约定的合理期间内，或者自标的物收到之日起两年内，或者在标的物的质量保证期内，通知出卖人。否则，视为标的物数量或质量符合约定。至于通知的方法，以口头或书面方式均无不可，但是必须具体指明不符的情形。

但是出卖人知道或应当知道提供的标的物不符合约定的，买受人无须在检验期间内通知出卖人，也就是说买受人不受上述通知时间的限制。这是因为出卖人既然存在恶意，没有特别保护的必要。

应当注意，检验义务属于不真正义务，买受人即使违反了该项义务，也不对出卖人承担违约责任，但是由此造成的损失由买受人自己承担。

三、买卖合同中的风险承担

（一）风险的含义

风险在不同的场合有不同的含义。此处的风险是指买卖物由于不可归责于买卖双方当事人的事由毁损、灭失所造成的损失，因此又称为损失风险。风险应当具备以下条件：

（1）风险是由不可归责于双方当事人的事由造成的。如果毁损、灭失的发生可归责于其中一方，则应由该方承担法律责任，无所谓风险负担问题。不可归责于双方的事由通常是自然灾害或社会变故（例如战争、罢工等），也

① 邱聪智．新订债法各论：上．北京：中国人民大学出版社，2006：89。

可能是第三人的个人行为。

(2) 风险的发生是不确定的。风险可能发生也可能不发生，即使发生了，其原因、时间、范围、强度等都是事先不可预知的。如果损失的发生是必然的或者可以预知的，则并非风险。例如，由货物的自然特性或者固有缺陷造成的损失并非风险。

(二) 风险承担的原则

风险承担是指不可归责于双方事由造成的风险应由谁来承担。风险承担是包括买卖合同在内的双务合同的核心问题，对当事人双方具有重大利害关系，这是因为无论由哪一方承担风险，都不能要求对方予以补偿。就买卖合同而言，如果出卖人承担风险，则不能请求买受人支付价款；反之，如果风险由买受人承担，则不得要求出卖人再次交付标的物。

风险承担的时间或者风险转移的时间，应当如何确定，根据是否与所有权转移的时间相联系，存在两种不同的做法。一种为所有人主义，即认为风险原则上应由所有人承担，风险应随所有权的转移而转移，以《法国民法典》以及《英国货物买卖法》为代表。另一种为交付主义，即认为风险原则应自标的物交付时起从出卖人转移于买受人，与所有权移转并无必然联系，以《德国民法典》以及《美国统一商法典》为代表。我国也以交付主义作为风险转移的原则之一。《合同法》第一百四十二条规定："标的物毁损、灭失的风险，在标的物交付之前由出卖人承担，交付之后由买受人承担，但法律另有规定或者当事人另有约定的除外。"可见，该条确立了买卖合同风险承担的三个原则：法律另有规定、当事人另有约定以及交付。

1. 法律另有规定

法律对于风险承担有特别规定的，应当根据该规定确定由谁负担风险。不过，法律有特别规定的情形，并不多见。关于买卖双方违约情形下风险承担的规定（详见下文）是其典型。

2. 当事人另有约定

风险负担属于买卖合同内容，根据合同自由原则，双方可以自由作出约定。例如，双方可以约定风险自缔约时就发生转移，也可以约定风险自交付后一段时间才发生转移。在国际货物买卖中，双方通常采用某种贸易术语，而这些贸易术语已经明确界定了风险转移的时间，这也属于当事人另有约定的典型情形。例如，双方约定以 FOB、CFR 或 CIF 条件成交时，货物的风险都是在装运港越过船舷时起，由卖方转移于买方。

3. 交付

法律没有特别规定当事人也没有特别约定的，风险自交付时起从出卖人转移于买受人。由于交付有现实交付和观念交付之别，采用不同的交付方法，风险转移的具体时间不同。例如，采用简易交付的，风险自缔约时就发生转移。法律之所以推定风险自交付时转移，是因为标的物经交付后，已经由买受人管领支配，其利益一般也转由买受人承受，买受人在享有利益的同时承担风险，合乎情理，而且更易于采取防止损害的措施，例如减轻损失、为标的物投保等，损失发生后，也便于向第三人或保险人索赔。

（三）《合同法》关于买卖物风险承担的具体规定

1. 出卖人依法履行债务的情形

出卖人依法履行债务的情形也就是正常履行、没有出现违约的情形。在以下两种情形下风险如何承担，值得特别注意：

（1）路货买卖。所谓路货买卖是指以承运人运输的在途标的物为买卖物的买卖。路货买卖通常包括两种情形，一种是出卖人先把货物交由第三人运往某个目的地，然后再寻找买主订立买卖合同，另一种是买受人未实际接收标的物前，就把位于运输途中的标的物转卖给新的买主。在实务中，后一种路货买卖最为常见。

对于路货的风险，《合同法》第一百四十四条规定："出卖人出卖交由承运人运输的在途标的物，除当事人另有约定的以外，毁损、灭失的风险自合同成立时起由买受人承担。"换言之，当事人有约定的适用该约定，无约定的自缔结新买卖合同时转移。之所以规定了这样的规则，是因为出卖路货，一般在合同成立时，出卖人就应当将有关货物所有权的凭证或者提取货物的单证等交付买受人，货物也就处在了买受人的支配之下。因此，从合同成立时起由买受人承担风险也是合理的。

（2）由第三人负责运输标的物的买卖。在这种买卖中，出卖人将标的物交付给第一承运人后，标的物毁损、灭失的风险由买受人承担（《合同法》第一百四十五条）。这实际上是交付主义的具体体现。但是必须符合以下条件：

首先，标的物由第三人负责运输，也就是由专门承运人负责运输。如果由出卖人自己负责送货，标的物既然仍由出卖人占有，风险不应当转移。

其次，当事人未约定交付地点或者约定不明确。在这种情况下，标的物需要运输的，交付地点就是第一承运人所在地，出卖人在该地点交付标的物，就依法履行了交付义务，所以风险自交付给第一承运人时转移就是公平合理的。如果当事人约定了交付地点，出卖人只有在该地点交付标的物时，才算完成交付义务，风险转移的时间自然不能提前到交付给第一承运人时。

2. 违约的情形

在出卖人违约或买受人违约的情形下，如果风险仍然像依法履行的情形那样转移，可能不尽公平、合理。《合同法》针对违约的情形分别规定了不同的风险转移规则。

（1）因买受人的原因致使标的物不能按照约定的期限交付的，买受人应当自违反约定之日起承担标的物毁损、灭失的风险（《合同法》第一百四十三条）。也就是说，在标的物迟延交付是由买受人的原因造成的情况下，买受人违反了及时接收标的物的义务，如果仍然坚持风险自交付起转移，显然对出卖人是不公平的。所以，即使出卖人没有按期交付，买受人仍应自违反约定之日起承担风险。

所谓买受人的原因，主要包括两种情形：一种为买受人违约，出卖人因行使履行抗辩权，中止履行自己的义务，以至于不能按期交付；另一种为买受人对出卖人准备交付的标的物实施侵权行为，致使出卖人无法按期交付标的物。

（2）买受人违反约定没有收取标的物的，标的物毁损、灭失的风险自违反约定之日起由买受人承担（《合同法》第一百四十六条）。出卖人在交付地点已经完成了必要的准备工作，使标的物处于可交付状态，并通知买受人接收标的物，如果这时买受人违反约定没有接收标的物，那么买受人就从违反约定之日起承担风险。适用该规则的前提是出卖人按照约定或者依照法律规定已经将标的物置于交付地点。按照约定是指当事人约定交付地点的，则应在该交付地点交付标的物。依照法律规定是指依照《合同法》第一百四十一条第2款第2项规定的交货地点交付标的物。该项规定的交货地点只适用于标的物不需要运输的情形，即出卖人和买受人订立合同时知道标的物在某一地点的，那么出卖人应当在该地点交付标的物；不知道标的物在某一地点的，应当在出卖人订立合同时的营业地交付标的物。

（3）标的物质量不符合要求的，标的物毁损、灭失的风险由出卖人承担（《合同法》第一百四十八条）。出卖人负有物的瑕疵担保义务，如果标的物质量不符合要求，即使已经交付了标的物，风险也不能转移于买受人。这是因为标的物既然存在瑕疵，不符合买受人的缔约目的，仍要求买受人承担其风险，过于苛刻。

适用该规则应当具备以下条件：

首先，标的物质量不符合要求，致使不能实现合同目的。也就是说，出卖人违反瑕疵担保义务已经构成根本违约。如果只是轻微违约，则不影响风险转移。

其次，买受人拒绝接受标的物或者解除合同。这表明存在瑕疵的标的物不能为买受人所利用。如果买受人接受了标的物，则不能不承担风险。

（4）出卖人未交付提取标的物单证以外的有关单证和资料的，不影响标的物毁损、灭失风险的转移（《合同法》第一百四十七条）。除法律另有规定或当事人另有约定外，风险自交付标的物之时转移。出卖人未向买受人交付提取标的物单证以外的有关单证和资料，不影响标的物的交付，自然也不影响风险承担。但是，如果出卖人未向买受人交付提取标的物单证的，则属于违反交付标的物义务，风险不能转移。

（5）标的物毁损、灭失的风险由买受人承担的，不影响买受人要求出卖人承担违约责任的权利（《合同法》第一百四十九条）。这是与风险负担有关的附属规则。出卖人违约可能影响风险转移，也可能不影响。但无论影响与否，违约责任的承担和风险负担是相互独立的，可以并行不悖。出卖人的行为只要构成违约行为，就要承担违约责任。既不能用违约责任的承担代替风险负担，也不能用风险负担代替违约责任的承担，而是应当让二者同时发挥作用。例如，出卖人迟延交付标的物或者交付的标的物存在重大瑕疵，买受人仍然接受的，虽不影响风险转移，但出卖人不能免除迟延履行或瑕疵履行的责任。

四、买卖合同中的利益承受

利益承受是在买卖合同成立后标的物所产生的孳息应当归属于哪一方。利益承受与风险负担是密切相连的，二者原则上均采用交付主义。《合同法》第一百六十三条规定："标的物在交付之前产生的孳息，归出卖人所有，交付之后产生的孳息，归买受人所有。"换言之，即买卖物一经交付，不管其所有权是否转移，其利益即归买受人亨有。不过，关于利益承受的规定属于任意规定，合同另有约定的，则依其约定。

五、买卖合同的解除

买卖合同的解除原则上遵循合同解除的一般原则，但是涉及从物的情形、标的物为数物的情形以及分批交付标的物的情形，在解除买卖合同时应注意其特殊性。

1. 涉及从物的合同

根据彼此之间是否存在依附关系，可以将物分为主物和从物。主物是指能够独立存在的物；从物是指能够独立存在，对主物起辅助经济效用的物。一般情况下，从物的物权变动受主物的物权变动的影响。因此，因标的物的主物不符合约定而解除合同的，解除合同的效力及于从物；反之，因标的物的从物不符合约定被解除的，解除的效力不及于主物。

2. 标的物为数物的合同

标的物为数物的，彼此之间可能存在紧密联系，也可能不存在密切联系。

如果数物分离并不使标的物的整体价值受到明显损害，其中一物不符合约定的，买受人可以就该物解除合同即对涉及该物部分的合同解除，而不能解除整个合同。但如果数物分离使标的物的整体价值显受损害的，只要其中一物不符合约定的，买受人可以就数物解除合同即解除整个合同。

3. 分批交付标的物的合同

分批交付标的物的合同，各批标的物之间也有可能存在紧密联系，所以，在解除合同时应当注意区分以下三种情形：

第一种情形，出卖人对其中一批标的物不交付或交付不符合约定，致使不能实现合同目的的即达到根本违约程度的，但是并不影响其他各批标的物实现合同目的的，买受人可以就该批标的物解除，不能解除整个合同。

第二种情形，出卖人不交付其中一批标的物或交付不符合约定，致使今后其他各批标的物的交付不能实现合同目的的，买受人可以就该批以及其他各批标的物解除。也就是说，出卖人对其中一批标的物的根本违约，如果将导致对该批之后各批的根本违约，买受人就该批以及其他各批标的物解除合同。

第三种情形，买受人已经就其中一批标的物解除合同，该批标的物与其他各批标的物相互依存的，买受人可以就已经交付和未交付的各批标的物解除合同。换言之，各批标的物相互依存的，如果其中一批标的物构成根本违约，将使整个合同目的不能实现，所以买受人可以解除整个合同。

第三节　特种买卖合同

在我国《合同法》上，特种买卖合同包括分期付款买卖合同、凭样品买卖合同、试用买卖合同、拍卖合同和招标投标买卖合同等。

一、分期付款买卖

分期付款买卖是指双方约定买受人支付首期款项后，出卖人将标的物交付买受人使用，余款分期支付的买卖型态。至于价款分为多少期，每期金额多少，由当事人任意约定。不过，标的物交付后的付款，至少须有二期以上。如果价款支付，虽有二期以上，但标的物交付后仅余一期的，则并非分期付款买卖。分期付款买卖在我国经常用于房屋及价值较高消费品的买卖。

分期付款买卖为信用买卖方式之一，出卖人先交付标的物，除首期款项外，其余各期款项由买受人将来支付，价款债权有不能完全实现的风险。出卖人为了避免这样的风险，在分期付价买卖合同中往往同时附加保障价款债权实现的条款，这是分期付款买卖最大的特色。买受人迫于情势，可能不得不接受，形成不公平的现象，这也是法律需要解决的问题。

1. 所有权保留约款

所有权保留约款，是指双方当事人约定在买受人支付全部价款或者约定的其他条件成就之前，标的物的所有权仍属于出卖人，待条件成就后，再将所有权转移于买受人的条款。条件不能成就的，出卖人可以取回标的物，以此保障其价款债权实现。《合同法》第一百三十四条规定："当事人可以在买卖合同中约定买受人未履行支付价款或者其他义务的，标的物的所有权属于出卖人。"这种约款，一般仅适用于动产买卖。

2. 期限利益约款

期限利益约款，是指买卖双方约定，买受人如果迟延支付各期价款，买受人丧失期限利益，出卖人即可以请求尚未支付的全部期款的条款。也就是说，买受人如有一期款项迟延，出卖人即可请求支付全部价款。但是，由于分期付款买卖的买受人一般为消费者，经济能力较弱，这样的约款对于买受人而言，难免过苛，所以，《合同法》第一百六十七条第1款规定，分期付款的买受人未支付到期价款的金额达到全部价款的五分之一的，出卖人可以要求买受人支付全部价款。该规定为强行规定，当事人如果约定与之相悖的内容，应属无效。因此，即使买受人连续多期迟延支付，只要其金额合计未达到全部价款五分之一的，其期限利益仍不丧失。

3. 解除合同约款

解除合同约款，是指买卖双方约定，买受人如果迟延支付各期价款，出卖人就可以解除合同，并且可以扣留其已经受领价款的条款。

关于解除权的取得，如果约定哪怕买受人仅迟延支付其中一期期款出卖人就可以解除合同，对于买受人未免过苛，所以，《合同法》第一百六十七条第1款也规定，分期付款的买受人未支付到期价款的金额达到全部价款的五分之一的，出卖人可以解除合同。该规定同样为强行规定，并且对于法定解除同样适用，也就是说，即使双方没有约定解除权，出卖人解除合同也必须符合上述条件。

关于扣留价款，对于买受人也是非常不利的。因为按照合同解除的一般原理，合同被解除后，双方应当恢复原状，各自向对方返还财产。如果买受人返还标的物，而出卖人竟可以扣留价款，无异于买受人丧失价金返还请求权（失权），出卖人也存在不当得利的可能。但是，另一方面，买受人也应当就标的物的使用向出卖人支付对价。所以，《合同法》第一百六十七条第2款规定："出卖人解除合同的，可以向买受人要求支付该标的物的使用费。"也就是说，出卖人扣留的价款不得超过买受人占有该标的物期间的使用费。这种使用费一般参照同类标的物的租金予以确定。扣留的价款超过使用费的，其超过部分无效①。反之，扣留的价款不足以弥补使用费的，买受人应予以补偿。

二、凭样品买卖

凭样品买卖，又称货样买卖，是指根据货物样品确定买卖标的物的买卖，出卖人交付的标的物应当与样品具有相同的质量。凭样品买卖也是一种特殊买卖，仅适用于种类物的买卖。符合样品与否，既非停止条件，亦非解除条件，故凭样品买卖并非附条件买卖。订货交易多采用凭样品买卖。

凭样品买卖要求样品应当在订立合同时就存在。并且，当事人在买卖合同中应当约定以样品来确定标的物的质量或者具有这样的意图。如果出卖人先向买受人出示样品，而后双方订立合同时未明确表明这是凭样品买卖，则不成立凭样品买卖。

凭样品买卖与普通买卖的区别主要在于物的瑕疵担保义务，因此，凭样品买卖除适用普通买卖的规定外，还应适用以下特别规定：

1. 封存及说明义务

为了检验买卖的标的物是否与货样质量相同，出卖人应当封存样品，以待验证。并且，出卖人可以对样品质量予以说明。

2. 一般的瑕疵担保义务

出卖人交付的标的物应当与样品及其说明的质量相同。在判断交付的标的物是否与样品及其说明的质量相同时，应当根据合同的性质以及交易的习惯确定。如果标的物的质量低于样品，则具有瑕疵；高于样品，对买受人有利，不能认为是瑕疵。可见，标的物与样品是否符合，并不直接影响买卖的成立生效与否，只是涉及出卖人是否承担物的瑕疵担保责任。

3. 特殊的瑕疵担保义务

凭样品买卖的买受人不知道样品有隐蔽瑕疵的，即使交付的标的物与样品相同，出卖人交付的标的物的质量仍然应当符合同种物的通常标准（《合同法》第一百六十九条）。所谓隐蔽瑕疵，是指经过一般、通常的检验不易发现的质量瑕疵。隐蔽瑕疵必然影响标的物的使用价值，从而使买受人的合同目的难以实现，出卖人仅仅保证其交付的标的物与样品及其说明的质量相同还

① 郑玉波．民法债编各论：上册．台北：三民书局，1986：104。

是不够的，还必须保证没有隐蔽瑕疵，但是买受人明知存在隐蔽瑕疵仍然购买的，出卖人免于承担隐蔽瑕疵担保责任。

三、试用买卖

试用买卖，是指当事人双方约定，在合同成立后，由买受人对标的物进行试用，并以买受人在约定期限内对标的物的认可作为生效要件的买卖。试用买卖，是先成立买卖合同而后试用，即先买后试。如果当事人约定先试用而后成立买卖合同，亦即先试后买，并非此处所称的试用买卖，而是试用买卖预约。试用买卖常见于某些新产品的推销领域。

试用买卖作为一种特种买卖，与一般买卖相比，具有以下特征：

(1) 出卖人有容许买受人试用的义务。试用是买受人用来确定对标的物是否满意的必要手段。出卖人不按约定让买受人试用的，买受人可以解除合同。

(2) 试用买卖为附停止条件买卖。试用买卖是以买受人对标的物的认可为生效条件的买卖合同。在试用期间，买卖合同并未生效，只有买受人对标的物表示认可或满意（停止条件成就），合同才产生效力。买受人不认可标的物，则条件不能成就，买卖合同不生效。

与一般买卖相比，试用买卖在制度上的特殊性表现为以下两点：

1. 试用期间

试用期间是试用买卖合同的重要条款，当事人可以约定标的物的试用期间。对试用期间没有约定或约定不明确的，可以协议补充；不能达成补充协议的，按照合同有关条款或者交易习惯确定；如仍不能确定，由出卖人确定。

2. 买受人认可

买受人认可，也就是对标的物表示满意、同意购买，意味着买卖合同生效。买受人是否认可，完全取决于自己的意愿，买受人在试用期内可以购买标的物，也可以拒绝购买。应当指出，试用并非是必需的，如果买受人不经过试用，直接表示认可，也是可以的。

买受人认可，通过明示或默示方式均无不可。买受人在试用期间内向出卖人作出同意接受标的物的意思表示为明示方式，可以是口头的，也可以是书面的。通过默示方式认可包括以下几种情形：

一种情形是试用期间届满，买受人对是否购买标的物未作表示的，视为同意购买（《合同法》第一百七十一条）。买受人未作表示，不以出卖人催还标的物为必要，出卖人不论是否请求返还，只要买受人保持沉默，即视为认可。

另一种情形是买受人无保留地支付一部分或者全部的价款，或者对标的物从事试用以外的行为（例如将标的物出租或者出卖等）。买受人的这些行为，足以表明其具有对标的物认可的意思。

买受人在试用期间内或期间届满时明确表示拒绝购买的，或者虽未作出认可的意思表示，也没有上述默示认可情形的，为买受人不认可，停止条件不能成就，该试用买卖合同不产生效力。

四、拍卖

拍卖有广义、狭义之分。广义的拍卖就是指竞争买卖。通常所说的拍卖是指狭义的拍卖，是指以公开竞价的形式，将特定物品或者财产权利转让给最高应价者的买卖方式。此处所说的拍卖也是指狭义的拍卖。拍卖的对象既可以是有形物，也可以是财产权利，这与一般买卖有所不同。

拍卖可以分为自行拍卖和委托拍卖。出卖人自己拍卖自己的财产，为自行拍卖。委托拍卖是专业拍卖人（在我国为企业法人）接受出卖人的委托，对出卖人的财产进行的拍卖。在委托拍卖中，出卖人与拍卖人并非一个人。

我国目前没有关于自行拍卖的相关规定，对于委托拍卖，《合同法》也没有具体规定，除适用一般买卖的规定外，依照有关法律（尤其是《拍卖法》）、行政法规的规定。以下仅介绍委托拍卖的一些特殊之处。

1. 拍卖的成立

拍卖为竞争买卖，与一般买卖的成立相比，必须要经过要约邀请和要约竞争等特殊阶段。拍卖的成立一般要经过这样几个程序或阶段：拍卖表示、应价、买定、签署成交确定书。

拍卖表示，是指拍卖人发出的对标的物进行拍卖的意思表示，它包括拍卖公告和拍卖师在拍卖开始时所作的说明。拍卖人还应当在拍卖前展示拍卖标的，并提供查看拍卖标的的条件及有关资料。拍卖表示通常属于要约邀请，但拍卖标的无保留价的，拍卖表示应属于要约。

应价，或称应买，是指参加购买的竞买人发出的购买的意思表示。竞买人一经应价，不得撤回，当其他竞买人有更高应价时，其应价即丧失约束力。应价应当公开表示，以便竞买人彼此相互知悉价格。应价通常属于要约，但拍卖标的无保留价的，应价应属于承诺。

买定，或称拍定、卖定，是指拍卖师以落槌或者以其他公开方式（如拍板、摇铃或敲钟）表示接受竞买人最高应价的意思表示。买定属于承诺，标志着买卖成交。以最高应价购得拍卖标的的竞买人就是买受人。

签署成交确定书，是指拍卖成交后，买受人和拍卖人应当签署成交确认书。签署成交确认书并不是成立合同的行为，而是对经拍卖成立的买卖合同的一种确认。

2. 拍卖的效力

与一般买卖相比，拍卖的特殊效力主要表现在两点：解约再拍卖和物的瑕疵担保责任。

解约再拍卖，是指买受人未按照约定支付价款的，由拍卖人征得委托人的同意，解除合同并将拍卖标的再行拍卖（《拍卖法》第三十九条第1款）。本来，买受人未按照约定支付价款的，应当承担违约责任，出卖人也可以行使法定解除权，将合同解除。但是，对于出卖人而言，这两种措施缓不济急，都难以及时满足出卖人的要求，所以法律特别设立了解约再拍卖制度。而且，由于再行拍卖有可能给出卖人造成损失，法律还加重了原买受人的责任，即再行拍卖的价款低于原拍卖价款的，原买受人应当补足差额。

关于拍卖标的的瑕疵，在拍卖之前，拍卖人有权要求委托人说明拍卖标的的来源和瑕疵，拍卖人应当向竞买人说明拍卖标的的瑕疵，竞买人也有权了解拍卖标的的瑕疵，有权查验拍卖标的和查阅有关拍卖资料。所以，如果拍卖人向竞买人说明了拍卖标的的瑕疵，那么出卖人免于承担瑕疵担保责任。拍卖人未说明拍卖标的的瑕疵，给买受人造成损害的，买受人有权向拍卖人要求赔偿（《拍卖法》第六十一条），这等于由拍卖人承担物的瑕疵担保责任，拍卖人承担责任后，如果是委托人原因引起的（例如未向拍卖人说明），拍卖人有权向委托人追偿。

另外，拍卖人、委托人在拍卖前声明不能保证拍卖标的的真伪或者品质的，不承担瑕疵担保责任。但是，拍卖人、委托人明确知道或应当知道拍卖标的有瑕疵时，仍应承担责任。

五、招标投标买卖

招标投标买卖，简称标卖，是指由招标人向特定或不特定的人公布招标项目，邀请其投标，在诸多投标中选择自己最满意的投标人并与之订立合同的买卖方式。买卖双方均可作为招标人。招标投标买卖作为一种特殊买卖，尤其在大宗订货和政府采购中广泛适用。应当注意的是，招标投标除可适用于买卖交易外，还可适用于承揽、建设工程、运输、服务等交易。

招标投标买卖与一般买卖的主要不同之处在于合同成立程序，必须要经过要约邀请和要约竞争等特殊阶段。《合同法》对招标投标买卖没有具体规定，应依照有关法律（尤其是《招标投标法》）、行政法规的相关规定。招标投标买卖的成立一般要经过以下几个阶段或程序：招标、投标、开标、评标和定标。具体内容可以参见本书第十八章第一节中建设工程的招标投标程序。

思　考　题

1. 出卖人应当怎样承担瑕疵担保责任？
2. 价款支付时间和地点应当如何确定？
3. 标的物所有权从何时转移？
4. 标的物风险转移的规则有哪些？
5. 分期付款买卖的特殊性表现在哪些方面？

第十二章

供用电、水、气、热力合同

本章要点

供用电、水、气、热力合同是一种特殊的买卖合同，主要表现为其标的的特殊性。本章概括性地介绍了供用电、水、气、热力合同的共同特点，并以供用电合同为主，介绍此类合同当事人的权利和义务。

第一节　供用电、水、气、热力合同概述

一、供用电、水、气、热力合同的概念

《合同法》第十章中仅对供用电合同的概念作了表述，而对于供用水、供用气、供用热力合同未作出具体规定，由于此三类合同与供用电合同具有相同的性质，因此根据《合同法》第一百八十四条的规定，可参照供用电合同的有关规定适用。在计划经济集中管理的模式下，电、水、气、热力主要以行政办法分配供应。社会主义市场经济体制的建立，使电、水、气、热力的经营与供应方式发生了显著的变化，实行了合同制，经营者和使用者按照合同享有权利并承担相应的义务。

供用电、水、气、热力合同，是指电、水、气、热力的经营者将相应数量的电、水、气、热力连续地提供给另一方使用，另一方支付价款的合同①。电、水、气、热力属于特殊的商品，为提供和使用此类特殊商品而订立的供用电、水、气、热力的合同符合买卖合同的一般特征，因此，从法律性质上看，供用电、水、气、热力的合同是一种特殊的买卖合同。此类合同与一般买卖合同相同之处在于都是一方转移财产所有权给另一方，另一方支付相应价款的双务、有偿合同，而其特殊性主要表现在此类合同的标的物属于自然

---

① 王利明等．合同法．北京：中国人民大学出版社，2002：343。

力，由此决定了其在主体、履行方式等方面有自己的特点。由于供用电、水、气、热力合同有其特殊性，因此，《合同法》将其作为独立于买卖合同的一类合同加以规定。

二、供用电、水、气、热力合同的特征

与买卖合同相比较，供用电、水、气、热力合同具有以下特征：

1. 标的物具有特殊性

电、水、气、热力作为供应合同的标的物具有特殊的性质，它们没有固定的存在形状，需要通过线路或者管道进行输送，因此其计量方法、履行地点等方面都与实体物的买卖有所不同。电、水、气、热力这种特殊标的物的消费对象是一般的社会公众，因此，可以说此类供应合同具有公用性。

2. 提供财产的一方具有特定性

供用电、水、气、热力合同的供应一方为供电、供水、供气、供热力的企业。供电、供水、供气和供热力均属公用事业范围，供应者一方先期需要较大的投入，其供应的对象广泛，服务质量直接关系到广大群众的生活和工农业生产的正常进行。目前在我国，这四个行业都为国有企业所垄断，企业并非纯粹以营利为目的，国家对于此类合同的收费标准有一定的限制。

3. 合同履行的持续性

此类供用合同的标的物不但具有特殊性，而且是生产和生活一日不可或缺的生产资料和生活资料。因此，与经由义务人的一次交付行为即可完成履行的合同不同，供用电、水、气、热力合同需要供应方在合同期限内持续不断地履行供应义务，才能实现使用人的目的。

第二节　供用电合同

一、供用电合同的内容

供用电合同是供电人向用电人供电，用电人支付电费的合同。供用电合同的标的物是电力。电力是生产和生活中随时可能需要的资源，用电人取得这种资源需要支付相应的价款，因此，从本质上讲，供用电合同是电力买卖合同。

供用电合同一般采用格式条款的方式订立。《电力法》规定，供电和用电双方应当按照国务院制定的电力供应与使用办法签订供用电合同，确定双方

的权利和义务。如果供电人制定的格式合同条款超出了或者违反了《电力供应和使用条例》的规定，含有对用电人不合理、不公平的内容，用电人有权要求修改或者删除。

供用电合同应当包括一些基本条款，这些条款决定着供电和用电双方的权利义务的范围，是确定双方是否违约的依据。《合同法》第一百七十七条规定："供用电合同的内容包括供电的方式、质量、时间，用电容量、地址、性质，计量方式，电价、电费的结算方式，供用电设施的维护责任等条款。"

1. 供电的方式、质量和时间

供电方式是指供电人向用电人供应电力的具体形式。确定供电方式应当根据电网规则、用电性质、用电容量以及当地的供电条件等因素，从安全用电、经济用电出发，由当事人双方协商确定。

供电的质量主要由供电频率、电压和供电可靠性三项指标体现。根据《合同法》第一百七十九条规定，供电人应当按照国家规定的供电质量标准和约定安全供电，供电人未按照国家规定的供电质量标准和约定安全供电，造成用电人损失的，应当承担损害赔偿责任。

供电时间是指供电人向用电人提供电力，用电人有权使用电力的起止时间。

2. 用电容量、地址、性质

用电容量是指供电人认定的用电人受电设施的总容量，而不是用户具体使用的电量。用户具体使用的电量是指用户的实际用电数量，以度为计量单位，是用户支付电费的依据。

用电地址是指用电人使用电力的地点。

用电性质是指用电人的行业分类和用电分类，即用电的具体用途。

3. 计量方式

计量方式是指供电人与用电人双方就供用电量所确定的计算、测量方法。电量是计量用电人耗用电力的数量指标。一般以"千瓦时"表示，也可用"度"表示。供电人应在用电人的用电点安装计量电度表，以计量用电数量。

4. 电价、电费的结算方式

电价是指供电人销售给用电人的电力的价格。《电力法》第三十五条第2款规定："电价实行统一政策，统一定价原则，分级管理。"电价需报国家有关物价行政主管部门核准，供电企业不得擅自变更电价。

电费是电力资源实现商品交换的货币形式，即用电人根据电价和实际的用电数量向供电人交纳的费用。电费的结算方式包括交费期限、交费办法及逾期交费的惩罚方法等。

5. 供用电设施的维护责任

为实现安全供电和安全用电，供用电双方都应当负有对供用电设施的维护责任。双方应当在合同中对各自的维护责任加以明确约定，以便在因设施损坏而影响到电力供应或者使用时确定责任主体。一般来说，公用供电设施由供电人负责维护，受电设施和用电计量装置由用电人负责维护。

以上内容是一般情况下供用电合同的基本内容，供用电双方还可以根据自己的需要协商约定其他相关的内容，一旦合同生效，双方都要严格按照合同履行。

二、供用电合同当事人的主要义务

供用电合同依法订立后，对供电人和用电人双方即产生法律效力，任何一方都应当严格按照合同的约定履行自己的合同义务，以保证对方权利的实现。

（一）供电人的义务

根据《电力法》的规定，供电人必须是持有《供电营业许可证》的供电企业，而且供电人只能在经过批准的供电营业区内供电。供电人的义务可以由双方约定，《合同法》规定供电人负有以下主要义务：

1. 按照规定和约定安全供电

供电的质量关系到工农业生产和人民群众的生活，国家对于供电制定了相应的质量标准，供电人应当按照国家规定的供电质量标准向用户安全供电。用户对供电质量有特殊要求的，供电企业应当根据其必要性和电网的可能，按照约定提供相应的电力。供电人供应的电力、电量不符合国家规定的标准，或者未按照约定实施供电行为，由此造成用电人损失的，供电人应当承担损害赔偿责任。由于供电人供电行为上的安全瑕疵造成用电人损害的，供电人也应当承担赔偿责任。

2. 需要中断供电时事先通知用电人

在电力供应过程中，有时会发生中断供电的情况。中断供电的法定事由主要有检修供电设施、在一定时期和一定地域内限电、用电人违法用电等情况。当发生上述情况需要中断供电时，供电人应当按照国家有关规定事先通知用电人，以给其必要的准备时间，避免因突然断电造成损失。根据《合同法》第一百八十条的规定，供电人未事先通知用电人而中断供电，由此造成用电人损失的，供电人应当承担损害赔偿责任。

3. 因自然灾害或者事故等原因造成断电时应及时抢修

供电人除承担供应电力的职责外，还承担着供电设施的护理维修职责。因发生不可抗力事件或者意外事故以及第三人破坏等原因造成断电时，供电人应当及时予以抢修，以保证用户正常用电。如何确定抢修是否及时，应当按照国家有关电力行业的操作规程所要求的时间或者双方在合同中约定的时间判断。根据《合同法》第一百八十一条的规定，在因自然灾害等原因断电的情况下，由于供电人未及时抢修而造成用电人损失的，供电人应当承担损害赔偿责任。需要注意的是，供电人在此承担的赔偿责任，仅指抢修不及时所造成的损失，不包括因事故造成断电本身所导致的损失。

（二）用电人的义务

供用电合同是双务合同，用电人在享有要求供电人依约供电的权利时也要履行自己的义务，以实现供电人的合同目的。用电人负有以下主要义务：

1. 及时交付电费

供用电合同本质上是一种特殊的买卖合同，用电人从供电人处取得电力资源，要为此支付相应的价款。电力的价格实行统一定价，用电人应当按照国家核准的电价，依据用电计量装置记录的用电量及时地向供电人交纳电费。根据《合同法》和《电力供应与使用条例》的规定，用电人逾期未交付电费的，供电人可以从逾期之日起，每日按照电费总额的1‰至3‰加收违约金，用电人经催告在合理期限内仍不交付电费的，供电人可以按照国家规定的程序中止供电。

2. 按照国家规定和与供电人的约定安全用电

用电人在用电时应当按照国家有关规定和当事人的约定安全用电，不得违章用电。根据《电力供应与使用条例》的规定，属于违章用电的行为包括：擅自改变用电类别；擅自超过合同约定的容量用电；擅自使用已经在供电企业办理暂停使用手续的电力设备或者擅自启用已经被供电企业查封的电力设备；擅自迁移、更动或者擅自操作供电企业的用电计量装置、电力负荷控制装置、供电设备以及约定由供电企业调度的用户的受电设备；未经供电企业许可，擅自引入、供出电源或者将自备电源擅自并网。用电人实施上述违章用电行为，供电人可根据违章事实和造成的后果追缴电费，并按照电力管理部门的规定加收电费和国家规定的其他费用；情节严重的，供电人可以按照国家规定的程序停止供电。用电人未按照国家有关规定和当事人的约定安全用电，造成供电人损失的，应当承担损害赔偿责任。

第三节 供用水、气、热力合同

供用水、气、热力与供用电有相同之处，它们都属于公用事业范围，其供应对象广泛，既要满足企事业单位的生产工作需要，又要保证广大群众的日常生活需要。供用水、气、热力合同与供电合同具有相同的法律特征，在性质上也属于特殊的买卖合同，供应人一方根据规定和约定向用户供应水、气、热力，用户为使用水、气、热力支付价款。

由于供用水、气、热力合同与供用电合同具有相同的特征、性质和成立方式，《合同法》从立法技术考虑，没有对供用水、气、热力合同逐一详细规定，而只着重规定了供用电合同，同时其第一百八十四条规定，“供用水、供用气、供用热力合同，参照供用电合同的有关规定”。因此，供用水、供用电、供用热力合同的供应一方都应当按照国家规定和当事人的约定，向用户安全足量地供应水、气、热力，同时负有认真维护设施，以及因检修等原因需中断供水、气、热力时提前通知用户的义务。当因事故造成水、气、热力的中断时，供应人应当及时抢修，恢复供应。供应人有下列情形造成用户损失的，应当承担损害赔偿责任：

（1）未按照国家规定的质量标准和与用户的约定安全供应水、气、热力；

（2）因设施计划检修、临时检修等原因需要中断供应水、气、热力时未事先通知用户；

（3）因自然灾害等原因造成供水、气、热力中断未及时抢修。

供用水、气、热力合同用户一方的主要义务是根据用量及时交纳相关的费用。用户未按时交纳费用，除应当补交外，还应当承担延期交纳的违约责任。

思考题

1. 供用电、水、气、热力合同有哪些特点？
2. 供用电合同当事人有哪些义务？

第十三章

赠与合同

本章要点

本章结合《合同法》的规定，重点介绍赠与合同的概念和特征，以及赠与合同当事人的主要权利和义务。学习本章应重点掌握赠与合同的特征、赠与合同的效力、赠与合同的任意撤销和法定撤销等问题。

第一节　赠与合同的概念和特征

一、赠与合同的概念

财产赠与在社会生活中十分常见，公民、法人、社会团体都可以在法律允许的范围内实施赠与行为，将财产所有权无偿地转移给他人。在赠与关系中，出赠财产的一方为赠与人，接受财产的一方为受赠人，赠与人与受赠人就赠与事宜达成协议，便成立了赠与合同。根据《合同法》第一百八十五条的规定，赠与合同是指赠与人将自己的财产无偿给予受赠人，受赠人表示接受赠与的合同。赠与合同与其他合同一样，是双方法律行为，其成立要求有赠与人与受赠人的合意，只有赠与人愿意将自己的财产无偿转让给受赠人的意思表示，而没有受赠人愿意接受赠与的意思表示，则不能成立赠与合同。赠与合同使赠与人负无偿给付相对人财产的债务，故赠与合同为债权合同①。

二、赠与合同的特征

赠与行为导致财产在当事人之间转移，但又不同于买卖、租赁等转移财产的行为。赠与合同作为一种独立的合同形式，具有以下主要的法律特征：

1. 赠与合同是无偿给予财产的合同

赠与合同是赠与人一方将自己的财产转移给受赠人一方所有的合同。赠

① 隋彭生．合同法要义：第二版．北京：中国政法大学出版社，2005：474。

与合同中必须存在给予行为，其给予的标的可以是有形的财产，也可以是股权、债权等。无论是以什么为标的，赠与合同的效力都是把对财产完全的、绝对的支配权转移给受赠人，其财产后果上与租赁合同、借用合同有根本的区别，而与买卖合同的后果相同。赠与合同使赠与人的财产减少，而受赠人的财产增加，但是它与买卖合同的不同在于，受赠人不需要为取得的财产支付相应的代价，因此赠与合同属于无偿的合同。

2. 赠与合同是单务合同

根据双方当事人是否存在对待给付义务，合同可以分为双务合同和单务合同。双务合同的双方当事人互负对待给付义务，一方所享有的权利即为另一方所负担的义务。单务合同的双方当事人并不相互享有权利和负担义务，而主要由一方负担义务。在赠与合同中，只有赠与人承担将赠与的财产无偿地交付给受赠人的义务，而受赠人只享有接受所赠财产的权利，没有为接受赠与的对待给付义务。正因为如此，受赠人的意思能力无关紧要，其可以是无行为能力人和限制行为能力人，他们接受赠与，他人不得以其无行为能力或者限制行为能力为由主张赠与合同无效。同时，赠与合同的单务性也决定了赠与人不享有双务合同当事人享有的同时履行抗辩权。

第二节　赠与合同的效力

一、赠与合同的成立

赠与合同为诺成合同，即当事人一方的意思表示一旦为对方同意即能产生法律效果的合同，因此，在赠与人赠与财产的意思表示与受赠人接受赠与的意思表示一致时合同即成立，不以赠与人交付赠与物作为合同成立的要件。依法成立的赠与合同，自成立时起生效。

二、赠与人的义务

赠与合同的效力表现为当事人的权利和义务，主要通过赠与人的义务来体现。赠与人的义务主要有以下几项：

1. 转移赠与标的物的义务

赠与合同一经生效，对合同双方当事人即产生法律效力，赠与人应当将赠与标的物按照合同约定的期限、地点和方式交付给受赠人，并转移其权利于受赠人。对于无社会公益、道德义务性质的一般赠与合同，赠与人在交付赠与财产之前可以撤销赠与，但是如果赠与合同具有救灾、扶贫等社会公益、道德义务性质或者经过了公证，则赠与人无撤销权。根据《合同法》第一百八十八条的规定，具有救灾、扶贫等社会公益、道德义务性质的赠与合同或者经过公证的赠与合同，赠与人不交付赠与的财产的，受赠人可以要求交付。在赠与人无故拒不履行合同义务时，受赠人有权通过法院或者仲裁机构寻求救济。但是，由于赠与合同的无偿性质所决定，受赠人只有要求赠与人交付赠与财产的权利，而不得主张支付迟延利息或赔偿其他损失。

在特殊情况下，赠与义务也可免除。《合同法》第一百九十五条规定："赠与人的经济状况显著恶化，严重影响其生产经营或者家庭生活的，可以不再履行赠与义务。"这是因为，赠与行为本身属于无偿行为，赠与人能够实施赠与是基于其自身经济状况的许可。如果赠与人经济状况发生很大变化，事实上已经没有履行能力了，但仍责令其给付财产，就可能影响赠与人的基本生活或是与其相关的第三人的利益，法律规定，这时候的赠与义务可以终止，这符合《合同法》的公平原则①。

2. 赠与物的瑕疵担保义务

物的瑕疵担保义务是指当事人应当保证所交付的标的物符合约定的质量要求。对于买卖合同而言，其有偿性决定了出卖人必须承担标的物的瑕疵担保义务。但是赠与合同是无偿性的合同，不应要求赠与人负有与出卖人相同的责任。根据《合同法》第一百八十九条的规定，赠与人原则上不承担所赠财产的瑕疵担保义务，赠与的财产有瑕疵时，受赠人不能据此要求赠与人承担责任。但是有下列两种例外情况，赠与人需要对所赠财产的瑕疵承担责任：

（1）在附义务的赠与中，赠与的财产有瑕疵的，由于受赠人有履行负担的义务，就此而言，受赠人如同买受人的地位，因此，赠与人在附义务的限度内承担与出卖人相同的责任。

（2）赠与人明知赠与的财产有瑕疵却故意不告之不知情的受赠人，或者向受赠人保证赠与的财产无瑕疵，由此造成受赠人损失的，赠与人应当承担损害赔偿责任。因为在这种情况下，赠与人主观上有恶意，受赠人的损失是由赠与人的恶意造成的，因此赠与人应当对此承担责任。

第三节　赠与合同的撤销

赠与合同自赠与人作出赠与的意思表示且受赠人作出愿意接受赠与的意

① 孙进丰，王燕华．合同法原理与应用．上海：立信会计出版社，2004：259。

思表示时生效。但是，《合同法》同时规定了赠与人的撤销权，赠与人在某些情况下可以行使撤销权撤销赠与，从而使赠与合同的效力终止。根据《合同法》第一百八十六条和第一百九十二条的规定，赠与的撤销可以分为任意撤销和法定撤销两种情况。

一、任意撤销

赠与合同的任意撤销是指在赠与财产的权利转移之前，不需要有法定的事由，赠与人基于自己的意思即可通知受赠人撤销赠与合同。任意撤销是法律赋予赠与人的反悔权。

《合同法》第一百八十六条规定，任意撤销权的行使，必须是在赠与财产的权利转移之前，对于赠与财产的权利已经转移至受赠人的，赠与人则不能再撤销赠与。对于财产权利的转移时间应根据具体情况确定。在一般情况下，财产的权利自交付时转移，如一般的动产在交付时同时转移所有权。但在某些情况下，交付并不同时产生财产权利转移的后果，如交付不动产的，必须办理过户手续后其所有权才发生转移。根据法律规定，赠与的财产依法需要办理登记等手续的，应当办理有关手续，其财产权利自办理完相关手续后才转移。因此，对于依法需要办理登记等手续的赠与合同来说，在财产已交付，但尚未办理相关手续的期间，赠与人仍可以撤销赠与。对于不是一次交付完毕，而是定期或者分批交付赠与财产的，赠与人可以对尚未交付的部分撤销赠与。

《合同法》对于赠与人的撤销权做了一定的限制，并非任何赠与合同都可以撤销。撤销权的限制体现在以下两方面：

1. 具有救灾、扶贫等社会公益、道德义务性质的赠与合同不能撤销

具有救灾、扶贫等社会公益、道德义务性质的赠与合同一般会涉及不特定多数人的利益，涉及整个社会的道德风尚。为了维护这类赠与法律关系的稳定，完成道德义务，《合同法》明确规定此类赠与合同无论是否完成了交付都不得撤销。

2. 经过公证的赠与不能撤销

除了具有社会公益、道德义务的赠与合同以外的其他的赠与合同，如果是经过公证部门公证的，在赠与财产交付前不得撤销赠与合同。因为合同经过公证，表明双方当事人对签订和履行合同是认真严肃的，对赠与人来说，有充分的时间和条件来决定是否签订和履行该合同，不存在考虑不周或情绪冲动等原因。从公证的效力来说，合同经过国家公证机关的公证，直接具有申请法院执行的效力。所以，这种赠与合同不得撤销。这对于严肃国家公证

机关的公证力，维护合同的严肃性，保证财产权利关系的相对稳定性是必要的①。

二、法定撤销

赠与合同的法定撤销，是指在具备法律规定的事由时，赠与人即产生法定的撤销赠与的权利，赠与人行使法定的撤销权而撤销合同。赠与合同的法定撤销的依据是存在法定的事由，而不论合同的性质如何以及赠与物是否已交付或者登记。

赠与人可以撤销赠与的法定事由有以下几项：

1. 受赠人对于赠与人或者其近亲属有严重侵害的行为

首先，侵害行为是具有违法性而对赠与人造成伤害的行为；

其次，侵害的情况包括身体方面的，也包括精神方面、人格权方面及财产方面等，但需达到严重的程度；

最后，被侵害的既包括赠与人本人，也包括赠与人的近亲属。

2. 受赠人对赠与人有扶养义务而不履行

受赠人对赠与人的扶养义务一般是指法定的扶养义务。受赠人在有扶养能力的情况下故意不履行对赠与人的扶养义务的，赠与人有权撤销赠与。

3. 受赠人不履行赠与合同约定的义务

赠与合同可以附义务，对于附义务的赠与，受赠人应当按照合同约定履行义务。受赠人不履行所附的义务时，构成违反合同约定，则赠与人可以撤销其赠与。

在具备上述法定事由时，赠与人享有撤销赠与的权利。撤销权的行使，以撤销权人将其撤销赠与的意思通知受赠人的方式为之，但是应当在法律规定的期限之内进行，超过法定期限的，撤销权则消灭。根据《合同法》第一百九十二条第 2 款的规定，赠与人的撤销权，自知道或者应当知道撤销原因之日起一年内行使。

因受赠人的违法行为致使赠与人死亡或者丧失民事行为能力的，赠与人的继承人或者法定代理人可以撤销赠与。但是，赠与人的继承人或者法定代理人行使撤销权的期限与赠与人撤销权的行使期限不同。《合同法》第一百九十三条第 2 款规定，赠与人的继承人或者法定代理人的撤销权，自知道或者应当知道撤销原因之日起 6 个月内行使，超过该期限的，不得再行使撤销权。

---

① 刘娜娜，耿淑芬．合同法实务与案例分析．北京：中国工商出版社，2002：523。

思考题

1. 什么是赠与合同？赠与合同有哪些特征？
2. 赠与合同的效力是什么？
3. 赠与人在什么情况下不能撤销赠与？
4. 什么情况下发生赠与合同的法定撤销？

第十四章

借 款 合 同

本 章 要 点

本章重点介绍借款合同的概念和特征、借款合同的种类、借款合同的订立、借款合同当事人的权利和义务。学习本章应当重点掌握的内容是：借款合同的特征、借款合同的分类、借款合同的主要内容、借款合同当事人的主要义务。

第一节　借款合同概述

一、借款合同的概念和特征

根据《合同法》第一百九十六条的规定，借款合同是借款人向贷款人借款，到期返还借款并支付利息的合同。提出借款的一方称为借款人，提供借款的一方称为贷款人或出借人。借款合同的主要法律特征有：

1. 借款合同的标的物是货币

借款合同的标的物为金钱，金钱既是可消耗物，又是特殊的种类物，金钱占有的转移，在双方当事人没有特别约定时，即发生金钱所有权的转移，因此，借款合同系属转移财产所有权的合同①。借款合同转让的是货币的所有权，当贷款人将借款交付给借款人时，借款人即取得了货币的所有权，他可以处分所得的货币。由于货币是种类物，因此，借款人在合同到期时返还相同数额的货币即可，无须也不可能返还原货币。至于借款人是否需要支付利息，由当事人约定。

2. 借款合同既可以是有偿合同，也可以是无偿合同

有偿的借款合同是指借款人在使用贷款人提供的钱款时需要支付利息。金融机构借款合同为有偿合同，其利率是法定利率，由国家统一规定，中国

① 王利明等. 合同法. 北京：中国人民大学出版社，2002：362。

人民银行统一管理。自然人之间的借款合同可以是无偿的，当事人对支付利息没有约定或者约定不明确的，视为不支付利息。

二、借款合同的分类

1. 按照合同主体不同划分

按照合同主体不同划分，可以将借款合同分为金融机构的借款合同和自然人间的借款合同。

以金融机构为贷款人的借款合同又称为信贷合同，是金融机构作为贷款人向借款人提供贷款，借款人到期返还借款并支付利息的合同。此类合同应当采用书面形式订立，而且都是有偿合同，借款人不仅负担按期返还本金的义务，还要向贷款人支付利息。金融机构借款合同应当对借款种类、借款币种、借款用途、借款数额、利率、借款期限、还款方式等内容做出明确的约定，以便于履行。

自然人间的借款合同是指双方都为自然人的借款合同。此类借款合同法律并不要求必须采用书面形式，采取何种形式由当事人自行约定。同时，此类借款合同可以是有偿的也可以是无偿的，当事人对支付利息没有约定或者约定不明确的，视为不支付利息。

2. 按照借款期限划分

按照借款期限的长短，借款合同可分为短期借款合同和中长期借款合同。短期借款合同一般是指期限在一年之内的借款合同，主要用以解决生产、流通中的资金周转。对银行来说，短期借款风险小但赢利少。

中长期借款合同指期限在一年以上的借款合同，主要用于基本建设或者大型设备投资等。中长期借款合同对于银行来说风险大于短期借款合同，但可能获得较高的赢利。

3. 按照借款合同有无担保划分

根据借款合同订立时是否设立了担保，可将借款合同分为信用借款合同和担保借款合同。

信用借款合同是指贷款人向借款人提供借款时不要求借款人提供担保，借款人以其信用保证履行还款义务的借款合同。此种借款合同对贷款人来讲有很大风险。

担保借款合同是指贷款人以借款人提供担保为条件向其提供借款的合同。由于借款人向贷款人提供了担保，因此贷款人的风险较小。按照担保方式的不同，担保借款合同又可具体分为信用担保借款合同和财产担保借款合同。信用担保借款合同是指第三人做借款人的保证人的借款合同，当借款人到期不履行还款义务时由保证人在保证范围内承担保证责任。财产担保借款合同指借款人以自己的财产做抵押的借款合同，当借款人到期不能还款时，贷款人可以依法处分抵押财产得到清偿。

第二节　借款合同的订立

一、借款合同的形式

借款合同一般应采取书面形式。由于借款合同不能即时清结，需要一定期限后才能清偿，为了使双方的权利和义务明确，便于按照约定履行，因此应当采取书面形式。对于金融机构借款合同，都应当采用书面形式，将双方的权利和义务明确地予以约定。但是对于自然人之间的借款合同，法律允许当事人另行约定，即自然人之间的借款合同可以约定采用书面形式之外的其他形式。《合同法》第一百九十七条规定："借款合同采用书面形式，但自然人之间借款另有约定的除外。"由此规定看出，借款合同以书面形式为原则，以其他形式为例外。

二、借款合同的主要内容

合同的内容决定着当事人的权利和义务，根据《合同法》第一百九十七条第2款的规定，借款合同的内容主要包括：

1. 借款种类

借款种类主要是金融机构借款合同中，金融机构作为贷款人根据国家的信贷政策，按借款方的不同种类、行业属性等实行一定的区别对待。例如国家对能源、交通、环保等行业有一定的倾斜政策，金融机构应予以大力扶持。因此需要对借款的种类予以明确的约定。

2. 借款币种

借款币种即借款合同标的的种类。借款合同的标的是货币，这里说的货币并不限于人民币，也包括外币。不同的货币种类有不同的利率，借款合同应当对货币的种类明确规定。

3. 借款用途

借款用途是指借款使用的范围和内容。根据国家的金融政策，从金融机构获得的贷款应当专款专用，借款用途即规定了贷款的使用方向。借款人应当按照约定的借款用途使用贷款，金融机构有权对借款人使用贷款的情况进行监督。

4. 借款数额

借款数额指借贷货币的数量，它决定着当事人权利义务的大小，也是计算借款人应付利息的依据之一。在确定借款数额时贷款人要充分考察借款人的信用状况、还款能力等，慎重地决定向借款人提供贷款的数量。

5. 借款利率

利率是指一定时期借款利息与借款本金的比率。除自然人之间的借款合同可以是无偿的以外，以金融机构为贷款人的借款合同均为有偿合同，借款人需为使用借款向贷款人支付利息，而利率就是确定利息数额的基准依据。从结构上划分，借款利率可以分为基准利率，法定利率，浮动利率，优惠利率，加息、贴息借款利率等形式。对于有偿的借款合同，利率是必备条款，必须明确予以规定。

6. 借款期限

借款期限是借贷双方约定的借款人能够使用借款的期限。借款期限决定着借款人使用借款的时间长短，期限届满时，借款人必须返还借款本金并且支付约定的利息。无论是金融机构为贷款人的借款合同还是自然人之间的借款合同，对于借款期限都应当作出具体、明确的约定，到期不履行还款义务须承担相应的违约责任。

7. 还款方式

还款方式是借贷双方约定的借款人将借款偿还给贷款人的具体结算方式。还款方式可以采用一次性还款，也可以采用分期还款，由当事人在合同中明确约定。在金融机构贷款合同中，借款人一般是分期还款，每期还款的数额中包括一定量的本金和相应的利息，借款人需按银行计算好的还款数额按期还款。

以上内容是借款合同一般应当包括的条款，当事人双方可以根据自己的需要协商确定其他的内容，例如违约责任、解决争议的方法等，一旦达成协议，双方都应当严格履行。

第三节　借款合同的效力

一、贷款人的义务

借款合同可以分为金融机构作为贷款人的借款合同和自然人之间的借款

合同。根据《合同法》的有关规定，贷款人的主要义务有以下几方面：

1. 按期足额地提供贷款

借款合同中贷款人的主要义务就是按照合同的约定按时足额地向借款人发放其所借的款项。按时是在期限上符合合同约定的时间，足额是在数额上符合合同约定的借款数量，只有按时并且足额地将借款发放给借款人才能满足借款人的实际需要。如果贷款人未按期、足额地提供借款，则贷款人存在违约行为，贷款人应承担相应的违约责任。根据《合同法》第二百条的规定，借款的利息不得预先在本金中扣除。如果允许贷款人预先在本金中扣除利息，则等于允许其多收借款人的利息；对于借款人来说，则等于少收了借款，多付了利息。为体现公平原则，贷款人将利息在本金中预先扣除的，借款人应按照实际借款数额返还借款，以实际借款为基数计算利息①。如果利息预先在本金中扣除的，借款人应当按照实际借款数额返还借款并计算利息。

按期、足额地提供借款是贷款人的主要义务，贷款人违反该义务，应当承担相应的责任。《合同法》第二百零一条规定："贷款人未按照约定的日期、数额提供借款，造成借款人损失的，应当赔偿损失。"

2. 保密的义务

《合同法》赋予了贷款人按照约定检查、监督借款的使用情况的权利，借款人则有义务向贷款人提供有关财务会计报表等资料，这就使得贷款人有机会了解借款人的商业秘密。对此，贷款人有义务为借款人保守商业秘密，不得擅自将其泄露给他人或者自己不正当地使用，否则构成侵权，应当承担赔偿责任。

以上是贷款人的主要义务。贷款人在履行义务的同时也享有相应的权利。贷款人的权利主要有：要求借款人按时返还借款并支付利息；要求借款人提供担保；依约定检查、监督借款人使用借款的情况等。

二、借款人的义务

借款人在获得贷款人提供的借款的同时，也需要履行相应的义务，这些义务对于实现贷款人的利益是必不可少的。借款人承担的义务主要有以下几方面：

1. 告知真实情况

《合同法》第一百九十九条规定："订立借款合同，借款人应当按照贷款人的要求提供与借款有关的业务活动和财务状况的真实情况。"本条主要是针

---

① 隋彭生. 合同法要义：第二版. 北京：中国政法大学出版社，2005：488。

对金融机构的借款合同。金融机构向借款人发放贷款是风险较大的经营活动，金融机构必须对借款人有全面实际的了解，在此基础上决定是否贷款给借款人，这样才能将风险降到最低。因此，金融机构有权要求借款人提供与借款有关的业务活动和财务状况的资料，以了解借款人的还款能力。与金融机构的此项权利相对应，借款人向金融机构提供相关的资料以告知与借款有关的业务活动和财务状况的真实情况便是借款人的一项义务。

2. 按照约定提供担保

根据我国《商业银行法》的规定，商业银行贷款，借款人应当提供担保，只有经银行严格审查，确认借款人资信良好，确能偿还贷款的，才可以不提供担保。因此，按照约定提供担保是借款人的一项义务，履行该义务的目的是为了保证银行能够在借款人不能偿还贷款时通过担保措施得到清偿。自然人之间的借款合同，贷款人也可以要求借款人提供担保，借款人提供的担保消除了贷款人对能否到期收回借款的后顾之忧，从而能够按时足额地将借款提供给借款人。我国《担保法》规定了保证、抵押、质押、留置和定金五种担保方式，其中能够适用于借款合同的只有保证、抵押和质押三种方式。

3. 按照约定的用途使用借款

借款用途是借款人使用借款的目的，借款人将借款用于特定用途，是银行贷款给借款人的重要前提之一，是银行决定同意向借款人贷款的重要影响因素。借款人擅自改变借款用途，会使双方最初共同预期的收益变得不确定，增加了贷款人的经营风险。因此，借款人应当遵守合同的约定，按照约定的用途使用借款，不得擅自挪作他用。银行作为贷款人可以依约定监督检查借款人使用借款的情况，借款人应当接受银行的监督检查，按照约定向贷款人定期提供有关财务会计报表等资料。对于自然人之间的借款合同，借款用途并非必须具备的条款，当事人对此可以约定，也可以不约定。在当事人有关于借款用途的约定的情况下，借款人就应当遵守约定，按照约定的用途使用借款。

4. 按期支付利息

银行贷款给借款人是一种经营活动，因此此类合同都是有偿的，即借款人要为使用银行贷款向银行支付利息。借款人支付利息应当依合同中的约定或者法律的规定。金融机构贷款的利率，应当按照中国人民银行规定的贷款利率的上下限确定。借款人支付利息应当按照合同约定的期限进行。根据《合同法》第二百零五条的规定，当事人在合同中对支付利息的期限没有约定或者约定不明确的，可以另行签订补充协议确定。不能达成补充协议的，借款期间不满一年的，应当在返还借款时一并支付；借款期间一年以上的，应当在每届满一年时支付，剩余期间不满一年的，应当在返还借款时一并支付。对于贷款人接受借款人提前偿还借款的，除当事人另有约定的以外，应当按照实际借款的期限计算利息。

与银行借款合同相比，自然人之间的借款合同具有任意性的一面，可以约定支付利息，也可以不约定支付利息。根据《合同法》第二百一十一条的规定，自然人之间的借款合同对支付利息没有约定或者约定不明确的，视为不支付利息。自然人之间的借款合同约定支付利息的，其利率由当事人约定。但是，双方对利率的约定并非完全是任意的，而是不得违反国家有关限制借款利率的规定。根据最高人民法院《关于人民法院审理借贷案件的若干意见》的规定，民间借贷合同的利率可以适当高于银行利率，但最高不得超过银行同类贷款利率的四倍（包含利率本数），超过此限度的利息不予保护，即贷款人不得请求法院就该部分对借款人强制执行。

5. 按期返还借款

借款合同一般应明确约定返还借款的期限，借款到期后，借款人有义务返还借款。根据《合同法》第二百零六条的规定，当事人对借款期限没有约定或者约定不明确的，可以用补充协议确定。不能达成补充协议的，借款人可以随时返还借款，贷款人也可以催告借款人在合理期限内返还。借款人未按照约定的期限返还借款的，应当按照约定或者国家有关规定支付逾期利息。

《合同法》规定，如果借款人需要在还款期限届满后继续使用借款，可以在还款期限届满之前向贷款人申请展期。借款展期，是指借款合同期限届满后延长借款合同期限的行为。借款展期属于借贷双方之间重新达成协议，必须双方意思表示一致。贷款人同意展期的，借款人可以继续使用借款，至展期届满后才有义务返还借款。借款人在展期中使用借款仍然应当支付利息，对于展期中的利率可以继续原利率，也可以重新协商确定。

对于以上贷款人与借款人的义务，双方当事人都应当严格履行，任何一方不按照合同约定履行自己的义务都构成违约，应当承担相应的违约责任。

思考题

1. 借款合同有哪些特征？
2. 借款合同的当事人有哪些主要义务？

第十五章

租 赁 合 同

本 章 要 点

本章介绍租赁合同的概念和特征、租赁合同的期限、租赁合同的形式、出租人的义务、承租人的义务、转租、租赁合同的变动。本章的重点和难点是租赁双方的义务、转租、租赁合同的对抗力、承租人的优先购买权、租赁期限的法定更新。

第一节　租赁合同概述

一、租赁合同的概念和特征

租赁合同是出租人将租赁物交付承租人使用、收益，承租人支付租金的合同（《合同法》第二百一十二条）。交付并用于使用、收益的物称为租赁物，交付租赁物的一方称为出租人，支付租金对租赁物进行使用、收益的一方称为承租人。租赁合同具有以下特征：

1. 租赁合同是转移财产使用、收益权的合同

承租人订立租赁合同的目的是为了对租赁物进行使用、收益，承租人所取得的仅是对租赁物的使用、收益权，在租赁合同期限届满时，承租人要将租赁物返还出租人，而租赁物的所有权或处分权仍属于出租人。租赁合同的这一特征使之与转移财产所有权的合同区分开来。买卖、赠与、互易、借款等合同，都是转移标的物所有权的合同，标的物取得人在取得所有权的同时就意味着获得处分权，与承租人有所不同。承租人是否对租赁物同时享有使用权、收益权，应根据租赁合同的约定来决定，如果只约定使用而禁止收益的，则承租人即不得进行收益。

2. 承租人取得租赁物使用、收益权以支付租金为代价

出租人缔约的目的是为了使租赁物的价值得以实现，取得一定的利益。承租人不能无偿地取得使用、收益权，要向出租人支付代价即租金。出租人

所负担的交付租赁物供承租人使用、收益的义务与承租人所负担的交付租金的义务互为对价，因此，租赁合同为有偿合同。租赁合同这一特征使之有别于借用合同，借用人虽然取得了借用物的使用权，但是借用是无偿的，不需付出任何代价。

租金为租赁合同的必备条款，未约定租金的，不成立租赁。但是在缔约时约定租金即可，没有约定租金数额及其支付期限和方式并不影响租赁合同的成立。租金不以金钱为限，以实物充作租金也未尝不可。无论如何，租金必须为财产，如以劳务作为标的物使用收益的对价，则不成立租赁。

3. 租赁合同的标的物是有体物

租赁物必须是有形物，可以是动产，也可以是不动产。在我国，不动产虽包括土地、房屋及其他建筑物、构筑物，但是土地不得作为租赁物，如果欲取得土地使用权，可以通过在土地上设立或取得用益物权的方式。但是，无论通过何种途径获得土地使用权，都不是租赁。无形的财产，例如用益物权、担保物权、债权、知识产权、技术等，也不能作为租赁物。知识产权、技术等虽然可以由权利人许可他人使用，然而这并非租赁。除无形财产外，企业虽可以承包经营，但是企业并非特定财产，企业的承包经营并非租赁。

租赁物一般应为非消耗物，消耗物不适宜作为租赁物，因为这些物一经使用，就会改变其形态和价值，甚至物本身也会消失，承租人将无法返还租赁物。但是，在特殊情况下，消耗物也可以作为租赁物，但承租人只能以非消费方式使用租赁物。例如，承租人租赁某一消耗物用于临时展览，能够原样返还，因此不妨碍其成为租赁物。

4. 租赁合同具有继续性

承租人对租赁物的使用收益必须以持续占有标的物为必要，出租人的义务并不因依法交付标的物而完成，而是贯穿于整个租赁期间，出租人在租赁期间内都要保持租赁物处于可使用状态，也就是要维持履行状态。这样，在整个租赁期间内，承租人都不丧失履行抗辩权。

二、租赁合同的分类

1. 动产租赁与不动产租赁

根据租赁物的性质，可以将租赁合同分为动产租赁和不动产租赁。以动产为标的物的租赁合同，为动产租赁；以不动产为标的物的租赁合同为不动产租赁，在我国主要指房屋租赁。区分动产租赁和不动产租赁意义表现在如下几个方面：

第一，对合同形式的要求不同。房屋租赁，应当签订书面租赁合同，签订、变更、终止租赁合同的，当事人应当到房地产管理部门登记备案。动产租赁，除法律另有规定外，并不需要以书面形式订立，更不需要登记备案。

第二，能否继续承租不同。房屋承租人在租赁期间死亡的，与其生前共同居住的人可以按照原租赁合同租赁该房屋，即可以续租。动产租赁则不能。

第三，能否行使优先购买权不同。房屋出租人在租赁期间内出卖该房屋的，承租人享有以同等条件优先购买的权利。动产租赁中，承租人没有这种权利。

2. 定期租赁与不定期租赁

根据是否明确地约定了租赁期限，可将租赁合同分为定期租赁和不定期租赁。定期租赁是指当事人约定了明确租期的租赁。不定期租赁是指没有明确约定租期的租赁。不定期租赁包括以下三种情形：

一种情形是，当事人对租赁期限没有约定或者约定不明确，对于租期不能达成补充协议，也不能按照合同有关条款或者交易习惯确定的，视为不定期租赁。

另一种情形是，当事人将租赁期限约定为六个月以上，但未采取书面形式，视为不定期租赁。租期为六个月以上的租赁合同，如未采取书面形式，则推定双方并无严格遵守约定租期的意思，因此视为不定期租赁。

第三种情形是，租赁期间届满，承租人继续使用租赁物，出租人没有提出异议的，原租赁合同继续有效，但租赁期限为不定期。在这种情形中，双方并无终止租赁关系的意思，又没有对租期进行明确约定，视为租赁在不确定期间内继续存在。

区分定期租赁和不定期租赁的意义在于是否随时解除合同。定期租赁，除非出现当事人约定或法律规定的事由，不可单方解除合同。但是在不定期租赁中，双方均可以随时解除合同。但出租人解除合同时，依诚实信用原则，应当在合理期限之前通知承租人，以防止承租人受到不当损害。

三、租赁合同的形式

按照合同自由原则，当事人订立合同，可以采用书面形式、口头形式和其他形式，但法律、行政法规另有规定的或当事人另有约定的除外。由于租赁合同是转移租赁物使用、收益权的合同，出租人要将标的物交付承租人，在承租人支配期间，租赁物可能毁损、灭失，对于如何承担租赁物风险、如何维修等问题，最好做出书面约定，以免发生不必要的争议。法律、行政法规对租赁合同的形式有特别规定的，应当遵循该规定。例如，房屋、船舶、民用航空器等的租赁，应当采用书面形式。在其他法律、行政法规没有规定的情形下，根据《合同法》的规定，可以区分以下三种情形：

首先，租赁期限在六个月以上的定期租赁应当采用书面形式。这是因为，租期长的合同往往是租赁物价值较高，租金较多，对租赁物的使用消耗也较多，以书面形式明确约定双方的权利义务关系是妥当的。不过，租期在六个月以上的租赁即使没有采取书面形式，租赁合同还是有效的，视为不定期租赁。

其次，租赁期限在六个月以下的定期租赁，形式不受限制。租期较短的合同，一般来说，租赁物使用消耗较少，租金也较少，一旦发生纠纷也容易分清责任，因此，不必以书面形式订立合同。

最后，不定期租赁的形式也不受限制。不定期租赁有随时解除的可能，不应强求采取书面形式。

四、租赁合同的期限

租赁合同是转移租赁物使用、收益权的合同，当承租人达到使用收益的目的后，需要将租赁物返还出租人。因此，租赁合同应当规定租赁期限。租赁期限关系承租人使用时间的长短、支付租金的时间、交还租赁物的时间等。租赁期限的长短原则上可以由当事人根据具体情况自行约定，租赁期限可以年、月、日、小时计算。

租赁期限虽可由当事人约定，但是要受到以下两种限制：

一是租期不得超过法定最高期限。租赁期限不得超过二十年，超过二十年的，超过部分无效。租赁期间届满，当事人可以续订租赁合同，但约定的租赁期限自续订之日起也不得超过二十年。这是因为，租期如果太长，客观情况可能会发生比较明显变化，对租赁双方来说可能都不合适，这在房屋租赁方面表现得尤为明显。

二是租期不得超过租赁物的正常使用寿命。任何租赁物的使用价值总是随着时间推移逐渐下降，如果超过其正常使用寿命，不但不能满足承租人的租赁目的，而且可能发生意外损害。即使没有超过二十年的法定最高期限，也不得超过租赁物的正常使用年限。动产租赁经常面临这样的问题。

第二节　租赁合同的效力

一、出租人的义务

（一）按照约定将租赁物交付承租人

承租人要对租赁物进行使用、收益，必须以占有租赁物为前提。由于租赁合同为诺成合同，不以租赁物的交付作为合同的成立要件，因此出租人有义务按照约定向承租人交付租赁物。交付租赁物，不以现实交付为限，指示交付或简易交付也未尝不可。按照约定交付租赁物，是指按照合同约定的数量、交付方式、时间和地点向承租人交付租赁物。如果租赁物有从物时，除非另有约定，在交付主物的同时应将从物一并交付承租人。

（二）物的瑕疵担保义务

租赁合同的标的物是有形物，出租人也应当保证租赁物符合约定的用途或者说应当保证租赁物具备应有的使用价值。但是，租赁合同是继续性合同，与出卖人相比，出租人的物的瑕疵担保义务要求更高，表现在两个方面：

一是在租赁物交付时应当保证租赁物符合约定的用途；

二是在租赁期间内保持租赁物符合约定的用途，使承租人能够正常使用、收益，仅仅保证交付时没有物的瑕疵是不够的。

无论交付时还是租赁期间内出现物的瑕疵，出租人应当承担违约责任。承租人可以要求出租人进行维修，如果租赁物是种类物，可以要求出租人更换，另外还可以请求减少租金或解除合同。

与出卖人的瑕疵担保责任一样，出租人的瑕疵担保责任也可以通过约定免责条款予以免除或减轻。在租赁合同订立时，出租人已向承租人告知租赁物的瑕疵或者承租人知道标的物存在瑕疵的，出租人也可免于承担责任。但是，在特殊情况下，即使承租人知道租赁物有瑕疵，出租人也要承担瑕疵担保责任。即租赁物危及承租人的安全或者健康的，即使承租人订立合同时明知该租赁物质量不合格，承租人仍然可以随时解除合同（《合同法》第二百三十三条）。也就是说，在租赁物存在瑕疵可能造成人身损害的情况下，出租人仍应承担责任。这是因为，承租人租赁标的物，多是迫不得已，即使租赁物存在缺陷，勉强租赁的也不在少数，但是如果租赁物危及人身，而仍强求其长期忍受，则承租人的基本人权将难以得到保障，如屋梁腐朽，有倒塌之虞，或地下室通风极差，极易造成呼吸系统疾病。所谓危及安全或健康，不以实际发生损害为必要，只要有造成损害之虞即可，受到人身威胁的人也不以承租人为限，与其共同居住的人也包括在内。如果瑕疵仅危及财产安全的，则不包括在内。

（三）权利瑕疵担保义务

权利瑕疵担保义务是指出租人应当保证承租人对租赁物的使用、收益不因第三人主张权利而受到妨碍。由于租赁合同为继续性合同，出租人在租赁关系存续中，均应负权利瑕疵担保义务。

承租人要求出租人承担权利瑕疵担保责任应具备以下条件：

第一，第三人主张权利，致使承租人不能对租赁物使用、收益。第三人主张权利通常表现为以下几种情形：第三人主张自己对租赁物享有所有权，要求收回；第三人主张自己享有担保物权，要求实现担保物权；第三人是出租人的债权人，申请对租赁物强制执行等。在这些情形下，第三人主张权利会妨碍承租人对租赁物的使用和收益。

第二，第三人主张权利时，承租人应当及时通知出租人的，以便出租人做出补救或排除瑕疵。该通知义务为附随义务。承租人未及时通知出租人的，就因此给自己造成的损失，无权要求出租人承担责任，如给出租人造成损失的，还应对出租人承担赔偿责任。

第三，出租人未能及时排除权利瑕疵。权利瑕疵是可以排除的，出租人及时采取措施排除的，可免于承担责任。

具备以上条件的，承租人视具体情形，可以要求减少租金或者不支付租金。但是，在订立租赁合同时，承租人明知租赁物存在权利瑕疵的，则出租人免于承担责任。

（四）租赁物的维修义务

1. 维修义务的承担

维修义务是指在租赁物出现不符合约定的使用状态时，出租人应当对该租赁物进行维护和修理，以保证承租人能够正常使用该租赁物。

承租人在使用租赁物时必然会有正常的消耗，另外也可能因天灾人祸使租赁物受到损害，从而影响租赁物的使用，因此对租赁物进行维修是必要的。在一般情况下，出租人应当承担维修义务，这是因为：

首先，在绝大多数情况下出租人是租赁物的所有人，对租赁物进行正常的维修，能够延长租赁物的使用期，是对自己利益的保护。

其次，出租人既然承担物的瑕疵担保义务，对租赁物进行维修就是理所当然的。

最后，租赁合同为有偿合同，如果租赁物无法使用或不能正常使用，仍然要求承租人支付租金也是显失公平的。

出租人履行维修义务并不是绝对的、无条件的，应当具备以下条件：

其一，有维修必要，即租赁物不进行维修就不能正常使用或全面使用。

其二，有维修可能，即租赁物损坏后能够将其修缮并恢复或达到损坏前的状态，如果租赁物已彻底损坏，没有修复可能，出租人就不需要履行维修义务。

其三，有维修的正当理由。只有当租赁物的损耗是因不可归责于承租人的事由造成的，出租人才承担维修义务。如果是因为承租人的保管使用不善，造成租赁物损耗时，承租人应承担违约责任，出租人不负维修义务。

承租人在租赁物需要维修时应当对出租人进行催告，即要求出租人在合理期限内维修，以便出租人知晓租赁物出现损耗并及时进行维修。该催告义务性质上为附随义务，是承租人取得解除合同或自行维修权利的前提。承租人怠于通知，致使出租人不能及时进行维修的，应赔偿出租人因此所产生的损害。维修义务也可以由出租人主动履行。

出租人履行维修义务时需要由承租人提供必要的协助。当出租人对租赁物进行维修时，承租人不能拒绝，而应当积极配合并为其提供必要条件。出租人进行维修，难免使承租人暂时不能使用、收益，承租人应当予以适当容忍。

虽然在一般情况下由出租人负有维修义务，但并不排除在某些情形下由承租人承担。出租人在以下几种情形中不承担维修义务：①法律、行政法规另有规定的。如《海商法》规定，在光船租赁中，由承租人负责维修保养。②双方另有约定的。双方可以在租赁合同中加入维修条款，由承租人负责维修租赁物。③交易习惯另有做法的。例如，在汽车租赁中，对汽车的维修义务一般由承租人负担。

2. 维修义务的违反

出租人应当在承租人提出维修要求的合理期限内，履行对租赁物的维修义务。如果出租人拒绝维修或在合理的期限内未进行维修的，承租人可以自行维修。在这种情形下，实际上是由承租人代为履行维修义务，所以维修费用由出租人负担。承租人已经垫付的，有权要求出租人偿还或者从租金中扣除。另外，出租人无正当理由拒绝履行或未履行其维修义务的，就构成根本违约，承租人也可以解除合同。

3. 减少租金或者延长租期

无论是出租人对租赁物进行维修，还是承租人对租赁物进行维修，因维修租赁物影响承租人使用、收益的，出租人应当相应减少租金或者延长租期，作为对承租人的补救。

二、承租人的义务

（一）依约定方法或租赁物的性质使用租赁物的义务

承租人使用租赁物必然导致租赁物的损耗，使其使用价值降低，因此承租人如何使用租赁物，关系到出租人的切身利益。双方在租赁合同中约定使用方法的，承租人应当按照约定的方法使用租赁物。例如，约定房屋用来居住的，承租人就应自己或与其亲属居住，而不能将房屋用于营业。对租赁物的使用方法没有约定或者约定不明确，双方当事人可以协议补充，不能达成补充协议的，按照合同有关条款或者交易习惯确定；仍不能确定的，应当按照租赁物的性质使用。所谓租赁物的性质是指租赁物本身的属性，例如，用于载货的汽车不能用于载人，用于产奶的母牛不得用于耕地等。

承租人按照约定的方法或者租赁物的性质使用租赁物，致使租赁物受到损耗的，不承担损害赔偿责任（《合同法》第二百一十八条）。租赁物即使是正常使用也必然会产生损耗，如果承租人按照约定的方法或者租赁物的性质使用租赁物，租赁物因使用受到的损耗是一种合理的、正常的损失。例如，电视显像管寿命因为使用而逐渐缩短，汽车轮胎因汽车行驶而逐渐磨损等。租赁物的正常损耗是不可避免的，由出租人承担这种损失并不会损害其利益，因为承租人支付的租金弥补了这种正常损失。

相反，承租人未按照约定的方法或者租赁物的性质使用租赁物，致使租赁物受到损失的，出租人可以解除合同并要求赔偿损失。承租人未按照约定的方法或租赁物的性质使用租赁物，是对租赁物的非正常使用，在有造成损害的危险时，出租人可以请求承租人停止侵害、消除危险。如果致使租赁物受到损失，则这种损失并非正常损失，承租人应当承担违约责任。鉴于承租人非正常使用租赁物属于根本违约行为，出租人可以解除合同并要求赔偿损失。

（二）妥善保管租赁物的义务

承租人只享有对租赁物进行使用、收益的权利，并不享有所有权，租赁合同终止时应将租赁物返还出租人，所以必须对租赁物进行妥善保管，而且妥善保管也有利于承租人对租赁物进行充分利用。妥善保管要求承租人保管租赁物应比保管自己的物品给予更多的注意。承租人的保管义务应包括以下内容：

1. 按照约定的方式或者租赁物的性质保管租赁物

当事人对保管方式有约定的，应当从其约定；无约定的，应当依照租赁物的性质妥善保管租赁物。例如，租赁物是电脑的，在使用完毕后应当切断电源。按照租赁物的性质需要采取特殊保管措施的，应当采取特殊保管措施。除另有约定外，承租人应当亲自保管租赁物，不得将租赁物转交第三人保管，更不得许可第三人使用租赁物。

2. 防止租赁物损失的扩大

当租赁物出现损坏的危险时，承租人应当采取预防措施，防止损失发生。一旦发生损失，除即时通知出租人外，应当采取措施防止损失的扩大。不能对租赁物的损失坐视不管，漠不关心。

承租人因保管不善造成租赁物毁损、灭失的，应当承担损害赔偿责任。因可归责于与承租人共同居住的人的事由，或者因可归责于其他被允许对租赁物进行使用、收益的第三人的事由，造成租赁物毁损、灭失的，承租人仍应承担损害赔偿责任。

（三）支付租金的义务

租赁合同为有偿合同，承租人对租赁物的使用、收益权利以向出租人支付租金为代价，所以承租人必须履行支付租金的义务。租金条款是租赁合同的必备条款，双方可以通过租金条款具体约定租金数额、支付方式、支付期限和支付地点等。

1. 支付期限的确定

在实践中经常出现租金支付期限的争议。为避免发生争议，双方应当在租赁合同中明确约定租金支付期限。租金支付期限可以按年、月、日或小时计算。租金支付可以是一次支付，也可以是分期支付；一次支付可以是在租赁合同成立时支付（事前支付），也可以在租期届满后一次支付（事后支付）。在实务中，如果对支付期限没有约定或者约定不明确，双方可以协议补充，不能达成补充协议的，可以按照合同有关条款或者交易习惯确定，例如，在住房租赁中，租金通常在租赁合同成立时预付。仍不能确定的，应当根据租期的长短决定租金支付期限：

（1）租赁期间不满一年的，应当在租赁期间届满时支付。

（2）租赁期间在一年以上的，应当在每届满一年时支付，剩余期间不满一年的，应当在租赁期间届满时支付。

2. 承租人违反支付租金义务的后果

承租人无正当理由未支付或者迟延支付租金的，出租人可以要求承租人在合理期限内支付。承租人逾期不支付的，出租人可以解除合同。承租人无正当理由拒付和迟付租金，属于违约行为，致使出租人的缔约目的不能实现，在这种情况下，出租人既可以要求承租人支付租金、赔偿损失，也可以解除合同。承租人常为经济上的弱者，租金偶有迟付，在所难免。为体恤承租人，出租人解除合同应当具有以下条件：

（1）承租人无正当理由。所谓无正当理由，是指因可归责于承租人的事由致使租金未支付或迟付。例如，承租人租赁房屋用于营业，由于经营不善导致亏本，不能以此为由不支付租金。如果存在正当理由，则出租人不得解除合同。例如，因发生不可抗力，致使租赁物部分或者全部毁损、灭失的，承租人可以不支付租金。

（2）定期催告。承租人无正当理由未支付或迟付租金虽构成违约，但出租人也无需立即解除合同，可以给承租人实际履行的机会。所以，出租人可以通知承租人，要求其在合理的期限内支付。承租人经催告后在合理的期限内仍不支付租金的，出租人的缔约目的不能实现，出租人可以解除合同。

（四）返还租赁物的义务

承租人是对他人的物进行使用、收益，在租赁关系终止后，承租人应当返还租赁物。承租人履行返还租赁物的义务，应当符合以下要求：

首先，承租人应在租赁关系终止时向出租人返还租赁物。租赁关系终止最常见的情形是租期届满，但也可因当事人一方解除合同或者因其他原因而终止。在租赁关系终止时，承租人已经没有占有租赁物的合法依据，承租人就应当及时返还租赁物；只有当租赁物不存在时，承租人才不负返还义务。

其次，返还的租赁物应当符合按照约定或者租赁物性质使用后的状态。即使租赁物正常使用，也必然产生合理损耗，因此，从理论上而言，租赁物只能现状返还而无法原状返还。只要承租人返还的租赁物符合约定的状态，或者符合按照租赁物的性质正常使用、收益后的状态，就是适当履行了返还义务。

三、租赁物转租

（一）转租的意义

所谓转租，也称为次租赁，是指在租赁期间内承租人将租赁物出租给次承租人使用、收益。承租人可以将租赁物全部转租，也可以部分转租。在转租的情形下，原租赁合同继续存在，承租人并不脱离原租赁关系，在承租人与第三人之间又成立了一个新的租赁合同（转租合同），承租人变成了后一租赁合同的出租人（转租人）。

转租与租赁权的让与不同，租赁权的让与是承租人将其享有的租赁权转让给第三人享有，第三人变成承租人，实际上为承租人的变更。而在转租合同中，次承租人取得的租赁权，是转租人基于自己的租赁权而为次承租人创设的租赁权，其取得为创设取得，并非由转租人受让而来。

承租人对于租赁物仅享有使用、收益的权利，并不享有所有权或处分权，而转租则是承租人行使租赁物处分权的表现。由于租赁物转由次承租人使用、收益，承租人能否履行妥善保管租赁物的义务值得怀疑，租赁物毁损、灭失的可能性会增加，承租人还可能借此牟取暴利，所以转租对于出租人可能是非常不利的。对于转租，各国立场有所不同，有的规定未经出租人同意不得将租赁物转租（如日本）；有的规定动产租赁物转租须经出租人同意，不动产租赁物则允许转租（如意大利）；还有的规定承租人可以自由转租，但是有禁止转租约定的除外（如法国）。

我国采取的立场与上述第一种立场相似，承租人不得转租，但出租人同意或者法律允许的除外。根据转租是否合法，可以将转租分为合法转租和非法转租。合法转租是指承租人在法律允许或经出租人同意的前提下进行的转租。法律允许，是指法律特别规定承租人可以自由转租，不需要取得出租人同意。例如，根据《海商法》的规定，航次租船合同和定期租船合同，承租人可以将船舶转租。出租人的同意既包括承租人在转租之前征得出租人同意，也包括事后出租人知道后并不反对或予以追认。非法转租是指未经出租人同意所进行的转租，既包括承租人违反租赁合同中的禁止转租条款而转租，也包括虽未约定禁止转租条款但承租人不征求出租人的同意而转租。

原租赁合同与转租合同，根据合同相对性原则，是相互独立的两个法律关系，出租人与次承租人之间并无直接权利义务关系。但是转租虽由承租人所创设，但其权源本于原租赁合同，因此，转租的租期不得超过原来租期，如果超过，超过部分应为无效，原租赁合同租期届满或因其他原因终止时，转租合同也应随之终止，次承租人如继续占有租赁物，即属无权占有，出租人既可以请求承租人也可以请求次承租人返还租赁物。

（二）转租的效力

转租，根据其为合法转租还是非法转租，效力有所不同。

1. 合法转租的效力

（1）承租人与出租人之间的租赁关系继续存在。出租人应当容许转租存在，既不得对承租人主张违约，也不得对次承租人主张无权占有，当然也不能解除租赁合同。

（2）出租人与次承租人之间不得相互提出合同上的请求。原租赁与次租赁为相互独立的法律关系，出租人不得基于其与承租人的租赁关系，对次承租人提出合同上的请求（例如请求支付租金）；反之，次承租人也不得基于其与承租人的租赁关系，对原出租人提出合同上的请求（例如请求维修）。

（3）因可归责于次承租人的事由，给租赁物造成损失的，承租人应当赔偿损失。基于合同相对性原则，出租人仅能要求承租人承担违约责任。对于次承租人，如果其行为构成侵权行为时，也能对其主张侵权责任。在这种情况下，对出租人而言，为请求权竞合，对于承租人而言，为不真正连带债务。承租人赔偿后，可以代位行使出租人损害赔偿请求权，向次承租人追偿。

2. 非法转租的效力

承租人未经出租人同意而转租的，虽然转租合同仍然是有效的，但是出租人可以解除与承租人的租赁合同。承租人擅自进行转租，是对租赁物进行处分的行为，属于严重违约，不但直接侵害了出租人对租赁物的所有权或处分权，而且造成租赁物毁损、灭失的风险增加，租赁物返还困难，所以出租人有权解除合同。

四、租赁物收益的归属

租赁物收益是指承租人因占有、使用租赁物而获得的利益。收益包括两类：一类是因为占有租赁物而产生的收益，例如租用的牲畜所产幼崽；另一类是使用租赁物而产生的收益，例如租用汽车经营货物运输获得的收入。对于在租赁期间因占有、使用租赁物所获收益的归属，在一般情况下，应当归承租人所有。这是由租赁合同的性质决定的。租赁合同是出租人将租赁物交付承租人使用、收益，承租人支付租金的合同。出租人因丧失对租赁物的实际占有所受损失不但通过租金得到弥补而且可以获得相当利润，既然承租人以支付租金为代价，所以因其占有、使用租赁物而获得的收益，应当享有所有权。但是，如果当事人双方对收益的归属另有明确约定的，从其约定。例如，可以约定双方按一定比例分享收益。

第三节　租赁合同的变动

在租赁期间内，租赁关系可能发生变动，例如租赁关系主体变更，租赁物毁损、灭失，租赁期限更新等，这些情形的发生会导致租赁合同发生一些特殊效力。

一、租赁权的对抗力

（一）意义

租赁权的对抗力，是指租赁物在租赁期间发生所有权变动的，不影响租赁合同的效力（《合同法》第二百二十九条）。也就是说，在租赁期间内第三人取得租赁物所有权的，租赁合同对于该第三人和承租人继续有效。租赁物所有权转移，意味着出租人发生变更，但租赁合同的效力不受影响，承租人的租赁权可以对抗新所有权人，所以被称为“买卖不破租赁”。不过，租赁权的对抗力不仅可以发生在租赁物所有权变动的情形中，而且可以发生在租赁物上设立负担的情形，在后一种情形中，如果这种负担影响承租人对租赁物的使用、收益的，租赁权仍然可以对抗权利人。例如，《物权法》第一百九十条规定：“订立抵押合同前抵押财产已出租的，原租赁关系不受该抵押权的影响。”这意味着租赁权也可以对抗抵押权人，也可以称为“抵押不破租赁”。所以，从广义而言，租赁权具有对抗力，是指租赁物权的转让或设定负担，不影响承租人的租赁权。《合同法》仅规定了租赁物所有权变动情形中租赁权的对抗力，此处也仅涉及这种情形。

租赁权的对抗力是租赁权物权化的具体体现。租赁合同本为一种债权债务关系，租赁权本质是债权，只能对特定人（出租人）主张，不能对抗第三人①。所以，最初各国法律并不认可租赁权的对抗力，租赁权与其他债权并无区别。但是，就承租人而言，其租赁目的是旨在对租赁物使用、收益。承租人在占有租赁物后，取得使用、收益租赁物的权利，这与用益物权内涵相同，如果不承认租赁权的对抗力，承租人的使用收益目的将难以实现，所有权人出租闲置财产获取利益的目的也受到妨碍。所以，随着时代发展，各国法律逐渐承认租赁物所有权在租赁期间内的转移并不影响承租人的权利，新所有权人不得解除租赁合同。这一原则突破了合同相对性原则，使租赁权具有了对抗第三人的效力。这就出现了“租赁权的物权化”的现象。

关于租赁权的对抗力，应当着重指出以下三点：

（1）在租赁期间所有权发生变动的，在新所有权人与承租人之间，在变动完成时当然发生租赁关系，无需另外订立租赁合同，也不管新所有权人有无继续租赁关系的意愿，所以具有法定租赁的性质。新所有权人在取得租赁物所有权时就与承租人产生了租赁合同关系，继受原出租人的权利和义务，成为新出租人。

（2）租赁权是指承租人通过租赁合同对于出租人取得的债权。广义的租赁权包括租赁物交付请求权（交付前）及租赁物用益权（交付后），此处所说的租赁权仅指后者，即通称的狭义租赁权。以下所说租赁权，如未特别说明，仅指租赁物用益权。至于租赁物交付请求权，性质上与一般债权无异，不具有对抗力。

（3）在我国，租赁权对抗力并不因租赁物的不同而受到影响。对于“买卖不破租赁”，有的国家规定仅适用于不动产租赁和经过登记的动产租赁（如意大利），有的国家规定仅适用于不动产租赁（如法国、日本），而我国不区分租赁物究竟是动产还是不动产，均适用。

（二）要件

租赁权本质上为债权，如果无条件地赋予对抗力，必将危害交易安全，所以租赁权具有对抗力必须符合法定要件。

---

① ［德］迪特尔·梅迪库斯．德国债法分论．北京：法律出版社，2007：190。

第一，租赁物已经交付承租人。租赁物交付前，承租人对出租人尚无租赁物用益权。出租人在此时将租赁物所有权让与他人的，承租人对受让人不得主张对抗力。至于承租人因此受到损害的，可以履行不能为由追究出租人的违约责任。

之所以以交付作为要件，是因为在租赁物交付前，是否存在租赁权，第三人尚难知悉；反之，租赁物交付后，承租人取得占有，具有公示作用，赋予租赁权对抗力，不至于过分影响交易安全。由于依赖占有的公示作用保护交易安全，所以通过占有改定的方式交付租赁物是不够的。

第二，承租人继续占有租赁物。租赁物即使已经交付，但承租人中止占有的，则在中止占有状态中租赁物所有权发生变动的，承租人不得对新所有权人主张租赁合同继续存在。所谓中止占有，应当依一般社会观念判断，足以认定承租人无复继续占有租赁物始可。承租人因故一时离开租赁物，不得认为中止占有。

第三，租赁物的所有权转移于第三人。取得所有权之人须为第三人，如为承租人，因租赁权与所有权混同，租赁权消灭，同时出租人与承租人地位混同，租赁合同也消灭。租赁物所有权的变动原因以买卖最为典型，但并不限于买卖，还包括互易、赠与、遗赠、继承或继受、向企业出资等其他情形。经常把租赁权的对抗力称为“买卖不破租赁”，实际上是就典型情形而言，并非仅限于买卖。

第四，所有权变动发生在租赁期间内。租赁期间的起算经常从租赁合同的成立之时起算，但是也存在例外，如果租期起点迟于合同成立之时，所有权在租期开始前已发生转移的，则承租人不得以租赁权对抗取得人，在这种情形下，反而可以说是“租赁不破买卖”。

具备上述条件，即使租赁物取得人不知道租赁合同存在，租赁权仍然能够对抗取得人，出租人即使没有将所有权变动的情况通知承租人，租赁权的对抗力也不受影响。

二、承租人的优先购买权

（一）意义

承租人的优先购买权（简称先买权）是指当出租人出卖租赁物时，承租人在同等条件下，依法享有优先于其他人购买租赁物的权利。

优先购买权也是发生在因租赁物买卖而导致出租人变更的情形中，同时因优先购买权的行使，出租人地位和承租人地位混同，租赁合同消灭，所以优先购买权的行使也是租赁合同消灭的一种特殊原因。

优先购买权具有以下基本特征：

第一，优先购买权是承租人的法定权利。法律直接规定了承租人行使优先购买权的条件和程序，出租人或第三人不得排除。法律之所以赋予承租人先买权，是因为承租人通常为经济上的弱者，对于租赁物又有使用、收益的迫切需要，由承租人优先购买，虽然限制了出租人的处分权，但是能够实现物尽其用，稳定现有经济秩序。

第二，优先购买权是承租人的专属权利。先买权只能由承租人本人享有，不能通过转让或者继承转移给他人。所谓专属于承租人不应作狭窄理解，与承租人生前共同生活的人，在承租人死亡时，应视为享有优先购买权。

第三，优先购买权是形成权。承租人一旦行使优先购买权，即可依法排除第三人取得租赁物，而在其与出租人之间形成租赁物买卖关系，无须出租人承诺。一般认为，先买权是具有形成权性质的物权取得权。

第四，优先购买权是附条件权利。承租人行使先买权，以自己提出的条件与第三人提出的条件同等为前提。

（二）要件

优先购买权限制了出租人对租赁物的处分权和选择合同相对人的自由，这可能妨碍出租人从出卖租赁物中获取最大利益，同时，第三人的交易自由也受到一定限制，所以优先购买权的行使必须具备法定条件。

第一，租赁物须为房屋。将承租人的优先购买权限制于房屋买卖是我国立法和实践的一贯做法。《城市私有房屋管理条例》、《民法通则意见》都规定，出租人出卖出租房屋，应提前三个月通知承租人，承租人在同等条件下，享有优先购买权。之所以这样规定，是因为房屋是不可替代物，又具有很高价值，在市场上不宜获得。如果是动产，多为种类物，价值较低，容易取得，赋予承租人优先购买权，则意义不大。

第二，出租人将租赁房屋出卖给第三人。出租人与第三人已经就租赁房屋的买卖达成协议，第三人的购买条件已经明确，这为承租人考虑是否行使先买权提供了参考标准。如果第三人虽然提出了明确的购买条件，但尚未与出租人达成买卖协议，即使承租人愿意以第三人提出的同等条件购买，也并非行使先买权，而是进行一般购买。

第三，承租人表示在同等条件下购买。优先购买权是购买机会的优先而非购买条件的优先，所以在非同等条件下，承租人不能享有优先购买权。同等条件是指承租人与第三人提出的购买条件等同，包括买卖的价格、付款期限和付款方式等。

第四，先买权必须在合理期限内行使。在出租人与第三人达成房屋买卖协议后，承租人应当在合理期限内行使先买权，如果逾期没有行使，视为放弃。至于合理期间，应根据具体情况予以确定。

承租人行使先买权，应向出租人为意思表示。一经行使先买权，即在承租人与出租人之间成立买卖合同。即使第三人此后提出更高的购买条件，出租人或第三人也不得以此否定出租人与承租人之间成立的买卖合同。

为了保障承租人先买权的实现，作为出卖人的出租人应当在出卖之前的合理期限内通知承租人。根据现有行政法规和司法解释的规定，出租人应提前三个月通知承租人。出租人未予通知而擅自出卖租赁房屋的，或者虽经通知但提前出卖的，承租人可以请求人民法院宣告该房屋买卖无效。

三、对租赁物进行改善或增设他物

在有些情形下，承租人为了使租赁物充分有效地发挥效用，需要对租赁物进行改善或增设他物。这是租赁物发生变动的一种情形。所谓改善，是指不改变租赁物的外部形态，而是对其性能进行改良。例如，对租赁汽车的化油器进行改装，使汽车更加符合环保要求。所谓增设他物，是指在租赁物上又添加另外的物，实际上是添附中的附合行为，如在租赁房屋中安装空调等。但是，承租人对租赁物只是享有使用、收益的权利，而不具有处分权，因此，未经出租人同意，承租人不能擅自对租赁物进行改善或者在租赁物上增设他物。这是因为，出租人负担物的瑕疵担保义务，保证租赁物在租期内符合约定的使用状态，已经能够满足承租人的需要，承租人对租赁物进行改善或增设他物，其结果并不当然增加租赁物的交易价值，更不一定符合出租人期望，甚至给出租人增加无谓麻烦①。

承租人对租赁物进行改善或者增设他物的效力，可以区分两种情形：

1. 经出租人同意的

承租人对租赁物进行改善或者增设他物，经出租人同意，或经出租人事后追认，或出租人明知而不表示反对的，则属于合法行为。由于承租人的改善或增设行为，可能会使租赁物价值和效果增加，在租赁合同终止时应当如何处理就成为问题。一般情况下，可以遵循下列原则予以处理：

（1）由出租人向承租人偿还有益费用。承租人为改善或增设而支出的费用，为有益费用。如果出租人愿意保留改善或增设后的现状，或者租赁物无法恢复原状，应当偿还承租人为此支付的有益费用。但是，有益费用的数额

① 邱聪智．新订债法各论：上．北京：中国人民大学出版社，2006：241。

以租赁合同终止时增加的价值为限，而不是以承租人实际支付的数额为准。反之，支出费用小于增加值的，则偿还义务仅以支出额为限。

（2）恢复原状。对于在租赁物上增设他物的情形，如果可以取回并且不影响租赁物的原状，出租人可以要求承租人取回，使租赁物恢复原来状态。承租人不愿意请求偿还有益费用，而愿意取回其所增设之物，或者承租人请求偿还有益费用而未能实现，承租人也可以取回。

2. 未经出租人同意的

未经出租人同意，承租人对租赁物进行改善或增设他物的，属于违法行为，承租人不能要求出租人偿还所支付的有益费用，出租人则可以要求承租人恢复原状或者赔偿损失。

四、不可归责于承租人的事由而导致的租赁物毁损、灭失

租赁物的毁损、灭失是租赁物发生变动的另外一种情形。租赁物毁损、灭失的原因可能是多种多样的，如果是由可归责于承租人的事由造成的，不但构成违约责任还构成侵权责任，出租人可以要求承租人承担其中一种责任。如果是由不可归责于承租人的事由造成的，会涉及损失负担以及合同的变动问题。

不可归责于承租人的事由通常包括以下三种情形：

一是不可抗力，即当事人不能预见、不能避免并不能克服的客观情况。

二是意外事故，例如第三人将租赁汽车撞坏，而承租人没有过错。

三是出租人的行为，例如出租人不履行维修义务导致租赁物毁损、灭失。

在因不可抗力和第三人的行为导致租赁物毁损、灭失的情形，由于租赁双方对于损失的发生均无过错，租赁物的损失究竟由哪方承担，这就涉及租赁物的风险负担问题。与买卖合同风险承担实行交付主义有所不同，租赁物风险承担实行所有权主义，也就是由租赁物所有人即出租人承担，承租人并不因为实际占有租赁物而承担风险。在出租人的行为造成租赁物毁损、灭失的情形，由于出租人有过错，当然应当由其自担损失。

因租赁物毁损、灭失，承租人对租赁物的使用、收益也受到了影响，承租人可以根据具体情况行使以下权利：

（1）要求减少租金或不支付租金。如果租赁物只是部分毁损、灭失，剩余部分仍然可以使用、收益，承租人可以按照毁损、灭失的比例，要求减少租金，对于已毁损、灭失部分的未到期租金，不再支付。此项减租请求权，性质上为形成权，因承租人一方的意思表示而生效。如果租赁物已经全部毁损、灭失，或者虽然部分毁损、灭失，但是剩余部分已经失去了使用价值，

构成履行不能，承租人可以要求不支付租金，经出租人同意，合同终止，实际上是双方协议解除合同。

（2）解除合同。因租赁物部分或者全部毁损、灭失，致使不能实现合同目的的，承租人可以解除合同。这是承租人单方行使法定解除权，只要承租人解除合同的通知到达出租人，合同即行解除。

五、房屋承租人的死亡

承租人死亡是承租人变动的一种情形。承租人变动，是指在租赁关系存续中，不变更租赁内容的同一性，承租人有变动的情形。一般情况下，租赁合同注重承租人的人格，为保护出租人利益，承租人有变动的，除非出租人同意，租赁合同终止。

但是，对于房屋租赁合同，则存在例外。《合同法》第二百三十四条规定："承租人在房屋租赁期间死亡的，与其生前共同居住的人可以按照原租赁合同租赁该房屋。"房屋作为重要的不动产，既可以作为生产资料，又可以作为生活资料。作为生活资料，房屋满足公民"居住"这一基本生活需要，房屋租赁是解决公民居住需要的重要措施。公民租赁房屋居住，往往不限于其自身，还包括其亲属或其他共同生活的人。承租人在租赁期间死亡的，不能不考虑其他共同居住人的居住需要。在房屋租赁中，承租人对房屋享有的居住权（使用权），不得继承，即使能够继承，与承租人生前共同居住的人也未必具有继承资格。然而为保护与其生前共同居住的人的利益，在承租人死亡后，这些人员可以继续按照原租赁合同租赁该房屋，但应与出租人办理变更承租人的手续，这实际上是承租人的法定变更。如果承租人死亡后无共同居住的人，则租赁关系终止。

六、租赁期限的法定更新

租赁期限更新，是指租赁期间届满，原定租赁内容保持不变，延长租赁期限。在一般情况下，租赁合同因期限届满而终止。如果当事人双方不欲终止租赁关系，可以通过延长租赁期间使租赁合同按照原来内容（租期除外）继续存在，这被称为租赁期限的更新。

租期更新，根据更新方式的不同，可以分为约定更新和法定更新。约定更新又称明示更新，是指合同当事人在租赁期间届满之前或届满之时达成延长租期的协议，使租期延长。至于租期延长多少时间，根据合同自由原则，可以由当事人自由决定，但是无论如何不得超过二十年法定最高期限。原来为定期租赁，可以约定更新为不定期租赁，反之亦然。

法定更新又称默示更新，是指租赁期间届满后，因当事人双方的行为而使原租赁关系继续存在。也就是说，法定更新是依法律规定而当然发生的更新。当事人之间并无约定，出租人没有即时表示反对意思，其情形与默示相仿，故称为默示更新。《合同法》第二百三十六条规定："租赁期间届满，承租人继续使用租赁物，出租人没有提出异议的，原租赁合同继续有效，但租赁期限为不定期。"

租期法定更新应当具备以下条件：

第一，原租赁合同为定期租赁。在不定期租赁中，当事人在合同中并未明确约定租期，不定期租赁的终止一般是通过随时解除合同而致，无论哪一方解除合同，都已表明其不欲使租赁关系继续的意图。而在定期租赁中约定了租赁期限，租赁期间届满即告终止，如需使其继续存在，就要进行更新。

第二，租期已经届满。法定更新不适用于解除或因其他情形导致租赁合同提前终止的情形。

第三，承租人须继续对租赁物进行使用、收益。如果承租人没有继续使用、收益，或者承租人使用、收益只是暂时的或一时的，那就表明承租人并无继续租赁关系的意图，则不能视为默示更新。例如，在房屋租赁中，因发生自然灾害，承租人无法及时搬出，出租人容许其暂时居住。

第四，出租人没有即时提出异议。没有即时提出异议，是指依照一般社会观念，出租人在租期届满后的合理期间内，能表示反对意思而不表示[①]。例如，在房屋租赁中，出租人在租期届满后继续收取租金，三个月后才表示拒收租金，此时可视为出租人已放弃了异议权。除在租期届满后合理期间内即时提出异议外，出租人也可以在租期届满前提出异议，甚至在订立租赁合同时就约定租期届满后不再续租。此外，租赁合同约定租期届满如果续租需经双方协商，也属于提出异议，可以阻止法定更新发生。

如果具备上述法定更新的要件，则原租赁合同继续有效，但租赁期限为不定期。也就是说，除由定期租赁变为不定期租赁外，租赁合同其他内容保持不变。由于变成不定期租赁，任何一方均可以随时解除合同，这样比较切合租赁双方的现实需要。

思考题

1. 不定期租赁包括哪些情形?
2. 出租人的瑕疵担保义务与出卖人的瑕疵担保义务有何不同?

① 邱聪智. 新订债法各论：上. 北京：中国人民大学出版社，2006：309。

3. 租赁物维修义务应当如何承担?
4. 转租的效力应当如何确定?
5. 如何理解租赁权的对抗力?
6. 承租人行使优先购买权应当符合哪些条件?
7. 租赁期限的法定更新应当符合哪些条件?

第十六章

融资租赁合同

本章要点

本章介绍融资租赁合同的概念和特征、融资租赁合同与类似合同的差异、融资租赁合同的订立、融资租赁合同的效力。本章的重点和难点是融资租赁合同的性质、出租人的义务、承租人的义务、租金构成、租赁物归属。

第一节 融资租赁合同概述

一、融资租赁合同的概念

融资租赁合同，是出租人根据承租人对出卖人、租赁物的选择，向出卖人购买租赁物，提供给承租人使用，承租人支付租金的合同（《合同法》第二百三十七条）。

融资租赁（finance lease），又称为金融租赁，是二战结束以后发展起来的间接融资方式。企业购买大型设备，没有充足资金，如果向银行进行中长期借贷，需要以自己的财产提供担保，这对企业极为不利。融资租赁克服了中长期借贷的一些缺点，以提供租赁物的形式为承租人提供间接融资，对于承租人有很多好处：承租人即使没有足够资金，也能够立即获得租赁物使用、收益权，并且不需要以自己的财产提供担保，还可以加速固定资产折旧。对于出租人而言，能够从租金中获得丰厚利润，租赁物又可作为租金债权的担保。对于出卖人而言，可以使货款快速回笼，对产品具有强劲的促销作用。因此，融资租赁在各国得到了广泛应用。

融资租赁是将信贷、租赁、买卖和担保等因素结合在一起的新型交易方式。融资租赁合同通常涉及三个主体，除了出租人、承租人双方当事人外，还涉及第三人即出卖人或供货人。出租人实际上是在从事间接信贷业务，在我国均为金融租赁公司①，其他企业、组织或个人均不得经营融资租赁业务，这意味着融资租赁业务为专营业务。

二、融资租赁合同的特征

1. 融资租赁合同涉及买卖和租赁两类基本关系

在融资租赁中，出租人向出卖人支付价款购买租赁物，然后将其租赁给承租人，所以融资租赁关系同时涉及买卖关系和租赁关系。买卖关系虽然存在于出租人和出卖人之间，但是出卖人影响承租人履行合同义务，承租人也可以向出卖人主张权利。

租赁关系与买卖关系相互独立又相互依赖。租赁双方事先应当对租赁物的购买作出约定，对购买租赁物根本无约定或买卖不成立或无效的，无法认定双方有融资租赁的目的。另一方面，租赁双方如未就租赁事项达成协议，买卖合同成立也没有什么意义。

2. 融资租赁合同是以融资为目的，融物为手段

融资租赁合同的本质是向承租人提供信贷，是对承租人的授信行为，但这种信贷采取提供租赁物的方式，而不是提供资金，所以是以融物为外表的融资，或以租赁物为中介的融资，也就是间接融资。这也使融资租赁合同与借贷合同区分开来。

3. 承租人选择租赁物和出卖人

出租人是为承租人购买租赁物提供间接融资，出租人享有租赁物所有权主要是为了担保租金债权，出租人购买租赁物并非自己使用、收益，所以由承租人选择租赁物和出卖人，并不依赖出租人的技能和判断。

4. 租金应当根据出租人的投资成本以及合理利润确定

出租人既然实际上是在提供信贷，自然要求承租人还本付息。租金应当根据购买租赁物的成本以及出租人的合理利润确定，而不是根据租赁物的使用价值确定。支付租金义务与物的使用、收益并非对价关系。支付租金实际上是还本付息，与出租人提供的融资或信贷才构成对价关系。

三、融资租赁合同的种类

1. 单一租赁和杠杆租赁

根据出租人是否负担租赁物的全部价款，可以将融资租赁分为单一租赁和杠杆租赁。前者是指由出租人承担租赁物的全部购入价款的融资租赁。后

---

① 参见2007年《金融租赁公司管理办法》第二条。

者是指出租人仅提供租赁物购入价款的一部分，不足部分由银行、保险公司等长期资金提供者提供的融资租赁。在杠杆租赁中，出租人的出资只需达到租赁物价款的一定比例（一般不低于20%），就获得租赁物的所有权，其余价款向金融机构贷款解决。杠杆租赁通常附有无追索权条款，即在承租人不履行租金支付义务时，资金提供者不能向租赁公司行使追索权①。但是出租人需要以租赁物和租金债权为金融机构提供担保。

2. 全额偿还的融资租赁和非全额偿还的融资租赁

根据承租人支付的租金能否补偿出租人购买租赁物的投资成本，可以将融资租赁分为全额偿还的融资租赁和非全额偿还的融资租赁。前者是指承租人支付的租金，能够补偿出租人所支出的取得租赁物的价款和相关附随费用的融资租赁。在这种融资租赁中，出租人将与租赁物有关的全部风险转移于承租人，一般附有在租期届满时承租人取得租赁物所有权的约款。后者是指承租人支付的租金，仅能够补偿出租人所支出投资成本一部分的融资租赁。此类融资租赁是出租人并未转移与租赁物有关的全部风险，由出租人承担余值风险的非全额融资、非全额偿付的融资租赁，出租人一般将租赁物租给多个承租人以便收回投资成本。

四、融资租赁合同与类似合同的差异

1. 融资租赁合同与分期付款买卖合同的差异

在融资租赁合同中，出租人拥有租赁物的所有权，常常只具有担保的功能，承租人分期支付租金相当于分期支付租赁物的价款，与附有所有权保留条款的分期付款买卖具有相同效果。但是，二者之间存在显著区别，具体表现在：

第一，性质不同。分期付款买卖是转移标的物所有权的行为，所有权转移以买受人支付全部价款为停止条件。买受人支付全部价款后，当然获得标的物所有权，不需要另外缔约。而融资租赁是以租赁物为中介向承租人提供融资的行为，承租人的直接目的是获得租赁物使用、收益权，承租人能否获得租赁物所有权，取决于当事人双方是否有此约定，并不能当然获得租赁物所有权。

第二，是否涉及第三人不同。在分期付款买卖中，不一定涉及第三人，而在融资租赁合同中，一般涉及第三人即出卖人，而且出卖人对承租人负有履行义务。

---

① 梁慧星. 民法学说判例与立法研究. 北京：中国政法大学出版社，1993：186。

第三，租金与价金的构成不同。融资租赁的租金一般包括购入租赁物的价款、利息、固定资产税、保险费、手续费、利润等。分期付款买卖的价款一般仅包括买卖物的价值及利息。

第四，瑕疵担保责任承担不同。在融资租赁中，出租人一般不承担瑕疵担保责任，与此相反，在分期付款买卖中，出卖人应承担瑕疵担保责任。

2. 融资租赁合同与租赁合同的差异

融资租赁合同与租赁合同也非常相似，出租人都向承租人提供租赁物，承租人也都向出租人支付租金，在租赁期间内，承租人只享有租赁物使用、收益权。但是，二者之间同样存在显著差异：

第一，性质不同。融资租赁合同本质是以融物形式出现的间接融资，而租赁合同是转移租赁物使用、收益权的法律行为。

第二，是否涉及第三人不同。融资租赁合同涉及第三人即供货人，而租赁合同通常不涉及第三人。

第三，风险承担不同。在融资租赁关系中，由承租人承担租赁物毁损、灭失的风险，而在租赁关系中，由出租人承担。

第四，瑕疵担保责任承担不同。在融资租赁合同中，出租人不承担瑕疵担保责任，相反在租赁合同中，出租人则应当承担。

第五，租金构成不同。在融资租赁合同中，租金根据购入租赁物的价款及出租人的合理利润来决定。在租赁合同中，租金则根据出租人丧失租赁物使用、收益权所受损失来计算。

3. 融资租赁合同与借贷合同的差异

融资租赁合同与借贷合同本质都是融资或授信，但是二者之间仍然存在明显差异：

第一，标的物不同。融资租赁的标的物是有形物，尤其是大型设备，而借贷合同的标的物为金钱。前者是以租赁物为中介，即以“融物”实现“融资”，而后者是不以物为中介的直接融资[1]。

第二，标的物的归属不同。在融资租赁合同中，出租人向出卖人支付金钱，在租赁期间内，租赁物所有权由出租人享有，承租人是否能够取得租赁物所有权，则取决于租赁双方是否有约定。而在借贷合同中，贷款人一旦将资金交付借款人，借款人即享有金钱所有权。借款人用借入资金购买设备，当然享有设备的所有权，与贷款人没有关系。

---

① 梁慧星．民法学说判例与立法研究．北京：中国政法大学出版社，1993：205—206。

第三，租金和本息构成不同。在融资租赁合同中，租金根据出租人的投资成本以及合理利润来决定，租金一般高于同期银行贷款本息；而在借贷合同中，借款人只需返还本息。

第四，是否涉及第三人不同。融资租赁合同涉及第三人即供货人，而借贷合同通常不涉及第三人。

五、融资租赁合同的订立

由于融资租赁合同涉及三个主体、两类基本关系，其订立也比一般合同复杂。在缔结融资租赁合同时，通行的做法是：当承租人需要某种设备又缺少所需资金时，自己事先选择供货商和所需设备，然后向出租人提出缔约申请，要求出租人出资购买并租给其使用，出租人在对承租人进行资信评估后，双方达成融资租赁合意，但尚不生效。出租人根据承租人对出卖人和设备的选择，与出卖人签订买卖合同，由出卖人将设备直接交付承租人，由承租人验收。出租人收到承租人的验收合格通知书后，融资租赁合同才生效，然后由出租人向出卖人支付货款，而承租人则向出租人支付首期租金。由此可见，融资租赁交易所包含的租赁合同和买卖合同虽具有独立性，但又是相互联系、相互影响的。

融资租赁合同一般包括租赁物名称、数量、规格、技术性能、检验方法，租赁期限，租金构成及其支付期限和方式，币种，租期届满租赁物的归属等条款。

融资租赁关系比较复杂，融资金额较大，租期较长，融资租赁合同应当采用书面形式。

第二节　融资租赁合同的效力

一、出卖人与承租人之间的关系

融资租赁合同的本质在于以融物的形式实现融资。租赁物即买卖合同的标的物，在买卖合同由出租人根据承租人对出卖人和租赁物的选择而订立的情况下，从法律形式看，出租人虽是买受人，但出租人实际上是为承租人购买租赁物提供资金，出租人只负有支付货款的义务，承租人实际上旨在取得租赁物，但出于担保租金的需要，而采取租赁的形式，真正的买卖双方是承租人和出卖人。当然，如果承租人依赖出租人的技能确定租赁物或者出租人干预选择租赁物，在这种情况下，则难以将承租人看做实质上的买受人。

（一）出卖人向承租人履行义务

既然在出卖人和承租人之间存在实质上的买卖关系，所以出卖人应当向承租人履行其所负有的合同义务。

首先，出卖人应当按照约定向承租人交付标的物，即履行交货义务。出卖人不得拒绝将标的物交付给承租人，否则应当承担违约责任。

其次，出卖人还应当履行瑕疵担保义务，因为出卖人和租赁物是由承租人自己选择的，出租人一般不负有瑕疵担保义务。

除交付义务和瑕疵担保义务之外，出卖人还应当向承租人交付有关单证和资料。然而，出卖人对承租人并不负有转移所有权的义务，承租人能否取得租赁物所有权，取决于租赁双方是否有这样的约定。

（二）承租人对出卖人享有买受人的权利

出卖人并不向承租人负担所有买卖合同义务，承租人对出卖人也不享有买卖合同所有权利。承租人享有的权利主要有以下两类：

首先，承租人享有与受领标的物有关的买受人的权利。承租人享有请求交付、受领和检验标的物的权利，但是，受领标的物也是承租人的义务。

其次，承租人可以行使索赔的权利。从形式看，出租人是买卖合同的当事人，享有租赁物所有权，在出卖人违约时，出租人可以要求出卖人赔偿。但是，租赁物是根据承租人的选择购买的，出租人一般只负有支付价款的义务，出卖人是否按时交付租赁物，租赁物是否符合承租人使用、收益要求，只有承租人最为清楚，出租人难以过问和监督，由出租人行使索赔权往往是不方便的。所以，《合同法》第二百四十条规定："出租人、出卖人、承租人可以约定，出卖人不履行买卖合同义务的，由承租人行使索赔的权利。"如果三个主体达成这样的协议，在出卖人的履行不符合合同约定时，承租人可以直接向出卖人行使索赔权。如果没有这样的约定，索赔权仍然归属于出租人。

不过，应当指出，所谓索赔，是就承租人可以行使的典型权利而言，并非仅限于请求损害赔偿，还包括其他权利，例如要求出卖人继续履行，修理、更换标的物等。

承租人行使索赔权利的，出租人应当协助。

二、出租人的义务

承租人行使索赔权利时，出租人负有协助义务，除此之外，出租人还对承租人负有下列义务。

（一）禁止变更买卖合同的义务

出租人根据承租人对出卖人、租赁物的选择订立买卖合同的，未经承租人同意，出租人不得变更与承租人有关的合同内容（《合同法》第二百四十一条）。

从形式上看，买卖合同存在于出租人和出卖人之间，但是由于出卖人和租赁物是由承租人选择的，出卖人知道出租人在购得标的物后租给承租人，承租人虽非买卖合同当事人，也可以认为是为承租人利益的买卖合同。从实质上看，买卖关系就是存在于承租人和出卖人之间。出租人和出卖人虽有协议变更买卖合同的自由，但是出租人订立买卖合同也是为了承租人的利益，不能不照顾到承租人的需要，对于与承租人无关的合同内容，例如价款支付方式、地点和期限，双方可以自由变更，对于与承租人有关的合同内容，非经承租人同意，不得变更。

与承租人有关的买卖合同的内容主要涉及出卖人和租赁物，因为这是由承租人直接选择的，如果改变了此二者，承租人可能难以实现对租赁物的使用、收益。变更买卖合同的其他内容，例如变更租赁物交付时间、地点和方式，免除出卖人瑕疵担保责任，只要与承租人存在利害关系，也必须取得承租人同意。未经承租人同意，擅自变更买卖合同内容的，承租人可以要求出租人承担违约责任包括解除合同。

（二）瑕疵担保义务

租赁物出现瑕疵的，即租赁物不符合约定或者不符合使用目的，在一般情况下，出租人不承担责任，也就是不负有瑕疵担保义务。法律之所以这样规定，主要是基于以下原因：

首先，出租人主要义务就是支付购买租赁物的价款。融资租赁的本质是出租人以融物的方式向承租人提供融资，出租人支付租赁物价款就完成了自己的融资义务，剩下的就是收取租金从而收回投资并取得利润。出租人享有租赁物的所有权主要是为了担保，买卖关系实际上存在于出卖人和承租人之间，应由出卖人负担瑕疵担保义务。

其次，出租人缺乏管理和处置租赁物的知识和能力。出租人是金融专家，擅长处理信贷事务，难以胜任设备管理。由出租人承担瑕疵担保义务，只能导致融资成本的增加。

再次，出租人是根据承租人的指示购买租赁物。承租人是生产经营者，以自己的知识和经验选择了供货商和租赁物，应认为需要承担与此有关的风险和不利后果。

最后，承租人享有索赔权。出租人通常将索赔权让与承租人行使，在出现物的瑕疵时，可以由承租人向出卖人索赔，这就保证了出租人和承租人之间的利益平衡，也提高了索赔效率。

在融资租赁合同中，通常约定瑕疵担保免责条款。这种约定符合融资租赁的实质，不违背法律强制规定，因而是有效的。即使不约定这种免责条款，出租人在一般情形下也不承担瑕疵担保义务。

但是，在例外情形下，出租人仍然需要承担瑕疵担保义务：

一种情形是承租人依赖出租人的技能确定租赁物，也就是出租人完全是利用自己的技能和判断为承租人选择租赁物，但出租人介绍、推荐租赁物的情形则应除外。

另一种情形是出租人干预选择租赁物，即出租人为承租人指定租赁物。此外，出租人明知租赁物有瑕疵而未告知的，或出租人擅自变更承租人已选定租赁物的，或承租人无法或者不能直接向出卖人索赔的，也应由出租人承担瑕疵担保义务。

（三）保证义务

出租人的保证义务，是指在租赁期间内出租人应当保证承租人对租赁物的占有和使用。

承租人订立融资租赁合同的直接目的是要获得租赁物的使用、收益权，所以承租人在从出卖人手中接收租赁物后，对租赁物拥有排他性的占有权和使用权，出租人及第三人均不得非法干扰承租人对租赁物的占有和使用。

出租人的保证义务主要体现在以下两个方面：

一是出租人不得擅自取回租赁物或干预承租人对租赁物的使用。

二是出租人应保证承租人对租赁物的占有和使用，不受第三人的干扰。例如，出租人转让租赁物所有权或者在租赁物上设立抵押权的，融资租赁合同的效力不受影响，新所有权人或抵押权人不得解除合同，取回租赁物。这意味着，在融资租赁合同中，承租人的租赁权同样具有对抗效力。又如，第三人非法侵占、抢夺租赁物或干涉租赁物使用的，出租人应当排除妨碍。

三、承租人的义务

（一）妥善保管、使用租赁物

在融资租赁合同中，尽管在出卖人和承租人之间存在实质上的买卖关系，但出于担保的需要，出租人仍然享有租赁物所有权，承租人只享有用益权，在租期届满时，除非租赁双方另有约定，承租人负有返还租赁物的义务，所以承租人应当妥善保管、使用租赁物。妥善保管、使用租赁物，要求承租人按照约定的方式或者租赁物的性质保管、使用租赁物，当租赁物出现损坏的危险时，承租人应当采取预防措施。

（二）维修义务

在融资租赁合同中，出租人不负有租赁物的瑕疵担保义务，因而对租赁物也不负有维修义务。租赁物的陈旧化风险由承租人承担，出于承租人使用、收益的需要，以及租期届满时返还租赁物的需要，承租人应当履行占有租赁物期间的维修义务。

（三）支付租金义务

出租人订立融资租赁合同的目的是收回投资成本并获得合理的利润，这依赖于承租人支付租金，所以在租赁期间内，承租人应当按照约定向出租人支付租金。

1. 租金的确定

《合同法》第二百四十三条规定："融资租赁合同的租金，除当事人另有约定的以外，应当根据购买租赁物的大部分或者全部成本以及出租人的合理利润确定。"根据该条的规定，在一般情况下，租金根据购买租赁物的成本和合理利润确定。

(1) 出租人购买租赁物的成本包括基本额、利息、固定资产税、保险费、手续费等部分。基本额根据租期届满时租赁物的归属而定，如果双方约定，租期届满时，租赁物的所有权即转归承租人所有，基本额是指为购买租赁物而支付的价款以及随附费用；如果租期届满出租人有权收回租赁物或约定承租人在租期届满时再支付一部分价款即可取得租赁物所有权，那么基本额只能是上述价款及其附随费用的一部分。利息是指出租人为购买租赁物向银行贷款而支付的利息。固定资产税是指出租人作为所有人所负担的税款。保险费是指出租人为租赁物投保的费用。手续费即营业费用，是指出租人经营租赁过程中所开支的费用。

(2) 租金的另一构成部分是利润。利润应当公平合理，如果约定得过高，承租人可以主张显失公平。

关于租金构成的规定为任意性规范，当事人可以在合同中另行约定租金构成。在实践中，融资租赁的租金多采取非固定的构成。例如，当事人经常根据承租人使用租赁物所获得的收益来确定租金数额。

2. 违约责任

承租人未按照约定支付租金时，出租人可以确定一个合理期限，要求承租人支付租金。经出租人催告，承租人在该期限内仍不支付租金的，即构成违约，出租人可以追究承租人的违约责任。具体包括：

(1) 要求承租人支付全部租金。所谓全部租金，是指已经到期而承租人未支付的租金，以及其余尚未到期的租金。在一般情况下，在每期租金支付期限到来之前，出租人本无权请求承租人支付。但在融资租赁合同中往往约定了期限利益丧失条款，承租人不支付租金或者有其他违约行为时，出租人有权要求承租人支付全部租金。即使未约定这样的条款，出租人也享有这样的权利。这是因为，在融资租赁中，承租人一般是通过使用租赁物所获收益来支付租金，承租人不支付其中一期租金，往往意味着很有可能无力支付其余未到期租金，在此种情况下法律规定承租人丧失期限利益，不但可以督促承租人妥善经营租赁物，及时履行义务，也有利于保护出租人的利益。

（2）解除合同，收回租赁物。承租人经催告后在合理期限内不支付租金的，出租人也可以解除合同，收回租赁物。因为出租人对租赁物享有所有权，具有担保其租金债权的功能，收回租赁物不失为保护出租人利益的手段。但是，收回租赁物能否在事实上起到保护出租人利益的作用，还要视具体情形而定：

一种情形是租赁双方没有约定租赁期间届满租赁物即归承租人所有，这种情形意味着承租人即使按照约定支付全部租金也不可能满足出租人投资成本和合理利润，出租人收回租赁物也无法弥补损失的租金，只有获得全部租金以及租赁物的残余价值（即出租人收回租赁物时的现值）才能达到目的，所以出租人可以要求承租人赔偿。

另一种情形是当事人约定租赁期间届满租赁物归承租人所有，承租人按照约定支付全部租金能够满足出租人投资成本和合理利润，与租赁物有关的风险与收益实质上都转移给承租人了，承租人不按约定支付租金的，出租人虽可收回租赁物，但是如果租赁物的现值大于承租人未支付的租金，超出部分则构成不当得利。如果允许出租人保留超出部分，不但对承租人不公平，而且容易诱发出租人中途解约。因而，《合同法》第二百四十九条规定："当事人约定租赁期间届满租赁物归承租人所有，承租人已经支付大部分租金，但无力支付剩余租金，出租人因此解除合同收回租赁物的，收回的租赁物的价值超过承租人欠付的租金以及其他费用的，承租人可以要求部分返还。"也就是说，出租人负有清算义务。租赁物经评估或变卖确定价值后，对于超过欠付租金的部分，应当返还承租人。

（四）禁止中途解约义务

融资租赁合同通常约定禁止中途解约条款，即在租赁期间内，租赁双方无正当理由，不得单方解除合同或退租。其实，即使合同没有约定这样的条款，在法理上也应当作这样的解释。因为禁止中途解约乃是从融资租赁合同的本质所得出的当然结论，但合意解约除外。

之所以禁止中途解约，是因为租赁物是由承租人选择的，一般不具有通用性，即使由出租人收回租赁物，也难以通过转租、转卖等方式收回投资。禁止中途解约条款，一般都规定，承租人中途解约的，有支付剩余租金的义务。

四、租赁物造成的侵权责任

租赁物造成的侵权责任，是指在租赁期间内，因租赁物本身及其设置、使用、保管等造成第三人的人身伤害或者财产损害而形成的侵权责任。常见的情形包括：一是因租赁物存在缺陷，造成他人财产和人身损害而形成的产品责任；二是用租赁物从事对周围环境有高度危险的作业造成他人损害而形成的高度危险作业责任；三是租赁物污染环境造成他人损害而形成的环境责任等。

对于承租人占有租赁物期间租赁物造成的侵权责任，出租人不承担责任。融资租赁合同的实质，是承租人购买标的物而由出租人垫付价款即融资，出租人取得所有权乃是作为收回投资的担保，租金与租赁物的使用、收益并非对价关系，因此实质买卖关系存在于承租人与出卖人之间。出租人与租赁物并无直接联系，对租赁物没有实际支配权。承租人则对租赁物具有支配权并享受由此产生的利益，也应当承担由此带来的风险。

侵权责任应当由具有可归责事由的人来承担，对于高度危险作业责任、环境责任等，出租人并非经营人，不应当承担侵权责任，而应由作为经营人的承租人来承担；对于产品责任，应当由产品制造者、销售者承担，出租人也不承担侵权责任。

五、租赁物归属

（一）租赁期间内

在租赁期间内，为担保租金债权的实现，出租人享有租赁物的所有权。不过，所有权的占有、使用、收益等权能已经转移给承租人，出租人事实上只保留了处分权能，然而这种权能分离并不影响出租人的所有权人地位。在租赁期间内，租赁物的所有权始终属于出租人，并可以排除他人非法干预，承租人无取得所有权的权利和机会。

从出租人享有所有权必然可以得出以下两个结论：

首先，在租赁期间内，未经出租人同意，承租人不得处分租赁物。承租人不得在租赁物上设立担保，不得将租赁物转让、转租、赠与或用于投资等。承租人擅自处分租赁物的，出租人可以解除合同，收回标的物。

其次，承租人破产的，租赁物不属于破产财产。承租人破产时，只能用自己的财产清偿债务，租赁物的所有权既然属于出租人，不得作为破产财产，出租人可以请求承租人的破产管理人返还财产。也就是说，出租人可以不依照破产程序行使取回权。

（二）租赁期间届满时

租赁期间届满时，承租人可以选择续租或退租。所谓续租，是指租期届满，承租人与出租人更新合同，继续租赁；而所谓退租是指租期届满，承租人不再继续租赁关系，将租赁物返还给出租人。在续租和退租情况下，租赁物仍归出租人所有。续租或退租均对于出租人不利，出租人仍面临着租赁物的最终处理问题，作为金融专家的出租人对于承租人选择的专业设备很难处理。出租人并不希望保留租赁设备，更希望在租期届满时由承租人取得所有权。所以，在融资租赁合同中，通常含有租赁物归属条款，该条款一般约定在租期届满时由承租人直接获得所有权或者留购。留购是指承租人向出租人支付一笔相当于设备残值的价款，取得租赁物的所有权。

如果租赁双方对于租赁物的归属没有约定或者约定不明确，可以协议补充；不能达成补充协议时，应依照合同有关条款或者交易习惯加以确定。仍不能确定的，租赁物的所有权归出租人享有。

六、租赁物风险承担

在融资租赁合同中，通常含有风险负担条款，即在租赁期间内，租赁物因不可归责于租赁双方的事由而灭失、毁损的，由承租人承担。其实，即使没有这样的约定，租赁物风险也理应由承租人承担。这是因为：

首先，融资租赁的实质是出租人对于承租人的融资，出租人虽享有所有权，只不过是为了担保租金债权，承租人对租赁物具有现实支配权，由其承担风险，可以促使承租人妥善保管租赁物。

其次，租金并非作为租赁物使用、收益的对价，而是融资的对价，是出租人收回投资的必要手段，承租人所负担的金钱债务不因发生不可抗力而免责。

最后，承租人虽然承担风险，实际上由出租人办理投保，最终由承租人承担的损失很小。

在承租人承担租赁物风险的情况下，承租人不得解除合同，应向出租人支付剩余租金；租赁物一部分灭失、毁损的，承租人不得就灭失、毁损部分要求减少租金。

思 考 题

1. 融资租赁合同的本质是什么？
2. 融资租赁合同与买卖合同、租赁合同有何不同？
3. 租赁物的瑕疵担保义务由哪一方负担？
4. 融资租赁合同的租金应当如何确定？
5. 租赁物的归属应当怎样确定？

第十七章

承揽合同

本章要点

承揽合同属于提供劳务类的合同，以当事人的劳务为合同标的。本章内容重点介绍承揽合同的概念特征、承揽合同的种类、承揽合同的效力。本章中应重点掌握的内容包括：承揽合同的主要特征、承揽合同的主要内容、承揽合同的种类、承揽人和定作人的主要合同义务。

第一节　承揽合同概述

一、承揽合同的概念及特征

承揽合同是承揽人按照定作人的要求完成工作，交付工作成果，定作人给付报酬的合同。承揽合同的当事人是承揽人和定作人。承揽人是完成工作并交付工作成果给对方的一方当事人，接受工作成果并支付报酬的一方当事人是定作人。

承揽合同具有以下主要特点：

1．承揽合同以完成特定工作为内容

与以转移标的物的所有权为目的的买卖合同不同，承揽合同属于完成工作的合同。在承揽合同中，定作人将某项特定的工作交给承揽人，由承揽人去完成该项工作，定作人的目的是为了取得由承揽人创造出的工作成果，并需要为此支付相应的代价；而对于承揽人一方而言，承揽人需要按照定作人的要求完成工作，创造出相应的工作成果，并将该项工作成果交给定作人，同时为此取得工作报酬。承揽合同的这一特点决定了其标的只能是作为义务，否则定作人将无法实现其合同目的①。

---

①　王利明等．合同法．北京：中国人民大学出版社，2002：405。

2. 承揽合同的标的具有特定性

《合同法》第二百五十一条列举了承揽工作的种类，主要包括加工、定作、修理、复制、测试、检验等。无论是哪一种承揽合同，定作人对于工作的成果都有自己特定的标准和要求，并将其作为合同内容予以确定，承揽人必须以此标准来完成工作行为，创造出符合定作人要求的工作成果。因此，承揽合同的标的具有特定性，承揽人虽然履行了工作行为，但其工作成果不符合合同约定的，则不能要求定作人支付报酬。

3. 承揽人独立完成工作

承揽合同中承揽人的工作具有独立性。《合同法》第二百五十三条规定："承揽人应当以自己的设备、技术和劳力，完成主要工作，但当事人另有约定的除外。"定作人将工作任务交付给承揽人，是基于对承揽人的生产条件、实力、信誉等方面的了解和信任，因此，如果没有另行约定的，其工作任务就应当由承揽人自行完成，以保证能够达到定作人的要求，而不应随便将主要的工作交由第三人履行。承揽人作为独立的主体，以自己的名义承担定作人交付的工作任务，其义务是按照约定完成工作，并将符合合同要求的工作成果交付给定作人，其完成工作的过程是具有独立性的。承揽人完成工作的独立性表现在，承揽人以自己的设备、技术和劳动力进行工作，承揽人可以独立自主地决定工作方式并自行组织、调度工作安排，不受定作人的指挥和管理。

4. 承揽合同是双务、有偿、诺成合同

在承揽合同中，定作人和承揽人各自承担着相应的义务。承揽人要按照定作人的要求完成工作并将工作成果交付定作人，而定作人要向承揽人支付工作报酬，因此，承揽合同是双务合同，任何一方都应当严格履行自己所承担的合同义务。由于定作人要为取得定作物而支付报酬，因此承揽合同属于有偿的合同，承揽人完成工作符合合同要求的，定作人需按时、足额地支付约定的报酬。同时，承揽合同属于诺成合同，因为承揽合同的内容是承揽人完成特定的工作，而完成工作需要一个持续的过程，此过程要在合同成立后才能开始，因此，开始工作是履行合同而非合同成立生效的条件。由此决定，承揽合同是诺成合同而非实践合同，以双方意思表示一致为成立条件。

二、承揽合同的主要条款

承揽合同的条款反映了当事人达成协议的内容，双方当事人应当严格履行合同约定的义务。《合同法》第二百五十二条规定了承揽合同的主要内容，为了明确双方的权利义务，便于合同的履行，这些条款是一般承揽合同都应当具备的，当事人也可以根据自己的需要约定相应的内容。承揽合同的主要条款包括以下内容：

1. 承揽的标的

承揽合同是以承揽人完成特定工作为内容的，而工作的类型有定作、修理、复制等。承揽合同的标的就是在合同中明确约定的具体的工作任务。任何类型的承揽合同都必须有标的条款，没有具体的工作内容，承揽合同就无从成立，因此，承揽标的是承揽合同的必备条款。在明确承揽标的后，才能围绕该标的约定双方的具体权利与义务。

2. 标的的数量和质量

数量和质量是标的的具体化，任何一类工作任务都要通过一定的数量和质量来确定。在承揽合同中，定作物的数量反映了工作的范围，而有关质量的约定反映了定作人订立承揽合同的特殊需要，承揽人交付的工作成果只有符合合同约定的数量及质量要求才能被定作人接受。因此，在合同中，双方应当对标的的数量和质量明确加以约定，作为合同履行后验收的标准。

3. 工作报酬

承揽合同为有偿合同，承揽人的合同目的是通过完成承揽任务而取得报酬，实现经济效益，因此，在合同中应当对工作的报酬明确约定。报酬原则上由双方当事人自由协商确定其数额、支付的时间及支付的方式等，但如果国家主管部门对报酬的收取有规定的，当事人应当遵守。

4. 承揽方式

承揽包括加工、定作、修理、复制等工作类型，承揽方式就是完成这些工作的具体方式。根据《合同法》的规定，承揽人必须以自己的设备、技术和劳力完成主要工作，这是由于定作人正是基于对承揽人的信任才将工作交给承揽人的。对于辅助工作，承揽人可以交由第三人来完成，但是承揽人应当就第三人的工作对定作人负责。当事人要对于承揽的具体方式明确给以约定，以此约束承揽人的工作行为。

5. 材料的提供

承揽人完成承揽项目，无论是加工定作还是修缮工程必须要有一定的材料，否则无法进行工作。承揽合同应当对哪一方提供工程材料作出明确的约定，包括原材料及辅助材料的规格、型号、数量、质量，原材料的检验等。《合同法》第二百五十五、二百五十六条就材料的提供作了规定。根据法律规定，当事人可以约定由承揽人提供材料，也可以约定由定作人提供材料。约定由承揽人提供材料的，承揽人应当按照约定选用材料，并接受定作人的检验。约定由定作人提供材料的，定作人应当按照约定提供材料，承揽人对定作人提供的材料应及时检验，发现不符合约定时应及时通知定作人更换、补齐，并且不得擅自更换定作人提供的材料。

6. 履行期限

履行期限是指承揽方交付定作物或者移交承揽项目，定作人支付报酬的时间界限。履行期限的明确约定，是判别当事人是否按期履行合同的标准，任何一方未在合同约定的期限内履行自己的义务都属于违约行为，应当承担相应的违约责任。合同中未对履行期限作出明确约定的，根据《合同法》第六十一条的规定可以用补充协议确定；未能达成补充协议的，承揽人可以随时履行，定作人也可以随时要求承揽人履行。

7. 验收标准和方法

验收是承揽合同履行后的必要环节。验收由定作人进行，其目的在于检验定作物或项目在数量、质量等方面是否符合合同的要求。承揽合同的标的具有特定性，因此，在承揽合同中应当对承揽项目的质量标准作出明确的约定，以此作为定作人验收时的标准。在进行验收时承揽人应当提供据以验收的技术资料或样品，若对大批量定作物进行验收需采用抽样检验的方法，承揽合同中应当注明采用的抽样标准或者抽样方法。对于短期检验难以发现质量缺陷的定作人或者项目，应当在合同中协商确定质量保证期限。

上述内容是承揽合同一般应当具备的条款，除此之外，当事人还可以根据自己的要求协商确定其他的内容。

三、承揽合同的种类

在现实生活中，承揽工程的种类是多种多样的，它们既有共性，即同为一方为另一方完成特定的工作，同时又有自身的特点，因此当事人需要根据具体的承揽内容协商确定相应的合同条款。比较常见的承揽合同有下列几种，《合同法》第二百五十一条予以了列举。

1. 加工合同

加工在公民的日常生活及企业生产经营中都存在，例如顾客自带布料由裁缝店加工成衣。加工合同是指定作人向承揽人提供原材料，承揽人以自己的技能、设备和工作，为定作人进行加工，将其加工成符合定作人要求的成品并交付给定作人，定作人接受该成品并向承揽人支付报酬的合同。加工合同中原材料必须由定作人提供，而不能由承揽人自备。承揽人完成加工业务后，要将成品交付给定作人，定作人验收合格后需向承揽人支付约定的加工费用。在加工合同中要约定加工的标的、交工的期限、加工费的金额及支付时间等重要内容。

2. 定作合同

定作指的是承揽人用自备的原材料，根据定作人的特定要求为定作人生产制作出成品，例如家具厂为顾客定作特殊尺寸的家具。以定作为内容，约定双方权利义务的合同为定作合同。区别定作合同与加工合同的主要标准在于提供原材料的当事人不同，由定作人提供原材料的属于加工合同，由承揽人提供原材料的是定作合同。在定作合同中要明确写明定作物的特殊标准、承揽人交付定作物的期限及定作人支付定作费用的金额和时间等内容。

3. 修理、修缮合同

实践中一般将承揽人用自己的设备和技术将功能不良或者被损坏的物品恢复价值或者原状称为修理，将对房屋等不动产的修理称为修缮，相应地，为此而订立的承揽合同分别称为修理合同和修缮合同。在修理修缮中需要更换的器件、配件是由承揽人提供还是由定作人提供可以在合同中加以约定。

4. 复制合同

复制是按照样品重新制作相类似的成品的活动。定作人提供样品是承揽人进行复制工作的前提条件，样品的外观、尺寸等就是定作人的特定要求，承揽人需要利用自己的设备、技术等条件对样品进行复制。复制合同是约定承揽人根据定作人的要求，按照定作人提供的样品为其制作复制品，定作人支付报酬的合同。在实际生活中，复制的内容是多种多样的，可以是复印文稿、翻拍照片、临摹画作，也可以是为保护文物而制作复制品用于展览等。

5. 测试合同

测试合同是承揽人以自己的设备、技术为定作人指定的项目或者工程进行测验、实验，并将测试的结果交付给定作人，定作人为此支付报酬的合同。对某项产品或者工程进行各种项目的测验、实验，以取得相应的指标数据在实践中是经常发生的行为。当产品的生产者或者工程的施工者不能自己进行测试时就需要委托专门机构进行测试，为此而订立的合同就是测试合同。在测试合同中定作人需明确指定测试的项目及要求，承揽人需按照定作人的要求按期完成测试。

6. 检验合同

检验合同是承揽人以自己的设备、技术对定作人提供的检验品进行检验、分析等工作，并按照定作人的要求向其提出对检验项目所作出的相关结论，定作人为取得检验结论支付报酬的合同。定作人向承揽人提供检验品是承揽人履行检验合同的前提，定作人需明确指定检验的项目，即提出需要取得一定结论的相关问题，承揽人要通过自己的检验工作取得检验结果，作出相应的结论交付定作人。

以上各种承揽合同是根据《合同法》第二百五十一条列举的承揽所包含的不同内容而划分的，在实践中承揽合同并不限于这几种，还有许多以其他工作为内容的承揽合同，如测绘合同、翻译合同、印刷合同等，它们都具备一方当事人以自己的工作条件为另一方当事人完成特定工作的共同特点。

第二节　承揽合同的效力

一、承揽人的权利和义务

根据《合同法》的规定，承揽人的权利与义务主要有以下几方面：

1. 完成承揽工作的义务

完成承揽工作是承揽人的主要义务。定作人基于对承揽人工作能力的信任将承揽标的交付承揽人去完成，承揽人只有按照合同约定完成工作，并将工作成果交付给定作人，才能满足定作人的要求，实现定作人的合同目的。

承揽人完成特定工作的能力体现在其具备相应的设备、技术、人员等方面，正是这些条件决定了定作人的选择，因此，承揽人以自己的工作创造出符合定作人要求的劳动成果是履行承揽合同的基本原则。但是就全部承揽项目而言，也并非绝对的必须由承揽人完成全部工作。根据《合同法》的规定，承揽人应当以自己的设备、技术和劳力完成主要工作，对于辅助性的工作可以交由第三人完成。所谓主要工作，一般指对定作物的质量有决定性作用的工作或者数量大的工作，对此承揽人应当自己完成。承揽人如果确需将主要工作交由第三人完成的，必须经过定作人同意，承揽人未经定作人同意擅自将主要工作交付第三人的属于违约行为，定作人有权解除合同。同时，承揽人无论是将主要工作还是辅助工作交由第三人完成的，都需要就该第三人的工作成果向定作人负责。这是因为第三人并非承揽合同的当事人，根据合同相对性原则，只有作为当事人的承揽人才能对定作人负责，第三人只就承揽人转包的次级承揽合同向承揽人（转包承揽合同的定作人）负责。

2. 按照约定提供材料或者接受定作人提供的材料的义务

承揽人与定作人在订立承揽合同时，可以约定由哪一方提供完成承揽项目所需要的材料。由定作人提供材料的是加工合同，由承揽人提供材料的是定作合同。

对于定作人提供材料的，承揽人及时接受材料对于其按时完成加工任务来说是必要的条件，因此是承揽人应尽的义务。承揽人在接受材料时应当及时对材料进行检验，以保证其符合完成承揽项目的需要。对于符合要求的材料承揽人负有妥善保管的义务，如果发现定作人提供的材料不符合约定的，应当及时通知定作人更换、补齐或者采取其他补救措施。承揽人对于定作人提供的材料不得擅自更换。

约定由承揽人提供材料进行定作的，承揽人有义务按照约定的质量标准选用材料，不得以次充好。由于材料的质量直接关系着完成承揽项目的质量，也就是关系着定作人的利益或者社会公共利益，因此承揽人有义务接受定作人对材料进行监督检验。定作人发现承揽人的材料不符合合同要求而提出异议的，承揽人应当按照定作人的要求予以更换，以保证完成承揽工作的质量。

3. 及时通知的义务

承揽人是按照定作人的要求进行加工、定作或者复制等工作并取得工作报酬的。为实现双方的利益，双方当事人应当在履行合同中发扬互相协作的精神。有的承揽合同定作人只提出定作的要求，并不负担提供图纸或者技术，而是由承揽人利用自己的技术设计施工的。但是有些承揽合同是由定作人自行提供设计图纸或者技术的。在定作人提供图纸或者技术的情况下，如果承揽人依据其专业知识发现定作人提供的图纸或者技术有不合理之处，本着协作原则及诚实信用原则，应当及时告知定作人加以修改补充。法律上并未将“应当发现不合理之处”作为义务强加给承揽人，而是将发现定作人提供的图纸或者技术有不合理之处时及时通知定作人规定为承揽人的义务。承揽人这样做不但是对定作人负责，而且对自身的利益也是有益的。

4. 接受定作人必要的监督检验以及为定作人保密的义务

为保证承揽工作符合定作人的要求，在承揽人完成承揽工作期间，定作人在必要时可以对承揽人的工作进行一定的监督和检验。在承揽合同中当事人可以约定定作人有权对承揽工作进行监督检验，但是，定作人的监督检验应当是在必要时进行，不得因监督检验而妨碍承揽人的正常工作。在不妨碍承揽人正常工作的情况下，承揽人应当尊重定作人的权利，接受定作人的监督检验。

根据《合同法》第二百六十六条的规定，承揽人应当按照定作人的要求，保守自己了解接触到的定作人的秘密，如复制、设计、翻译、性能测试的资料，或者测试数据、检验结论等不得随意向他人泄露。同时，未经定作人许可，承揽人不得留存复制品或者技术资料。

5. 交付工作成果的义务

交付工作成果是承揽人的主要义务。承揽合同之所以订立，就是定作人有获得定作物或者取得其他工作成果的要求，因此，承揽人在完成承揽工作后，必须将工作成果交付给定作人，才能达到定作人订立承揽合同的目的。交付工作成果涉及交付的时间、地点、方式等问题，这些方面都需要在承揽合同中明确地作出约定，承揽人应当按照约定的时间、地点、方式完成交付。承揽人提前交付的，除不损害定作人利益的以外，定作人有权拒收；承揽人迟延交付的，根据迟延的后果，定作人可以要求减少报酬、赔偿损失或者解除合同。对承揽人交付的工作成果，定作人应当按照合同规定的验收标准和方法及时检查验收，为此，承揽人在交付工作成果时，应当提交必要的技术资料、使用说明和有关的质量证明。

6. 定作物的瑕疵担保义务

定作物的瑕疵担保义务是指承揽人对于承揽完成的工作成果应当保证符合合同中约定的标准。定作人的特定要求是承揽人的工作成果是否合格的标准。承揽人完成工作后要将工作成果交付定作人，交付定作物时承揽人提供有关定作物质量说明的，交付的定作物应当符合该说明的质量要求。为实现合同目的，定作人应当对定作物及时予以检查验收。定作人发现定作物存在瑕疵，不符合合同标准，应当及时通知承揽人。承揽人对不符合质量标准的定作物应当承担修理、重做、减少报酬或赔偿损失等违约责任。

7. 承揽人的留置权和合同解除权

承揽人在承揽合同中既有完成承揽项目的义务，同时也有自己的合同权利，其中最主要的就是有权要求定作人支付报酬或者材料费等价款。《合同法》为承揽人设置了当定作人未向承揽人支付报酬或者材料费等价款时，承揽人保障其权利实现的途径。《合同法》第二百六十四条规定：“定作人未向承揽人支付报酬或者材料费等价款的，承揽人对完成的工作成果享有留置权，但当事人另有约定的除外。”

留置权是指债权人因一定的债权关系占有标的物，在债务人不履行其债务时，债权人有权对其财产予以扣留，并从中变价受偿的权利。留置权是一种法定的担保物权，不需当事人约定，当符合法律规定的条件时，债权人依法产生留置权。在承揽合同中，对定作人支付报酬的时间应当明确约定。如果约定承揽人交付定作物的同时定作人支付报酬的，或者定作人先支付报酬，承揽人再交付定作物的，当定作人未履行支付报酬的义务时，承揽人就可以将定作物扣留而不予交付，经过一定期限定作人仍不履行义务时，承揽人有权将定作物折价、变卖或者拍卖，从实现的价款中得到清偿。如果定作物的变价也不足以清偿承揽人的报酬的，承揽人仍有权向定作人追偿不足的部分。但是，当事人也可以在合同中约定排除留置权的适用。

根据《合同法》第二百五十九条的规定，如果承揽工作需要定作人协助而定作人不履行协助义务，致使承揽工作不能完成的，承揽人可以催告定作人在合理期限内履行义务，同时，可以行使履行抗辩权而顺延履行期限。定作人逾期不履行的，承揽人有解除合同的权利。

二、定作人的权利和义务

定作人的权利和义务主要有以下几方面：

1. 协助承揽人完成工作的义务

协作履行是合同履行应当贯彻的基本原则之一，当事人不仅应当按照合同约定履行自己在合同中承担的合同义务，而且还应依协作履行原则为对方履行义务提供方便或者必要的协助。对于承揽合同而言，承揽人完成工作是否需要定作人给予某种协助，可以在合同中予以约定，当将定作人的协助作为合同义务规定在合同中，定作人就应当及时履行协助义务。例如，合同约定由定作人提供材料、设计图纸、技术资料等完成承揽工作的必要条件，定作人应当及时予以提供，以便承揽人能按时进行工作；承揽人发现定作人提供的材料、技术资料有问题向其提出时，定作人应当及时答复，进行更换、补齐、修改等。因定作人不履行协作义务而致使承揽工作不能完成的，承揽人可以设定合理期限催告定作人履行，并可以顺延履行期限而不承担延期履行的责任。定作人在合理期限内仍不履行的，承揽人享有解除合同的权利。

2. 受领工作成果的义务

定作人的受领义务是指定作人应当接受承揽人完成的定作物或者其他工作成果，不得无故拒绝受领或者迟延受领。根据承揽合同的不同类型，定作人的受领也有所不同。在加工、定作、复制等承揽合同中，定作人的受领表现为接受定作物的交付；在房屋修缮、测试等合同中，定作人的受领表现为对承揽人的工作符合合同约定的承认。

定作人受领工作成果时要进行检验，对符合要求的工作成果应当及时接受，如工作成果依其性质在短期内难以发现瑕疵的，定作人仍可在验收后的相当期限内要求承揽人承担责任。对于定作人迟延受领期间工作成果毁损、灭失的风险，应当由定作人负担。

3. 支付工作报酬的义务

承揽合同是有偿合同，其有偿性就体现在定作人要为取得工作成果向承揽人支付相应的劳动报酬。支付报酬是定作人最主要的义务，定作人必须严格按照合同的约定履行。支付报酬主要涉及支付的期限、支付的金额、支付的方式及币种等问题。为使定作人的义务具体、确定，便于履行，在承揽合同中应当对上述问题作为合同条款明确地写入合同。

合同对支付报酬的期限有明确约定的，定作人应当按照约定的期限履行。对支付期限没有明确约定的，合同仍可成立，当事人双方可以另行签订补充协议进行确定。双方不能达成补充协议的，可以依以往的交易习惯确定，仍然不能确定的，定作人则应当在承揽人交付工作成果的同时支付报酬。定作人迟延支付报酬的，承揽人有权要求定作人支付迟延期间的利息；拒不支付报酬的，承揽人则有权对完成的定作物行使留置权。对于报酬的金额及支付方式，双方应当明确约定，定作人应当按照约定全额支付报酬。承揽人部分交付工作成果的，定作人应当相应地支付部分报酬。

4. 对承揽人工作监督检验的权利

承揽合同是为了满足定作人对定作物的特定需要而订立的，赋予定作人在必要时对承揽人工作的监督检验权利，能够充分保证定作人合同目的的实现。

定作人监督检验权主要包括两类：一是对承揽人使用材料的监督检验，以保证承揽人使用合格的材料完成承揽工作；二是对承揽人工作过程必要的监督检验，以促使承揽人按照计划的进度和方式完成承揽工作。但是，定作人进行监督检验时不能妨碍承揽人的正常工作。

5. 要求承揽人承担违约责任的权利

承揽人对承揽的工作成果负有瑕疵担保义务，必须保证所交付的工作成果的品质及其效用符合合同的约定。定作人通过验收认为承揽人交付的工作成果不符合合同约定的，根据情况有权要求承揽人对标的物进行修理或者重作，也可以要求减少支付报酬的数额。如果承揽人完成的工作成果存在瑕疵给定作人造成损失的，定作人有权要求承揽人赔偿损失。

思考题

1. 什么是承揽合同？承揽合同有哪些特征？
2. 承揽合同有哪些种类？
3. 承揽人的主要义务是什么？

第十八章

建设工程合同

本章要点

建设工程合同与承揽合同既有相似之处，又有所区别，是一类独立的合同形式。本章对建设工程合同的概念、特征进行了分析，并介绍了建设工程合同的成立方式、建设工程的种类以及各类建设工程合同的效力。本章中应重点掌握的内容有：建设工程合同的主要特征、建设工程合同的订立方式、建设工程合同的种类、建筑施工合同当事人的主要义务等。

第一节 建设工程合同概述

一、建设工程合同的概念和特征

建设工程合同，又称建设工程承包合同，是指承包人进行工程建设，发包人支付价款的合同。建设工程项目具体包括勘察、设计和施工，因此建设工程合同也就可具体分为勘察合同、设计合同和施工合同。建设工程合同的当事人是发包人和承包人。发包人一般为建设工程的建设单位，实施建设工程的勘察、设计、施工业务的单位是承包人。

从广义上讲，建设工程合同是承揽合同的一种，它具备承揽合同的一般特征，即一方当事人按照另一方当事人的要求为其完成特定的工作。因此，《合同法》关于承揽合同的有关规定，也可以适用于建设工程合同。但是，建设工程合同与一般的承揽合同相比较，还是有其特殊性的，为此《合同法》将其作为一类独立的合同设专章予以规定。建设工程合同具有以下主要特点：

1. 合同的标的是建设工程

与承揽合同的标的是对产品的加工、定作、测试，或者是对房屋的修理、修缮等不同，建设工程合同的标的是建设工程。这里的建设工程是指规模比较大而且比较复杂的土木建筑工程，属建筑业范围的线路、管道、设备安装工程的新建、扩建、改建以及大型的建筑装修、装饰活动。建设工程一般具有投资大、周期长、质量要求高等特点，有的还会影响到国计民生，因此建设工程合同被《合同法》规定为一类独立的合同，为完成一般的建设项目而订立的合同不属于建设工程合同，而属于承揽合同。

2. 合同的主体须有特定的资质

对建设合同当事人的资质要求，主要是指要求承包人必须具备经法定程序取得承包工程的资格。尽管《合同法》并没有对建设工程合同的当事人作出资格上的明确限制，但是由建设工程本身的特点决定，并非任何民事主体都可以完成该类工程。有关工程建设的法律法规要求，建设工程合同的承包人应当是有资格从事工程建设的企业。工程勘察、设计单位必须获得工程勘察、设计资格证书，工程施工合同的施工单位必须是国家主管部门审查批准的建筑施工企业。勘察、设计、施工企业有不同的资质等级，所承揽的工程应与其资质等级证书相符。

3. 国家管理性较强

由于工程建设的标的物为不动产，工程建设对国家和社会生活的各方面影响较大，在建设工程合同的订立和履行上，具有强烈的国家干预的色彩①。建设工程，尤其是大型基础设施、公用事业等工程项目涉及国计民生和社会公共利益，因此在市场经济下的建设工程合同仍然具有一定的计划性，国家仍然要对工程建设项目实行计划控制和应有的管理。发包人对需要建设的工程应经过计划管理部门审批，国家重大建设工程合同，应当按照国家规定的程序和国家批准的投资计划、可行性研究报告等文件订立。在合同履行过程中，国家对资金使用、工程进度、工程质量等方面也要进行必要的监管。国家对承担勘察、设计、施工任务的单位的资质进行规定也体现了国家对建设工程的管理。

建设工程合同的标的规模较大，技术复杂，工期较长，根据《合同法》第二百七十条的规定，订立建设工程合同应当采用书面形式，因此，建设工程合同是要式合同。建设工程合同采用书面形式既有利于明确当事人的权利义务，又有利于国家对建设工程合同的管理。

二、建设工程合同的订立

建设工程合同的订立有直接发包和招标两种方式，实践中招标方式被越来越多地采用。

---

① 王利明等．合同法．北京：中国人民大学出版社，2002：423。

（一）直接发包方式

直接发包方式即发包人与承包人直接协商签订合同，其程序与一般合同的签订程序相同。发包人应当审查承包人的资质，通过平等协商确定各方具体的权利和义务。

（二）招标投标方式

以招标方式订立建设工程合同是在订立合同过程中引入竞争机制的表现。招投标制度，是以招标的意思表示，使投标竞争者分别提出有利条件，由招标人选择其中最优者，并与其订立合同的法律制度。通过招标投标订立建设工程合同一般经过以下步骤：

1. 招标

招标是指准备发包工程的建设单位（招标人）通过一定方式公布一定的条件，邀请有承包建设工程资质的单位向其投标以选择承包人的意思表示。

根据招标人划定的投标人范围大小的不同，招标可以分为公开招标和邀请招标。招标的形式是发布招标公告或者发出招标邀请书，要提供招标文件，载明招标工程的技术要求、承包工程合同的主要条款、评标的标准和方法等内容，以使投标单位以此为根据编制标底。

2. 投标

投标是指自愿承包建设工程的单位按照招标人的要求，在规定期限内向招标人发出的以与其订立建设工程承包合同为目的的意思表示。

投标人必须持有营业执照及符合发包人要求的相应资质等级证书，并在招标人规定的期限内向招标人提交投标书。投标书密封送至招标人处，其内容需载明投标人对承包工程的报价、施工方案和主要技术措施、对合同主要条款的确认等内容。

3. 开标

开标是由招标单位在招标文件规定的时间和地点公开启封标书的行为。开标时招标单位应邀请有关部门参加，当众宣布评标、定标办法，启封投标书。

4. 评标和定标

评标是对所有投标者的标书进行分析、评价和比较的过程。定标是在对各投标人的标书进行分析比较之后，在具备相应资质条件的投标人中，择优选定中标者。定标后，招标人应向中标企业发送中标通知书，并在规定的日期与投标人签订建设工程承包合同。

三、建设工程的发包与分包

1. 建设工程的发包

对于一项建设工程，建设单位作为发包人可以采取两种方式进行发包。第一种方式是总承包方式，即发包人与承包人签订总承包合同，将建设工程的勘察、设计、施工等工程建设的全部任务一并发包给一个承包人，由该承包人就建设工程从勘察、设计到建筑施工的全部过程负责，直至向发包人交付建设工程。实践中一般只有大型的施工企业才有足够的设备和技术力量独立承包大型的基本建设工程。第二种方式是分别发包的方式，即发包人通过签订勘察、设计、施工承包合同将工程项目的勘察、设计、施工分别发包给勘察人、设计人和施工人，勘察人、设计人、施工人只就自己承包的内容向发包人负责。无论采用哪种方式，发包人都只能将建设工程发包给经资质审查合格，取得了相应资质等级证书的承包单位。同时，《合同法》第二百七十二条规定，对于应当由一个承包人完成的建设工程，发包人不得将其肢解成若干部分分别发包给几个承包人。

2. 建设工程的分包

建设工程的分包，是指工程总承包人或者勘察承包人、设计承包人、施工承包人将其所承包工程的一部分再发包给第三人承包，第三人就其完成的工作成果与总承包人或者勘察、设计、施工承包人向发包人承担连带责任。根据《合同法》第二百七十二条的规定，建设工程的分包应当遵守以下规则：

(1) 总承包人或者勘察、设计、施工承包人将自己承包的部分工程分包给第三人的，必须经过发包人同意。

(2) 承包人分包工程时只能分包给具备相应资质条件的单位。

(3) 承包人不得将自己所承包工程的主体结构分包给第三人完成，必须由承包人自行完成。

(4) 承包人分包的只能是自己所承包工程的一部分，不得将其承包的全部工程转包给第三人，或者将其承包的全部工程肢解以后以分包的名义分别转包给第三人。

(5) 承包人经发包人同意将工程分包给第三人的，第三人就其完成的工作成果与总承包人或者勘察、设计、施工合同的承包人向发包人承担连带责任。

(6) 承包分包工程的单位必须自己完成分包的建设工程，不得将其承包的工程再次分包。

第二节　建设工程勘察、设计合同

一、建设工程勘察、设计合同的概念

建设工程勘察、设计合同是勘察合同和设计合同的统称，是指建设工程勘察、设计的发包人与勘察人、设计人订立的，由勘察人、设计人进行勘察、设计，发包人支付价款的合同。

勘察和设计是建筑施工的前提条件。建设工程的勘察，担负着为工程建设提供地质资料的任务，建设工程的勘察人应当按照现行的标准、规范、规程和技术条例，进行工程地质和水文地质等勘察工作，并按照合同规定的进度提交符合质量要求的勘察成果。建设工程的设计，是直接为工程施工提供据以遵循的技术依据。建设工程的设计人应当按照合同的约定，根据发包人提供的基础文件和资料进行设计工作，并按照合同约定的进度提交符合质量要求的设计文件。

发包人在发包工程项目的勘察、设计任务时，应当注意审查勘察、设计单位的资质等级证书和勘察、设计许可证，不得将建设工程的勘察、设计任务发包给不具备相应资质条件的单位。

二、建设工程勘察、设计合同的主要内容

发包人在确认勘察、设计单位具备相应的资质条件，同意由其承担勘察、设计任务后，需要与勘察人、设计人签订具体的勘察合同、设计合同。根据《合同法》的规定及实践中的做法，勘察、设计合同应当包含以下主要内容：

1. 工程名称、规模、地点

这些内容对于将勘察、设计合同标的具体化是必不可少的，应当在合同中明确无误地给以规定。

2. 提交有关基础资料和文件（包括概预算）的期限

基础资料由发包人提供。基础资料是勘察人、设计人进行勘察、设计工作所依据的基础文件和情况，通常包括建设工程勘察委托书、设计委托书、可行性报告、选址报告、有关能源方面的协议书以及其他能满足初步勘察、设计要求的资料等。为使勘察人、设计人及时开展工作，合同中应当规定基础资料的提交时间，发包人应当在规定期限内及时予以提供。

3. 质量要求

工程勘察、设计工作是整个建设工程的基础，其工作质量直接影响着整个建设工程的质量，必须予以重视。勘察合同的质量是通过勘察人提交的勘察成果的准确性的高低来体现的，设计合同的质量则体现为设计人的设计成果的科学合理性。勘察、设计合同中应当对勘察、设计工作的质量提出明确的要求，勘察人、设计人应当按照合同要求的标准完成勘察、设计工作。

4. 勘察、设计费用及支付方式和期限

建设工程勘察、设计合同是有偿合同，发包人接受勘察人、设计人的工作成果需支付相应的报酬，这是发包人的主要义务。合同中应当对勘察、设计的报酬数额以及支付的方式和期限明确地给以规定，发包人应按合同约定履行。完成勘察、设计任务需要的相关费用由哪一方承担，也应当在合同中明确约定，承担费用的一方依约定履行。

5. 其他协作条件

为保证勘察、设计合同的顺利履行，任何一方都有义务为对方履行合同提供协助。双方协作的具体内容可由双方协商确定。

6. 违约责任

勘察、设计人一方和发包人一方在未按照合同约定履行义务时都应当承担相应的违约责任，合同中对此应当作出约定，以促使双方严格履行合同。勘察人、设计人的违约责任主要是因勘察、设计质量低劣引起工程返工或者因提交勘察设计文件迟延造成延误工期，以及因勘察、设计错误造成重大事故时的责任；发包人的责任主要表现为未按约定期限提交资料或未提供相关工作条件而导致勘察、设计方窝工或修改设计，或不及时、不足额支付费用时的责任。

勘察、设计合同的条款并不限于上述内容，发包人和承包人根据合同性质和具体情况应当尽量详细地对完成勘察设计工作涉及的相关问题作出约定。

三、建设工程勘察、设计合同当事人的义务和责任

（一）建设工程勘察、设计合同发包人的主要义务

1. 及时提供开展勘察、设计工作所需的基础资料及其他必要的协作条件

发包人应按照合同约定及时地向工程勘察、设计的承包人提供相应的基础资料以保证其及时开展工作。委托勘察的，发包人应在勘察工作开展前向勘察人提供勘察范围和勘察技术要求及附图等资料；委托设计的，发包人应向设计人提供设计任务书，选址报告，满足初步设计要求的勘察资料，经过

批准的资源、燃料、水电方面的协议文件等资料。此外，如果合同约定发包人还需要为勘察人、设计人提供其他协助工作的，如负责勘察现场的通水、通电和场地平整等，发包人应当及时做好协助工作，以保证勘察、设计工作能够正常地开展。发包人未能按照合同约定提供相应资料及所需工作条件的，勘察人、设计人可以通知发包人在合理期限内提供，如果因发包人原因致使勘察、设计工作无法开展的，勘察人、设计人有权顺延工期并要求发包人赔偿损失。

2. 支付勘察、设计费

向勘察、设计承包人支付报酬是发包人的主要义务。勘察、设计费由当事人依国家规定约定，一般是按照工作的复杂程度制定不同的收费定额，并按实际完成的工作量收取。发包人不按照合同约定支付勘察、设计费用的，应当承担违约责任。

（二）建设工程勘察、设计合同承包人的主要义务

1. 按照合同约定完成勘察、设计工作

勘察单位应当利用自己的设备、技术和人员，按照合同约定的勘察工作范围、进度和质量标准进行工程测量、工程地质和水文地质勘察等工作。工程设计单位应当根据发包人的设计任务书及有关设计技术协议文件、设计标准等进行初步设计和施工图设计，并对其设计的质量负责。设计单位还应当配合施工单位解决施工过程中的有关设计问题。

2. 向发包人交付勘察、设计工作成果

勘察人、设计人完成勘察、设计工作后，要按照勘察、设计合同的要求按时向发包人提交勘察成果和设计文件。勘察人、设计人未按照合同约定的期限提交勘察、设计文件，发包人可以进行催告。由于勘察、设计文件的迟延致使工期拖延，给发包人造成损失的，发包人可以要求勘察人、设计人承担赔偿损失的责任。

3. 对勘察、设计成果承担瑕疵担保责任

勘察、设计的质量是决定整个建设工程质量的基础，因此勘察人、设计人应当对其勘察、设计工作的质量负责。在工程建设中发现勘察质量问题的，勘察人应负责重新勘察或者以其费用委托第三人重新勘察，并应赔偿发包人的损失。因设计质量不合要求引起返工的，设计人应当继续完善设计，并赔偿因此造成发包人的损失。

第三节 建设工程施工合同

一、建设工程施工合同的概念和内容

建设工程施工合同是发包方（建设单位）和承包方（施工人）为完成商定的施工工程，明确相互权利、义务的协议①。

根据《合同法》第二百七十五条的规定，建设工程施工合同一般应当具备以下内容：

1. 工程范围

工程范围是指施工的界区，是施工人进行施工的工作范围。当事人应在合同中附上工程项目一览表及工程量，主要包括建筑栋数、结构、层数等。

2. 建设工期

建设工期是施工人完成施工任务的期限，在合同中应当对建设工程的开工和竣工的时间明确规定。施工人要在规定的工期内完成建筑施工任务，因施工人的原因造成超过合同规定的期限未能交工的，施工人应承担违约责任。

3. 中间交工工程的开工和竣工时间

中间工程是指施工过程中的阶段性工程。一项整体的建设工程往往由多项中间工程组成，每一项中间工程按时开工和竣工，才能保证整体工程的按时完成，因此合同中应明确中间工程的开工和竣工时间。

4. 工程质量

工程质量是指工程的等级要求。国家对建筑工程的质量制定了一系列的质量标准，由建设主管部门对工程质量进行监督。建设施工合同中应明确工程应达到的质量等级。

5. 工程造价

工程造价是指施工建设该工程所需要费用的总和。合同中应明确工程总造价，对于事先不能准确确定总造价的，也应明确规定工程造价的计算原则和方法。如为招标工程，应以中标时确定的金额为准；如工程是依据初步设计总概算投资包干，则应以经审批的概算投资中与承包内容相应的投资为工程价款；如按施工图预算包干，则应以审查后的施工图总预算或者综合预算

---

① 王利明等．合同法．北京：中国人民大学出版社，2002：429。

为准。

6. 技术资料交付时间

建筑施工的进行必须依据一定的技术资料。勘察、设计是建筑施工的前提和基础工作，因此，勘察、设计资料及其他相应的资料是进行建筑施工的依据和基础。合同中应当对发包人提供技术资料的时间明确约定，以保证施工人及时开工。

7. 材料和设备供应责任

建筑材料和建筑施工设备是建筑施工的必备条件，在合同中应当对由哪一方提供进行约定。当事人应当履行提供材料和设备的约定，由于某一方未按时提供材料或者设备而耽误工期的，应当对此承担责任。

8. 拨款和结算

对于工程款的拨付，根据付款的内容由当事人双方确定，主要包括预付款、工程进度款、竣工结算款、保修扣留金等。工程价款的结算方式由双方根据具体情况协商，并在合同中明确约定。

9. 竣工验收

建筑施工合同的履行结果是施工人完成施工任务，并向发包人交付施工项目。发包人对施工人交付的工程进行验收是其主要权利之一，在合同中要对验收的时间、方式、标准等作出约定，国家法律法规有相应规定的应按规定执行。

10. 质量保修范围和质量保证期

施工人应对施工工程承担瑕疵担保责任。在一定期限内，施工人对因施工等原因造成的工程质量缺陷应负责维修。在施工合同中，要明确约定施工人对哪些项目的缺陷负责保修，以及保修的期限。

11. 双方相互协作

相互协作是当事人双方的义务，在施工合同中对一方协助对方履行合同有约定的，当事人应当按约定履行。

除以上内容外，根据具体情况还可以约定其他相应的内容。

二、建设工程施工合同当事人的义务和责任

（一）发包人的主要义务和责任

1. 提供原材料、设备、技术资料的义务

合同中约定由发包人提供场地、原材料、设备、技术资料等施工必备条

件的，发包人应按约定的时间、地点及时提供。发包人未按约定提供上述条件时，承包人可以中止施工并顺延工期，发包人应对由此造成承包人停工、窝工的损失承担赔偿责任。

2. 支付工程款的义务

由发包人提供建设工程所需资金的，发包人应当按约定的时间和数额向承包人支付。发包人未按约定支付工程款并经承包人催告在合理期限内仍不能按要求支付资金的，承包人可以停止工作并顺延工期，发包人应当从应付工程款之日起向承包人支付应付款的利息，并赔偿因此造成承包人停工、窝工的损失。

3. 协助承包人的义务

在工程建设过程中，发包人应当按照合同约定为承包人的建设施工提供必要的条件，例如开工前接通施工现场水源、电源等。因发包人自身原因致使工程停建、缓建的，发包人应承担违约责任。

（二）承包人的主要义务和责任

1. 按约定提供材料、设备的义务

根据双方的约定需由承包人提供材料或设备的，承包人应当按照约定的分工范围做好材料和设备的采购、供应和管理工作。如果由于承包人未能按时提供材料和设备而延误工期的，承包人要承担相应的违约责任。

2. 按时完成施工，确保工程质量的义务

按时完成工程施工，向发包人交付符合质量要求的工程项目是建设工程承包人的主要义务。在工程建设中，承包人要按照合同完成各个阶段的施工内容，需要分期验收的，承包人应当及时通知发包人检查验收，经验收合格的，方可进行下一步施工。已完工的工程，在交付前应妥善保护，按照约定提供竣工验收技术资料，办理工程竣工结算。在合同约定的保修期内，承包人对属于保修范围的工程质量问题应负责无偿修理。

思 考 题

1. 什么是建设工程合同？建设工程合同有哪些特征？
2. 建设工程合同的订立方式有哪些？
3. 建设工程合同分为哪几类？
4. 建筑施工合同承包人的主要义务是什么？

第十九章

运 输 合 同

本 章 要 点

本章介绍了运输合同的概念和特征、公共运输承运人的强制承诺义务、运输合同的一般效力、客运合同的成立和效力、货运合同的效力、联运合同等内容。本章的重点和难点是公共运输承运人的强制承诺义务、旅客的义务、托运人的义务、承运人的义务和赔偿责任、多式联运合同。

第一节 运输合同概述

一、运输合同的概念和特征

运输合同，又称运送合同，是指承运人将旅客或者货物从起运地点运输到约定地点，旅客、托运人或者收货人支付票款或者运输费用的合同（《合同法》第二百八十八条）。

运输合同的主体是承运人和托运人或旅客，承运人是利用运输工具运输旅客或货物的人，托运人是指与承运人订立货物运输合同并将货物交给承运人的人，旅客是指由承运人负责运输、乘坐运输工具的人。在货运合同中，通常还涉及收货人即有权提取货物的人，收货人并非运输合同的主体，但可以享有合同权利或承担合同义务。

运输合同种类繁多，根据运输方式的不同，可以分为铁路运输、公路运输、水路运输（包括内河运输和海上运输）和航空运输等。

运输合同具有以下特征：

1. 运输对象是旅客或货物

运输对象既可以是自然人，也可以是物，自然人不管是否具有民事行为能力，均可以作为运输对象，但物仅以有形动产为限，不动产或无体财产，均无法作为运输的标的物。

2. 运输的本质是提供服务，完成一定的结果

运输是利用交通工具使物品或旅客改变其所处空间的事实行为，是承运人为托运人或旅客提供的一种服务。虽然为他人提供服务，但是并未使自然人或货物改变空间的，并非运输，例如将未成年人交由他人照管，或将货物交由他人保管。承运人提供的服务必须要达到一定的结果，即将货物或旅客运至目的地，并经交付货物或使旅客安全离开交通工具。所以，承运人所负有的运输债务是“结果性债务”。

3. 运输合同一般为有偿合同

在绝大多数情形，承运人是以营利为目的、经营运输业的人，承运人既然以运输业为生，即有一定成本，更需一定利润，以求营业的持续发展。承运人履行运输旅客或货物的义务，要以旅客、托运人或收货人支付运费为代价，运输义务与支付运费义务互为对价，因此运输合同通常为有偿合同。但作为例外情形，运输合同也可以是无偿的，如运送救济品或运送身高未达一定高度的小孩，即属免费运输。

二、公共运输承运人的强制承诺义务

公共运输承运人的强制承诺义务，是指从事公共运输的承运人不得拒绝旅客、托运人通常的合理运输要求（《合同法》第二百八十九条）。

（一）公共运输

公共运输是指承运人按照事先对外公布的固定路线、固定时间、固定价格运输旅客或货物的行为，例如班轮、班机和班车运输。公共运输具有以下特征：

1. 运输对象的不特定性

公共运输是为社会公众提供服务的，除法律另有规定外，承运人可以运输任何旅客或托运的货物，以满足基本社会需求。所以，公共运输除具有商业性外，还具有强烈的公益性，城市公交就是典型的例子。

2. 运输内容的固定性

公共运输承运人要按照固定的路线、固定的时间、固定的价格进行运输，这是公共运输最为显著的特征，不但旅客或托运人不能改变，承运人自身也不得改变，因为这些固定内容已经事先向社会公众公布，社会公众对此已经形成合理信赖。除路线、时间、价格外，公共运输的其他一些内容也是固定的，例如运输工具的类型、座位等级等。

3. 运输合同的格式性

公共运输承运人往往居于垄断地位，公共运输合同一般都是由承运人为了重复使用而单方拟定的条款组成的，所以公共运输合同往往是格式合同，运输双方除了可以对极个别内容进行协商外，其他内容几无协商余地。但是，公共运输合同具有格式性，并不意味着承运人可以为所欲为，为保障社会公众利益，公共运输合同的内容一般要经过运输主管部门的审查批准。

（二）强制承诺义务

正因为公共运输具有强烈的公益性，所以公共运输承运人的合同自由受到严格限制，即承运人具有强制承诺义务，主要表现在两个方面：一是承运人的缔约自由受到限制，承运人没有缔约或不缔约的自由；二是承运人选择相对人的自由受到限制，不管哪一旅客或托运人提出运输要求，承运人都不得拒绝。

强制承诺义务属于强制缔约的一种情形，强制缔约不仅包括受要约人对要约人的要约有承诺义务的情形，而且也包括特定的主体有义务向他人发出要约的情形，承运人的强制承诺义务属于前者①。

但是，强制承诺义务也不是绝对的，对于旅客、托运人通常的合理运输要求，承运人才有强制承诺义务。运输要求是否通常、合理，不是就某一旅客或者托运人的具体情形判断，而是从一般旅客或者托运人的角度判断。如果运输要求不正常、不合理，承运人自然可以拒绝。例如，在铁路运输中，旅客只愿意支付硬座票价却要享有卧铺待遇，显属不合理，承运人可以拒绝。

在特定情形下，即使旅客、托运人的运输要求是通常的、合理的，承运人也可以拒绝。这需要结合运输环境、运输能力、运输安全等有关情形予以综合判断。通常包括以下几种情形：一是发生不可抗力或意外事故。由于无法正常运输，承运人可以拒绝旅客或者托运人要求按时到达目的地的要求。二是运输能力饱和的。例如，春运期间，客流爆满，承运人可以拒绝旅客的乘坐要求。三是威胁运输安全的。例如，传染病患者、精神病患者或健康情况可能危及自身或影响其他旅客安全的旅客，承运人不予承运。

三、运输合同的一般效力

运输合同的一般效力，是指承运人和旅客或托运人所承担的一般性义务，在任何运输合同中均有存在。

---

① 易军，宁红丽．合同法分则制度研究．北京：人民法院出版社，2003：292。

（一）承运人应当在约定期间或者合理期间内将旅客、货物安全运到约定地点

1. 承运人应当在约定的期间内或者合理的期间内进行运输

承运人应当在运输期间内将旅客或货物运到目的地。法律对运输期间有规定的，按照规定。例如，根据《海商法》的规定，海上旅客运输的运送期间，自旅客登船时起至旅客离船时止。除此之外，运输双方对运输期间有约定的，按照约定；没有约定的，应当在合理期间内运到目的地。在判断合理期间时，应当综合考虑与运输有关的情形，例如货物性质、运输工具、交通情况、天气状况等。

2. 在运输过程中，承运人应当保证旅客或货物的安全

运输是在开放的自然空间内进行的，各种不确定的自然或社会因素可能随时给运输行为造成威胁，保障旅客生命健康和货物完好是承运人的首要义务。为了保证旅客或货物的安全，承运人不但要保证运输工具是适合安全运输的，而且应当采取各种措施预防或减少危险。

3. 承运人应当将旅客、货物运到约定的地点

约定地点是运输双方在运输合同中明确约定的运输目的地。目的地应当是运输合同的必备条款，在旅客所持客票上，或承运人签发的运输单据上，均应明确记载目的地。运输合同是承运人承诺完成一定结果的服务合同，承运人仅仅实施了运输行为还是不够的，还必须将旅客或货物运到约定地点，才能符合旅客或托运人的要求。

（二）承运人应当按照约定的或者通常的运输路线将旅客、货物运输到约定地点

运输路线是承运人运输旅客或货物所需经过的路线，承运人应当按照一定的运输路线进行运输。合同对运输路线有约定的，应当按照约定路线运输。例如，在公共运输中，承运人已经将运输路线向社会公布，就应当按照公布的路线运输。

如果当事人没有约定的，承运人应当按通常的运输路线进行运输，不得无故绕行。所谓通常的运输路线是指习惯上或者地理上的运输路线。按照通常的运输路线进行运输的主要原因是：首先，按照通常的运输路线进行运输可以避免或减少危险。其次，按照通常的运输路线进行运输可以避免或减少运输迟延。最后，按照通常的运输路线进行运输便于承运人控制运输成本，保持运输效益。

当然，由于运输受客观因素影响较大，在特定情形下，不按通常的运输

路线运输，进行合理的绕行也是允许的。例如，在海上货物运输中，船舶在海上为救助或者企图救助他人生命或财产而发生的绕航或者其他合理绕航，都是法律所允许的。

（三）旅客、托运人或者收货人应当支付票款或者运输费用

运输合同一般为有偿合同，支付票款或者运输费用是旅客、托运人或者收货人的主要义务。在客运合同中，旅客应当支付的运输代价称为票款，在货运合同中，托运人或收货人支付的运输代价称为运输费用，实际上票款也是运输费用。在客运合同中，票款由旅客支付。在货运合同中，运输费用由托运人支付，但是托运人与承运人可以约定运费由收货人支付，在这种情况下，此项约定应当在运输单证中载明，如果没有载明，收货人可以拒绝支付运输费用。

旅客、托运人或者收货人应当按照约定支付票款或运费，没有约定但有价目表的，按照价目表支付。除了支付票款或者运输费用外，还应当支付杂费。所谓杂费，是指不能包含在票款或运费之内，为了旅客、托运人或者收货人利益或为了弥补承运人额外支出而发生的费用。例如，在民用航空运输中，承运人可以收取地面运输费、退运手续费和保管费等货运杂费。

票款或运费的支付方式可以分为“预付”和“到付”两种。预付是指在运输合同成立时或运输开始前向承运人支付票款或运费。在客运合同中，票款一般采取预付形式，旅客在购买客票时就向承运人支付票款。在货运合同中，运费也可采取预付方式。到付是指货物到达目的地后，承运人才能收到运费。到付方式经常出现在货运合同中。

承运人未按照通常的路线运输而增加票款或者运费的，旅客、托运人或者收货人可以拒绝支付增加部分的票款或者运费。承运人未按照通常的路线进行运输，在很多情形下，是因为承运人自身的过错造成的，即使是因为客观原因造成的，旅客、托运人或者收货人没有任何过错，而且还可能造成旅客或货物不能按时到达目的地，因此，旅客、托运人或者收货人可以拒绝支付增加部分的票款或者运费。

第二节　客运合同

一、客运合同的概念

客运合同，是指承运人以适合运送旅客的交通工具将旅客及其行李从起

运地运送至目的地，由旅客支付票款的合同。

客运合同的主体，一方为承运人，另一方通常即为旅客本身。不过，在有些情形下，他人为了旅客利益，也可以与承运人成立运输合同。例如，企业、事业单位或机关团体，与承运人订立运送其职工的合同。此时，旅客不是运输当事人。但是，旅客只要已经取得客票，即享有请求运输的权利。

二、客运合同的成立

在一般情况下，承诺生效时合同成立。但是客运合同则存在特殊性，客运合同自承运人向旅客交付客票时成立，但当事人另有约定或者另有交易习惯的除外（《合同法》第二百九十三条）。

客运合同自交付客票时成立，是由客运合同的特点决定的。在客运合同中，旅客是合同当事人，又是运输对象，如果旅客不支付票款，承运人不能采取限制旅客人身自由或留置旅客自带行李的方式迫使旅客支付票款，这使得票款债权的实现带有相当的风险。如果像一般合同那样将成立时间定为双方意思表示一致之时，旅客随后不支付票款，或者与他人订立运输合同，承运人往往陷入被动，客运合同有随时毁弃的可能性。所以，只有将运输合同的成立时间推迟到旅客支付了票款之后，对承运人而言才是比较有利的。如果旅客想取得作为乘坐运输工具凭证的客票，就必须预付票款，这样就化解了承运人票款债权无法实现的风险。这也意味着，客运合同成立时，旅客就已履行了其主要的义务，即支付票款的义务。

客运合同自交付客票时成立并非强制性规定，客运合同的成立时间在以下两种情形下也可以改变：一种情形是当事人另有约定，例如运输双方可以约定客运合同自双方协商一致时成立，或约定其他时间作为成立时间；另一种情形是另有交易习惯，例如在出租车运输中，运输合同自旅客进入出租车时就成立，而客票在运输行为完成后才交付。

三、旅客的义务

（一）旅客应当持有效客票乘运

客票是指由承运人或其代理人所签发的运输凭证，包括运输合同条件、声明、通知等内容。客票是客运合同成立的初步证据。旅客未能出示客票、客票不符合规定或者客票遗失，虽然并不影响客运合同的存在，但客票是旅客乘坐运输工具的凭证，属于资格证券，必须向承运人出示有效客票，才能享有运输服务。当然，如果经承运人同意，旅客也可以不出示客票而乘坐交通工具。

如果旅客违反了持有效客票乘运的义务，则应当承担相应的违约责任。

旅客违反持有效客票乘运的义务主要表现为以下几种情形：一是无票乘运，即旅客没有事先购买客票，但承运人允许其登载运输工具除外。二是持失效客票乘运，即持已经超过有效期限的客票乘运。客票超过有效期限的，则运输关系终止，如果承运人允许其乘运，则成立新客运合同。三是越级乘运，即旅客乘坐的坐席等级超过了客票指定的坐席等级，从而享受了其不应当享受的待遇。四是超程乘运，即旅客乘运的行程超过了客票指定的目的地。

旅客存在以上几种情形的，应当补交票款，承运人可以按照规定加收票款。补交票款是旅客实际履行其支付票款的行为，加收票款实际上是惩罚性赔偿，是否加收票款，则由承运人自己酌情处理。

旅客不交付票款的，承运人可以拒绝运输。拒绝运输是指承运人有权在适当的地点责令旅客离开交通工具。拒绝运输意味着承运人单方解除运输合同，但承运人仍有权向旅客追还票款。

（二）旅客有限量携带行李的义务

行李是指旅客在旅行中为了穿着、使用、舒适或方便的需要而携带的物品和其他个人财物。旅客在运输中应当按照约定的限量携带行李。超过限量携带行李的，应当办理托运手续。

旅客乘运交通工具，携带行李为一般交易习惯，亦为日常生活所需。在客运合同中，承运人的主要义务是将旅客从起运地运到目的地，而不是为了专门运输行李。但是为了旅客乘运途中的方便，承运人也应当允许旅客携带一定数量的行李。但是，如果将过量的行李带入客席，不但影响运输服务的质量，而且可能危及运输安全。所以，在客运合同中对于允许旅客随身携带的行李数量一般都有明确约定。在约定数量之内的行李，为自理或自带行李，可以由旅客自行携带、保管或者放置在客席中。超过约定数量的行李，则作为托运行李，不允许旅客自行携带和照管，应当办理托运手续，也就是在旅客与承运人之间订立货运合同。对于超过约定数量的行李，如果旅客坚持携带而拒不办理托运手续，承运人可以拒绝运输。

（三）旅客有不随身携带或者在行李中夹带违禁物品的义务

在客运合同中，安全运输是承运人负有的首要义务。承运人不但要保证运输工具的安全性，旅客也应作出积极配合，为了保障自身、他人的生命健康以及运输工具的安全，不得携带或夹带危险品或其他违禁物品。危险品是指易燃、易爆、有毒、有腐蚀性、有放射性的物品以及其他危及人身、财产安全的物品。其他违禁物品是指有可能对国家利益和社会利益造成影响的物品，例如枪支弹药、管制刀具、毒品等。

旅客随身携带或在行李中夹带违禁物品的，构成违约行为，应当承担违约责任，承运人也可以进行适当处置。

首先，旅客坚持携带或者夹带违禁物品的，承运人应当拒绝运输。在旅客乘坐交通工具之前，承运人都要对旅客进行安全检查，当发现旅客夹带违禁物品的，应当予以阻止。旅客不听劝阻的，承运人应当拒绝运输，以防止造成旅客人身伤亡和交通工具损毁。

其次，承运人可以将违禁物品卸下、销毁或者送交有关部门。如果旅客违反规定已经将违禁物品带入交通工具，承运人可以在任何时间、任何地点根据情况需要采取使之不能为害的措施，而且不负赔偿责任。所谓使之不能为害的措施，包括卸载、销毁违禁物品或者送交有关部门处置。如果已经对其他旅客的人身和财产或者对承运人的财产造成损害的，旅客还应当承担赔偿责任。

四、承运人的义务

（一）承运人的告知义务

承运人的告知义务，是指承运人应当向旅客及时告知有关不能正常运输的重要事由和安全运输应当注意的事项。

有关不能正常运输的重要事项，是指有关无法进行运输或者导致运输迟延的事项，例如客车中途发生机械故障，航班取消等。有关不能正常运输的重要事项不管是否由可归责于承运人的事由造成，承运人都应及时告知旅客，使旅客及时采取措施以避免或减轻给自己造成的不便或损失，例如在班次取消的情况下，旅客可以变更客票改乘其他班次或退票。

安全运输应当注意的事项，是指在运输过程中为保障旅客的人身和财产安全，旅客应当注意的事项。运输行为的危险比较高，而旅客对于安全运输的知识往往是不完整的，承运人是专业运输人，所以应当及时向旅客告知安全运输应当注意的事项。例如，在民用航空运输中，承运人应当告知在发生紧急情况下应当如何逃生等。

（二）承运人应当按照客票载明的时间和班次运输旅客

客票是客运合同有效成立的书面证据，客票上所载明的运输时间、班次等内容就是客运合同的内容。承运人应当按照客票载明的时间和班次运输旅客，这样才能保证旅客按时到达目的地。

承运人未按照客票载明的时间和班次运输旅客的，构成迟延运输，即使是因不可归责于承运人的事由造成的。在承运人运输迟延的情况下，旅客拥有选择权。如果旅客要求继续乘坐交通工具的，承运人应当根据旅客的要求安排旅客改乘其他班次到达目的地，这是对运输合同内容的变更。如果旅客不想继续乘运，可以要求退票，也就是单方解约，承运人应当退还票款。

（三）承运人的救助义务

承运人的救助义务，是指承运人在运输过程中，应当尽力救助患有急病、分娩、遇险的旅客。

承运人的主要义务是应当将旅客及其行李安全运输到目的地，在运输过程中，旅客突发急病、分娩或遇险，并非可归责于承运人的事由所致，严格而言，承运人并无责任。但是，因所处环境的限制，患有急病、分娩、遇险的旅客无法自救或者向他人求救，而专营运输业的承运人有一定的救助能力，如果承运人对陷入危急状态的旅客置之不理，不但违反诚实信用原则，从长远角度而言，也会影响运输业的良性发展。所以，法律规定承运人应当尽力救助陷入危急状态的旅客，虽为附随义务，承运人违反的，也应承担违约责任。但是，承运人的救助义务以其力所能及为限，如果实施了合理救助，但未使旅客脱离危急状态，则承运人不承担责任。

五、承运人的损害赔偿责任

（一）对旅客伤亡承担的损害赔偿责任

承运人对旅客伤亡承担的损害赔偿责任为无过错责任，除非法律另有规定，即使承运人并无过错，也应承担责任。由承运人承担无过错责任，主要是考虑到承运人可以通过责任保险和价格机能分散风险，促使承运人采取各种措施以保护旅客的人身安全。而且，在很多情形下，旅客的伤亡是由承运人的职员或设施的原因造成的。

承运人承担无过错责任，并不意味着承担绝对责任，在以下两种情况下，承运人可以免除责任：一种情形是旅客的故意或者重大过失造成伤亡的。例如旅客跳车自杀造成的伤亡，承运人不承担赔偿责任。另一种情形是旅客自身健康原因造成伤亡的。例如旅客患有先天性心脏病，在运输途中突发心脏病而死亡，承运人免负责任。

应当注意的是，承运人对旅客伤亡的赔偿责任及免责事由，不仅适用于正常购票的旅客，也适用于按照规定免票、持优待票或者经承运人许可搭乘的无票旅客。

（二）对旅客行李的损害赔偿责任

旅客行李可以分为自带行李和托运行李。自带行李由旅客随身携带，在客席中安放或保管，承运人也应当保证行李的安全。但是，运输旅客自带行李并非承运人主要义务，而且具有免费运输的性质，旅客对于自带行李也应合理照管，所以旅客自带行李毁损、灭失的，除非承运人有过错，否则不承担赔偿责任，这可使得运输双方利益保持均衡。

对于托运行李，运输双方之间已经缔结货运合同，托运行李毁损、灭失的，则根据货运合同的有关规定决定赔偿责任。

六、客运合同的变更和解除

（一）旅客因自己的原因不能按照客票记载的时间乘坐的

客运合同成立之后履行之前，旅客因自己的原因不能按照客票记载的时间乘坐的，如果不允许旅客办理退票或者变更手续，旅客既无法实际乘坐，运力也会出现闲置，所以应当允许旅客在约定的时间内办理退票或者变更手续。所谓退票，实际上就是解除运输合同；所谓变更是指变更班次、日期等内容。这是法律为保护旅客利益授予旅客单方解除或变更客运合同的权利，承运人应当接受。但是旅客因自己的原因解除或变更合同，会给承运人造成损失，所以旅客办理退票时，承运人可以收取退票费，办理变更手续时，承运人可以收取手续费。

旅客逾期办理退票或变更手续的，承运人可以不退票款，并不再承担运输义务。这实际上意味着旅客自愿放弃乘坐交通工具的权利，客运合同自然终止。

（二）承运人擅自变更运输工具而降低服务标准的

承运人应当以约定的运输工具运送旅客，承运人擅自变更交通工具，可能影响运输安全和服务水平。承运人擅自变更运输工具而导致服务标准降低的，侵害了旅客享受相应服务的权利，构成违约行为，旅客有权要求退票或者减收票款。退票意味着旅客单方解除合同，而减收票款则是旅客单方变更合同，承运人应当接受。不过在减收票款的情况下，旅客提出的要求应当公平合理，不违反诚实信用原则。

承运人变更运输工具，如果提高了服务标准，但无权向旅客加收票款。这是因为，承运人擅自变更运输工具，未与旅客协商或取得旅客同意，其加收票款没有合法依据，旅客自可拒绝。

第三节 货运合同

一、货运合同的概念

货运合同是指承运人将托运人交付运输的货物运送到约定地点，托运人支付运费的合同。

货运合同的当事人为托运人与承运人，但常常涉及第三人，因为托运人既可以为自己的利益托运货物，也可以为第三人的利益托运货物，所以收货人可以是托运人自己，也可以是第三人。在第三人为收货人的情况下，货运合同即属于为第三人利益订立的合同，收货人不是合同的当事人，而是合同的利害关系人。

二、托运人的义务

承运人运输货物，须占有货物，托运人如不交付，承运人无法运输，托运人自然负有交付标的物的义务。除此之外，托运人还负有下列义务：

（一）如实申报的义务

托运人在交付货物时，应当向承运人准确表明有关货物运输的必要情况，以便于承运人正确、安全地进行运输，并防止给承运人造成损失。

托运人办理货物运输，一般应当向承运人准确表明以下必要情况：一是收货人的名称或者姓名或者凭指示的收货人。在托运人并非收货人的情况下，需要准确表明收货人。二是货物的名称、性质、重量、数量等情况。三是收货地点。除了以上情况外，托运人还应当向承运人准确表明有关货物运输的其他必要情况。

在货运业务中，有关货物运输的必要情况一般都是通过由托运人填写托运单（如海运单、空运单）的方式来进行申报的。托运人应当保证托运单上填写内容的真实性或正确性。

如果托运人没有履行如实申报义务，造成承运人损失的，托运人应当承担损害赔偿责任。托运人没有履行如实申报义务，包括两种情形：一种是申报不实，这是指托运人所提供的情况与实际情况不符，另一种是遗漏重要情况，这是指托运人应当提供有关运输的重要情况却没有提供。无论是哪一种情形，托运人都应承担赔偿责任。

（二）将办理完有关手续的文件提交承运人的义务

货物运输需要办理有关手续的，托运人应当将办理完有关手续的文件提交承运人。

在货物运输中，需要由托运人办理各种相关手续，如果没有这些手续，承运人则无法正常运输。所以在运输前，托运人应当将办理完有关手续的文件提交承运人。例如，有些货物的运输需要得到有关部门的审批、检验、检疫，出口货物需要办理报关手续等。托运人应当在货物运输前及时向承运人提供办理完有关手续的文件，因办理有关手续的文件提交不及时、不完备或者不正确，使承运人的利益受到损害的，托运人应当负赔偿责任。

（三）对货物的包装义务

在运输过程中，由于受到运输距离、自然因素、运输工具、货物性质等各种因素的影响，如果不对货物进行包装，货物容易毁损、灭失。所以，运输双方在订立货运合同时，承运人一般会对货物包装提出要求。货运合同中对包装方式有约定的，托运人应当按照约定的方式包装货物；对包装方式没有约定或者约定不明确时，可以协议补充；不能达成补充协议的，按照合同有关条款或者交易习惯确定；仍不能确定的，应当按照通用的方式包装；没有通用方式的，应当采取足以保护标的物的包装方式。

托运人违反约定的包装方式，或者不按通用的包装方式或足以保护运输货物的包装方式而交付运输的，承运人有权拒绝运输。所谓拒绝运输，是指行使履行抗辩权，暂时不履行运输义务，如果托运人对货物进行了妥当包装，应恢复运输，不应直接认定为解除合同。托运人因违反包装义务，对承运人造成损失的，托运人应当负赔偿责任。

（四）托运危险物品时的义务

危险物品是指具有易燃、易爆、有毒、有腐蚀性、有放射性等性质的物品。在运输过程中对这些危险物品必须进行更加严格的妥善处理，否则就有可能对其他货物、运输工具以及运输人员、押运人员甚至第三人的人身和财产造成损害，还可能造成严重的环境污染或破坏。所以，与一般物品相比，在托运危险物品时，托运人应当向承运人履行下列三项义务：

一是应当按照国家有关危险物品运输的规定，对危险物品妥善包装。法律、行政法规对危险物品的包装规定有明确标准的，托运人必须遵守。

二是应当作出危险物标志和标签，以便于承运人、收货人和第三人识别和提高警惕。

三是应当将有关危险物品的名称、性质和防范措施的书面材料提交承运人，以便由承运人决定是否进行运输和采取适当措施。

如果托运人违反了托运危险物品时所负有的义务，应当承担违约责任，承运人也可以采取应对方法。承运人通常可以采取以下两种应对方法：

一是承运人可以拒绝进行运输。所谓拒绝运输一般解释为承运人行使履行抗辩权，暂时不履行运输义务。托运人做出补救后，承运人应当恢复运输。

二是可以采取相应措施以避免损失的发生。承运人可以在任何时间、任何地点根据情况需要将危险物品卸下、销毁或者使之不能为害，而不负赔偿责任，因此产生的费用由托运人承担。

三、承运人的义务

在货运合同中，承运人除了负有按照时间、路线安全运输货物的一般义务外，还负有以下义务：

（一）签发运输单据的义务

货运合同成立时，承运人并无当然填发运输单据的义务，但承运人在收到货物后，应托运人的请求，应签发运输单据。运输方式不同，运输单据的种类也不相同。运输单据通常记载托运人、收货人名称，货物的基本情况，目的地，运费等事项。运输单据可以作为承运人收到货物的初步证据以及承运人据以交付货物的保证，还可作为收货人请求承运人交付货物以及核对、提取货物的凭证。

（二）通知收货人义务

货物到达目的地后，承运人知道收货人的，应当及时通知收货人，以便于收货人及时提货，从而完成运输义务。当然，承运人只有在知道收货人的名称及其联系方法的情况下，才负有通知义务，如果因为托运人或收货人的原因，致使承运人无法知道收货人名称或其联系方法，承运人免除通知义务。例如托运人在托运单上填写的收货人名称不准确，承运人无法确定收货人。在承运人知道收货人的情况下，应当及时通知。

（三）交付货物的义务

运输行为，并不限于单纯的移动货物，还包括货物的受领、保管、装卸、积载以及交付等行为。换言之，承运人的运输义务，从受领货物时起，至交付时止。承运人将货物安全运到目的地后，并没有完成运输义务，收货人提取货物时，承运人向其交付货物，才算完成运输义务。不过，承运人必须向运输单据上载明的收货人或者托运人指示的收货人交货，才属于正确履行了交货义务。

四、收货人的义务

（一）及时提货的义务

收货人为货运合同的利害关系人，在货物运至目的地后，可以请求承运人交付货物。但是，提取货物也是收货人的义务，因为不提货将导致承运人无法正常交付货物，所以收货人接到承运人的提货通知后，负有及时提货的义务。

收货人提货时，应当向承运人出示并交还提货凭证，承运人在核对了提货凭证后，才能向收货人交付货物。如果货运合同或者提货凭证载明，应当由收货人支付运费的，收货人在向承运人支付运费后，才能提取货物。

收货人应当及时提货。货运合同或提货凭证上载明了提货时间的，收货人应当在收到提货通知后按时提货；如果没有载明提货时间，收货人应当依据交易习惯在合理时间内提取货物。收货人逾期提货的，应当向承运人支付保管费等费用。给承运人造成损失的，还应当赔偿损失。超过提货时间，货物因发生不可抗力而毁损、灭失的，承运人不负赔偿责任。

（二）检验货物的义务

货物经过运输后，其质量和数量很有可能发生变化，所以收货人提货时有检验货物的权利。但是，检验货物也是收货人的义务，因为如果不尽快地确定货物的情况，就会使运输关系处于不确定状态，影响承运人承担其他运输义务和收货人对货物的使用、处分，容易引发纠纷。所以收货人在提货时应当及时对货物进行检验。

如果货运合同或运输单据对验货期限有约定，收货人就应当按照约定的期限检验货物。对检验货物的期限没有约定或者约定不明确，当事人可以协议补充，不能达成补充协议的，按照合同有关条款或者交易习惯确定。仍不能确定的，应当在合理期限内检验货物。合理期限应当根据具体情况确定，尤其应当考虑货物的性质、货物的毁损是否容易发现等因素。

收货人及时对货物进行检验，如果发现货物数量短少、货物存在毁损等情况，与合同不相符合的，应当向承运人提出异议。收货人在约定的期限或者合理期限内对货物的数量、毁损等未提出异议的，视为承运人已经按照运输单证的记载交付的初步证据（《合同法》第三百一十条），即推定承运人已经按照运输单证的记载交付以及货物状况良好。但是，这种推定可以通过相反证据推翻，如果收货人将来能够提供证据，证明货物的毁损发生在运输期间的，承运人仍应承担赔偿责任。

五、承运人的特别权利

（一）留置权

留置权是指债务人不履行到期债务，债权人可以扣留已经合法占有的债务人的动产，并就该动产优先受偿的权利。在货运合同中，如果托运人或收货人后付运费，承运人的运费债权就有不能实现的危险，所以《合同法》第三百一十五条规定："托运人或者收货人不支付运费、保管费以及其他运输费用的，承运人对相应的运输货物享有留置权，但当事人另有约定的除外。"这样，可以使运输双方的利益保持平衡。承运人为数人的，按债权比例享有留置权。

在一般情况下，留置物与担保债权之间应当存在牵连关系，即债权人留置的动产应当与债权属于同一法律关系，但企业之间留置的除外（《物权法》第二百三十一条）。所以，如果运输双方均为企业的，即使托运人或者收货人未支付的运费、保管费以及其他运输费用与承运人占有的货物无关，承运人的留置权仍然可以成立。

承运人只对相应的运输货物享有留置权。所谓相应的运输货物是指其价值与债权数额相当的货物。如果货物为可分物，承运人留置的货物的价值不能超过托运人或者收货人拖欠的运费、保管费以及其他运输费用。但是，如果运输货物为不可分物，承运人则可以留置全部货物，即使其价值超过未实现的债权。

留置权虽然是法定担保物权，但是当事人可以通过约定予以排除。如果运输双方约定即使不支付运费、保管费以及其他运输费用，承运人也不能留置货物的，则承运人就不能留置货物。

（二）提存权

承运人将货物运至目的地后，收货人不明或者收货人无正当理由拒绝受领货物的，承运人可以提存货物。

收货人不明或者收货人无正当理由拒绝受领货物的，承运人本来可以通知托运人在合理期限内就运输货物的处分作出指示。但是，这样并不能使承运人尽快从运输关系中脱身，因为承运人并未完成交货义务，在听候指示期间，承运人要对货物进行保管，货物有可能毁损、灭失。何况，托运人未必作出指示，或其指示事实上不能实行，承运人也可能不能继续保管货物。所以，法律赋予承运人提存货物的权利。但承运人的提存与一般的提存有所不同。一般的提存，其前提是指因债权人的原因致使债务人无法履行届期债务。而承运人的提存，其前提是收货人的原因致使承运人无法交货。

承运人提存货物的合法原因有两种情形：一种情形是收货人不明。收货人不明并不限于收货人下落不明，还包括其他无法确定收货人的情形，例如，货物受领权的归属存在争议，运输单据上记载的收货人名不副实等。另一种情形是收货人无正当理由拒绝受领货物。如果收货人有正当理由，例如对于货物是否与合同相符存在争议，则不构成提存理由。

在货物被提存后，承运人应当及时通知托运人，在收货人明确的情况下，也应当及时通知收货人。承运人提存货物后，货运合同即告消灭，货物毁损、灭失的风险由收货人承担。

六、承运人的赔偿责任

（一）责任承担

根据《合同法》第三百一十一条的规定，承运人对运输过程中货物的毁损、灭失承担损害赔偿责任。这意味着承运人对于货物的毁损、灭失承担无过错责任，即使承运人并无过失，也应承担赔偿责任①。这里的“毁损”是指货物外观不完整或内在品质变动，致使价值减少。但单纯因物价变动而贬值，则不属于毁损。“灭失”是指包括货物因事实上的原因而发生的灭失，也包括因法律上的原因导致的灭失。

但无过错责任并非绝对责任。运输业受自然因素和社会因素的影响风险较大，货物发生毁损、灭失的原因也是各种各样的，为使托运人或者收货人利益与承运人的利益保持均衡，法律也规定了承运人的免责事由。免责事由通常包括以下几种情形：

第一种情形是不可抗力。

第二种情形是货物本身的自然性质或者合理损耗。某些货物本身的自然性质（如物理属性和化学属性）决定了货物会发生一定的损失，例如，在运输过程中，酒精容易挥发，粮食的水分容易蒸发等。货物的合理损耗，是指货物在装卸、搬移、积载等过程中必然出现的损失。例如，极少量煤炭或粮食留在车厢或货舱内无法完全取出。

第三种情形是托运人、收货人的过错，也就是造成货物毁损、灭失的原因可归责于托运人或收货人。例如，托运人没有准确说明有关货物运输的必要情况，没有对货物妥善包装等，致使货物在运输过程中毁损、灭失。

（二）赔偿额

除承运人具有免责事由的情形之外，货物在运输途中发生毁损、灭失的，承运人应当承担赔偿责任。赔偿额的确定，应遵循以下规则：

（1）法律、行政法规对赔偿额的计算方法和赔偿限额另有规定的，依照其规定。我国有关专门运输的法律、行政法规对于承运人的赔偿责任作出一些明确规定，在确定承运人的赔偿额时应当遵照执行。例如，在铁路货运中，托运人未办理保价运输的，按照实际损失赔偿，但最高不超过国务院铁路主管部门规定的赔偿限额。又如，在海上货运中，货物灭失的赔偿额，按照货物的实际价值计算；货物损坏的赔偿额，按照货物受损前后实际价值的差额或者货物的修复费用计算，而货物的实际价值，按照货物装船时的价值加保

① 陈小君．合同法学．北京：高等教育出版社，2003：375。

险费和运费计算。再如，在国际航空货运中，承运人对托运行李或者货物的赔偿责任限额，每千克为17计算单位。

从我国专门规范运输的法律、行政法规的内容来看，在货运合同中，承运人的赔偿额往往受到双重限制。一是仅赔偿实际损失，以货物的实际价值为限，不赔偿可得利益。二是赔偿总额又受到最高限额的限制。承运人的赔偿额受到较大限制，是因为货物运输风险较大，如采取完全赔偿，承运人将难以健康经营，所以需要通过限制赔偿责任来保护承运人利益。

（2）货物的毁损、灭失的赔偿额，当事人有约定的，按照其约定。运输双方可以在合同中约定赔偿额及其计算方法。例如，可以约定违约金。托运人办理保价运输也是约定赔偿额的一种方式。所谓保价运输是指托运人在办理托运货物的手续时，向承运人声明货物的价格，并支付保价费。实际损失低于保价额的，按照实际损失进行赔偿；高于保价额的，以保价额为限。

（3）没有约定或者约定不明确的，可以协议补充；不能达成补充协议的，按照合同有关条款或者交易习惯确定。

（4）仍不能确定的，则按照交付或者应当交付时货物到达地的市场价格计算。这样可以使托运人或者收货人获得假如货物按时交付其所能获得的利益。这里的"交付时"是指货物虽有毁损但在按时到达了目的地情况下实际交货的时间，"应当交付时"是指货物已经灭失，按照货运合同本来应当交货的时间。

按照以上规则算定赔偿额后，尚须扣除与因货物灭失、毁损而无须支付的运费或其他费用相当的数额。这是因为货物既然已经毁损、灭失，托运人或收货人自然亦无须支付运费或其他费用，应允许承运人在赔偿额中扣除相应的数额。否则，将导致托运人或收货人不当得利。

如果托运人在托运货物时自愿办理了货物运输保险的，在发生货物的毁损、灭失等保险事故时，可以向保险人索赔。保险人在支付保险金后取得代位求偿权，可以请求承运人支付赔偿金，承运人不能免除赔偿责任。

七、托运人的变更或解除权

托运人的变更或解除权，也称为托运人的处置权，是指在承运人将货物交付收货人之前，托运人可以单方变更或解除货运合同的权利。

根据合同法的基本原则，依法成立的合同，对当事人具有法律约束力，不得擅自变更或者解除合同。但是，运输货物是为了托运人的利益，货物的所有权，并不因交付承运人而受影响，运输过程中，由托运人保留处置权，对于维护托运的利益，实有必要。例如，在运输途中，托运人找到了新的买家，需要改变目的地，如不允许单方变更合同，对于托运人极为不利。

在一般情况下，只有托运人才享有处置权。但是，如果承运人签发的运输单据是可转让单据，如海上货运中的提单，一旦托运人将此类单据转让，就意味着托运人将货物处置权转让给受让人，托运人就丧失了单方变更或者解除合同的权利。在这种情况下，此类单据的新持有人可以单方变更或者解除合同。

托运人的处置权只能在承运人将货物交付收货人之前行使。托运人可以在起运前行使，也可以在运输途中行使，最迟应当在收货人受领货物之前行使。如果收货人已经提货，承运人的运输义务已经履行完毕，托运人不可能再变更或解除合同。但是，收货人拒绝接受货物或者承运人无法与收货人联系的，托运人仍可以行使处置权。

托运人可以对货运合同的内容作出下列变更或解除：一是中止运输，即中途停止运输而停留于途中某地。中止运输应当在货物到达目的地前行使。二是返还货物，即将货物返还托运人。三是变更到达地。四是将货物交给其他收货人，即变更收货人。如果托运人的处置指示不能执行的，承运人应当立即通知托运人。

在运输途中，托运人处置货物，本非承运人所能预料，其因而增加的费用或所产生的损害，自不能由承运人承受，因此托运人应当赔偿承运人因此受到的损失。承运人已完成部分路程运输的，可以请求托运人支付运费。因中止运输、返还货物或为进行其他处置所支出的费用，托运人也应当赔偿。由于托运人变更或解除合同导致承运人受到其他损害的，例如丧失其他承运机会，也可以请求托运人赔偿。

八、运费风险

运输业在很大程度上受自然因素的影响，货物在运输过程中因不可抗力而灭失的情形并不鲜见。在一般情形下，货物毁损、灭失的风险由托运人或收货人承担，即采取所有人主义，谁是货主谁承担货物风险。

在货主承担风险的情况下，承运人可否仍然要求如约支付运费呢？《合同法》第三百一十四条规定："货物在运输过程中因不可抗力灭失，未收取运费的，承运人不得要求支付运费；已收取运费的，托运人可以要求返还。"既然承运人不得请求或应当返还运费，这实际意味着运费风险由承运人承担。从法理而言，承运人对不可抗力的发生并无过错，而且承运人已经着手运输货物，承运人理应可以请求支付或不应返还运费。但是，考虑到以下两个因素，由承运人承担运费风险则是公平合理的：

一方面，因不可抗力托运人已经遭受巨大损失，如果还要求其负担运费，就意味着要承担双重损失，不应再允许承运人主张运费债权；

另一方面，承运人可以通过责任保险和价格机制有效地化解或降低运费风险。

如果不可抗力只造成货物一部分灭失，承运人应当按比例减少运费或返还运费。

第四节 联运合同

一、联运合同的概念和特征

联运合同，是指由两个或两个以上的承运人通过相继运输，用同一运输单据将货物从接收地运至目的地，托运人支付运输费用的合同。从广义角度来说，在客运中，也存在联运合同，但从《合同法》对联运合同的规定来看，显然是针对货运的，因此这里所说的联运合同仅指货物联运。

在远程运输和国际运输中，货物运输要经历较长的距离和较长的时间才能到达目的地，单一承运人难以完成运输。如果由托运人与多个承运人分别订立合同，不但手续烦琐，增加费用，而且各个区段的运输彼此之间不容易衔接，一旦发生纠纷，不容易分清责任，也不便于索赔。联合运输，由于具有"一次托运、一次收费、同一单据、全程负责"的特点，与传统的单一运输方式相比，极大地提高了运输效率，降低了运输费用，减少了货物损差，扩展了运输服务，因此其在经贸关系中发挥着越来越重要的作用。

联运合同具有以下特征：

第一，由多个承运人参加运输。运程划分为相互连接的数个区段，每个承运人负责其中一个区段的运输，这时他们被称为区段承运人。如果运程虽划分为数个区段，但由一个承运人运输，即使使用不同运输工具，也并非联运。

第二，使用同一运输单据。与托运人订立联运合同的承运人签发联运单据，适用于联运全程。联运单据是证明联运合同和联运经营人接管货物并保证按照该合同交付货物的单据。由此也可以看出，联运合同是一个合同而不是数个合同的组合。

第三，与托运人订立合同的承运人应当对全程运输承担责任。与托运人订立合同的承运人称为缔约承运人或联运经营人，负责履行或者组织履行联运合同，并对全程运输负责。托运人只需要向缔约承运人支付全程运费，而不需要分别向各个承运人支付运费，在进行索赔时，只需要向缔约承运人主张。但缔约承运人可以不实际参加某一区段的运输。在实践中，缔约承运人一般为第一承运人。当然，托运人不与第一承运人缔约，而是与所有参与联运的承运人缔约，仍属于联运合同。

联运合同，根据使用的运输方式的不同，可以分为单式联运合同和多式联运合同。区分二者的意义主要在于缔约承运人和区段承运人之间的责任分担方式不同。

二、单式联运合同

单式联运合同，是指两个以上承运人以同一运输方式对货物联运的合同。在运输活动中，普遍存在的转车、转机、转船就是典型的单式联运。

在单式联运中，货物发生毁灭、遗失、损坏或者迟延的，既然缔约承运人应当对全程运输承担责任，托运人可以直接要求缔约承运人承担违约责任。缔约承运人在承担责任后，如果能够证明货物损失或迟延发生在某一运输区段的，可以向该区段承运人追偿。

托运人如果证明损失或迟延发生在某一运输区段的，则缔约承运人和该区段的承运人承担连带责任，其他区段承运人则不承担连带责任。缔约承运人在承担责任后，可以向该区段承运人追偿。

托运人如果不能证明损失或迟延发生在某一运输区段的，托运人只能要求缔约承运人承担责任。缔约承运人承担责任后，能否向其他区段承运人追偿，则应视他们内部之间的责任分担协议而定。如果没有约定或约定不明确，应解释为区段承运人按应得运费的比例分担责任。

三、多式联运合同

多式联运合同，是指多式联运经营人以两种或者两种以上的不同运输方式，负责将货物从接收地运至目的地交付收货人，并收取全程运费的合同。多式联运在国际货物运输中尤为常见。

（一）多式联运经营人的地位

多式联运经营人，是指本人或者委托他人以本人名义与托运人订立多式联运合同的人。他不是参加多式联运的区段承运人的代理人或者代表人，他承担履行合同的责任。

多式联运经营人负责履行或者组织履行多式联运合同。多式联运经营人自己拥有运输工具的，可以直接参加运输活动。多式联运经营人也可以不实际参加运输活动，而是与区段承运人订立运输合同，组织区段承运人进行运输。

多式联运经营人对全程运输享有承运人的权利，承担承运人的义务。多式联运经营人可以向托运人收取全程运费，在托运人违约时请求其承担违约责任。在区段承运人造成货物毁损、灭失或迟延的情况下，由多式联运经营人承担违约责任。

（二）多式联运单据

多式联运经营人既然对全程运输承担承运人的义务，所以在其收到托运人交付的货物时，应当签发多式联运单据。所谓多式联运单据，是指证明多式联运合同成立及多式联运经营人接管货物并按合同条款交付货物的证据。多式联运单据是确定当事人权利义务关系的重要依据。

多式联运单据可以由多式联运经营人自己或授权他人签发。按照托运人的要求，多式联运单据可以是可转让单据，也可以是不可转让单据。在签发可转让的多式联运单据时，应当载明凭托运人指示交付或者向持有人交付。如果记载凭指示交付，则该单据只有经背书才可转让；如果记载向持票人交付，则该单据无须背书即可以转让。可转让的多式联运单据具有物权凭证的性质和作用。多式联运经营人只需向合法持有此类单据的人交货就算履行了交货义务。在签发不可转让多式联运单据时，则应当指明记名收货人，多式联运承运人只有将货物交给所指明的记名收货人才算履行了交货义务。

（三）多式联运经营人的责任

1. 多式联运经营人与区段承运人之间的责任分担

在多式联运中，只有联运经营人与托运人订立运输合同。从表面上看，区段承运人不是多式联运当事人，对托运人不直接享有权利和承担义务。但是，区段承运人与多式联运经营人之间存在合作协议，对于多式联运在事实上存在合作经营关系，联运经营人虽然应当对全程运输承担责任，但是除非联运经营人实际参加运输并且货物损失或迟延发生在由其直接负责的区段，否则由联运经营人承担全部责任显然是不公平的。多式联运经营人可以与参加多式联运的各区段承运人就多式联运合同的各区段运输约定相互之间的责任（《合同法》第三百一十八条），货物损失或迟延可归责于某一区段承运人时，在联运经营人承担责任后，可以向该区段承运人追偿。

但是，无论联运经营人与区段承运人就内部责任分担达成什么约定，该约定均不影响多式联运经营人对全程运输承担的义务。这是因为托运人与联运经营人缔约，向其支付全程运费，发生货物损失或迟延时，只向联运经营人主张权利，托运人并不关注甚至不知道区段承运人，当然也不向其主张权利。这样有利于保护托运人的利益。

2. 赔偿责任和责任限额

除《合同法》对承运人的赔偿责任和责任限额作出了一般规定外，专门的调整某一运输方式的法律、行政法规也对承运人的责任作出了明确规定，二者之间还是存在明显差异的。在多式联运中，货物的毁损、灭失多发生于某一运输区段，联运经营人在对外承担责任时，究竟适用一般法的规定还是特别法的规定，必须予以明确。根据《合同法》第三百二十一条的规定，应当根据货损发生的运输区段是否确定来决定法律适用：

首先，货物的毁损、灭失发生于多式联运的某一运输区段的，也就是，货损发生的运输区段是确定的，多式联运经营人的赔偿责任和责任限额，适用专门的调整该区段运输方式的有关法律规定。例如，如果货损发生在海上运输区段，应当适用《海商法》关于承运人责任的规定。这对联运经营人有利，其承担的赔偿责任与发生货损的区段承运人所负责任相同，限制了联运经营人的风险。

其次，对于货物发生毁损、灭失的运输区段不能确定的，多式联运经营人应当依照《合同法》关于运输合同的规定承担损害赔偿责任。在多式联运中，货损发生的运输区段有时不易查清，即发生隐蔽货损，联运经营人无法适用调整区段承运人的专门法规定，只能适用一般法的规定来确定联运经营人的赔偿责任和责任限额。

（四）托运人的损害赔偿责任

如果联运经营人应托运人的要求签发了可转让的多式联运单据，因托运人或其代理人或受雇人托运货物时的过错给联运经营人造成损失的，在联运单据转让之前，毫无疑问，应当由托运人向联运经营人承担损害赔偿责任。联运单据转让后，受让人取代托运人成为联运合同当事人，享有托运人权利，承担托运人义务，托运人退出联运合同。但是，托运人将因自己过错造成的赔偿责任转让给受让人，无异于转嫁责任，对受让人是不公平的。所以，因托运人托运货物时的过错造成多式联运经营人损失的，即使托运人已经转让多式联运单据，托运人仍然应当承担损害赔偿责任（《合同法》第三百二十条）。也就是说，托运人的过错责任赔偿并不受联运单据转让的影响，不管联运单据转让给何人，多式联运经营人都可要求托运人赔偿。

思 考 题

1. 怎样理解公共运输承运人的强制承诺义务？
2. 客运合同自何时成立？
3. 在货运合同中，承运人的赔偿责任应当怎样确定？
4. 在货运合同中承运人享有哪些特殊权利？
5. 多式联运经营人应当怎样承担责任？

第二十章

技 术 合 同

本 章 要 点

本章从技术合同的概念和特征入手，首先对技术合同的内容、订立技术合同的原则、技术成果相关权利的归属和技术合同的分类等内容进行介绍，继而对技术开发合同、技术转让合同、技术咨询合同和技术服务合同四种具体的技术合同类型分别进行阐述。本章的重点和难点是职务技术成果权利的归属、技术开发合同与技术转让合同的类型及其效力。

第一节　技术合同概述

一、技术合同的概念和特征

（一）技术合同的概念

技术合同是当事人就技术开发、转让、咨询或者服务所订立的确立相互之间权利和义务的合同。这一概念主要包括以下二层含义：

首先，技术合同是平等主体的自然人、法人和其他组织之间有关民事权利与义务关系的协议。技术合同当事人的法律地位一律平等，任何一方都没有超越法律规定和合同约定的特权。

其次，技术合同是调整与科技成果和知识产权密切相关的民事权利与义务关系的协议。技术合同是当事人就技术开发、技术转让、技术咨询、技术服务所达成的民事法律关系的协议，具体包括技术开发合同、技术转让合同、技术咨询合同及技术服务合同等四种类型。

（二）技术合同的特征

1. 技术合同的主体具有广泛性和特定性

一方面，技术合同的主体具有广泛性。技术合同的当事人既可以是公民，也可以是法人或非法人组织。另一方面，技术合同的主体又具有特定性。技术合同的当事人通常至少一方是能够利用自己的技术力量从事技术开发、技术转让、技术服务或咨询的法人、自然人或其他组织。

2. 技术合同的标的具有特殊性

技术合同的标的，即技术合同的客体，是提供技术的行为，包括提供现存的技术成果、对尚未存在的技术进行开发以及提供与技术有关的辅助性帮助的行为，即技术开发、技术转让、技术咨询和技术服务等行为。而技术合同的标的物是技术成果，它是一种特殊的商品，是凝聚着人类智慧的创造性劳动成果。

3. 技术合同是双务、有偿合同

技术合同的当事人双方都承担相应的义务，其中一方当事人承担着开发、转让、咨询或者服务的义务，而另一方则承担支付价款或报酬的义务。技术合同当事人一方从对方取得利益的，须向对方支付相应的对价，因此技术合同是双务、有偿合同。

4. 技术合同的履行具有特殊性

由于技术合同是基于技术成果而产生的特殊合同关系，其履行大多涉及技术权益的归属，如发明权、科技成果权、专利申请权、转让权等，故其具有不同于一般合同的技术特征。这也决定了技术合同的履行往往具有环节多，履行期长，价款、报酬或使用费的计算复杂等特点。在技术合同履行中，要充分尊重当事人的技术权益，合理确定技术权益的归属问题。

5. 技术合同的法律调整具有多样性

技术合同所反映的是技术成果在交换领域的债权关系，因此技术合同一方面要受债法的约束，遵循民法中关于债的一般规定。另一方面，由于技术合同是基于技术开发、技术转让、技术咨询、技术服务而产生的合同关系，因此又要受知识产权法特别是专利法的调整。可见，技术合同的法律调整和适用具有多样性。

二、技术合同的条款与订立原则

（一）技术合同的条款

技术合同的条款，即技术合同的内容。《合同法》第三百二十四条第1款规定，技术合同的内容由当事人约定，一般包括以下条款：

1. 项目名称

项目名称，即技术标的名称，包括技术标的的类别、性质等，它是区分不同类型的技术合同的标志。项目名称应当用简明、规范的专业技术用语准确反映技术合同所涉及的技术标的的全称。

2. 标的的内容、范围和要求

这一条款是技术合同的中心条款，是确定双方权利义务的依据。不同的技术合同标的，其技术范围、技术条件、技术参数和技术指标要求等各不相同。因此，技术合同不仅要明确标的，而且要写明标的的内容、范围和要求。

3. 履行的计划、进度、期限、地点、地域和方式

履行的计划、进度是技术合同履行的具体安排，对于履行期限较长的技术合同特别是技术开发合同，应当写明履行的计划和进度；履行的期限是当事人履行技术合同的时间；履行的地点是履行技术合同的具体地点和场所；履行的地域是履行技术合同所涉及的地区范围，技术成果的使用只限于合同约定的地域范围；履行的方式是当事人履行技术合同，以达到技术合同标的所要求的技术指标和经济指标的具体方法。

4. 技术情报和资料的保密

此条款是对有关技术情报和资料的公开性要求，属于技术合同的重要条款。合同内容涉及国家安全和重大利益需要保密的技术合同，应载明保密事项的范围、密级和保密期限以及各方的责任等。当事人还可以约定在技术合同终止后，一方或各方在一定期限、一定地域内对有关情报和资料负有保密义务。

5. 风险责任的承担

此条款是用来解决技术合同在履行中出现无法预见、无法防止、无法克服的客观原因导致部分或全部失败时，如何承担风险的问题。特别是在技术开发合同中，该条款属于合同的重要内容。当事人可以在平等协商的基础上对风险责任的承担问题作出约定。

6. 技术成果的归属和收益的分成办法

在技术合同履行过程中，会涉及原有技术成果或新开发出的技术成果的权利归属问题，为避免日后产生纠纷，当事人可以在平等协商的基础上，对技术成果的权利归属、如何使用和转让以及产生的利益如何分配等事项作出明确约定。

7. 验收标准和方法

此条款为技术合同验收的依据。技术合同的验收标准和方法是指完成合同约定任务所应达到的技术、经济指标及其鉴定方式。技术合同的履行是否符合合同的约定或法律的规定，即技术成果或提供的技术咨询和服务是否符合特定的标准，是否合格，应以验收标准和方法为依据。

8. 价款、报酬或者使用费及其支付方式

根据《合同法》第三百二十五条的规定，技术合同价款、报酬或者使用费的支付方式由当事人约定，可以采取一次总算、一次总付，或者一次总算、分期支付，也可以采取提成支付或者提成支付附加预付入门费的方式。约定提成支付的，可以按照产品价格、实施专利和使用技术秘密后新增的产值、利润或者产品销售额的一定比例提成，也可以按照约定的其他方式计算。提成支付的比例可以采取固定比例、逐年递增比例或者逐年递减比例。约定提成支付的，当事人应当在合同中约定查阅有关会计账目的办法。

依据《技术合同司法解释》第十四条的规定，对技术合同的价款、报酬和使用费，当事人没有约定或者约定不明确的，一般可以按照以下原则处理：

（1）对于技术开发合同和技术转让合同，根据有关技术成果的研究开发成本、先进性、实施转化和应用的程度，当事人享有的权益和承担的责任，以及技术成果的经济效益等合理确定；

（2）对于技术咨询合同和技术服务合同，根据有关咨询服务工作的技术含量、质量和数量，以及已经产生和预期产生的经济效益等合理确定。

9. 违约金或者损失赔偿的计算方法

此条款是关于当事人违约后，一方承担违约责任而赔偿受损失一方的计算标准、方法和数额。技术合同中可以约定违约金，也可以约定损失赔偿的计算方法。在当事人违反合同时，应按约定的违约金或损失赔偿的计算方法来承担违约责任。

10. 解决争议的方法

对于技术合同争议，当事人应当在友好协商的基础上加以解决。当事人可以在技术合同中对解决争议的方法作出约定，选择采用协商、调解、仲裁、诉讼等方法来解决纠纷。如果选择仲裁途径解决争议的，须订明仲裁条款。

11. 名词和术语的解释

技术合同具有很强的专业性，许多名词和术语都是专业名词和术语。为避免当事人对名词和术语的理解发生分歧，合同中应对名词和术语作出解释，以免引起误解或者留下漏洞①。

根据《合同法》的规定，除上述条款外，与履行合同有关的技术背景资料、可行性论证和技术评价报告、项目任务书和计划书、技术标准、技术规范、原始设计和工艺文件，以及其他技术文档，按照当事人的约定也可以作

① 江平．中华人民共和国合同法精解．北京：中国政法大学出版社，1999：265。

为合同的组成部分。技术合同涉及专利的，应当注明发明创造的名称、专利申请人和专利权人、申请日期、申请号、专利号以及专利权的有效期限等。

（二）订立技术合同的原则

根据《合同法》第三百二十三条的规定，订立技术合同应当有利于科学技术的进步，加速科学技术成果的转化、应用和推广。这是技术合同法的一项基本原则。为了更好地贯彻和实施这一基本原则，《合同法》第三百二十九条和第三百四十三条对不利于该原则的技术合同作了规制，技术转让合同可以约定让与人和受让人实施专利或者使用技术秘密的范围，但不得限制技术竞争和技术发展。非法垄断技术、妨碍技术进步或者侵害他人技术成果的技术合同无效。

三、技术成果相关权利的归属

技术成果相关权利的归属是技术合同的重要问题。所谓技术成果，是指利用科学技术知识、信息和经验作出的涉及产品、工艺、材料及其改进等的技术方案，包括专利、专利申请、技术秘密、计算机软件、集成电路布图设计、植物新品种等。《合同法》将技术成果分为两类，一是职务技术成果；二是非职务技术成果。因此，技术成果相关权利的归属主要涉及职务技术成果与非职务技术成果的界定以及权利归属等问题。

1. 职务技术成果的权利归属

根据《合同法》及《技术合同司法解释》的规定，所谓职务技术成果，是执行法人或者其他组织的工作任务，或者主要是利用法人或者其他组织的物质技术条件所完成的技术成果。

“执行法人或者其他组织的工作任务”包括：

①履行法人或者其他组织的岗位职责或者承担其交付的其他技术开发任务；

②离职后一年内继续从事与其原所在法人或者其他组织的岗位职责或者交付的任务有关的技术开发工作，但法律、行政法规另有规定的除外。法人或者其他组织与其职工就职工在职期间或者离职以后所完成的技术成果的权益有约定的，人民法院应当依约定确认。

“物质技术条件”包括资金、设备、器材、原材料、未公开的技术信息和资料等。“主要利用法人或者其他组织的物质技术条件”是指职工在技术成果的研究开发过程中，全部或者大部分利用了法人或者其他组织的资金、设备、器材或者原材料等物质条件，并且这些物质条件对形成该技术成果具有实质性的影响；这还包括该技术成果实质性内容是在法人或者其他组织尚未公开的技术成果、阶段性技术成果基础上完成的情形。但下列情况除外：

①利用法人或者其他组织提供的物质技术条件，约定返还资金或者交纳使用费的；

②在技术成果完成后利用法人或者其他组织的物质技术条件对技术方案进行验证、测试的。

职务技术成果的使用权、转让权属于法人或者其他组织的，法人或者其他组织可以就该项职务技术成果订立技术合同。法人或者其他组织应当从使用和转让该项职务技术成果所取得的收益中提取一定比例，对完成该项职务技术成果的个人给予奖励或者报酬。法人或者其他组织订立技术合同转让职务技术成果时，职务技术成果的完成人享有以同等条件优先受让的权利。

个人完成的技术成果，属于执行原所在法人或者其他组织的工作任务，又主要利用了现所在法人或其他组织的物质技术条件的，应当按照该自然人原所在和现所在法人或其他组织达成的协议确认权益。不能达成协议的，根据对完成该项技术成果的贡献大小由双方合理分享。完成技术成果的个人有在有关技术成果文件上写明自己是技术成果完成者的权利和取得荣誉证书、奖励的权利。

2. 非职务技术成果的权利归属

所谓非职务技术成果，是指职务技术成果以外的技术成果，即完成技术成果的个人自行研究开发，并且不是主要利用法人或者其他组织的物质技术条件所完成的技术成果。这里的“个人”，包括对技术成果单独或者共同作出创造性贡献的人，即技术成果的发明人或者设计人。人民法院在对创造性贡献进行认定时，应当分解所涉及技术成果的实质性技术构成。提出实质性技术构成并由此实现技术方案的人，是作出创造性贡献的人。提供资金、设备、材料、试验条件，进行组织管理，协助绘制图纸、整理资料、翻译文献等人员，不属于完成技术成果的个人。

根据《合同法》第三百二十七条的规定，非职务技术成果的使用权、转让权属于完成技术成果的个人，完成技术成果的个人可以就该项非职务技术成果订立技术合同。

四、技术合同的分类

1. 技术开发合同

技术开发合同是指当事人之间就新技术、新产品、新工艺或者新材料及其系统的研究开发所订立的合同。根据技术开发方的人员构成不同，技术开发合同又可区分为委托开发合同和合作开发合同。委托开发合同是指当事人一方（即委托方）委托另一方（即研究开发方）进行技术研究开发的合同；合作开发合同是指当事人各方就共同进行技术研究开发所达成的合同。

2. 技术转让合同

技术转让合同是当事人之间就专利权转让、专利申请权转让、技术秘密转让和专利实施许可而订立的合同。技术转让合同包括专利权转让、专利申请权转让、技术秘密转让、专利实施许可合同。专利权转让合同，是指专利权人即转让方将其所有的发明创造专利权转交给受让方，由受让方支付约定价款的合同；专利申请权转让合同，是指让与人将其对特定发明创造申请专利的权利转让给受让人，受让人支付约定价款的合同；技术秘密转让合同，是指技术秘密成果的权利人或者其授权的人作为让与人将技术秘密提供给受让人，明确相互之间的技术秘密成果使用权、转让权，受让人支付价款或者使用费所订立的合同；专利实施许可合同，是指专利权人或者其授权的人作为转让方许可受让人在约定的范围内实施专利，受让人支付约定的使用费的合同。

3. 技术咨询合同

技术咨询合同是指一方当事人为另一方当事人就特定技术项目提供可行性论证、技术预测、专题技术调查、分析评价报告等所订立的合同。

4. 技术服务合同

技术服务合同是指当事人一方以技术知识为另一方解决特定技术问题所订立的合同，不包括建设工程合同和承揽合同。

第二节　技术开发合同

一、技术开发合同的概念和特征

技术开发合同是指当事人之间就新技术、新产品、新工艺或者新材料及其系统的研究开发所订立的合同。

技术开发合同除了具有技术合同的一般特征外，还具有以下几个法律特征：

1. 技术开发合同的标的物具有新颖性

技术开发合同的标的物是新技术、新产品、新工艺、新材料及其系统。技术开发合同标的物的新颖性要求与专利发明创造所要求的新颖性是不同的。

这里的所谓新技术、新产品、新工艺、新材料及其系统，是指当事人在订立技术合同时尚未掌握的产品、工艺、材料及其系统等技术方案，但对技术上没有创新的现有产品的改型、工艺变更、材料配方调整以及对技术成果的验证、测试和使用除外[①]。

2. 技术开发合同的成果具有创造性

技术开发合同的成果是研究开发方按照合同要求，经过长期的创造性劳动而取得的新的技术成果。一切现有技术的转移和利用现有技术进行的服务都不属于技术开发成果的范畴。

3. 技术开发合同的风险责任大，其履行具有协作性

因为技术开发合同的成果是创造性的新成果，在履行技术开发合同过程中可能会遭遇人类目前尚无法克服的技术难关，导致开发工作全部或部分失败，因此技术开发合同的风险责任大，须当事人共担风险，通力合作才能完成。

4. 技术开发合同是要式合同

由于技术开发是一项长期的工作，当事人之间的权利义务关系比较复杂，而且技术开发合同的内容具有很强的专业性，所以《合同法》第三百三十条第3款规定，技术开发合同应当采用书面形式。

二、技术开发合同的类型

以技术开发方的人员构成为标准，技术开发合同可分为委托开发合同和合作开发合同。

（一）委托开发合同

1. 委托开发合同的概念

委托开发合同，是指一方当事人接受另一方当事人的委托完成研究开发工作，另一方当事人接受研究开发成果并支付报酬的技术合同。其中，委托他人进行研究开发、接受研究开发成果并支付报酬的一方为委托开发合同的委托人（本节下文简称为“委托人”），接受他人委托进行研究开发工作的一方为研究开发人。

2. 委托人的主要义务

委托人的主要义务，即研究开发人的主要权利，根据《合同法》第三百三十一条规定，委托开发合同的委托人应当按照约定支付研究开发经费和报

---

① 参见《技术合同司法解释》第十七条。

酬；提供技术资料、原始数据；完成协作事项；接受研究开发成果。

（1）按照约定支付研究开发经费和报酬。研究开发经费是指完成研究开发工作所需要的成本，包括设备费、器材费、能源费、试验和试制费、安装和调试费、技术资料费和进行研究开发工作所需要的其他费用。除委托开发合同另有约定的以外，委托人应支付全部研究开发经费。

报酬，是指研究开发成果的使用费和研究开发人员的科研补贴。在委托开发合同中，该项报酬可以单列。如果合同没有单独约定报酬，应当理解为报酬已包含在研究开发经费中，从研究开发经费的结余中支付①。

（2）按照约定提供技术资料、原始数据并完成协作事项。委托开发合同是研究开发人根据委托人的需要进行研究开发工作的合同，为了保证研究开发成果的适用性，委托人应当按照约定向研究开发人提供技术资料、原始数据并完成协作事项，以使研究开发人的工作顺利进行。委托人违反约定造成研究开发工作停滞、延误或者失败的，应当承担违约责任。

（3）按期接受研究开发成果。委托人应当按照合同约定的时间及时接受研究开发成果，组织鉴定和验收。委托人不及时接受研究开发人交付的已完成的成果时，应承担违约责任并支付保管费用。由于委托人无故拒绝或迟延接受技术成果，造成该研究开发成果被合同以外的第三人以合法形式善意获取，或者该研究技术成果丧失其应有的新颖性、遭到意外毁损或灭失的，委托人应承担责任②。

3. 研究开发人的主要义务

研究开发人的主要义务，即委托人的主要权利。依据《合同法》第三百三十二条规定，委托开发合同的研究开发人应当按照约定制定和实施研究开发计划；合理使用研究开发经费；按期完成研究开发工作，交付研究开发成果，提供有关的技术资料和必要的技术指导，帮助委托人掌握研究开发成果。

（1）按照约定制定和实施研究开发计划。这是研究开发人按期完成技术开发任务的首要义务和前提条件。研究开发计划是指导研究开发人实现委托开发合同确定的预期目标的指导性文件，一般包括以下内容：项目名称；现状及存在的问题；现有技术基础和条件；主要任务；攻关目标和内容；计划进度；所需主要设备和材料；经费预算和经费总额；承担单位和主要技术人员；研究开发的试验方法；达到的技术水平、社会经济效益及推广应用等。

---

① 徐杰．技术合同法教程．北京：知识产权出版社，2004：101。

② 陈小君．合同法学．北京：高等教育出版社，2003：368。

（2）合理使用研究开发经费。研究开发人应当按照合同约定的用途，本着勤俭节约的原则合理分配和使用研究开发经费，做到专款专用，保证把研究开发经费用在实处，以最低耗费获得较大的经济效益，保证研究开发工作的顺利进行。研究开发人应注意及时向委托人通报经费支出情况，接受委托人的监督，不得将研究开发经费用于研究开发项目以外的目的。

（3）按期完成研究开发工作并交付研究开发成果。研究开发人应当按照合同约定的条件按期完成研究开发工作，不得擅自变更标的的内容、形式和要求，保证如期交付研究开发成果。研究开发人违反约定造成研究开发工作停滞、延误或者失败的，应当承担违约责任。

（4）提供有关的技术资料和必要的技术指导，帮助委托人掌握研究开发成果。委托研究开发的目的是为了实际应用研究开发新成果，以促进技术进步和提高劳动生产率，因此研究开发人不仅要按期完成研究开发工作，而且在交付研究开发成果时还应提供有关的技术资料和必要的技术指导，帮助委托人培训技术人员，使委托人尽快掌握该项技术成果。

（二）合作开发合同

合作开发合同，是指两个以上当事人共同参与研究开发所订立的合同。合作开发合同当事人的主要义务是：

1. 按照合同约定进行投资

合作开发合同当事人应共同投资进行合作开发，即按照合同的约定对研究开发项目提供资金、设备、材料、场地、试验条件、技术情报资料、专利权、非专利技术成果等物质条件。以资金以外的形式投资的，应当折算成相应的金额，明确当事人在投资中所占的比例。以技术出资的，可以由中介机构对该项技术的合理价格进行评估。

2. 参与研究开发工作

合作开发合同当事人应当按照合同约定的分工参与研究开发工作，包括按照约定的计划和分工共同进行或者分别承担设计、工艺、试验、试制等研究开发工作。合作开发合同的当事人双方均须参与研究开发工作，若一方当事人仅提供资金、设备、材料等物质条件或者承担辅助协作事项，另一方进行研究开发工作的，属于委托开发合同而非合作开发合同。

3. 协作配合研究开发工作

合作开发合同的各方有共同进行研究开发工作的权利和义务。双方当事人共同承担研究开发失败的风险责任，共同分享研究开发成果。合作开发合同当事人的协作方式一般有以下三种情形：

（1）接力型协作，即研究开发工作分为若干阶段，一方当事人的研究开发工作完成一个阶段后，再由另一方接替进行第二阶段，如此反复，直至完成研究开发成果。

（2）相互渗透型协作，即合作开发合同当事人各方共同参与同一课题的探讨、调查分析、研究和实验，合作开发合同当事人在整个研究开发工作中始终融为一体。

（3）指导机构型，合作开发合同的当事人组成指导机构，对研究开发工作中的重大问题进行决策、协调和组织工作，及时解决研究开发工作中遇到的难题①。

三、技术开发合同的成果归属和分享

履行技术开发合同所完成的技术成果，是指作为合同标的的技术成果，包括合同标的范围内的技术成果和为实施作为合同标的的技术成果所必需的其他技术成果。当事人在履行合同中获得的与合同标的无关的派生技术成果和当事人订立合同时不能预见的技术成果不属于履行技术开发合同所完成的技术成果。

依据《合同法》第三百三十九条至三百四十一条的规定，技术开发合同的技术成果归属和分享应当分别按照以下情形确定：

第一，委托开发完成的发明创造，除当事人另有约定的以外，申请专利的权利属于研究开发人。研究开发人取得专利权的，委托人可以免费实施该专利。研究开发人转让专利申请权的，委托人享有以同等条件优先受让的权利。

第二，合作开发完成的发明创造，除当事人另有约定的以外，申请专利的权利属于合作开发的当事人共有。当事人一方转让其共有的专利申请权的，其他各方享有以同等条件优先受让的权利。合作开发的当事人一方声明放弃其共有的专利申请权的，可以由另一方单独申请或者由其他各方共同申请。申请人取得专利权的，放弃专利申请权的一方可以免费实施该专利。合作开发的当事人一方不同意申请专利的，另一方或者其他各方不得申请专利。

第三，委托开发或者合作开发完成的技术秘密成果的使用权、转让权以及利益的分配办法，由当事人约定。没有约定或者约定不明确，依照《合同法》第六十一条的规定仍不能确定的，当事人均有使用和转让的权利，但委托开发的研究开发人不得在向委托人交付研究开发成果之前，将研究开发成果转让给第三人。所谓“当事人均有使用和转让的权利”，包括当事人均有不

---

① 李伟．技术合同．北京：中国法制出版社，2000：151—152。

经对方同意而自己使用或者以普通使用许可的方式许可他人使用技术秘密，并独占由此所获利益的权利。当事人一方将技术秘密成果的转让权让与他人，或者以独占或者排他使用许可的方式许可他人使用技术秘密，未经对方当事人同意或者追认的，应当认定该让与或者许可行为无效①。

四、技术开发合同的风险责任和特别解除条件

1. 技术开发合同的风险责任

技术开发合同的风险责任，是指在研究开发过程中，虽经当事人一方或双方主观努力，但由于现有科学知识、技术水平、认识水平和其他现有条件的限制，确实无法实现技术开发合同目标，而导致研究开发工作全部或者部分失败所引起的财产上的责任②。

《合同法》第三百三十八条规定，在技术开发合同履行过程中，因出现无法克服的技术困难，致使研究开发失败或者部分失败的，该风险责任由当事人约定。没有约定或者约定不明确，依照《合同法》第六十一条的规定仍不能确定的，风险责任由当事人合理分担。当事人一方发现上述可能致使研究开发失败或者部分失败的情形时，应当及时通知另一方并采取适当措施减少损失。没有及时通知并采取适当措施，致使损失扩大的，应当就扩大的损失承担责任。

2. 技术开发合同的特别解除条件

《合同法》第三百三十七条规定，因作为技术开发合同标的的技术已经由他人公开，致使技术开发合同的履行没有意义的，当事人可以解除合同。该条款规定了技术开发合同终止的特别事由。

所谓的“技术已经由他人公开”通常包括以下几种情形：

（1）他人业已开发出此项技术，并已申请专利；

（2）该技术标的已由他人研究成功或从国外引进并可以在技术市场上作为商品进行转让；

（3）技术开发的标的已由公开发行的技术文献披露或在展览会上或者以其他方式向社会公布。在技术开发合同成立并生效后，作为技术开发合同标的的技术被他人公开，导致技术开发合同的履行没有意义，这是技术开发合同中的固有风险，属于不可归责于双方当事人的事由，当事人可以解除合同，由此给各方当事人所造成的损失，有约定时，根据合同的约定处理；没有约

---

① 参见《技术合同司法解释》第二十条。

② 江平．中华人民共和国合同法精解．北京：中国政法大学出版社，1999：278。

定的，由各方当事人协商合理分担①。

第三节　技术转让合同

一、技术转让合同的概念和特征

（一）技术转让合同的概念

技术转让合同是当事人之间就专利权转让、专利申请权转让、技术秘密转让和专利实施许可而订立的合同，是指合法拥有技术的权利人，包括其他有权对外转让技术的人，将现有特定的专利、专利申请、技术秘密的相关权利让与他人，或者许可他人实施、使用所订立的合同。但就尚待研究开发的技术成果或者不涉及专利、专利申请或者技术秘密的知识、技术、经验和信息所订立的合同，不属于技术转让合同。技术转让合同中关于让与人向受让人提供实施技术的专用设备、原材料或者提供有关的技术咨询、技术服务的约定，属于技术转让合同的组成部分，因此发生的纠纷，按照技术转让合同处理。当事人以技术入股方式订立联营合同，但技术入股人不参与联营体的经营管理，并且以保底条款形式约定联营体或者联营对方支付其技术价款或者使用费的，视为技术转让合同②。

（二）技术转让合同的特征

技术转让合同具有技术合同的普遍特征，其履行具有特殊性、法律调整具有多样性，是双务、有偿合同。除此之外，技术转让合同还具有自己独特的法律特征：

1. 技术转让合同的标的物须是权利化的技术成果

技术转让的过程就是一个专利权转让、专利申请权转让、专利实施许可或者技术秘密成果使用权和转让权转移的过程。因此技术转让合同的标的必须是已经权利化的技术成果，即必须是具有知识产权属性的技术成果。这是技术转让合同与技术咨询合同或者技术服务合同的主要区别。

2. 技术转让合同的标的物须是现有的、特定的技术成果

技术转让合同所转移的是技术成果的使用权或所有权。其标的物必须是一个相对完整的、特定的技术方案，即一项在合同中载明的有关产品、工艺、

① 郭明瑞．合同法学．上海：复旦大学出版社，2005：392。

② 参见《技术合同司法解释》第二十二条。

材料及其改进的完整的技术方案，而且该技术方案必须是订立合同时转让方现有的技术成果，不包括尚待研究开发的技术成果，这是技术转让合同与技术开发合同的重要区别。

3. 技术转让合同为诺成合同、要式合同

技术转让合同为诺成合同，一般不以技术成果的实际交付作为合同成立的要件，而是在双方意思表示达成一致时即告成立。《合同法》第三百四十二条第2款规定："技术转让合同应当采用书面形式。"而《专利法》、《专利法实施细则》等有关法律法规还规定专利申请权转让合同、专利权转让合同和专利实施许可合同要经国务院专利行政部门登记公告或者备案等特殊的法律程序，因此技术转让合同为要式合同。

二、技术转让合同的类型

技术转让合同包括专利权转让合同、专利申请权转让合同、技术秘密转让合同和专利实施许可合同。

（一）专利权转让合同

专利权转让合同，是指专利权人即转让方将其所有的发明创造专利权转交给受让方，由受让方支付约定价款的合同。专利权转让合同具体包括发明专利权转让合同、实用新型专利权转让合同和外观设计专利权转让合同。

专利权转让合同的效力主要体现为以下两方面：

1. 转让人的主要义务

转让人的主要义务，即受让人的主要权利。转让人的首要义务是应当按照合同约定的时间、内容和期限将专利权移交给受让方。按照《合同法》第三百四十九条的规定，技术转让合同的让与人应当保证自己是所提供的技术的合法拥有者，并保证所提供的技术完整、无误、有效，能够达到约定的目标。此外，转让人在移交专利权时，还应当将有关的技术情报和资料提供给受让方，并根据需要提供必要的指导，以便受让方能够及时准确地掌握该专利技术，有效地实施其专利权。

2. 受让人的主要义务

受让人的主要义务，即转让人的主要权利。受让人的首要义务是应当按照合同约定的期限和方式向转让人支付价款，即专利权转让费。受让人延迟支付价款的，应补交使用费并按照约定支付违约金；不补交使用费或者不支付违约金的，应当返还专利权，交还让与人的技术资料，并赔偿损失。

此外，在专利权转让后，受让人即成为专利权人，因而受让人依法负有实施专利的义务，包括自行实施或许可他人实施。特别是在采取提成支付的付款方式时，受让人实施专利的情况直接决定转让人的利益，因此转让人必定要求受让人承担实施专利的义务①。

（二）专利申请权转让合同

专利申请权转让合同，是指让与人将其对特定发明创造申请专利的权利转让给受让人，受让人支付约定价款的合同。

专利申请权转让合同的效力主要体现为以下两方面：

1. 转让人的主要义务

转让人的主要义务，即受让人的主要权利。转让人的首要义务是应当按照合同约定向受让人转移专利申请权，并且提供申请专利和实施发明创造所需要的技术情报和资料。专利申请权一经转让，让与人不再享有该项权利。为保护受让人的合法权益，让与人应对申请专利的技术承担保密义务。让与人违反保密义务的，应向受让方支付违约金或赔偿损失。

2. 受让人的主要义务

受让人的主要义务，即转让人的主要权利。受让人的主要义务是应当按照合同约定向转让人支付合同约定的价款。否则，应按法律规定或合同约定向让与人支付违约金或赔偿损失。

此外，根据《技术合同司法解释》的规定，关于专利申请权转让合同的法律效力还应注意以下几个问题：

第一，专利申请权转让合同当事人以专利申请被驳回或者被视为撤回为由请求解除合同，该事实发生在依照《专利法》第十条第 3 款的规定办理专利申请权转让登记之前的，人民法院应当予以支持；发生在转让登记之后的，不予支持，但当事人另有约定的除外。

第二，专利申请因专利申请权转让合同成立时即存在尚未公开的同样发明创造的在先专利申请被驳回，当事人依据《合同法》第五十四条第 1 款第（二）项的规定请求予以变更或者撤销合同的，人民法院应当予以支持。

第三，订立专利申请权转让合同前，让与人自己已经实施发明创造，在合同生效后，受让人要求让与人停止实施的，人民法院应当予以支持，但当事人另有约定的除外。

第四，让与人与受让人订立的专利申请权转让合同，不影响在合同成立前让与人与他人订立的相关专利实施许可合同或者技术秘密转让合同的

① 徐杰．技术合同法教程．北京：知识产权出版社，2004：145。

效力。

（三）技术秘密转让合同

技术秘密转让合同，是指转让方将拥有的技术秘密成果提供给受让方，明确相互之间的技术秘密使用权、转让权，受让方支付约定的使用费所订立的合同。

技术秘密是指不为公众所知悉，能为权利人带来经济利益，具有实用性并经权利人采取保密措施的技术信息。技术秘密的使用权，是指特定的当事人之间依据法律规定或者合同的约定，以生产经营为目的使用技术的权利；技术秘密的转让权，是指依法通过技术合同向他人提供和转让技术秘密的权利。

技术秘密转让合同的效力主要体现为以下两方面：

1. 转让人的主要义务

转让人的主要义务，即受让人的主要权利。根据《合同法》的规定，技术转让合同的转让人应当保证自己是所提供的技术的合法拥有者，并保证所提供的技术完整、无误、有效，能够达到约定的目标。转让人应当按照约定提供技术资料，进行技术指导，保证技术的实用性、可靠性，承担保密义务。技术资料是指与技术秘密有关的设计资料、图纸、数据、材料配方、工艺流程等资料。作为技术秘密转让合同的标的物应当是成熟而且能够应用于生产实践的适用性技术，即该技术应该是在充分的研究开发基础上完成的，已具备了商品化开发的可能性，在转让阶段性技术成果时，让与人应保证在一定条件下重复试验可以得到预期的效果，并在合同中载明后续开发的责任。此外，需要注意的是，技术秘密转让合同让与人承担的“保密义务”，不限制其申请专利，但当事人约定让与人不得申请专利的除外。

2. 受让人的主要义务

受让人的主要义务，即让与人的主要权利。《合同法》第三百四十八条规定：“技术秘密转让合同的受让人应当按照约定使用技术，支付使用费，承担保密义务。”

（1）按照约定使用技术。这既是受让人的权利，也是受让人的义务。合同当事人可以约定专有技术的使用范围以及与该技术有关的产品制造、使用和销售的地区。若一项专有技术有多项用途和目的时，受让人应依约定的方式使用专有技术。当专有技术实施表现为特定产品时，还可约定受让人产品使用的领域、目的、用途。除非在合同中约定或经转让人同意，受让人不得许可第三人使用该专有技术。

（2）按合同约定支付使用费。受让人应按照合同约定的方式支付使用费。

合同约定了使用费，但没有约定支付方式的，原则上应按一次总付处理，但也可以根据当事人实际支付能力分期付款。

(3) 承担合同约定的保密义务。《合同法》第三百五十条规定，技术转让合同的受让人应当按照约定的范围和期限，对让与人提供的技术中尚未公开的秘密部分，承担保密义务。

(四) 专利实施许可合同

专利实施许可合同，是指专利权人或者其授权的人作为转让方许可受让人在约定的范围内实施专利，受让人支付约定的使用费的合同。

专利实施许可合同的标的物是专利权，但专利实施许可合同转移的是部分或者全部的专利使用权，专利权并没有转移，仍属于专利权人。这是专利实施许可合同和专利权转让合同的最大区别。

专利实施许可合同的效力主要体现为以下两方面：

1. 让与人的主要义务

让与人的主要义务，即受让人的主要权利。《合同法》第三百四十五条规定："专利实施许可合同的让与人应当按照约定许可受让人实施专利，交付实施专利有关的技术资料，提供必要的技术指导。"

(1) 按照约定许可受让人实施专利。专利实施许可包括普通实施许可、排他实施许可和独占实施许可等方式。独占实施许可，是指让与人在约定许可实施专利的范围内，将该专利仅许可一个受让人实施，让与人依约定不得实施该专利；排他实施许可，是指让与人在约定许可实施专利的范围内，将该专利仅许可一个受让人实施，但让与人依约定可以自行实施该专利；普通实施许可，是指让与人在约定许可实施专利的范围内许可他人实施该专利，并且可以自行实施该专利。当事人对专利实施许可方式没有约定或者约定不明确的，认定为普通实施许可。专利实施许可合同约定受让人可以再许可他人实施专利的，认定该再许可为普通实施许可，但当事人另有约定的除外。

(2) 交付实施专利有关的技术资料，提供必要的技术指导。让与人应当将实施专利有关的技术资料，包括情报、图表、设计文件及实施专利技术所必需的其他技术资料交付给受让人，这是受让人实施专利的必要条件。同时，转让人还应为受让人提供必要的技术指导，协助受让人实施被转让的专利技术，如帮助受让人解决专利技术实施过程中出现的问题，为受让人培训人员，协助进行设备安装、调试等。

(3) 保证专利权合法、有效。依据《合同法》及《技术合同司法解释》的相关规定，专利实施许可合同的让与人负有在合同有效期内维持专利权有效的义务，包括依法缴纳专利年费和积极应对他人提出宣告专利权无效的请求，但当事人另有约定的除外。

2. 受让人的主要义务

受让人的主要义务，即让与人的主要权利。《合同法》第三百四十六条规定，“专利实施许可合同的受让人应当按照约定实施专利，不得许可约定以外的第三人实施该专利；并按照约定支付使用费。”

（1）按照合同约定实施专利，不得许可约定以外的第三人实施该专利。无论采取哪种专利实施许可的方式，受让人都应在合同约定的范围内实施专利，不得超过当事人在合同中约定的实施许可范围，并不得许可约定以外的第三人实施该专利。受让人超越合同约定的范围实施专利或未经让与人同意擅自许可第三人实施该专利的，应当承担违约责任，支付违约金或者赔偿损失。

（2）按照合同约定支付使用费。受让人应当按照合同约定的时间、地点、数额和支付方式向让与人支付专利使用费。受让人延迟交付使用费的，应当补交使用费和利息，并按照合同约定支付违约金。受让人不补交使用费或者不支付违约金的，应当停止实施专利，交还技术资料，并承担相应的违约责任。

（3）保密义务。专利实施许可合同的受让人应当按照合同约定的范围和期限，对让与人提供的技术中尚未公开的秘密部分，承担保密义务。受让人如果违反合同约定的保密义务，应当承担违约责任。

三、技术转让合同中的“使用范围”条款

《合同法》第三百四十三条规定：“技术转让合同可以约定让与人和受让人实施专利或者使用技术秘密的范围，但不得限制技术竞争和技术发展。”此即技术转让合同中的“使用范围”条款。所谓实施专利或者使用技术秘密的范围，是指实施专利或者使用技术秘密的期限、地域和方式等。一般来讲，技术转让合同当事人可以就下列几个方面的使用范围在合同中作出约定：

1. 期间范围

专利实施许可合同当事人可以约定专利实施许可的期限为整个专利存续期间，也可以约定为专利存续期间中的某一段时间，但不得超过整个专利权存续期。根据《技术合同司法解释》第二十八条第 2 款的规定，当事人对实施专利或者使用技术秘密的期限没有约定或者约定不明确的，受让人实施专利或者使用技术秘密不受期限限制。

2. 使用地区范围

技术转让方可以在合同中约定受让方使用合同标的物的地区，即在其取得专利权的国家境内实施专利技术或者在合同中约定的地理范围内使用技术秘密，并可以包括与实施专利技术或使用技术秘密相联系的产品制造、使用和销售的地区。如果合同中没有约定上述限制的，则可以视为受让人享有在授予该专利权的国家或地区的任何地域内实施专利技术，以及在世界上任何地域内使用该技术秘密①。

3. 实施方式的限制

技术转让合同应当明确约定受让方取得的是普通使用权、排他使用权还是独占使用权。根据《技术合同司法解释》第二十五条的规定，如果合同当事人对专利实施许可方式没有约定或者约定不明确的，认定为普通实施许可；专利实施许可合同约定受让人可以再许可他人实施专利的，认定该再许可为普通实施许可，但当事人另有约定的除外。

如果合同的标的物是某种特定的工艺技术，并且该技术可以用于多种用途和目的时，转让方则可以在合同中约定受让方只能将其用于一种或几种目的和用途。若合同中对此无限制条款，则应视为受让方享有自由决定其使用目的和用途的权利。

需要说明的是，法律承认当事人可以在合同中约定一定的“使用范围”的合法性，但并不意味着当事人可以滥用此项合同权利。如果合同当事人以种种不合理的限制性条款妨碍技术竞争和技术发展，根据《合同法》第三百二十九条及第三百四十三条的规定，此类技术合同应属“非法垄断技术、妨碍技术进步”的无效技术合同。依据《技术合同司法解释》第十条的规定，下列情形，属于“非法垄断技术、妨碍技术进步”：

（1）限制当事人一方在合同标的技术基础上进行新的研究开发或者限制其使用所改进的技术；或者双方交换改进技术的条件不对等，包括要求一方将其自行改进的技术无偿提供给对方、非互惠性转让给对方、无偿独占或者共享该改进技术的知识产权。

（2）限制当事人一方从其他来源获得与技术提供方类似的技术或者与其竞争的技术。

（3）阻碍当事人一方根据市场需求，按照合理方式充分实施合同标的技术，包括明显不合理地限制技术接受方实施合同标的技术生产产品或者提供服务的数量、品种、价格、销售渠道和出口市场。

---

① 徐杰．技术合同法教程．北京：知识产权出版社，2004：128。

(4) 要求技术接受方接受并非实施技术必不可少的附带条件，包括购买非必需的技术、原材料、产品、设备、服务以及接收非必需的人员等。

(5) 不合理地限制技术接受方购买原材料、零部件、产品或者设备等的渠道或者来源。

(6) 禁止技术接受方对合同标的技术知识产权的有效性提出异议或者对提出异议附加条件。

四、后续改进技术成果的归属

所谓后续改进的技术成果，是指在技术转让合同的有效期间内，一方或者双方当事人对作为合同标的物的专利技术或者技术秘密所作的革新和改良而取得的技术成果。《合同法》第三百五十四条规定，当事人可以按照互利的原则，在技术转让合同中约定实施专利、使用技术秘密后续改进的技术成果的分享办法。没有约定或者约定不明确，依照《合同法》第六十一条的规定仍不能确定的，一方后续改进的技术成果，其他各方无权分享。由此可见，技术转让合同的后续改进技术成果的归属和分享，应遵循以下三个原则：

1. 约定优先原则

当事人可以按照互利的原则，在技术转让合同中约定实施专利、使用技术秘密后续改进的技术成果的分享办法。当事人的约定是确定技术转让合同的后续改进技术成果归属的优先原则。当事人可以在合同中约定后续改进技术成果归双方共有或者为作出改进的一方所有。但这种约定不得阻碍技术的进步和发展。

2. 补充确定原则

如果当事人在技术转让合同中对后续改进技术成果的归属和分享没有约定或者约定不明确，依照《合同法》第六十一条的规定，当事人可以在事后协议补充。如果当事人双方不能达成补充协议的，按照合同有关条款或者交易习惯确定。

3. 完成人享有原则

当事人对于后续改进技术成果的归属和分享办法，依据约定优先和补充确定原则仍不能确定的，后续改进的技术成果属于完成该成果的一方，即技术改进人所有，其他各方无权分享。技术改进人对该后续改进技术成果作出了突出贡献和创造性劳动，理应对此享有权利。如果其他方想使用另一方后续改进的技术成果，双方可达成专利实施许可合同或技术秘密转让合同，支付合理使用费。

第四节　技术咨询合同和技术服务合同

一、技术咨询合同

（一）技术咨询合同的概念

技术咨询合同是指一方当事人为另一方当事人就特定技术项目提供可行性论证、技术预测、专题技术调查、分析评价报告所订立的合同。根据《技术合同司法解释》第三十条的规定，所谓"特定技术项目"包括有关科学技术与经济社会协调发展的软科学研究项目，促进科技进步和管理现代化、提高经济效益和社会效益等运用科学知识和技术手段进行调查、分析、论证、评价、预测的专业性技术项目。

（二）技术咨询合同的特征

技术咨询合同除具有技术合同的共性以外，还具有自己独特的法律特征，主要表现在以下三方面：

1. 技术咨询合同具有自己独特的调整对象

技术咨询合同具有自己特定的调整对象，即合同当事人在完成一定的技术项目的可行性论证、技术预测、专题技术调查和分析评价报告等软科学研究活动中产生的民事法律关系。"可行性论证"是指在技术合同中对某项特定技术项目的可能性、先进性、经济效益进行分析、计算和评价，确定其是否可行、能否成功，如何取得最大经济效益的一种实用的科学方法；"技术预测"是指受托人对技术项目、技术应用的有关问题进行评估，预测技术项目能否成功及其效果和社会影响等所进行的咨询服务活动；"专题技术调查"是指受托人对委托人咨询的项目的技术要求，所进行的专题材料、数据的考查收集工作；"分析评价报告"是指受托人通过对咨询项目进行分析、计算、评估比较，权衡利弊得失的书面文字报告①。因此，技术咨询合同的履行结果并不是技术开发或技术转让所生的现实科技成果，而是供委托人选择的咨询报告。

2. 技术咨询合同的风险责任承担具有其特殊性

按照《合同法》第三百五十九条第3款的规定，技术咨询合同的委托人按照受托人符合约定要求的咨询报告和意见作出决策所造成的损失，由委托

① 江平．中华人民共和国合同法精解．北京：中国政法大学出版社，1999：298。

人承担，但当事人另有约定的除外。这一特殊的风险责任承担原则是技术开发合同、技术转让合同和技术服务合同中所不具有的。

3. 技术咨询合同是不要式合同

《合同法》并未规定技术咨询合同应当采取书面形式。因此，技术咨询合同为不要式合同，是否采取书面形式并不影响合同的成立，即只要合同双方当事人的意思表示一致，合同即可成立并生效。这与技术开发合同和技术转让合同不同。

（三）技术咨询合同的效力

1. 委托人的主要义务

根据《合同法》第三百五十七条和三百五十九条第1款的规定，技术咨询合同的委托人应当按照约定阐明咨询的问题，提供技术背景材料及有关技术资料、数据；接受受托人的工作成果，支付报酬。技术咨询合同的委托人未按照约定提供必要的资料和数据，影响工作进度和质量，不接受或者逾期接受工作成果的，支付的报酬不得追回，未支付的报酬应当支付。

（1）按照合同约定阐明咨询的问题，提供技术背景资料及有关技术资料和数据。这是受托人开展咨询工作的必要条件。委托人首先要向受托人阐明咨询的问题，使受托人的工作有明确的目标和方向。受托人依据委托人提供的技术背景资料及有关技术资料和数据，进行分析研究，提出咨询报告。受托人发现委托人提供的资料、数据等有明显错误或者缺陷，未在合理期限内通知委托人的，视为其对委托人提供的技术资料、数据等予以认可。委托人在接到受托人关于资料、数据等的补正通知后未在合理期限内答复并予补正的，发生的损失由委托人承担。

（2）按时接受工作成果。工作成果是指受托人完成的咨询报告和意见。在受托人完成咨询报告和意见后，委托人应及时组织评价鉴定，确认受托人的工作成果是否符合合同约定的条件，予以验收。

（3）按约定支付报酬。支付报酬是委托人最基本的义务，是委托人向受托人所支付的作为其智力劳动和工作成果的对价。支付报酬的方式可由双方当事人协商确定。但需要注意的是，当事人对技术咨询合同受托人进行调查研究、分析论证、试验测定等所需费用的负担没有约定或者约定不明确的，由受托人承担。

2. 受托人的主要义务

根据我国《合同法》第三百五十八条和三百五十九条第2款的规定，技术咨询合同的受托人应当按照约定的期限完成咨询报告或者解答问题；提出的咨询报告应当达到约定的要求。技术咨询合同的受托人未按期提出咨询报告或者提出的咨询报告不符合约定的，应当承担减收或者免收报酬等违约责任。

(1) 按照约定的期限完成咨询报告或者解答问题。这是受托人最基本的义务。技术咨询合同的受托人未按期提出咨询报告或者解答问题，应当承担减收或者免收报酬等违约责任。受托人提出的咨询报告或解答可以采取多种形式，既可以由受托人在完成咨询课题后提交一次性报告，也可以由受托人针对委托人咨询的问题逐一提出建议，还可以由受托人在进行调查研究和分析论证后先提交初步报告，在进一步开展工作之后提交中期报告，在听取委托人要求和专家评析意见的基础上完成最终报告，交委托人验收。

(2) 保证咨询报告和意见达到约定的要求。受托人应当利用自己的技术知识和人才优势，按照合同的约定，不仅要在规定的期限内向委托人提交具有较高科学水平和参考价值的咨询报告和意见，而且受托人应当保证咨询报告和意见符合合同约定的要求，力求先进性、可行性，避免华而不实或出现失误、质量低劣和无参考价值等情况的发生。技术咨询合同的受托人提出的咨询报告不符合约定的，应当承担减收或者免收报酬等违约责任。

二、技术服务合同

(一) 技术服务合同的概念和特征

技术服务合同是指当事人一方以技术知识为另一方解决特定技术问题所订立的合同，不包括建设工程合同和承揽合同。

技术服务合同除具有技术合同的共性以外，还具有自己独特的法律特征，主要表现在以下两方面：

1. 技术服务合同是以解决特定技术问题而订立的合同

所谓“特定技术问题”，包括需要运用专业技术知识、经验和信息解决的有关改进产品结构、改良工艺流程、提高产品质量、降低产品成本、节约资源能耗、保护资源环境、实现安全操作、提高经济效益和社会效益等专业技术问题。

2. 技术服务合同是不要式合同

《合同法》并未规定技术服务合同应当采取书面形式。因此，技术服务合同为不要式合同，是否采取书面形式并不影响合同的成立，即只要合同双方当事人的意思表示一致，合同即可成立并生效。这与技术咨询合同相同，而与技术开发合同和技术转让合同不同。

(二) 技术服务合同的分类

根据法律规定的不同，可以将技术服务合同分为一般的技术服务合同和典型的技术服务合同。技术中介合同和技术培训合同就是典型的技术服务合同。《合同法》第三百六十四条规定，法律、行政法规对技术中介合同、技术培训合同另有规定的，依照其规定。

1. 技术中介合同

技术中介合同，是指当事人一方以知识、技术、经验和信息为另一方与第三人订立技术合同进行联系、介绍以及对履行合同提供专门服务所订立的合同。

当事人对中介人从事中介活动的费用负担没有约定或者约定不明确的，由中介人承担。当事人约定该费用由委托人承担但未约定具体数额或者计算方法的，由委托人支付中介人从事中介活动支出的必要费用。中介人从事中介活动的费用，是指中介人在委托人和第三人订立技术合同前，进行联系、介绍活动所支出的通信、交通和必要的调查研究等费用。中介人的报酬，是指中介人为委托人与第三人订立技术合同以及对履行该合同提供服务应当得到的收益。当事人对中介人的报酬数额没有约定或者约定不明确的，应当根据中介人所进行的劳务合理确定，并由委托人承担。仅在委托人与第三人订立的技术合同中约定中介条款，但未约定给付中介人报酬或者约定不明确的，应当支付的报酬由委托人和第三人平均承担。

2. 技术培训合同

技术培训合同，是指当事人一方委托另一方对指定的学员进行特定项目的专业技术训练和技术指导所订立的合同，不包括职业培训、文化学习和按照行业、法人或者其他组织的计划进行的职工业余教育。

技术培训合同委托人派出的学员不符合约定条件，影响培训质量的，由委托人按照约定支付报酬。受托人配备的教员不符合约定条件，影响培训质量，或者受托人未按照计划和项目进行培训，导致不能实现约定培训目标的，应当减收或者免收报酬。受托人发现学员不符合约定条件或者委托人发现教员不符合约定条件，未在合理期限内通知对方，或者接到通知的一方未在合理期限内按约定改派的，应当由负有履行义务的当事人承担相应的民事责任。当事人对技术培训必需的场地、设施和试验设备等工作条件的提供和管理责任没有约定或者约定不明确的，由委托人负责提供和管理。

（三）技术服务合同的效力

1. 委托人的主要义务

《合同法》规定，技术服务合同的委托人应当按照约定提供工作条件，完成配合事项；接受工作成果并支付报酬。委托人不履行合同义务或者履行合同义务不符合约定，影响工作进度和质量，不接受或者逾期接受工作成果的，支付的报酬不得追回，未支付的报酬应当支付。

（1）按照约定提供服务条件，完成配合事项。委托人应当按合同约定，为受托人提供服务条件，完成配合事项，如提供技术资料、数据、样品、材料或其他工作条件等。这是受托人能利用自己的技术知识为委托方解决特定技术问题的重要条件。受托人如发现委托人提供的资料、数据、样品、材料、场地等工作条件不符合约定，未在合理期限内通知委托人的，视为其对委托人提供的工作条件予以认可。委托人在接到受托人对有关工作条件的补正通知后未在合理期限内答复并予补正的，发生的损失由委托人承担。

（2）按期接受工作成果并支付报酬。按期接受受托人的工作成果既是委托人的权利，更是委托人的义务。委托人应当按照合同约定的时间和要求对受托人完成的工作成果进行验收，如发现工作成果不符合合同约定的技术指标和要求，应当在约定的期限内及时通知对方返工或改进。委托人不接受或者逾期接受工作成果的，支付报酬不得返回，未支付的报酬应当支付。

委托人接受了受托人的工作成果后，应当按照合同约定的支付方式、结算方式向受托人支付报酬。技术服务合同当事人对受托人提供服务所需费用的负担没有约定或者约定不明确的，由受托人承担。

2. 受托人的主要义务

《合同法》规定，技术服务合同的受托人应当按照约定完成服务项目，解决技术问题，保证工作质量，并传授解决技术问题的知识。受托人未按照合同约定完成服务工作的，应当承担免收报酬等违约责任。

（1）按照约定完成服务项目，解决技术问题，保证工作质量，并传授解决技术问题的知识。受托人未按照合同约定完成服务工作的，应当承担免收报酬等违约责任。

（2）保密义务。受托人对委托人提供的技术资料、数据、样品按照合同约定范围和期限承担保密义务。

（3）妥善保管委托人提供的技术资料、样品。受托人在履行期间，发现继续工作对材料、样品或设备等有损坏危险时应当中止并及时通知委托人或者提出建议。如果不中止工作或者及时通知委托人并且采取适当措施，对因此发生的危险后果由责任人承担责任。

三、技术咨询合同与技术服务合同履行中所产生的新技术成果的归属

技术咨询合同与技术服务合同履行中所产生的新技术成果，是指当事人

在履行合同义务以外派生完成的或者后续改进的技术成果，而不是指受托人应当按照合同约定提交的咨询报告或工作成果。依据《合同法》第三百六十三条的规定，在技术咨询合同、技术服务合同履行过程中，受托人利用委托人提供的技术资料和工作条件完成新的技术成果，属于受托人。委托人利用受托人的工作成果完成的新的技术成果，属于委托人。当事人另有约定的，按照其约定。

思　考　题

1. 简述技术合同的概念和特征。
2. 试述技术成果相关权利的归属。
3. 试述技术开发合同的类型及其效力。
4. 试述技术转让合同的类型及其效力。
5. 试述技术咨询合同的概念和效力。
6. 试述技术服务合同的概念和效力。

第二十一章

保 管 合 同

本 章 要 点

保管合同属于提供劳务的合同，以保管人的劳务行为为标的，《合同法》对保管合同的成立有不同于其他合同的规定。本章主要介绍了保管合同的概念和特征，以及保管人和寄存人在合同中所享有的权利和承担的义务。学习本章应掌握的内容主要有：保管合同的概念及特征，特别是对标的及实践合同的理解；当事人的主要义务。

第一节 保管合同概述

一、保管合同的概念

保管合同又称寄托合同、寄存合同。根据《合同法》第三百六十五条的规定，保管合同是指保管人保管寄存人交付的保管物，并返还该物的合同。保管合同的主体是保管人和寄存人，为他人保管物品的一方是保管人，将物品交付保管人寄存的是寄存人。保管合同的内容是保管人为寄存人保管物品，保管期限届满后，保管人将保管物完好地返还寄存人，约定有偿保管的，保管人依约定取得相应的保管费用。

关于保管物的范围，《合同法》中并未予以限定，因此可以认为，保管合同的标的物既可以是动产，也可以是不动产。但是在通常情况下保管物是动产，因此，《合同法》所规定的保管合同主要是指动产的保管合同。

二、保管合同的特征

保管合同具有以下主要特征：

1. 保管合同的标的是保管行为

保管合同是提供保管服务的合同，订立保管合同的目的是使保管人为寄存人保管物品，而不是以保管人取得保管物的所有权或者使用权为目的。因此，保管合同的标的是保管人的劳务行为，即保管人对寄存人寄存的物品的保管行为，而保管物本身只是履行保管行为的对象。直接以保管行为作为合同的标的，是保管合同区别于租赁、运输、承揽等合同的主要特点之一，在这些合同履行过程中有关当事人也有相应的保管租赁物、货物、定作物或材料的义务，但这并非是订立合同的直接目的。保管人应当将保管物置于自己的保护范围内，维持其原状，当保管期届满后将其完好地返还给寄存人。

2. 保管合同一般为实践合同

实践合同是指以标的物的交付和接受为合同成立条件的合同。《合同法》第三百六十七条规定："保管合同自保管物交付时成立，但当事人另有约定的除外。"从此规定可以看出，如果没有当事人之间的特别约定，则保管合同的成立不仅需要当事人的意思表示达成一致，而且还需要有寄存人将保管物交付给保管人的事实，否则合同不成立。

3. 保管合同是否有偿由当事人约定

保管合同是有偿合同还是无偿合同？从各国民法的规定来看，保管合同以无偿为原则，以有偿为例外。就是说，保管合同从本质上说是无偿合同，但不妨碍当事人约定有偿合同①。根据《合同法》的规定，保管合同可以是有偿的，也可以是无偿的。有偿的保管合同，寄存人需要向保管人支付保管费；无偿的保管合同，保管人有保管的义务，而寄存人无需向保管人支付保管费。《合同法》将保管合同是否有偿的决定权交由当事人行使，即由当事人在合同中是否有支付保管费的明确约定来决定保管合同是有偿的还是无偿的。当事人约定保管人需要支付保管费的，寄存人应当依照约定的数额支付保管费，如果当事人对保管费没有约定或者约定不明确的，则视为无偿的保管合同，寄存人没有支付费用的义务。

4. 保管合同是不要式合同

《合同法》规定保管合同以寄存人交付保管物为合同成立的条件，并未要求保管合同必须采取某种特定形式，因此，保管合同是不要式合同。对于合同究竟采取何种形式订立由当事人自由选择，可以选择书面形式，也可以选择口头形式或者其他形式。

① 王利明等．合同法．北京：中国人民大学出版社，2002：478。

第二节 保管合同的效力

一、保管人的权利和义务

根据《合同法》的规定，保管人负有以下主要义务：

1. 向寄存人给付保管凭证

根据《合同法》第三百六十八条的规定，通常情况下，寄存人向保管人交付保管物的，保管人应当向寄存人给付保管凭证。保管凭证是指由保管人出具的用于证明保管人已收到保管物的单据。保管人给付保管凭证的效力是证明当事人之间确实存在保管关系，保管凭证代表着保管物，寄存人凭保管凭证就可以领取保管物，因此保管凭证属于物权凭证。在没有保管合同的情况下，保管凭证即成为保管合同的表现形式，是保管合同成立的证据。但是，给付保管凭证并非保管人必须履行的一项义务，在另有交易习惯的情况下，保管人也可以依交易习惯不向寄存人给付保管凭证。

2. 妥善保管保管物

由于订立保管合同的目的就是为使保管人为寄存人保管物品，因此，保管人的主要义务就是向寄存人负责，妥善地保管好寄存人的物品。所谓“妥善保管”，是指保管人在保管过程中，应在其条件许可范围内尽到相当的注意义务。保管人应当按照约定的保管条件或者保管要求保管保管物，并定期进行检查，使保管物处于完好状态。根据《合同法》第三百六十九条第2款的规定，如果当事人约定了保管场所或者方法的，除了紧急情况或者为了维护寄存人利益的以外，保管人不得擅自改变保管场所或者方法。如果在保管合同中未事先约定保管场所或者保管方法，根据诚实信用原则，保管人也应当按照保管物的性质和自己的条件，将保管物存放于适当的场所，采取适当的方法妥善保管寄存人的物品。

3. 亲自保管标的物

《合同法》第三百七十一条第1款规定：“保管人不得将保管物转交第三人保管，但当事人另有约定的除外。”据此，除了双方事先有约定允许保管人将保管物转交第三人保管的以外，保管人应当履行亲自保管标的物的义务。要求保管人亲自保管，是因为保管合同在实践中往往是基于寄存人对保管人的信任而成立的，只有保管人亲自保管才能使寄存人对保管后果放心。保管人未经寄存人同意擅自将保管物转交第三人保管，属于违约行为，如果由于第三人保管不力造成保管物损失的，保管人应当对寄存人承担损害赔偿责任。

4. 不得擅自使用或者许可第三人使用保管物

保管合同的目的在于让保管人保管寄存人的物品，为进行保管，保管人有权占有保管物，但是，原则上保管人不得使用保管物，也不得允许第三人使用保管物。如果允许保管人使用保管物，则保管合同的性质会发生变化，即与借用合同、租赁合同等混同。如果允许保管人擅自许可第三人使用保管物，会使保管物处于寄存人不可控制的状态，极易损害寄存人的利益。同时，对保管物的使用还会造成保管物的磨损、消耗等后果，对寄存人的利益也会有损害，因此，保管合同原则上不允许保管人使用保管物。但是，如果当事人在合同中约定了保管人在保管期间可以使用保管物，则表示寄存人同意放弃自己的相关利益，法律上应该尊重当事人的选择。

5. 权利危险时通知寄存人

保管人的危险通知义务，是指在第三人对保管物主张权利，对保管人提起诉讼或者对保管物申请扣押时，保管人应当立即将该情况通知寄存人。第三人对保管物主张权利或提起诉讼主要是指主张自己为保管物的所有人而提出的所有权返还之诉。在此种情形下，保管人及时通知寄存人可以使寄存人能够及时参加诉讼或者对扣押提出异议，以维护自己的权利。如果没有保管人的及时通知，寄存人由于对保管物暂时丧失占有，对保管物面临的危险并不知晓，因此无法采取排除危险的措施，就很可能使其利益受到损失。保管人不履行或者迟延履行权利危险时的通知义务，致使寄存人遭受损失的，保管人应当负赔偿责任。根据《合同法》第三百七十三条的规定，第三人对保管物主张权利的，除依法对保管物采取保全或者执行的以外，保管人应当向寄存人返还保管物。

6. 保管期届满或者应寄存人要求返还保管物

保管合同的效力是保管人基于保管义务而占有保管物，并不发生保管物所有权的转移，因此，保管人需要向寄存人返还保管物。在保管合同中，当事人可以约定保管的期限，当保管期限届满时，保管人应当向寄存人返还保管物。在有保管期限的约定时，除了保管人有特别的事由以外，保管人不得要求寄存人提前领取保管物，但是，寄存人可以随时领取保管物，当寄存人要求领取时，保管人应当按寄存人的要求向寄存人返还保管物。如果当事人对保管期限没有约定或者约定不明确的，除寄存人可以随时要求领取保管物以外，保管人也可以随时要求寄存人领取保管物。

一般情况下，保管人返还的物品为原物，但是在消费保管的情况下，可以不返还原物。消费保管合同是指保管人取得保管物的所有权，届期以替代物返还的保管合同。根据《合同法》第三百七十八条的规定，保管人保管货币的，无须约定，保管人即可以返还相同种类、数量的货币。保管其他可替代物的，须在当事人事先有约定的情况下，才可以用替代物返还。此外，在返还保管物时，如果保管物在保管期间产生了孳息，保管人应当将孳息与保管物一并返还给寄存人。

除以上主要义务外，保管人也有相应的合同权利。保管人的权利主要包括：约定有偿保管的，有权利要求寄存人支付约定的保管费；因寄存人未告知保管物瑕疵而造成保管人损失时要求寄存人赔偿损失；除另有约定的以外，在寄存人未按照约定支付保管费及其他费用时，对保管物享有留置权。

二、寄存人的权利和义务

寄存人的义务主要包括以下几方面：

1. 依约定支付保管费及其他费用

保管合同可以是无偿的，也可以是有偿的。有偿保管是合同中约定寄存人应向保管人支付保管费作为报酬，有此约定的，寄存人的主要义务就是按照约定的币种、数额、时间、地点将保管费支付给保管人。保管费的支付标准，如果有关部门有规定的，应当按规定执行，没有规定的，则可以由当事人自行约定并按约定履行。《合同法》第三百七十九条第1款规定："有偿的保管合同，寄存人应当按照约定的期限向保管人支付保管费。"该法第三百八十条规定："寄存人未按照约定支付保管费以及其他费用的，保管人对保管物享有留置权，但当事人另有约定的除外。"从这两条规定看，保管费是指寄存人向保管人支付的报酬，而其并不包括其他费用。保管费只存在于有偿的保管合同中，属于劳动报酬，而其他费用是为保管物品而支出的费用，有偿保管和无偿保管都可能发生相应的费用支出，寄存人都有向保管人负担保管中的必要费用的义务。所谓必要费用，以能维持保管物的原状为准，例如，保管人为维持保管物的原状所支出的重新包装、防腐、防火费用等，寄存人都应当偿还给保管人。寄存人未按照约定支付保管费及其他费用的，如果当事人没有特别约定，则保管人对保管物享有留置权。

2. 告知标的物的真实情况

《合同法》第三百七十条规定："寄存人交付的保管物有瑕疵或者按照保管物的性质需要采取特殊保管措施的，寄存人应当将有关情况告知保管人。寄存人未告知，致使保管物受损失的，保管人不承担损害赔偿责任；保管人因此受损失的，除保管人知道或者应当知道并且未采取补救措施的以外，寄存人应当承担损害赔偿责任。"从此条规定可以看到，寄存人在交付保管物时的告知义务有两方面：一是应当将保管物自身所存在的瑕疵告知保管人；二是应当将某些物品需要采取特殊保管措施的情况告知保管人，例如保管物是属于易燃、易爆、有毒、放射性等危险物品以及易腐蚀物品。寄存人在这两种情况下履行告知义务，可以使保管人引起注意，采取符合保管要求的相应保管措施，以防止发生保管物毁损、灭失以及保管人的人员、财产损害的后果。

如果寄存人明知保管物有瑕疵或者需要采取特殊保管措施而未履行告知义务，致使保管物受损失的，寄存人不能要求保管人承担损害赔偿责任。如果由此造成保管人损失的，例如保管物发生爆炸致使保管人受到人身伤害或者财产损失，则寄存人应当对保管人承担损害赔偿责任。根据《合同法》第三百七十条的规定，虽然寄存人未履行告知义务，但保管人知道或者应当知道相关情况而未采取补救措施，则属于寄存人损害赔偿责任的除外情况，应当由保管人自己承担损害后果。

3. 寄存贵重物品时作出声明

货币、有价证券或者其他贵重物品也可以作为保管合同的标的物。由于这些物品的价值大，危险系数高，保管人要保证它们的安全就需要尽到比一般物品更多的注意义务，或者采取比保管一般物品特殊的保护措施，否则，一旦这些保管物发生毁损丢失等情况，不但给寄存人带来重大损失，也使保管人负担较重的赔偿责任。因此，寄存人在寄存此类物品时，应当事先予以声明，使保管人明确了解保管物的情况，以便采取相应的保管措施。根据《合同法》第三百七十五条的规定，如果寄存人在交付保管物时未向保管人就贵重物品作出声明，当该物品毁损、灭失后，保管人可以按照一般物品的价值进行赔偿。

寄存人除需履行上述义务外，也享有相应的权利。例如，根据《合同法》第三百七十六条第1款的规定，寄存人可以随时领取保管物。寄存人随时领取保管物的权利，并不限于对保管期限没有规定的情形，对于有保管期限的约定而期限尚未届满的，寄存人仍然可以随时要求终止保管合同，领取保管物，保管人不得拒绝返还保管物。

思考题

1. 保管合同的概念和特征是什么？
2. 保管人有哪些合同义务？
3. 寄存人有哪些合同义务？

第二十二章

仓 储 合 同

本 章 要 点

仓储合同是提供劳务合同的一种，它与保管合同既有相同之处也有不同之处。本章主要介绍了仓储合同的概念及特点，以及仓储合同的效力。学习本章应重点掌握的内容有：仓储合同的概念和特点，从中了解仓储合同与一般保管合同的区别；仓单的作用；保管人和存货人的主要合同义务。

第一节 仓储合同概述

一、仓储合同的概念

仓储合同，又称为仓储保管合同，是指保管人储存存货人交付的仓储物，存货人支付仓储费的合同。在仓储合同法律关系中，从事储存业务，为他人储存货物并收取仓储费的一方称为保管人，寄存货物的一方称为存货人。

仓储是利用仓库为他人储藏、保管货物的一种营业活动。因此，一些国家将仓储称为“仓库营业”，也有的国家称为“仓库内的寄托”[①]。仓储与商品流通有密切的关系。在现代经济生活中，商品的储存、运输、原材料的采购中转等都需要仓储营业业务，尤其在大宗交易发展迅速的情况下，仓储业作为重要的中转和保障等辅助性环节，其作用日益增强。

二、仓储合同的特征

仓储合同的内容是保管人为存货人保管货物，存货人支付仓储费用。仓储合同与保管合同具有相同的履行形式，但是在合同主体、保管标的物、成立条件等方面又与一般的保管合同有一定的区别，因此可以说是一种特殊的

① 王利明等．合同法．北京：中国人民大学出版社．2007：527。

保管合同，《合同法》将保管合同与仓储合同作为两种合同分别加以规定。仓储合同具有如下主要特征：

1. 保管人是专业从事仓储业务的人

在一般的保管合同中，保管人可以是单位也可以是一般公民，并不要求其具有营业性或者专业性。但是，仓储合同的保管人只能是从事仓储保管业务的人，即仓库营业人，这是仓储合同与保管合同在合同主体方面的重要区别。仓储合同的保管人既可以是法人，也可以是其他经济组织或者个体工商户等，但都应当具有从事仓储义务的资格，即应经工商部门核准登记取得专门或者兼营从事仓储保管业务的营业许可，办理了仓储营业登记。

仓储合同的保管人为存货人储存货物并收取仓储费是一种营业行为，为此，要求保管人必须具有仓储设备。所谓仓储设备，是指能够满足储藏和保管仓储物的设施，这是保管人从事仓储经营活动的物质条件。仓储设施主要是指仓库，但并不要求其为保管人所有，保管人只要享有仓库的使用权即可以其为保管条件从事保管业务。此外，根据《合同法》的规定，保管人储存易燃、易爆、有毒、有腐蚀性、有放射性等危险物品的，应当具备相应的保管条件。

2. 仓储物是动产

仓储合同除了保管人与保管合同有区别以外，在标的物上也与保管合同有所区别。保管合同的标的物既可以是动产，也可以是不动产，例如房屋的保管。但是在仓储合同中，仓储合同的标的物即仓储物只能是动产，不动产不能成为仓储物。这是仓储合同与保管合同的一个重要区别。在仓储合同中，保管人是利用自己的仓储条件提供储存保管服务的，仓储条件主要包括仓库和场地及附属在仓库、场地的一些必要的设备，例如制冷设备等。为此，要求存货人将仓储物交付保管人，由保管人进行储藏和保管，这就决定了仓储物只能是动产，房屋等不动产不能成为仓储合同的保管对象。

3. 仓储合同是诺成性合同

仓储合同与保管合同的基本性质相同，都是以保管人的保管行为为主要内容的合同。但是，两者在成立条件上却有所不同。《合同法》第三百六十七条规定，在当事人没有特别约定的情况下，保管合同是自保管物交付时成立，即保管物的交付是保管合同成立的条件，因此，保管合同属于实践合同。而对于仓储合同，《合同法》并未将仓储物的交付或者履行特定行为规定为其成立的要件，因此，应当推定仓储合同是诺成性合同，只要当事人的意思表示一致合同即可成立。

4. 仓储合同是有偿合同、不要式合同

在合同是否有偿的问题上，《合同法》对仓储合同与保管合同有不同的规定。根据《合同法》第三百六十六条第2款的规定，在保管合同中，若当事人对保管费没有约定或者约定不明确，依照本法第六十一条的规定仍不能确定的，保管是无偿的；只有当事人对保管费有明确约定的，寄存人才有义务支付保管费，此时保管才是有偿的。但是，对于仓储合同，《合同法》第三百八十一条规定，“仓储合同是保管人储存存货人交付的仓储物，存货人支付仓储费的合同”。从法律规定看，在仓储合同中，保管人为存货人保管仓储物，存货人需要向保管人支付仓储费，当事人双方于合同成立后互负给付义务，因此，仓储合同都是有偿合同。

关于仓储合同是要式合同还是非要式合同，理论上有不同的看法。从《合同法》的规定来看，并没有规定仓储合同必须采取某种特定的形式，因而可以认为仓储合同为非要式合同。保管人必须签发的仓单并非合同的成立要件，而是一种履行行为。

三、仓单

仓单是仓储合同特有的一种凭证。所谓仓单，是保管人向存货人填发的表明一定数量的保管货物已经交付仓储保管的法律文书，也是存货人或者仓单的持有人请求保管人返还仓储物的法律凭证。

仓单的生效，要求保管人必须在仓单上签字或者盖章。保管人的签字或者盖章表明保管人对收到存货人交付仓储物的事实进行确认，保管人未签字或者盖章的，不能认定保管人已收到仓储物，仓单不发生法律效力。

仓单从其法律性质上讲，属于有价证券。有价证券是设定并证明持券人拥有一定财产权利的书面凭证。仓单以物权为权利内容，取得仓单即意味着取得了仓储物的所有权。存货人取得保管人签发的仓单后，如欲出卖存入仓库中的货物，不必现实地为物的交付，只需通过背书方式转让仓单即可。《合同法》第三百八十七条规定：“仓单是提取仓储物的凭证。”受让人持有仓单即成为仓储物的新所有人，对仓储物享有交付请求权，可以要求保管人向自己交付仓储物，保管人则有义务向仓单持有人履行交付。

根据《合同法》第三百八十六条的规定，仓单的内容应当包括下列事项：

1. 存货人的名称或者姓名和住所

仓单为记名证券，因此必须明确记载存货人的名称或者姓名。名称或者姓名的记载，使仓储物的所有者得到确认，表明只有存货人才享有提取仓储物的权利，当该项权利转让时必须经存货人的背书确认。由于住所地在确定诉讼管辖、文书送达、债务履行处所等方面有重要的法律意义，所以仓单必须明确载明存货人的住所。

2. 仓储物的品种、数量、质量、包装、件数和标记

在仓储合同中保管人并不取得货物的所有权，当存货人提取仓储物时保管人有义务向存货人履行交付。因此，在仓单中必须对仓储物的品种、数量、质量、包装、件数和标记等内容予以明确的记载，以使仓储物特定化，防止提取时发生争议。存货人在提取仓储物时要根据仓单中记载的数量和质量对仓储物进行验收，如果因保管人保管不善造成仓储物丢失或者毁损，保管人则应当承担赔偿责任。

3. 仓储物的损耗标准

仓储物在储存过程中，由于其本身的自然性质可能会发生损耗，例如因干燥、风化、挥发等原因造成仓储物数量上的减少。仓单中应当对仓储物在储存期间的损耗定出一定的标准，在标准之内的损耗被认为是正常的，是存货人能够接受的，不得要求保管人予以赔偿。保管人也应当根据仓储物的性质和特点采取正确的储藏方法，以尽量减少损耗，如果由于保管方法不当致使损耗超过正常标准，保管人就应当承担相应的责任。

4. 储存场所

储存场所是存放仓储物的地方。储存场所实际是仓储合同的履行地点，是保管人履行保管义务，存货人提取仓储物的地方，对于诉讼管辖也有意义，因此在合同中应当对储存地点予以明确记载，以保证存货人或者仓单持有人能够及时、准确地到仓储地点提取仓储物。

5. 储存期间

储存期间是保管人为存货人储存货物的起止时间。储存期间的确定，使保管人对于仓储物的保管义务有了明确的时间界限，在整个储存期间内保管人都要履行对仓储物进行妥善保管的义务。保管期间届满，存货人或者仓单持有人应当提取仓储物。确定保管期间对当事人双方都有实际的意义，因此，在仓单中应当将储存期间予以明确的记载。

6. 仓储费

仓储费是存货人为保管人提供的仓储保管服务而向保管人支付的报酬。仓储合同是有偿合同，保管人进行仓储保管是一种商事营业活动，收取仓储费是其经济效益的来源。仓单中应当载明仓储费的数额、支付方式、支付地点、支付时间等事项。

7. 仓储物已办理保险的，其保险金额、期间以及保险人的名称

为仓储物办理保险可以降低存货人的风险，特别是对于价值较高的货物，

办理保险有利于存货人。如果存货人在交付仓储物时已经为仓储物办理了财产保险，应当将财产保险的相关情况告知保管人，包括保险人的名称、保险的金额、保险的期间等内容。由于仓单可以转让，保管人将上述内容记载于仓单中可以使受让人及时了解仓储物的情况，有利于发生风险时及时理赔。

8. 填发人、填发地点和填发时间

保管人在填发仓单时，应当在仓单上记载自己的名称、填发的地点和填发的时间。这些内容的明确记载，对于确认保管义务的主体、合同的履行地、合同的履行时间都是必要的证据。

第二节　仓储合同的效力

一、保管人的权利和义务

根据《合同法》的规定，保管人的义务主要有以下几方面：

1. 接收仓储物时进行验收

《合同法》第三百八十四条规定："保管人应当按照约定对入库仓储物进行验收。保管人验收时发现入库仓储物与约定不符的，应当及时通知存货人。保管人验收后，发生仓储物的品种、数量、质量不符合约定的，保管人应当承担损害赔偿责任。"验收是划分当事人责任的一个界限和依据，它既是保管人的义务，同时也是其权利，当事人可以根据仓储物的具体情况约定验收的时间、地点以及方法等。仓储合同中对仓储物的约定是保管人验收的依据，如果验收时发现仓储物与合同约定不符，保管人有义务及时通知存货人，否则即认为保管人认可仓储物符合合同。保管人应当对于验收后发生的仓储物的品种、数量、质量不符合合同约定的情况承担损害赔偿责任。

2. 向存货人给付仓单

《合同法》第三百八十五条规定："存货人交付仓储物的，保管人应当给付仓单。"仓单是提取仓储物的法律凭证。存货人仅凭仓储合同是不能请求保管人返还仓储物的，仓储合同仅是表明保管人和存货人达成了仓储保管的协议，并不能证明保管人已经占有了仓储物。而仓单是保管人在接收了仓储物后签发的，它表明保管人对仓储物已经在自己控制之下的事实给予书面确认。只有给付了仓单，才能使存货人拥有提取仓储物的凭证，因此，向存货人给付仓单是保管人的重要义务。

3. 妥善保管仓储物

妥善保管仓储物是保管人的主要义务，也是仓储合同的主要目的。要做到妥善保管，要求保管人必须具备符合仓储物保管要求的保管条件，包括场地、设备、技术和人员等。保管人应当按照合同约定的保管条件和要求履行保管义务，尽到管理人的充分注意义务。在储存期间，保管人应当对制冷、通风、防火等设施注意维护，发生故障及时检修，以保证保管条件符合安全保管仓储物的要求。对于仓储物，在必要时也应当进行检查，以便于及时发现问题并采取相应的措施。储存期间，因保管人保管不善造成仓储物毁损、灭失的，保管人应当承担损害赔偿责任。但是，因仓储物的性质、包装不符合约定或者超过有效储存期造成仓储物变质、损坏的，保管人不承担损害赔偿责任。

4. 同意存货人或者仓单持有人检查仓储物或者提取样品

《合同法》第三百八十八条规定："保管人根据存货人或者仓单持有人的要求，应当同意其检查仓储物或者提取样品。"在实践中，存货人或者仓单持有人对仓储货物进行检查是很有必要的。因为存货人或者仓单持有人是仓储物的所有者，仓储物的状况好坏直接关系着所有者的经济利益，为此，存货人或者仓单持有人必然要十分关注仓储物的情况，在其认为必要时就会要求对仓储物进行检查。在发生对仓储物进行买卖的情况时，仓单受让人即仓储物的买受人一般都会对仓单所列明的买卖标的即仓储物进行检查或者提取样品检验，据以决定是否受让仓储物。当存货人或者仓单持有人要求检查仓储物或者提取样品时，保管人应当同意并且为此提供方便。

5. 发现仓储物异状时向存货人或者仓单持有人进行通知和催告

根据《合同法》第三百八十九条的规定，保管人的通知义务，是指保管人发现仓储物有变质或者其他损坏的，应当及时通知存货人或者仓单持有人。保管人只有及时履行通知义务，存货人或者仓单持有人才能及时了解仓储物的情况，及时采取相应的措施。《合同法》对保管人在发现仓储物变质或者损坏时向存货人或者仓单持有人履行通知义务的规定，并未以仓储物变质损坏是因何种原因造成的为条件，因此，无论仓储物的变质或者损坏是否因保管人的过错而发生，保管人都有通知义务。

《合同法》第三百九十条规定："保管人对入库仓储物发现有变质或者其他损坏，危及其他仓储物的安全和正常保管的，应当催告存货人或者仓单持有人作出必要的处置。因情况紧急，保管人可以作出必要的处置，但事后应当将该情况及时通知存货人或者仓单持有人。"据此规定，保管人的催告义务发生在保管人发现仓储物有变质或损坏，对其他仓储物的安全和正常保管造成威胁的情况下。此时，保管人只应催告存货人或仓单持有人进行必要的处置，而没有自行处置的权利。但是，在发生紧急情况而暂时无法联系到存货人或仓单持有人，或者来不及催告但又必须对已变质或者损坏的仓储物进行及时处置的，从维护双方当事人的利益和正常的仓储业务出发，保管人可以自行作出必要的处置而不必征得存货人或者仓单持有人的同意，但是，在处置之后，保管人应当将该情况及时通知存货人或者仓单持有人。所谓必要处置，是指保管人对已发生变质或损坏的仓储物的处置，以能保证其他仓储物的安全和正常保管为限。

6. 仓储合同终止时返还仓储物

仓储合同终止的原因有期限届满和期限未届满因其他事由而终止。无论哪种情形，存货人或者仓单持有人凭仓单要求提取仓储物，保管人有义务及时返还，不得无故扣押。在当事人对仓储期间没有约定或者约定不明确的情况下，存货人或者仓单持有人在给保管人必要的准备时间的前提下可以随时提取仓储物，保管人应当及时予以配合，履行返还仓储物的义务。保管人不能按照合同约定的时间、数量和仓储物的原状返还仓储物的，应承担相应的违约责任。

以上是保管人的主要合同义务。从合同权利方面讲，保管人在承担合同义务的同时，也享有相应的合同权利。保管人的权利主要有：要求存货人支付仓储费用的权利；因存货人未支付保管费用以及因仓储物的瑕疵遭受损害而存货人拒绝赔偿时，对所保管的货物进行留置的权利；存货人或者仓单持有人逾期不提取仓储物时，提存仓储物的权利。

二、存货人的权利和义务

仓储合同与保管合同基本性质相同，因此，《合同法》对仓储合同没有规定的，适用对于保管合同的有关规定。结合两种合同的有关规定，存货人负有以下主要义务：

1. 按照合同约定将仓储物交付入库

仓储合同是诺成合同，存货人向保管人交付仓储物并非是合同成立的条件，而是其履行合同的行为，因此，存货人应当按照仓储合同约定的品名、数量、交付时间等将仓储物交付保管人入库保管。在交付仓储物入库时，存货人应当按照约定对仓储物进行包装，以使其符合储存的要求，因包装不符合要求而造成仓储物损坏的，存货人应当自己承担损失而无权要求保管人承担赔偿责任。同时，存货人应当提供验收资料，如实告知货物的真实情况。如果仓储物是易燃、易爆、有毒、有腐蚀性、有放射性的危险物品，或者是易变质的物品，存货人有义务提供有关资料，说明该物品的性质，以使保管人确定安全合理的保管方式。存货人未履行告知义务的，保管人可以拒收仓储物，也可以采取相应的措施以避免损失的发生，但因此产生的费用由存货人负担。

2. 支付仓储费及其他必要费用

仓储合同是有偿合同，支付仓储费是对保管人的保管行为给予的报酬。按照约定支付仓储费是存货人的主要义务。当事人双方应当在合同中对仓储费的数额、支付期限、支付方式等内容作出明确的约定，以便于及时履行和确定责任。如果存货人不履行支付仓储费的义务，保管人对于仓储物依法享有留置权。如果保管人为保管仓储物还支出了其他必要的费用，如运费、保险费等，存货人也应当予以偿付。

3. 按时提取仓储物

凭仓单提取仓储物是存货人的权利，同时，当仓储期间届满时按照约定及时提取仓储物也是存货人的一项义务。存货人及时提取仓储物，可以使保管人及时摆脱保管义务，同时利用腾出的仓储空间继续履行与他人的仓储合同。存货人或者仓单持有人不按时提取仓储物的情况有逾期提取和提前提取两种情况。根据《合同法》的规定，在逾期提取的情况下，存货人或者仓单持有人应当对于超过仓储期的部分加付仓储费以作为对保管人多付出劳动的报酬。对于存货人或者仓单持有人提前提取仓储物的，《合同法》明确规定，在此种情况下不减收仓储费。

《合同法》第三百九十三条规定：储存期间届满，存货人或者仓单持有人不提取仓储物的，保管人可以设定一个合理的期限，催告存货人或者仓单持有人在此期限内提取，逾期不提取的，保管人可以将仓储物提存。提存之后，仓储物毁损、灭失的风险由存货人或者仓单持有人负担。

与保管人的义务相对应，存货人的合同权利主要有：要求保管人按约定接受仓储物、要求保管人填发仓单、在仓储期间检查货物和提取样本、凭仓单提取仓储物等。

思考题

1. 仓储合同与保管合同有哪些相同之处与不同之处？
2. 什么是仓单？仓单的性质和效力是什么？
3. 仓储合同保管人有哪些义务？

第二十三章

委托合同

本章要点

委托合同是以当事人的劳务为标的的合同的一种。本章主要介绍了委托合同的概念和特征，分析了委托合同与代理的关系，并阐述了当事人的主要权利和义务。学习本章应重点掌握的内容有：委托合同的概念和特征、委托合同与代理关系的联系和区别、当事人的主要合同义务。

第一节　委托合同概述

一、委托合同的概念和特征

根据《合同法》第三百九十六条的规定，委托合同是委托人和受托人约定，由受托人处理委托人事务的合同。委托合同的当事人是委托人和受托人。委托人是将其事务委托给他方处理的一方当事人，受托人是接受委托人的委托，为委托人处理事务的一方当事人。

委托在社会生活中是十分常见的，它对于提高办事效率，使委托人集中精力处理必要事务，或者使委托人难以亲自处理的事务及时得到处理具有实际的意义。建立委托关系时，当事人可以采用订立委托合同的形式，将双方的权利义务在合同中予以明确约定，以使委托关系得到法律的保护。

在委托合同中，无论是自然人还是法人，也无论自然人有无民事行为能力，都可以成为委托人。当然，当作为委托人的自然人无民事行为能力时，委托合同的订立应由其法定代理人代理为之。关于受托人的范围，理论上有不同的看法。有一种观点认为，受托人应以自然人为限；另一种观点认为，法人也可以成为受托人。从《合同法》的规定来看，我国是允许法人作为受托人的[①]。

委托合同的特征主要表现为：

1. 委托合同当事人之间有特别信任关系

委托合同的履行是受托人为委托人经办事务，其后果归属于委托人，因此，委托人必然将事务委托给自己信任的人。委托合同的订立以委托人和受托人之间的相互信任为前提和基础，一旦当事人之间产生了不信任，委托关系将难以巩固，最终将导致合同终止。正因为当事人之间的信任是委托合同的基础，因此，任何一方对他方产生了不信任，都可以随时终止委托关系。关于委托人和受托人的种类，《合同法》并未加以限制，因此，无论是自然人还是法人都可以成为委托合同的主体。委托事项种类繁多，有的可以由自然人完成，有些则只能由法人完成，根据委托事项的具体情况，委托人可以选择其信任的自然人或者法人代自己处理相关事务。

2. 委托合同以受托人处理委托事务为标的

委托合同的受托人为委托人处理事务是委托合同的本质特征。委托合同的标的是受托人的劳务行为，而这种劳务行为的内容是完成委托事务，这些事务本是属于委托人的，但是委托人将其委托给受托人代为办理。受托人的职责就是基于委托人的信任，认真负责地完成委托事项。作为委托合同标的的委托事务，在民法理论上对其种类有不同的观点：一种观点认为委托事务仅限于法律行为，另一种观点认为委托事务不以法律行为为限，法律行为以外的事务也可以适用委托。从《合同法》对此并无限制性规定来看，委托合同中的委托事务既可以是法律行为，也可以是非法律行为，例如房主委托他人处理搬家事宜。无论委托事项的性质如何，委托人都应当按照合同的约定，通过自己的行为完成委托人委托的事项。

3. 委托合同是否有偿由当事人协商确定

委托合同既可以是有偿的，也可以是无偿的。有偿的委托合同，在受托人完成委托事务后，委托人有义务向其支付劳务报酬；无偿的委托合同，委托人无需为受托人完成委托事务而支付报酬。关于委托合同是有偿的还是无偿的，国外有不同的立法，有些国家规定为有偿合同，有些国家则规定为无偿合同。我国《合同法》第四百零五条规定："受托人完成委托事务的，委托人应当向其支付报酬……当事人另有约定的，按照其约定。"从法律的规定看，法律充分尊重当事人的意志，赋予当事人自行确定合同内容的效力。根据该条规定，当事人可以根据自己的意志自行约定受托人处理委托事务是否收取

---

① 王利明等. 合同法. 北京：中国人民大学出版社，2002：498。

报酬，如果约定受托人是无偿地为委托人处理事务，则委托人没有支付报酬的义务，当事人的约定具有法律效力。只有在当事人对委托是否有偿没有约定或者约定不明确的情况下，才从法律上推定其为有偿合同，委托人需要为受托人完成委托事务而支付报酬。

4. 委托合同是诺成合同、不要式合同

委托合同的标的是受托人为委托人完成一定的事项，该事项并不一定涉及物的交付。因此，与保管合同以保管物的交付为合同成立的条件不同，物的交付不能成为委托合同成立的要件。《合同法》也并未将当事人实际履行行为作为委托合同的成立要件，因此，委托合同不属于实践合同，而是属于诺成合同，即自当事人对委托和受托达成一致时合同即成立。

对于委托合同的形式，《合同法》并未予以特别的规定，因此，委托合同是不要式合同，当事人双方可以根据实际情况自行约定采用何种形式。但是一般而言，委托处理的事务属于比较重要的，或者依法应当采用书面形式的，例如不动产的买卖，则该委托合同应当采用书面形式，以便明确双方的权利和义务，有利于委托合同的履行。

二、委托合同与委托代理

委托合同与委托代理既有联系，但又不是完全等同的概念，二者是有密切联系而又有所区别的两种不同制度。

根据我国《民法通则》第六十三条规定，代理是代理人在代理权限内以被代理人的名义实施民事法律行为，被代理人对代理人的代理行为承担法律后果的制度。代理有法定代理、委托代理和指定代理之分，其适用的情况是不一样的。其中委托代理是指基于被代理人的委托授权而产生的代理，此种代理容易与委托合同混淆，应当加以区分。

委托合同与委托代理的相同之处主要表现在：委托合同中的受托人和委托代理中的代理人处理事务都不是为自己进行的，而是为他人所进行的，是为他人提供劳务，其完成的事项归于委托人和被代理人。

委托合同和委托代理的区别主要有以下几方面：

（1）委托合同所涉及的委托事务的范围比代理事务的范围广泛。根据《民法通则》的规定，委托代理所涉及的事务仅限于民事法律行为，是能够产生一定法律后果的事务，而不包括不产生法律上后果的事实行为。委托合同的委托事务则既可以是法律行为，也可以是事实行为，委托人可以根据自己的需要将法律行为或者事实行为委托给受托人去完成。

（2）委托合同与委托代理的效力范围不同。代理关系属于对外关系，代理的实质是代理人以被代理人的名义同第三人进行法律行为，代理人与第三人进行法律行为的结果由被代理人承受，因此，代理的效力范围及于被代理人、代理人和第三人三方当事人。与代理关系的效力体现在对外的关系不同，委托合同关系属于对内关系，是委托人和受托人就委托和受托达成的协议，其合同效力只存在于委托人和受托人之间。即使委托合同中约定了代理关系，委托合同也只是为被代理人向代理人授予代理权提供法律前提，委托合同本身对第三人不产生效力，对第三人产生效力的是代理权的授予行为。

（3）委托合同与委托代理产生的前提不同。委托合同既然作为一种合同关系，与其他合同关系一样，属于双方法律行为。委托合同产生于委托人与受托人双方一致的意思表示，即它是双方协商一致的结果。而代理关系中委托代理的产生基于被代理人的授权，这是单方法律行为，无须双方合意，也就是说，代理人不必为承诺的意思表示①。委托代理行为不能由委托合同当然发生，而必须有委托人的委托授权行为。被代理人应当以授权委托书的方式向代理人授予代理权，代理人在以被代理人名义与第三人进行法律行为时要向第三人出示授权委托书，以作为具有代理权的凭证。

综上所述，委托合同与委托代理是两种不同的制度，委托合同只是产生委托代理的基础关系之一，仅有委托合同而没有委托授权行为，不能产生委托代理关系，因此，不能将两者混为一谈。

三、委托合同的种类

根据委托的不同情况，可以从不同的角度对委托合同进行如下分类：

1. 特别委托和概括委托

《合同法》第三百九十七条规定：“委托人可以特别委托受托人处理一项或者数项事务，也可以概括委托受托人处理一切事务。”特别委托和概括委托是根据委托人授予受托人的权限范围不同而划分的。

特别委托是指委托人通过委托合同将单独一项事务或者几项事务委托受托人代为办理，其委托的事项是特定的、明确的，受托人只对合同中约定的事项有处理的权利，对于未在合同中明确委托的事项是无权处理的。因此，在特别委托的情况下，受托人的权限是特定化的。

概括委托是指委托人通过委托合同将自己的一切事务交给受托人办理，没有特别的范围限制。概括委托中受托人的权限大于特别委托，如果受托人滥用委托，会对委托人产生重大影响，因此，当事人之间的信任关系更为重

① 孙进丰，王燕华．合同法原理与应用．上海：立信会计出版社，2004：404。

要。但是在实践中，所谓的概括委托也并非没有任何限制，很少有人将自己所有各个方面的一切事务都交由一个受托人去处理，往往是在某一方面或者某几方面进行概括委托。对于对委托人有较大影响的事项，受托人在办理时应当取得委托人的特别授权。

2. 直接委托和转委托

直接委托是指由委托人直接选任受托人的委托，即委托人亲自将自己的事务委托给受托人；转委托是指受托人为委托人再选任受托人的委托，即受托人将委托范围内的全部或者部分事务转托第三人代为处理。接受转委托的第三人称为次受托人。转委托必须是为了委托人的利益，受托人在转委托时应当考察次受托人是否符合处理委托事务的要求，只有次受托人具备处理委托事务的能力时，受托人才可以将自己承担的委托事务转托给其办理。

委托人和受托人可以在委托合同中事先约定受托人是否有权转委托。如果没有约定可以转委托的，除了紧急情况下为维护委托人的利益而需要转委托的以外，受托人应当征得委托人的同意。经委托人同意而转委托的，委托人可以就委托事务直接指示次受托人，并承担次受托人处理委托事务的后果。

第二节　委托合同的效力

一、受托人的权利和义务

根据《合同法》的规定，受托人的合同义务主要有以下几方面：

1. 依照委托人的指示，亲自办理委托事务

受托人为委托人办理事务不能超出委托人的委托范围，并且应当严格按照委托人的指示办理委托事务，非有紧急情况不得任意更改委托人的指示。根据《合同法》第三百九十九条的规定，对于因客观情况变化确需变更委托人指示的，受托人应当事先取得委托人的同意；因情况紧急，难以和委托人取得联系的，受托人应当妥善处理委托事务，但事后应当将情况及时报告委托人。

委托合同是建立在委托人和受托人相互信任的基础之上的，并以受托人提供的特定的劳务为标的，因此，亲自处理受托事务是受托人的应尽义务。受托人应当按照委托合同的约定亲自处理委托事务，不得擅自将自己受托的事务任意转托他人办理。在实践中也并非任何情况下都由受托人亲自处理委托事务，在必要时受托人可以进行转委托，将部分或者全部委托事务转交第

三人处理。但是，转委托必须符合法定的情形才能直接对委托人发生效力。法定的情形有两种：其一，经委托人同意；其二，情况紧急。只有经过委托人同意，或者在紧急情况下为维护委托人的利益不得不转托他人时，受托人才可以将受托的事务转托给第三人办理。受托人在不具备转委托的条件时擅自将自己受托的事务转托第三人处理的，受托人应当对擅自转委托的第三人的行为承担民事责任，造成委托人损失的，受托人应当进行赔偿。

2. 按照委托人的要求报告委托事务的处理情况

《合同法》第四百零一条规定："受托人应当按照委托人的要求，报告委托事务的处理情况。委托合同终止时，受托人应当报告委托事务的结果。"由于受托人是为委托人处理事务的，委托事务的处理结果直接对委托人发生法律效力，由委托人承担法律后果，因此，委托人必然十分关心事务的办理情况。本着对委托人负责的原则，受托人应当将委托事务的进展情况报告给委托人，以使其及时了解情况并进而预先进行计划或者作出指示。对于受托人的报告义务是否以委托人的要求为限，学术界尚有争议，但根据《合同法》第四百零一条的规定看，受托人的报告义务是以委托人的要求为限度的，即当委托人对此有要求的，受托人承担及时报告的义务，对于委托人没有要求的，原则上应由受托人根据情况自行决定是否向委托人报告。

无论在委托事务处理过程中是否向委托人报告，在委托事务办理完结后，受托人都应当向委托人报告委托事务的办理结果，并提交必要的证明文件和材料。受托人违反报告义务的，委托人有权拒绝支付报酬。

3. 向委托人转交处理委托事务取得的财产

受托人履行委托合同为委托人处理委托事务，其法律后果由委托人承受。受托人处理委托事务取得的金钱、物品及其孳息等财产是基于委托人所委托的事务产生的，因此，受托人应当将这些财产交付给委托人。关于转交财产的期限，《合同法》没有明确规定。当事人可以在委托合同中约定受托人转交财产的期限，或者委托人随时对此作出指示，受托人应当按照约定或者委托人的指示履行。如果受托人为了自己的利益使用应交付给委托人的金钱或者使用本应为委托人利益而使用的金钱的，受托人应当支付自使用时起的利息。受托人擅自使用应交付给委托人的物品造成损坏的，应当承担赔偿责任。

4. 因过错造成委托人损失时进行赔偿

受托人在办理委托事务时应尽合理的注意义务，如果因受托人的过错给委托人造成损害，受托人应当对委托人的损害承担赔偿责任。

委托合同有的是有偿的，有的是无偿的，这两种不同的委托合同，对受托人的注意义务的要求稍有不同。对于有偿的委托合同，受托人因处理委托事务而获利，因此其勤勉注意义务应当比无偿的委托合同的受托人要严格，而无偿的委托合同的受托人并不从处理委托事务中获利，他的注意义务相对的要轻于有偿的委托合同的受托人。根据《合同法》第四百零六条的规定，有偿委托合同的受托人只要因过错给委托人造成损失的，就应当向委托人负赔偿责任；无偿委托合同的受托人，只有在因故意或者有重大过失而造成委托人损失的情况下才应当负赔偿责任。

二、委托人的义务

根据《合同法》的规定，委托人负有以下主要义务：

1. 向受托人预付或者偿还用于委托事务的费用

支付费用是委托人的主要义务。委托合同中，受托人处理的事务是委托人的事务，受托人只是为委托人提供劳务，因此，受托人处理委托事务所需的费用，如委托受托人购物时的货物款项、委托受托人办理手续时的登记费用、税费等理应由委托人自己承担。委托人向受托人支付办理委托事务的费用的义务，不以委托合同是否有偿而有所区别，无论受托人是有偿服务还是无偿服务，委托人均需履行支付费用的义务。

委托人支付费用的方式有两种：一是预付费用；二是偿还费用及利息。预付费用是委托人在受托人办理委托事务之前向其支付所需的费用。如果委托合同中没有约定由受托人垫付费用，委托人就应当预付处理委托事务的费用。如果经受托人请求，委托人不预付费用的，受托人可以拒绝履行或者迟延履行处理受托事务的义务。预付费用的数额应当根据所处理事务的具体情况确定。受托人将委托事务处理完结预付费用尚有剩余的，受托人应当将剩余款项返还委托人；预付费用尚不足以满足处理委托事务所需的，委托人应当补足。偿还费用是受托人自愿或者依约定垫付了处理委托事务的必要费用后，委托人应当将该费用偿还给受托人，并且应当支付垫付期间的利息。所谓必要费用，是指受托人处理委托事务依其性质及具体情况所应当支出的费用。在确定必要费用的范围时，应考虑委托事务的性质、受托人的注意义务及支出费用时的具体情况，如果受托人垫付的费用明显不当时，不应计入必要费用之列，受托人无权要求委托人偿还。

2. 向受托人支付报酬

向受托人支付报酬是有偿委托合同委托人的义务。委托合同是否有偿可以由当事人自行约定，当事人约定为有偿委托的，委托人有义务为受托人的处理委托事务行为支付报酬。报酬的数额可以由当事人约定，有国家规定的则应当按照国家规定执行。支付报酬的期限也可以由当事人约定，委托人应当按照约定的期限及时地履行支付义务。没有期限约定的，应当在完成或者部分完成委托事务后的合理期限内支付。

在委托关系存续期间，委托人需要承担一定的风险，这种风险主要体现为：对于因不可归责于受托人的事由而致使委托合同解除或者委托事务不能完成的，委托人仍然要向受托人支付相应的报酬。《合同法》第四百零五条规定："受托人完成委托事务的，委托人应当向其支付报酬。因不可归责于受托人的事由，委托合同解除或者委托事务不能完成的，委托人应当向受托人支付相应的报酬。当事人另有约定的，按照其约定。"这里的"相应的报酬"，是指委托人支付的报酬应当与受托人完成的委托事务相适应。当并非是由于受托人的过错，而是由不可归责于受托人的事由造成委托合同解除或者委托事务不能完成时，委托人不得以没有完成委托事务为由拒绝向受托人支付报酬，而是应当就受托人已经处理的部分给付与其已付出的劳动相适应的报酬。如果是因受托人的原因导致终止委托合同或者委托事务不能完成的，受托人则无权要求委托人给付部分完成委托事务的报酬。

3. 赔偿受托人的损失

《合同法》第四百零七条规定："受托人处理委托事务时，因不可归责于自己的事由受到损失的，可以向委托人要求赔偿损失。"依此规定，在受托人因不可归责于自己事由受到损失而向委托人提出赔偿请求时，委托人有向其赔偿的义务。所谓"不可归责于自己的事由"是指受托人在有偿委托中没有过失，在无偿委托合同中没有故意或者重大过失。所谓"损失"，是指受托人处理委托事务过程中所受到的损害，包括财产上的损害和身体上的损害。委托人对于受托人非因自己的原因受到的损失承担赔偿责任，无论委托是有偿的还是无偿的，同样适用。例如因委托人指示不当或者其他过错致使受托人损失，无论受托人是否取得报酬，委托人都应当予以赔偿。但是，如果受托人对于损害的发生也有一定的过错和责任，应相应地减轻委托人的责任。

根据《合同法》第四百零八条的规定，委托人经受托人同意，可以在受托人之外委托第三人处理委托事务，但是因此给受托人造成损失的，委托人应当给予赔偿。由于委托关系是以当事人双方互相信任为基础的，有一定的专属性质，因此，委托人将事务另行委托第三人处理应当经过受托人同意。即使委托第三人经过了受托人的同意，如果受托人因此受到了损失，委托人也需要对受托人的损失承担赔偿责任。

三、委托合同当事人与第三人的关系

委托合同的当事人是委托人和受托人，他们之间的委托关系并不涉及第三人，但是委托合同的履行往往涉及第三人，因此，第三人与委托合同当事人之间的权利义务关系有一定的联系。受托人在办理委托事务过程中，如果是以委托人的名义在委托人的授权范围内与第三人订立合同，该合同的效力直接由委托人承受，合同内容直接约束委托人和第三人，这是代理关系的法律效力所在。但是，如果受托人未以委托人的名义而是以自己的名义与第三人订立合同，那么，该合同的法律效果是否能够直接归属于委托人呢？对此，《合同法》借鉴了英美法中的相关制度作了相应的规定。

1. 受托人公开代理关系订立合同的效力

所谓公开代理关系，是指受托人在委托人授权范围内与第三人订立合同时，虽然是以自己的名义，但是向第三人披露了与委托人之间的代理关系，第三人知道受托人与委托人之间代理关系的存在。《合同法》第四百零二条规定："受托人以自己的名义，在委托人的授权范围内与第三人订立的合同，第三人在订立合同时知道受托人与委托人之间的代理关系的，该合同直接约束委托人和第三人，但有确切证据证明该合同只约束受托人和第三人的除外。"此规定表明，第三人在与受托人订立合同时，已经知道受托人虽然是以自己的名义但却是为了委托人的事务而订立该合同，因此，委托人虽不是直接订立合同的人，却可以对受托人与第三人订立的合同直接享有权利并直接承担义务。但是，如果有确切证据证明该合同只约束受托人和第三人，则该合同对委托人没有约束力。

2. 受托人未公开代理关系订立合同的效力

所谓受托人未公开代理关系，是指受托人以自己的名义与第三人订立合同时，未向第三人披露与委托人之间的代理关系，第三人在与受托人订立合同时并不知道受托人与委托人之间代理关系的存在。在这种情况下受托人与第三人订立的合同对委托人是否产生效力，《合同法》借鉴了英美法中未披露本人的代理制度的有关内容，对委托人的介入权和第三人的选择权作了规定。

委托人的介入，是指受托人在未披露与委托人有代理关系的情况下以自己的名义与第三人订立了合同，但因第三人的原因未向委托人履行义务时，委托人在受托人向其披露了第三人后，直接行使受托人对第三人的权利。《合同法》第四百零三条第1款规定："受托人以自己的名义与第三人订立合同时，第三人不知道受托人与委托人之间的代理关系的，受托人因第三人的原因对委托人不履行义务，受托人应当向委托人披露第三人，委托人因此可以行使受托人对第三人的权利，但第三人与受托人订立合同时如果知道该委托人就不会订立合同的除外。"根据该条规定，委托人的介入权须具备四个条件：一是受托人以自己的名义与第三人订立了合同；二是第三人不知道受托人与委托人之间的代理关系，即受托人未披露委托人的代理，如果第三人知道受托人与委托人之间的代理关系，则不产生委托人的介入权；三是受托人因第三人的原因对委托人没有履行义务；四是受托人应当向委托人披露第三人。具备上述四个条件，委托人就可以行使受托人对第三人的权利。委托人行使受托人对第三人的权利的，第三人可以向委托人主张其对受托人的抗辩①。

第三人的选择权，是指受托人未向第三人公开与委托人的代理关系而与第三人订立合同，当因委托人的原因不能向第三人履行义务时，应当向第三人披露委托人，第三人对于是将受托人作为相对人主张权利，还是将委托人作为相对人主张权利可以自行作出选择。相对人一旦确定便不能变更。如果选择委托人做相对人，第三人在权利不能得到实现时不能再向受托人主张权利，同理，选择了受托人的，当权利不能实现时也不能再向委托人主张权利。因为第三人是基于其与受托人的合同关系和受托人与委托人的合同关系而与委托人发生联系的，因此，《合同法》第四百零三条第3款规定，第三人将委托人选定为相对人而向其主张对受托人的合同权利的，委托人可以向第三人主张其对受托人的抗辩以及受托人对第三人的抗辩。

第三节　委托合同的终止

一、委托合同终止的原因

委托合同的终止是指委托合同权利义务的消灭。委托合同的终止可以分为一般原因的终止和特殊原因的终止两种情况。一般原因是指一般合同所通存的终止原因。合同终止的一般原因，对所有委托合同均适用。例如，受托人已将委托事务处理完毕，委托合同自然终止；委托合同存续期间届满，委托合同即终止。委托合同的特殊终止原因，是指在委托合同存续期间导致委托合同终止的特有原因，这些原因由法律作出规定。根据《合同法》的规定，委托合同的特殊终止原因有下列两种情况：

1. 当事人一方解除合同

《合同法》第四百一十条规定，委托人或者受托人可以随时解除委托合同。这就是说，委托合同的双方当事人都享有任意终止合同的权利。这是因

① 王利明等. 合同法. 北京：中国人民大学出版社，2002：507。

为委托合同是以双方当事人的相互信任为基础的，如果一方对他方失去信任，就失去了委托合同存在的基础。若不给当事人终止委托合同的权利，强行要求委托人继续将自己的事务交给自己不再信任的人去处理，或者要求受托人继续为自己不再信任的人去处理事务，这都是不合理的。因此，应当赋予委托人和受托人同等的解除合同的权利，委托人可以随时撤销委托，受托人也可以随时辞去委托，使双方都能够通过解除委托合同维护自己的利益。

当事人双方均享有任意终止合同的权利，并不因委托合同是有偿的还是无偿的、是有期限的还是无确定期限的而有所区别，无论是何种委托合同，也无论委托事务办理到何种程度，任何一方都有权随时终止合同。当事人行使解除权，是单方法律行为，只要有一方的意思表示即可成立。委托人撤销委托和受托人辞去委托的意思表示必须以明示的方式发出通知，该通知到达对方时生效，且不可以撤销。

2. 当事人一方死亡、丧失民事行为能力或者破产

委托合同的当事人死亡，导致合同主体的缺失。无论是委托人死亡，还是受托人死亡，或者两者都死亡，其结果是使合同一方或者双方主体不存在，当事人之间原有的信任关系将无所依附，即使当事人有继承人，也不能使这种信任关系对继承人继续有效，因此，委托合同当然终止。

委托合同当事人一方丧失行为能力时，也发生委托合同终止的效果。因为在委托人丧失行为能力的情况下，委托人没有能力对受托人作出指示，或者检查督促受托人的办事情况，也没有能力在发现受托人办事不力时而行使解除权，因此委托合同应当终止，委托事务应当由其法定代理人处理，或者由其法定代理人重新委托或另行委托。在受托人丧失行为能力的情况下，受托人根本丧失了处理事务的能力，不可能完成委托事务，因此委托合同自然应当终止。

委托合同当事人一方是企业的，在该企业被宣告破产时，其行为能力受到一定的限制，只能由破产管理人对破产财产进行管理，企业只能进行清算范围内的活动，因此，无论该企业是委托人还是受托人，在其破产的情况下，都发生委托合同终止的后果。

当发生当事人一方死亡、丧失行为能力或者破产的情况时委托合同终止，这是一般原则，在特殊情况下，委托合同也可以不终止。《合同法》第四百一十一条规定："委托人或者受托人死亡、丧失民事行为能力或者破产的，委托合同终止，但当事人另有约定或者根据委托事务的性质不宜终止的除外。"根据该条规定，当事人一方死亡、丧失行为能力或者破产而委托合同不终止的特殊情况有两种：一是当事人另有约定。当事人可以约定即使发生当事人一

方死亡、丧失行为能力或者破产的情况，委托合同仍继续有效，此种约定将使委托合同在发生上述情况时不终止其效力。二是根据委托事务的性质不宜终止。根据委托事务的具体情况考虑，当事人一方死亡、丧失行为能力或者破产时也不宜终止委托合同的，发生上述情况不导致委托合同终止。

二、委托合同终止的法律后果

在因当事人任何一方行使解除合同的权利而致委托合同终止时，双方的合同权利义务消灭，但是，因解除合同而给对方造成损失的，除了不可归责于自己的事由以外，解除合同的一方应当赔偿对方的损失。

因委托人死亡、丧失行为能力或者破产，致使委托合同终止将损害委托人利益的，在委托人的继承人、法定代理人或者清算组织承受委托事务之前，受托人应当继续处理委托事务。例如，受托人在处理受托保管财产期间，委托人死亡，如此时终止合同，使受托人的义务消灭，将会使财产处于无人照管的境地，给委托人带来损害。此时，为保障委托人的利益，受托人应当依法继续履行保管职责，直至委托人的继承人或者法定代理人承受了该项事务后，受托人方可终止履行原委托合同。在委托人死亡、丧失行为能力或者破产时，受托人在委托人的继承人、法定代理人或者清算组织承受委托事务之前未继续处理委托事务而致使委托人利益受损的，受托人应当承担赔偿责任。

在因受托人死亡、丧失行为能力或者破产致使委托合同终止的情况下，为了使委托人能够及时了解情况，及时对委托事务作出处理，法律规定受托人的继承人、法定代理人或者清算组织有义务将受托人死亡、丧失行为能力或者破产的情况及时通知委托人。此外，因委托合同终止将损害委托人利益的，在委托人作出善后处理之前，受托人的继承人、法定代理人或者清算组织应当采取必要的措施。受托人的继承人、法定代理人或者清算组织未尽到及时通知的义务，或者在委托人作出善后处理之前未采取必要措施，致使委托人受到损失的，受托人的继承人、法定代理人或者清算组织应当负赔偿责任。

思　考　题

1. 什么是委托合同？委托合同有哪些特征？
2. 转委托在何种情况下对委托人发生效力？
3. 委托合同与委托代理有哪些异同？
4. 如何把握委托人与第三人的关系？

第二十四章

行纪合同

本章要点

行纪合同以行纪行为为标的，属于提供劳务的合同。本章介绍了行纪合同的概念及特征，并对行纪合同与其他相似概念做了一定的分析，同时阐述了行纪合同对当事人的效力。学习本章应重点掌握的内容有：行纪合同的概念及特点、行纪合同与委托合同的联系和区别、行纪人和委托人的主要义务。

第一节 行纪合同概述

一、行纪合同的概念和特征

所谓行纪，是指以自己的名义，为他人利益从事交易活动而得到报酬的营业。根据《合同法》第四百一十四条的规定，行纪合同是行纪人以自己的名义为委托人从事贸易活动，委托人支付报酬的合同。在行纪合同中，以自己的名义为对方从事贸易活动的一方是行纪人；委托行纪人为其从事贸易活动的一方是委托人。

我国目前比较常见的行纪行为有以下几种：

（1）代销、代购或者寄售合同行为，特别是代销比较常见；

（2）证券经纪行为；

（3）期货经纪行为；

（4）委托拍卖行为①。

行纪合同具有以下特征：

1. 行纪合同的标的是行纪人为委托人从事贸易活动

行纪合同是由行纪人为委托人服务的，属于提供劳务的合同。在行纪合

① 隋彭生．合同法要义：第二版．北京．中国政法大学出版社，2005：579。

同中，对行纪人有特殊的要求，即必须经核准登记，取得经营行纪业务的资格方可从事行纪业务。行纪合同的标的是行纪人为委托人处理其委托的事务，即行纪人为委托人提供劳务，从这点上，行纪合同与委托合同是相同的。但是并非所有的事务都可以成为行纪合同的标的，行纪合同中行纪人所提供的并非一般的劳务，而是与第三人实施一定的法律行为。具体说，行纪人为委托人从事的劳务是法律行为性质的贸易活动，这里的贸易活动应以动产、有价证券的买卖以及其他商业上具有交易性质的行为为限，如代购、代销、寄售等。不具备商业上交易性质的，尤其是具有人身属性的行为不能适用行纪行为。

行纪人与第三人进行贸易活动，虽与第三人直接发生法律关系，但行纪人从事上述贸易活动，是受委托人的委托，为委托人的利益进行的。因此，行纪人与第三人实施贸易活动的后果归属于委托人。

2. 行纪人为委托人从事贸易活动是以自己的名义和费用进行的

行纪人在接受委托人的委托后，其履行行纪合同的行为就表现为为委托人进行代购、代销等贸易活动，这必然发生行纪人与第三人的买卖法律关系。虽然行纪人是为委托人的利益与第三人进行法律行为的，但是行纪人并不是以委托人的代理人的身份与第三人订立合同，进行贸易活动，而是以其自己的名义进行的。在行纪人与第三人发生法律关系时，其权利义务的主体是行纪人自己，而不是委托人，委托人与第三人之间不存在直接的权利义务关系，委托人也不直接就行纪人对第三人的行为承担责任。

行纪人从事行纪行为，为委托人处理委托事务是行纪人的营业活动，作为经营者必然需要支出必要的成本。因此，行纪人不仅以自己的名义处理委托事务，与第三人发生贸易往来，而且还要自己负担处理委托事务的费用。《合同法》第四百一十五条规定："行纪人处理委托事务支出的费用，由行纪人负担，但当事人另有约定的除外。"由此可见，处理委托事务费用的负担是以行纪人负担为原则，除非当事人另行约定由委托人负担，则按约定履行。

3. 行纪合同为双务有偿合同、诺成合同和不要式合同

在行纪合同中，行纪人与委托人之间存在着互相对应的义务。行纪人负有为委托人办理买卖或者其他商事交易的义务，而委托人有为此支付报酬的义务，因此，行纪合同是双务合同。同时，行纪人是经核准从事行纪营业的，其行纪营业以营利为目的，要为其行纪活动向委托人收取相应的报酬，而委托人有义务向行纪人支付报酬，因此，行纪合同是有偿合同。

行纪合同的成立只需双方意思表示一致，不以标的物的实际交付为成立条件。行纪人为委托人买入或者卖出货品是行纪合同的履行而非行纪合同成

立的要件，因此，行纪合同属于诺成合同。对于行纪合同的形式，法律也没有特定的要求，当事人可以采取口头、书面或者其他方式订立合同，因此，行纪合同属于不要式合同。

二、行纪合同与相类似概念

1. 行纪合同与委托合同

行纪合同与委托合同都属于提供服务类型的合同，两者存在着相似之处。行纪合同与委托合同的相似之处主要在于：二者都存在着委托关系，委托人的相对人都须为委托人处理委托事务，为此都需要以当事人之间的相互信任为基础。但是二者还是有一定的区别，因此《合同法》将二者分别予以规定。行纪合同与委托合同的区别主要有以下几方面：

（1）合同主体资格要求不同。行纪合同中，行纪人必须是经批准或者许可从事行纪业务的人，未取得行纪资格的组织或者个人不得从事行纪业务。委托合同的当事人在法律上并无特定的要求，任何具有民事行为能力的自然人、法人都可以成为委托合同的当事人。

（2）委托事务的范围不同。行纪合同中的委托事务具有特定性，仅限于购销、寄售等法律行为性质的贸易活动。委托合同中的委托事务的范围要大于行纪合同的事务，不仅包括法律行为，也包括事实行为，委托人可以将任何事务委托受托人去处理。

（3）与第三人的关系不同。行纪人为完成委托事务而与第三人进行贸易活动时是以自己的名义而非以委托人的名义，因此，行纪人与第三人所为的法律行为由行纪人直接享有权利，承担义务，并不直接对委托人发生效力。在委托合同中，受托人一般是以委托人的名义与第三人发生法律关系的，因此委托人对合同直接享有权利，承担义务，而对受托人则没有直接效力①。

（4）合同是否有偿不同。行纪合同是有偿合同，行纪人从事行纪业务要向委托人收取报酬；而委托合同既可以是有偿的，也可以是无偿的，是否有偿由当事人自行约定。

2. 行纪合同与代理行为

代理是指代理人在代理权限内，以被代理人的名义实施民事法律行为，被代理人对代理人的代理行为承担法律后果的制度。行纪合同与代理行为有相似之处：二者都是为他人利益发生与第三人的法律行为，都体现三方当事人之间的关系。但是，在行纪中，行纪人以自己的名义从事贸易活动，行纪

---

① 王利明等. 合同法. 北京：中国人民大学出版社，2002：516。

人是与第三人合同关系的当事人，该合同不直接对委托人发生效力；而在代理关系中，代理人是以被代理人的名义与第三人进行法律行为，其行为的后果直接由被代理人承担。

第二节　行纪合同的效力

一、行纪人的义务

根据《合同法》的规定，行纪人负有以下主要义务：

（一）依委托人的指示处理委托事务

在行纪关系中，行纪人以自己的名义与第三人进行交易活动。但是，行纪人与第三人订立合同是为委托人的利益而为的，因此，行纪人应当为委托人的利益着想，按照委托人的指示积极地履行行纪合同，在处理委托事务的相关事宜时应当选择对委托人最为有利的条件。如果委托人为行纪人所为的买卖指定了一定价额的，行纪人应当遵照执行，不得违背委托人的指示买入或者卖出。《合同法》在作出上述原则性规定外，又对行纪人向第三人买入或者卖出商品时的价格与委托人指定的价格不符时的处理原则作了特殊规定：

1. 行纪人以较不利的价格进行买卖的处理

行纪人以不利的价格进行买卖，是指行纪人以低于委托人指定的价格卖出或者以高于委托人指定的价格买入的情况。因为此种情况在经济上显然不利于委托人，故此种买卖原则上对委托人不发生效力。《合同法》第四百一十八条第1款规定："行纪人低于委托人指定的价格卖出或者高于委托人指定的价格买入的，应当经委托人同意，未经委托人同意，行纪人补偿其差额的，该买卖对委托人发生效力。"根据该条规定，行纪人以不利于委托人的价格进行买卖时，必须满足以下条件之一，该买卖才能对委托人发生效力：其一是经过委托人的同意，此时等于委托人重新作出了指示；其二是未经委托人同意，但行纪人以自己的利益进行了适当的补救，即行纪人自己对指定价格和实际价格之间的差额向委托人进行了补偿，从而使委托人的利益未受损失。不具备上述条件之一，行纪人的买卖行为对委托人无效，应当由行纪人自己承担后果。

2. 行纪人以较有利的价格进行买卖的处理

行纪人以较有利的价格进行买卖，是指行纪人以高于委托人指定的价格卖出或者以低于委托人指定的价格买入的情况。因为此种情况在经济上有利于委托人，故此种买卖无需经委托人同意，自然对委托人发生效力，即多得的利益归属于委托人。为了表彰行纪人忠实履行义务的行为，当事人可以在合同中约定，在此种情形下行纪人可以加收报酬，并按约定履行。双方对增加报酬没有约定或者约定不明确，或者也无法按照交易习惯对该内容确定时，应当解释为双方没有关于增加报酬的约定，委托人可以无偿地获得多得的利益。

《合同法》第四百一十八条第3款规定："委托人对价格有特别指示的，行纪人不得违背该指示卖出或者买入。"因此，上述两项特殊规定只是适用于委托人对买卖价格的一般指定，如果委托人对价格有特别指示，不允许行纪人变更时，应当排除上述两种情况的适用。

（二）直接履行与第三人订立的合同

《合同法》第四百二十一条规定："行纪人与第三人订立合同的，行纪人对该合同直接享有权利、承担义务。第三人不履行义务致使委托人受到损害的，行纪人应当承担损害赔偿责任，但行纪人与委托人另有约定的除外。"由于行纪人是以自己的名义为委托人的利益而与第三人订立合同进行交易的，因此，该合同并不直接对委托人发生效力，而是行纪人自己作为该法律关系的主体，直接享有对第三人的合同权利，承担对第三人的合同义务。也就是说，行纪人要自己直接履行与第三人的合同，对合同承担责任。同时，行纪人与第三人进行交易行为是为委托人的利益，是履行行纪合同的表现。为了切实保护委托人的利益，行纪人要就第三人的履行向委托人负责，即当第三人不履行义务致使委托人受到损失时，行纪人应当对委托人承担损害赔偿责任。但是如果委托人与行纪人对此有特别约定的，则依约定履行。

（三）妥善保管委托物

行纪人的行纪行为表现为以自己的名义为委托人从事贸易活动，主要包括代购、代销和寄售等，行纪人代购、代销和寄售的物品即为委托物。行纪人对于委托人委托其买入之物转移至委托人之前，或者委托人委托其卖出之物卖出之前，对委托物享有占有的权利。但是，委托物的所有权是属于委托人的，因此，行纪人为保证委托人的利益，应当对委托物尽到妥善保管的义务，行纪人对委托物的保管应当适用有关保管合同的规定。行纪人在占有委托物期间，未经委托人同意，不应擅自使用或者允许他人使用委托物，如果委托物发生毁损、灭失或者被第三人侵害，行纪人除了证明其损害是因不可抗力或者非因自己的过错造成的以外，均应负赔偿责任。

（四）负担行纪费用

《合同法》第四百一十五条规定："行纪人处理委托事务支出的费用，由行纪人负担，但当事人另有约定的除外。”据此规定，当事人可以对处理委托事务的费用负担作出约定，按照约定承担费用的一方应支付费用。如果当事人没有对处理委托事务的费用负担作特别约定，法律上规定由行纪人自行负担费用，行纪人不得要求委托人负担。因此，行纪人用自己的费用为委托人处理委托事务是行纪人的义务。

以上是专为行纪人规定的义务。《合同法》第四百二十三条规定：“本章没有规定的，适用委托合同的有关规定。”根据行纪合同与委托合同的相似之处，行纪人还负有除上述义务之外的，与委托合同中受托人相同的一些义务，例如报告、通知、及时移交委托事务的所得等义务。

二、行纪人的权利

根据《合同法》的规定，行纪人在承担上述主要义务外，也享有相应的权利，主要包括以下几方面：

1. 报酬请求权

行纪合同为有偿合同，行纪人为委托人完成委托事务，委托人应当向行纪人支付报酬。为此，行纪人即享有要求委托人支付报酬的权利。行纪人在处理委托事务时为委托人增加了利益，如以高于委托人指定的价格卖出或者以低于委托人指定的价格买入，则行纪人有权依照约定要求委托人增加报酬。

2. 合理处分委托物

《合同法》第四百一十七条规定：“委托物交付给行纪人时有瑕疵或者容易腐烂、变质的，经委托人同意，行纪人可以处分该物；和委托人不能及时取得联系的，行纪人可以合理处分。”这里规定了行纪人合理处分委托物的权利。行纪人依与第三人的合同取得的委托物有瑕疵或者容易腐烂、变质的，为了更有利于委托人，行纪人可以经委托人同意后对委托物给以处分。如果因客观情况限制，行纪人不能与委托人及时取得联系，若不对委托物及时处分可能使委托人的利益遭受损失时，则行纪人有权不经委托人同意，选择合理的方式对委托物进行处理。

3. 介入权

行纪人的介入权，是指行纪人在接受委托卖出或者买入具有市场定价的商品时，有权自己充当买受人或者出卖人。介入权的行使结果，是行纪人与委托人直接成立买卖关系。

《合同法》第四百一十九条第1款规定：“行纪人卖出或者买入具有市场定价的商品，除委托人有相反的意思表示的以外，行纪人自己可以作为买受人或者出卖人。”根据此规定，行纪人行使介入权应符合下列条件：

第一，行纪人卖出或者买入的商品采用市场定价，即交易的标的物在市场上有公示的统一的交易价格。交易标的物有市场定价，则行纪人不能任意左右其价格，这时行纪人介入才能免除其从中获取不正当利益的危险。

第二，委托人没有禁止行纪人介入的意思表示。委托人禁止行纪人介入的意思表示，既可以在订立合同时为之，也可以在订立合同后为之。如果行纪人发出介入的通知后，委托人无反对表示，行纪人即可行使介入权。

第三，行纪人尚未对第三人买入或者卖出。如果行纪人已对第三人买入或者卖出，则意味着交易的相对人已经确定，此时行纪人便没有介入的可能了。

行纪人符合法定条件的介入，在行纪人与委托人之间成立了买卖合同关系，法律关于买卖合同的规定，如瑕疵担保责任等均可以适用。同时，行纪人的介入行为，仍然属于履行行纪合同的一种方式，因此，行纪人仍然可以请求委托人支付报酬，委托人支付报酬的义务并不因行纪人的介入而免除。

4. 提存权和留置权

行纪人的提存权，是指在行纪人按照约定买入委托物，而委托人经催告后无正当理由拒绝受领时，以及委托物不能卖出或者委托人撤回出卖后，委托人不取回或者不处分该物时，行纪人有权将委托物提交给提存机关以消灭债务。行纪人行使提存权应符合一定的条件：

第一，必须是行纪人已按合同约定买入了委托物，或者存在委托物不能出卖或委托人撤回出卖的情形，即委托人应当受领委托物，或者取回、处分委托物；

第二，行纪人已催告委托人受领或者取回、处分委托物；

第三，委托人拒绝受领委托物，或者不取回、不处分委托物无正当理由。

法律赋予行纪人提存权，可以使行纪人在委托人无正当理由不受领、不取回、不处分委托物时，以提存的方式了结行纪合同关系，保护自己的合法利益。如果委托物不适宜提存或提存费用较高时，行纪人可以依法拍卖或者变卖委托物，提存所得的价款。

行纪人的留置权，是指行纪人全部完成或者部分完成委托事务，委托人应支付报酬却逾期不支付时，行纪人可以留置委托物，并依法以委托物折价，或者从拍卖、变卖该财产所得的价款中优先受偿的权利。赋予行纪人留置委托物的权利，可以保障行纪人报酬请求权的实现。行纪人行使留置权后，价金有剩余的，剩余部分仍归委托人所有。

三、委托人的义务

根据《合同法》对行纪合同的规定，委托人在行纪合同中负有以下主要义务：

1. 向行纪人支付报酬

行纪是一种以营利为目的的营业活动，行纪人为委托人从事行纪业务要收取相应的报酬。与行纪人的报酬请求权相对应，委托人依据行纪合同约定或者法律规定向行纪人支付报酬是其最主要的义务。

报酬额的确定，可以由当事人在合同中约定，无约定时，可以依国家或者行业的法定收费标准，或以商业习惯确定。关于报酬的给付期限，当事人有约定的按照约定履行，如果没有约定的，应以商业惯例确定支付期限。如果无商业惯例可遵循，委托人应在行纪人完成委托事务之后给付报酬。

委托人的支付报酬义务通常以行纪人完成委托事务为条件，支付报酬的范围，应视行纪人履行行纪合同的情况而定。行纪人完成全部委托事务的，委托人应支付全部报酬；行纪人完成部分委托事务的，委托人应支付与完成部分相适应的报酬。行纪人已就受托的事务与第三人实施法律行为，但因委托人的原因不能履行的，委托人应支付全部报酬。

2. 及时接受行纪人交付的行纪行为的后果

在行纪合同中，行纪人是为委托人的利益与第三人交易的，其交易的成果最终要交付给委托人，行纪人为此取得报酬。当行纪人完成行纪事务向委托人发出通知后，委托人有义务按照约定受领行纪事务的结果，即行纪人为之购进的商品或有价证券、收到的货币等，以使行纪人及时地了结自己的合同债务。委托人逾期提取委托物，应当向行纪人增付保管费用，并对逾期受领期间委托物意外毁损灭失的风险承担责任。

3. 容忍行纪人合理处分委托物

《合同法》第四百一十七条的规定："委托物交付给行纪人时有瑕疵或者容易腐烂、变质的，经委托人同意，行纪人可以处分该物；和委托人不能及时取得联系的，行纪人可以合理处分。"行纪人在履行行纪合同期间可以占有委托物，但委托物的所有权仍属委托人，因此，除委托人授权以外，行纪人并不享有对委托物的处分权。但是，在法律规定的特定情形发生时，为了维护委托人的利益，即使未取得委托人的同意，行纪人也可以尽量选择最有利于委托人的"合理方式"自行处分委托物。对此，委托人应当接受行纪人的行为后果。

4. 按约定负担费用

关于行纪人处理委托事务的费用，根据《合同法》的规定，如当事人没有特别约定的，由行纪人负担。如果委托人和行纪人约定，由委托人负担行纪人处理委托事务的费用以及其他有关费用，则委托人应当按照约定及时地支付相应的费用。要求委托人预付的，委托人应当及时支付，以保证行纪人进行行纪活动；行纪人先行垫付的，委托人应当在行纪人完成委托事务后及时偿还。

思 考 题

1. 什么是行纪合同？行纪合同有哪些特点？
2. 行纪合同与委托合同有哪些异同？
3. 如何确定行纪人未按委托人指定价格与第三人进行买卖的效力？

第二十五章

居间合同

本章要点

居间合同属于提供劳务的合同，与委托合同、行纪合同既有联系又有区别。本章主要介绍了居间合同的概念及特点，分析了居间合同与相似合同的联系和区别，并阐述了当事人的权利和义务。学习本章应重点掌握的有：居间合同的概念和特征；居间合同与委托合同、行纪合同的区别；居间人与委托人的主要义务。

第一节 居间合同概述

一、居间合同的概念和特征

根据《合同法》第四百二十四条的规定，居间合同是居间人向委托人报告订立合同的机会或者提供订立合同的媒介服务，委托人支付报酬的合同。在居间合同中，提供交易媒介的一方是居间人；接受居间服务，支付报酬的一方是委托人。居间合同也称中介合同，实际是居间人作为中介，介绍委托人与第三人订立合同或为委托人报告订立合同的机会，委托人为此支付报酬。

居间是随着商业经济的发展而出现的一种商业现象，有着较长的发展历史，它对于促成市场交易，繁荣市场有积极的意义。《合同法》为适应市场经济的需要将居间合同作了规定，对于规范居间行为有重要意义。

居间合同具有如下法律特征：

1. 居间合同以促成委托人与第三人订立合同为目的

居间合同的标的是居间人所提供的居间劳务，即居间人向委托人报告订约机会或者提供订约的媒介服务，最终目的是为了促成委托人与第三人订立合同。居间人的居间行为，与委托合同、行纪合同的标的一样，也是属于一种劳务，因此，居间合同同样属于提供劳务的合同。居间人在商业交易中是中介人，往往熟悉某项业务，了解一定行情，由居间人作为中介，可以沟通供需双方的联系，为双方交易牵线搭桥，供需双方都可以通过居间人提供的服务实现自己的目的。

居间合同以居间人的居间劳务为标的。居间人的居间活动主要包括两种：一种叫做“报告居间”，另一种称为“媒介居间”。“报告居间”是指居间人受委托人的委托，为委托人寻觅可以与委托人订约的相对人，向委托人报告，从而为委托人提供订立合同的机会。“媒介居间”是指在委托人与第三人之间斡旋，介绍、撮合双方订立合同。在实践中，两者的区分不是绝对的，在一个具体的居间活动中有时会两者兼有。

关于居间人的居间活动的范围，法律并没有加以限制。因此，只要是法律没有禁止的合同关系，居间人都可以进行居间活动。在国外法律规定中，有一种婚姻居间，如《德国民法典》第六百五十六条就规定了婚姻居间。在我国现实生活中，普遍存在着婚姻媒介，与居间的性质无异，但这种婚姻居间并不属于合同法所调整的居间合同的范围。因为，在我国婚姻关系并不属于合同关系。同时，我国《合同法》也不调整有关婚姻关系的协议。

2. 居间人应当按委托人的指示和要求进行居间活动

居间人的居间活动是向委托人报告订约机会和提供订约媒介服务，其本身并不以自己的名义与第三人订立合同，也不作为代理人以委托人的名义与第三人订立合同。因此，居间人应当按照委托人的指示和要求从事居间活动。委托人可能是供方，也可能是需方，需要了解相应的信息以达成交易。居间人的居间服务应当是根据委托人的需要，有针对性地为委托人提供其所需要的信息和渠道，促成其与第三人的交易，这样居间人才能取得相应的报酬。

3. 居间合同是有偿合同

在居间合同中，居间人为委托人提供居间服务，以收取从事居间活动的报酬为其营业目的。委托人经过居间人的居间劳务，达到了与第三人订立合同，完成交易的目的，委托人即应当为此向居间人支付约定的报酬。因此，居间合同为有偿合同。在居间合同中，根据《合同法》第四百二十六、四百二十七条的规定，居间人促成合同成立的，委托人应当支付报酬，而居间人未促成合同成立的，委托人则不需支付报酬。关于委托人在居间人未促成合同成立时不需支付报酬的规定并不能否定居间合同的有偿性，而只是表明居间人收取报酬的权利是在其成功地促成委托人与第三人的合同成立后才取得的。

4. 居间合同是诺成合同、不要式合同

居间合同只需双方当事人意思表示一致，即双方就居间人提供何种居间服务，委托人需支付多少报酬达成一致意见即可成立，无须以居间人现实地提供居间服务为成立要件。居间人现实地从事居间服务，报告订约机会或者提供订约媒介服务是实际履行居间合同的表现，当事人的权利义务是在达成居间协议时确定的。因此，居间合同是诺成合同。同时，法律对居间合同的形式没有作出特别的规定，当事人可以自行选择采用书面形式或者口头形式订立合同，因此，居间合同是不要式合同。

二、居间合同与委托合同、行纪合同的异同

居间合同与委托合同、行纪合同有相同之处，表现在：它们都是一方受另一方委托，为他方办理一定事务的合同，即属于以提供劳务为标的，而不是以物的交付为标的的合同。居间合同与委托合同、行纪合同虽然有共同之处，但其各自的特征决定了它们分属于不同的合同。居间合同与委托合同、行纪合同的区别主要表现在：

（1）居间合同的居间人，限于报告订约机会或者媒介订约，其服务的范围有限制，只是介绍或协助委托人与第三人订立合同，居间人本人并不参与委托人与第三人之间的合同[①]；委托合同中的受托人处理委托事务时，以委托人的名义或者以自己的名义代委托人与第三人订立合同，依委托人的指示参与并可决定委托人与第三人之间的关系内容；行纪合同中的行纪人虽然是为委托人处理委托事务，但却是以自己的名义与第三人发生法律关系，成为与第三人发生合同关系的一方当事人。

（2）居间人为委托人提供与第三人订立合同的机会和服务，促成委托人与第三人的法律关系，但居间人的行为本身并不具有法律意义；委托合同中，受托人为委托人处理的事务一般为法律事务，但不限于法律事务，受托人处理法律事务的后果直接对委托人产生法律上的约束力；行纪合同的行纪人受托处理的只能是法律事务，主要是代购、代销、寄售等特定的法律行为。

（3）居间合同中，居间人完成居间行为的后果就是促成委托人直接与第三人订立合同，此种后果不存在移交的问题，因此，居间人不存在移交处理事务后果的义务；委托合同和行纪合同中，受托人和行纪人是以自己的行为为委托人处理委托事务，因此都负有将处理委托事务的后果移交给委托人的义务。

（4）居间合同为有偿合同，但是居间人只在其居间服务取得了实际效果时方可行使报酬请求权，居间人未能促成委托人订立合同的，委托人可以不付报酬，而且，居间人在订立合同的媒介服务中可以从委托人和第三人两方取得报酬；而委托合同可以是无偿的，是否有偿由当事人约定；行纪合同虽

① 刘娜娜，耿淑芬．合同法实务与案例分析．北京：中国工商出版社，2002：835。

然是有偿合同，但行纪人为委托人利益以自己的名义与第三人订立合同，只能要求委托人一方给付报酬，无权要求第三人给付。

第二节　居间合同的效力

一、居间人的义务

根据《合同法》的规定，居间人的合同义务主要有以下几方面：

1. 如实向委托人报告有关订立合同的事项

《合同法》第四百二十五条规定："居间人应当就有关订立合同的事项向委托人如实报告。居间人故意隐瞒与订立合同有关的重要事实或者提供虚假情况，损害委托人利益的，不得要求支付报酬并应当承担损害赔偿责任。"

居间人居间活动的内容就是向委托人报告订约机会和提供订立合同的媒介服务，并以此收取报酬。为了成功地促成委托人与第三人订立合同，居间人首先要多方收集信息，了解相关的行情等。居间人有义务将自己所知的有关订立合同的信息报告给委托人，以使委托人作出判断和选择。居间人向委托人报告有关事项时必须要实事求是，将相对人的信用、货物的来源、质量、数量、销售情况等如实地告知委托人，不得弄虚作假，夸大事实。但是需注意的是，居间人只需就自己所知道的情况如实报告，其本身并无尽力调查义务，对于第三人的信用并无保证义务。因此，若委托人与第三人订立合同后因第三人无力履约而受有损失的，居间人不承担责任。

根据法律的规定，如果居间人故意隐瞒与订立合同有关的重要事实或者提供虚假情况，损害委托人利益的，不但丧失报酬请求权，而且须对委托人的损失承担赔偿责任。这里居间人故意予以隐瞒的是不利于委托人的重要事项，即如果委托人知道真相后就不会同意订立合同的情况。这种故意隐瞒重要的真实情况，提供虚假情况的后果，往往会对委托人造成损害。如果委托人的利益受到损害与居间人的故意隐瞒重要事实或者提供虚假事实有直接的因果关系的，就应当由居间人对委托人的损失承担赔偿责任。

2. 依诚实信用原则应承担的其他义务

《合同法》对居间人的其他义务没有具体的规定，但是依诚实信用原则，居间人应当本着对委托人负责的精神，处处为委托人的利益着想，积极履行自己的职责。实践中居间人通常应承担的其他义务包括：尽力进行居间服务的义务；对居间活动中知晓的委托人的商业秘密或者其他信息依约定或法律规定有保密的义务等。

二、委托人的义务

根据《合同法》规定，委托人负有以下主要义务：

（一）按约定向居间人支付报酬

居间合同为有偿合同，居间人提供居间服务以取得报酬为目的。与居间人的报酬请求权对应，委托人在因居间人的居间服务而得到利益后支付报酬是其主要的义务。委托人支付报酬的义务涉及以下几个问题：

（1）委托人给付报酬义务的履行，以居间人促成合同成立为条件。《合同法》规定，居间人未促成合同成立的，不得要求支付报酬。因此，委托人的支付报酬义务是在居间人促成委托人与第三人订立合同之后才实际发生的。当然，如果当事人双方约定，在未促成合同成立的条件下居间人仍可依其劳务的付出而获得一定的报酬，则从其约定。

（2）报酬的数额，应当依居间合同中当事人的约定确定。报酬的内容是居间合同的主要条款，当事人应当对此给以明确的约定。但是若合同中未予约定或者约定不明确的，并不影响居间合同的成立，当事人可以另行协议补充。根据《合同法》的规定，当事人不能达成补充协议的，按照交易习惯确定；根据交易习惯仍不能确定的，则根据居间人所付出的劳务合理确定。

（3）如果居间人提供的是报告居间服务，居间人的报酬由委托人支付；如果居间人提供的是媒介居间服务，所促成之合同的相对人也因居间人的服务而受益，那么，除了委托人当然地承担报酬支付义务以外，相对人应当与委托人平均负担居间人的报酬。

（二）偿付必要的费用

居间人从事居间服务可能会有费用的支出，如果居间人促成合同成立的，由于其可以通过收取报酬获得补偿，因此应由居间人自己负担从事居间活动而支出的费用，居间费用实际上是其为获得报酬而支出的成本。

对于居间人未促成合同成立时居间费用的承担问题，《合同法》规定：居间人促成合同成立的，居间活动的费用由居间人负担；居间人未促成合同成立的，虽不能要求委托人支付报酬，但可以要求委托人支付从事居间活动支出的必要费用。所谓必要费用，应当是居间人为进行居间活动而必需并且合理地支出的费用，超出这一限度的费用，居间人应自行负担，无权要求委托人支付。为此，居间人在要求委托人负担费用时有义务提供必要的凭证，否则委托人可以拒绝承担费用。

思考题

1. 什么是居间合同？居间合同有哪些特点？
2. 居间合同与委托合同、行纪合同有哪些异同？
3. 委托人支付报酬的条件是什么？

【附　录】

中华人民共和国合同法

（第九届全国人民代表大会第二次会议于 1999 年 3 月 15 日通过）

目　录

总　则

第一章　一　般　规　定

第一条　为了保护合同当事人的合法权益，维护社会经济秩序，促进社会主义现代化建设，制定本法。

第二条　本法所称合同是平等主体的自然人、法人、其他组织之间设立、变更、终止民事权利义务关系的协议。

婚姻、收养、监护等有关身份关系的协议，适用其他法律的规定。

第三条　合同当事人的法律地位平等，一方不得将自己的意志强加给另一方。

第四条　当事人依法享有自愿订立合同的权利，任何单位和个人不得非法干预。

第五条　当事人应当遵循公平原则确定各方的权利和义务。

第六条　当事人行使权利、履行义务应当遵循诚实信用原则。

第七条　当事人订立、履行合同，应当遵守法律、行政法规，尊重社会公德，不得扰乱社会经济秩序，损害社会公共利益。

第八条 依法成立的合同，对当事人具有法律约束力。当事人应当按照约定履行自己的义务，不得擅自变更或者解除合同。

依法成立的合同，受法律保护。

第二章 合同的订立

第九条 当事人订立合同，应当具有相应的民事权利能力和民事行为能力。

当事人依法可以委托代理人订立合同。

第十条 当事人订立合同，有书面形式、口头形式和其他形式。

法律、行政法规规定采用书面形式的，应当采用书面形式。当事人约定采用书面形式的，应当采用书面形式。

第十一条 书面形式是指合同书、信件和数据电文（包括电报、电传、传真、电子数据交换和电子邮件）等可以有形地表现所载内容的形式。

第十二条 合同的内容由当事人约定，一般包括以下条款：

（一）当事人的名称或者姓名和住所；

（二）标的；

（三）数量；

（四）质量；

（五）价款或者报酬；

（六）履行期限、地点和方式；

（七）违约责任；

（八）解决争议的方法。

当事人可以参照各类合同的示范文本订立合同。

第十三条 当事人订立合同，采取要约、承诺方式。

第十四条 要约是希望和他人订立合同的意思表示，该意思表示应当符合下列规定：

（一）内容具体确定；

（二）表明经受要约人承诺，要约人即受该意思表示约束。

第十五条 要约邀请是希望他人向自己发出要约的意思表示。寄送的价目表、拍卖公告、招标公告、招股说明书、商业广告等为要约邀请。

商业广告的内容符合要约规定的，视为要约。

第十六条 要约到达受要约人时生效。

采用数据电文形式订立合同，收件人指定特定系统接收数据电文的，该数据电文进入该特定系统的时间，视为到达时间；未指定特定系统的，该数据电文进入收件人的任何系统的首次时间，视为到达时间。

第十七条 要约可以撤回。撤回要约的通知应当在要约到达受要约人之前或者与要约同时到达受要约人。

第十八条 要约可以撤销。撤销要约的通知应当在受要约人发出承诺通知之前到达受要约人。

第十九条 有下列情形之一的，要约不得撤销：

（一）要约人确定了承诺期限或者以其他形式明示要约不可撤销；

（二）受要约人有理由认为要约是不可撤销的，并已经为履行合同作了准备工作。

第二十条 有下列情形之一的，要约失效：

（一）拒绝要约的通知到达要约人；

（二）要约人依法撤销要约；

（三）承诺期限届满，受要约人未作出承诺；

（四）受要约人对要约的内容作出实质性变更。

第二十一条 承诺是受要约人同意要约的意思表示。

第二十二条 承诺应当以通知的方式作出，但根据交易习惯或者要约表明可以通过行为作出承诺的除外。

第二十三条 承诺应当在要约确定的期限内到达要约人。

要约没有确定承诺期限的，承诺应当依照下列规定到达：

（一）要约以对话方式作出的，应当即时作出承诺，但当事人另有约定的除外；

（二）要约以非对话方式作出的，承诺应当在合理期限内到达。

第二十四条 要约以信件或者电报作出的，承诺期限自信件载明的日期或者电报交发之日开始计算。信件未载明日期的，自投寄该信件的邮戳日期开始计算。要约以电话、传真等快速通讯方式作出的，承诺期限自要约到达受要约人时开始计算。

第二十五条 承诺生效时合同成立。

第二十六条 承诺通知到达要约人时生效。承诺不需要通知的，根据交易习惯或者要约的要求作出承诺的行为时生效。

采用数据电文形式订立合同的，承诺到达的时间适用本法第十六条第二款的规定。

第二十七条 承诺可以撤回。撤回承诺的通知应当在承诺通知到达要约人之前或者与承诺通知同时到达要约人。

第二十八条 受要约人超过承诺期限发出承诺的，除要约人及时通知受要约人该承诺有效的以外，为新要约。

第二十九条 受要约人在承诺期限内发出承诺，按照通常情形能够及时到达要约人，但因其他原因承诺到达要约人时超过承诺期限的，除要约人及时通知受要约人因承诺超过期限不接受该承诺的以外，该承诺有效。

第三十条 承诺的内容应当与要约的内容一致。受要约人对要约的内容作出实质性变更的，为新要约。有关合同标的、数量、质量、价款或者报酬、履行期限、履行地点和方式、违约责任和解决争议方法等的变更，是对要约内容的实质性变更。

第三十一条 承诺对要约的内容作出非实质性变更的，除要约人及时表示反对或者要约表明承诺不得对要约的内容作出任何变更的以外，该承诺有效，合同的内容以承诺的内容为准。

第三十二条 当事人采用合同书形式订立合同的，自双方当事人签字或者盖章时合同成立。

第三十三条 当事人采用信件、数据电文等形式订立合同的，可以在合同成立之前要求签订确认书。签订确认书时合同成立。

第三十四条　承诺生效的地点为合同成立的地点。

采用数据电文形式订立合同的，收件人的主营业地为合同成立的地点；没有主营业地的，其经常居住地为合同成立的地点。当事人另有约定的，按照其约定。

第三十五条　当事人采用合同书形式订立合同的，双方当事人签字或者盖章的地点为合同成立的地点。

第三十六条　法律、行政法规规定或者当事人约定采用书面形式订立合同，当事人未采用书面形式但一方已经履行主要义务，对方接受的，该合同成立。

第三十七条　采用合同书形式订立合同，在签字或者盖章之前，当事人一方已经履行主要义务，对方接受的，该合同成立。

第三十八条　国家根据需要下达指令性任务或者国家订货任务的，有关法人、其他组织之间应当依照有关法律、行政法规规定的权利和义务订立合同。

第三十九条　采用格式条款订立合同的，提供格式条款的一方应当遵循公平原则确定当事人之间的权利和义务，并采取合理的方式提请对方注意免除或者限制其责任的条款，按照对方的要求，对该条款予以说明。

格式条款是当事人为了重复使用而预先拟定，并在订立合同时未与对方协商的条款。

第四十条　格式条款具有本法第五十二条和第五十三条规定情形的，或者提供格式条款一方免除其责任、加重对方责任、排除对方主要权利的，该条款无效。

第四十一条　对格式条款的理解发生争议的，应当按照通常理解予以解释。对格式条款有两种以上解释的，应当作出不利于提供格式条款一方的解释。格式条款和非格条式款不一致的，应当采用非格式条款。

第四十二条　当事人在订立合同过程中有下列情形之一，给对方造成损失的，应当承担损害赔偿责任：

（一）假借订立合同，恶意进行磋商；

（二）故意隐瞒与订立合同有关的重要事实或者提供虚假情况；

（三）有其他违背诚实信用原则的行为。

第四十三条　当事人在订立合同过程中知悉的商业秘密，无论合同是否成立，不得泄露或者不正当地使用。泄露或者不正当地使用该商业秘密给对方造成损失的，应当承担损害赔偿责任。

第三章　合同的效力

第四十四条　依法成立的合同，自成立时生效。

法律、行政法规规定应当办理批准、登记等手续生效的，依照其规定。

第四十五条　当事人对合同的效力可以约定附条件。附生效条件的合同，自条件成就时生效。附解除条件的合同，自条件成就时失效。

当事人为自己的利益不正当地阻止条件成就的，视为条件已成就；不正当地促成条件成就的，视为条件不成就。

第四十六条　当事人对合同的效力可以约定附期限。附生效期限的合同，自期限届至时生效。附终止期限的合同，自期限届满时失效。

第四十七条 限制民事行为能力人订立的合同，经法定代理人追认后，该合同有效，但纯获利益的合同或者与其年龄、智力、精神健康状况相适应而订立的合同，不必经法定代理人追认。

相对人可以催告法定代理人在一个月内予以追认。法定代理人未作表示的，视为拒绝追认。合同被追认之前，善意相对人有撤销的权利。撤销应当以通知的方式作出。

第四十八条 行为人没有代理权、超越代理权或者代理权终止后以被代理人名义订立的合同，未经被代理人追认，对被代理人不发生效力，由行为人承担责任。

相对人可以催告被代理人在一个月内予以追认。被代理人未作表示的，视为拒绝追认。合同被追认之前，善意相对人有撤销的权利。撤销应当以通知的方式作出。

第四十九条 行为人没有代理权、超越代理权或者代理权终止后以被代理人名义订立合同，相对人有理由相信行为人有代理权的，该代理行为有效。

第五十条 法人或者其他组织的法定代表人、负责人超越权限订立的合同，除相对人知道或者应当知道其超越权限的以外，该代表行为有效。

第五十一条 无处分权的人处分他人财产，经权利人追认或者无处分权的人订立合同后取得处分权的，该合同有效。

第五十二条 有下列情形之一的，合同无效：

（一）一方以欺诈、胁迫的手段订立合同，损害国家利益；

（二）恶意串通，损害国家、集体或者第三人利益；

（三）以合法形式掩盖非法目的；

（四）损害社会公共利益；

（五）违反法律、行政法规的强制性规定。

第五十三条 合同中的下列免责条款无效：

（一）造成对方人身伤害的；

（二）因故意或者重大过失造成对方财产损失的。

第五十四条 下列合同，当事人一方有权请求人民法院或者仲裁机构变更或者撤销：

（一）因重大误解订立的；

（二）在订立合同时显失公平的。

一方以欺诈、胁迫的手段或者乘人之危，使对方在违背真实意思的情况下订立的合同，受损害方有权请求人民法院或者仲裁机构变更或者撤销。

当事人请求变更的，人民法院或者仲裁机构不得撤销。

第五十五条 有下列情形之一的，撤销权消灭：

（一）具有撤销权的当事人自知道或者应当知道撤销事由之日起一年内没有行使撤销权；

（二）具有撤销权的当事人知道撤销事由后明确表示或者以自己的行为放弃撤销权。

第五十六条 无效的合同或者被撤销的合同自始没有法律约束力。合同部分无效，不影响其他部分效力的，其他部分仍然有效。

第五十七条 合同无效、被撤销或者终止的，不影响合同中独立存在的有关解决争议方法的条款的效力。

第五十八条　合同无效或者被撤销后，因该合同取得的财产，应当予以返还；不能返还或者没有必要返还的，应当折价补偿。有过错的一方应当赔偿对方因此所受到的损失，双方都有过错的，应当各自承担相应的责任。

第五十九条　当事人恶意串通，损害国家、集体或者第三人利益的，因此取得的财产收归国家所有或者返还集体、第三人。

第四章　合同的履行

第六十条　当事人应当按照约定全面履行自己的义务。

当事人应当遵循诚实信用原则，根据合同的性质、目的和交易习惯履行通知、协助、保密等义务。

第六十一条　合同生效后，当事人就质量、价款或者报酬、履行地点等内容没有约定或者约定不明确的，可以协议补充；不能达成补充协议的，按照合同有关条款或者交易习惯确定。

第六十二条　当事人就有关合同内容约定不明确，依照本法第六十一条的规定仍不能确定的，适用下列规定：

（一）质量要求不明确的，按照国家标准、行业标准履行；没有国家标准、行业标准的，按照通常标准或者符合合同目的的特定标准履行。

（二）价款或者报酬不明确的，按照订立合同时履行地的市场价格履行；依法应当执行政府定价或者政府指导价的，按照规定履行。

（三）履行地点不明确，给付货币的，在接受货币一方所在地履行；交付不动产的，在不动产所在地履行；其他标的，在履行义务一方所在地履行。

（四）履行期限不明确的，债务人可以随时履行，债权人也可以随时要求履行，但应当给对方必要的准备时间。

（五）履行方式不明确的，按照有利于实现合同目的的方式履行。

（六）履行费用的负担不明确的，由履行义务一方负担。

第六十三条　执行政府定价或者政府指导价的，在合同约定的交付期限内政府价格调整时，按照交付时的价格计价。逾期交付标的物的，遇价格上涨时，按照原价格执行；价格下降时，按照新价格执行。逾期提取标的物或者逾期付款的，遇价格上涨时，按照新价格执行；价格下降时，按照原价格执行。

第六十四条　当事人约定由债务人向第三人履行债务的，债务人未向第三人履行债务或者履行债务不符合约定，应当向债权人承担违约责任。

第六十五条　当事人约定由第三人向债权人履行债务的，第三人不履行债务或者履行债务不符合约定，债务人应当向债权人承担违约责任。

第六十六条　当事人互负债务，没有先后履行顺序的，应当同时履行。一方在对方履行之前有权拒绝其履行要求。一方在对方履行债务不符合约定时，有权拒绝其相应的履行要求。

第六十七条　当事人互负债务，有先后履行顺序，先履行一方未履行的，后履行一方有权拒绝其履行要求。先履行一方履行债务不符合约定的，后履行一方有权拒绝其相应的履行要求。

第六十八条 应当先履行债务的当事人，有确切证据证明对方有下列情形之一的，可以中止履行：

（一）经营状况严重恶化；

（二）转移财产、抽逃资金，以逃避债务；

（三）丧失商业信誉；

（四）有丧失或者可能丧失履行债务能力的其他情形。

当事人没有确切证据中止履行的，应当承担违约责任。

第六十九条 当事人依照本法第六十八条的规定中止履行的，应当及时通知对方。对方提供适当担保时，应当恢复履行。中止履行后，对方在合理期限内未恢复履行能力并且未提供适当担保的，中止履行的一方可以解除合同。

第七十条 债权人分立、合并或者变更住所没有通知债务人，致使履行债务发生困难的，债务人可以中止履行或者将标的物提存。

第七十一条 债权人可以拒绝债务人提前履行债务，但提前履行不损害债权人利益的除外。

债务人提前履行债务给债权人增加的费用，由债务人负担。

第七十二条 债权人可以拒绝债务人部分履行债务，但部分履行不损害债权人利益的除外。

债务人部分履行债务给债权人增加的费用，由债务人负担。

第七十三条 因债务人怠于行使其到期债权，对债权人造成损害的，债权人可以向人民法院请求以自己的名义代位行使债务人的债权，但该债权专属于债务人自身的除外。

代位权的行使范围以债权人的债权为限。债权人行使代位权的必要费用，由债务人负担。

第七十四条 因债务人放弃其到期债权或者无偿转让财产，对债权人造成损害的，债权人可以请求人民法院撤销债务人的行为。债务人以明显不合理的低价转让财产，对债权人造成损害，并且受让人知道该情形的，债权人也可以请求人民法院撤销债务人的行为。

撤销权的行使范围以债权人的债权为限。债权人行使撤销权的必要费用，由债务人负担。

第七十五条 撤销权自债权人知道或者应当知道撤销事由之日起一年内行使。自债务人的行为发生之日起五年内没有行使撤销权的，该撤销权消灭。

第七十六条 合同生效后，当事人不得因姓名、名称的变更或者法定代表人、负责人、承办人的变动而不履行合同义务。

第五章　合同的变更和转让

第七十七条 当事人协商一致，可以变更合同。

法律、行政法规规定变更合同应当办理批准、登记等手续的，依照其规定。

第七十八条 当事人对合同变更的内容约定不明确的，推定为未变更。

第七十九条 债权人可以将合同的权利全部或者部分转让给第三人，但有下列情形之一的除外：

（一）根据合同性质不得转让；

（二）按照当事人约定不得转让；

（三）依照法律规定不得转让。

第八十条 债权人转让权利的，应当通知债务人。未经通知，该转让对债务人不发生效力。

债权人转让权利的通知不得撤销，但经受让人同意的除外。

第八十一条 债权人转让权利的，受让人取得与债权有关的从权利，但该从权利专属于债权人自身的除外。

第八十二条 债务人接到债权转让通知后，债务人对让与人的抗辩，可以向受让人主张。

第八十三条 债务人接到债权转让通知时，债务人对让与人享有债权，并且债务人的债权先于转让的债权到期或者同时到期的，债务人可以向受让人主张抵销。

第八十四条 债务人将合同的义务全部或者部分转移给第三人的，应当经债权人同意。

第八十五条 债务人转移义务的，新债务人可以主张原债务人对债权人的抗辩。

第八十六条 债务人转移义务的，新债务人应当承担与主债务有关的从债务，但该从债务专属于原债务人自身的除外。

第八十七条 法律、行政法规规定转让权利或者转移义务应当办理批准、登记等手续的，依照其规定。

第八十八条 当事人一方经对方同意，可以将自己在合同中的权利和义务一并转让给第三人。

第八十九条 权利和义务一并转让的，适用本法第七十九条、第八十一条至第八十三条、第八十五条至第八十七条的规定。

第九十条 当事人订立合同后合并的，由合并后的法人或者其他组织行使合同权利，履行合同义务。当事人订立合同后分立的，除债权人和债务人另有约定的以外，由分立的法人或者其他组织对合同的权利和义务享有连带债权，承担连带债务。

第六章 合同的权利义务终止

第九十一条 有下列情形之一的，合同的权利义务终止：

（一）债务已经按照约定履行；

（二）合同解除；

（三）债务相互抵销；

（四）债务人依法将标的物提存；

（五）债权人免除债务；

（六）债权债务同归于一人；

（七）法律规定或者当事人约定终止的其他情形。

第九十二条 合同的权利义务终止后，当事人应当遵循诚实信用原则，根据交易习惯履行通知、协助、保密等义务。

第九十三条 当事人协商一致，可以解除合同。

当事人可以约定一方解除合同的条件。解除合同的条件成就时，解除权人可以解除合同。

第九十四条 有下列情形之一的，当事人可以解除合同：

（一）因不可抗力致使不能实现合同目的；

（二）在履行期限届满之前，当事人一方明确表示或者以自己的行为表明不履行主要债务；

（三）当事人一方迟延履行主要债务，经催告后在合理期限内仍未履行；

（四）当事人一方迟延履行债务或者有其他违约行为致使不能实现合同目的；

（五）法律规定的其他情形。

第九十五条 法律规定或者当事人约定解除权行使期限，期限届满当事人不行使的，该权利消灭。

法律没有规定或者当事人没有约定解除权行使期限，经对方催告后在合理期限内不行使的，该权利消灭。

第九十六条 当事人一方依照本法第九十三条第二款、第九十四条的规定主张解除合同的，应当通知对方。合同自通知到达对方时解除。对方有异议的，可以请求人民法院或者仲裁机构确认解除合同的效力。

法律、行政法规规定解除合同应当办理批准、登记等手续的，依照其规定。

第九十七条 合同解除后，尚未履行的，终止履行；已经履行的，根据履行情况和合同性质，当事人可以要求恢复原状、采取其他补救措施，并有权要求赔偿损失。

第九十八条 合同的权利义务终止，不影响合同中结算和清理条款的效力。

第九十九条 当事人互负到期债务，该债务的标的物种类、品质相同的，任何一方可以将自己的债务与对方的债务抵销，但依照法律规定或者按照合同性质不得抵销的除外。

当事人主张抵销的，应当通知对方。通知自到达对方时生效。抵销不得附条件或者附期限。

第一百条 当事人互负债务，标的物种类、品质不相同的，经双方协商一致，也可以抵销。

第一百零一条 有下列情形之一，难以履行债务的，债务人可以将标的物提存：

（一）债权人无正当理由拒绝受领；

（二）债权人下落不明；

（三）债权人死亡未确定继承人或者丧失民事行为能力未确定监护人；

（四）法律规定的其他情形。

标的物不适于提存或者提存费用过高的，债务人依法可以拍卖或者变卖标的物，提存所得的价款。

第一百零二条 标的物提存后，除债权人下落不明的以外，债务人应当及时通知债权人或者债权人的继承人、监护人。

第一百零三条　标的物提存后，毁损、灭失的风险由债权人承担。提存期间，标的物的孳息归债权人所有。提存费用由债权人负担。

第一百零四条　债权人可以随时领取提存物，但债权人对债务人负有到期债务的，在债权人未履行债务或者提供担保之前，提存部门根据债务人的要求应当拒绝其领取提存物。

债权人领取提存物的权利，自提存之日起五年内不行使而消灭，提存物扣除提存费用后归国家所有。

第一百零五条　债权人免除债务人部分或者全部债务的，合同的权利义务部分或者全部终止。

第一百零六条　债权和债务同归于一人的，合同的权利义务终止，但涉及第三人利益的除外。

第七章　违　约　责　任

第一百零七条　当事人一方不履行合同义务或者履行合同义务不符合约定的，应当承担继续履行、采取补救措施或者赔偿损失等违约责任。

第一百零八条　当事人一方明确表示或者以自己的行为表明不履行合同义务的，对方可以在履行期限届满之前要求其承担违约责任。

第一百零九条　当事人一方未支付价款或者报酬的，对方可以要求其支付价款或者报酬。

第一百一十条　当事人一方不履行非金钱债务或者履行非金钱债务不符合约定的，对方可以要求履行，但有下列情形之一的除外：

（一）法律上或者事实上不能履行；

（二）债务的标的不适于强制履行或者履行费用过高；

（三）债权人在合理期限内未要求履行。

第一百一十一条　质量不符合约定的，应当按照当事人的约定承担违约责任。对违约责任没有约定或者约定不明确，依照本法第六十一条的规定仍不能确定的，受损害方根据标的的性质以及损失的大小，可以合理选择要求对方承担修理、更换、重作、退货、减少价款或者报酬等违约责任。

第一百一十二条　当事人一方不履行合同义务或者履行合同义务不符合约定的，在履行义务或者采取补救措施后，对方还有其他损失的，应当赔偿损失。

第一百一十三条　当事人一方不履行合同义务或者履行合同义务不符合约定，给对方造成损失的，损失赔偿额应当相当于因违约所造成的损失，包括合同履行后可以获得的利益，但不得超过违反合同一方订立合同时预见到或者应当预见到的因违反合同可能造成的损失。

经营者对消费者提供商品或者服务有欺诈行为的，依照《中华人民共和国消费者权益保护法》的规定承担损害赔偿责任。

第一百一十四条　当事人可以约定一方违约时应当根据违约情况向对方支付一定数额的违约金，也可以约定因违约产生的损失赔偿额的计算方法。

约定的违约金低于造成的损失的，当事人可以请求人民法院或者仲裁机构予以增加；约定的违约金过分高于造成的损失的，当事人可以请求人民法院或者仲裁机构予以适当减少。

当事人就迟延履行约定违约金的，违约方支付违约金后，还应当履行债务。

第一百一十五条 当事人可以依照《中华人民共和国担保法》约定一方向对方给付定金作为债权的担保。债务人履行债务后，定金应当抵作价款或者收回。给付定金的一方不履行约定的债务的，无权要求返还定金；收受定金的一方不履行约定的债务的，应当双倍返还定金。

第一百一十六条 当事人既约定违约金，又约定定金的，一方违约时，对方可以选择适用违约金或者定金条款。

第一百一十七条 因不可抗力不能履行合同的，根据不可抗力的影响，部分或者全部免除责任，但法律另有规定的除外。当事人迟延履行后发生不可抗力的，不能免除责任。

本法所称不可抗力，是指不能预见、不能避免并不能克服的客观情况。

第一百一十八条 当事人一方因不可抗力不能履行合同的，应当及时通知对方，以减轻可能给对方造成的损失，并应当在合理期限内提供证明。

第一百一十九条 当事人一方违约后，对方应当采取适当措施防止损失的扩大；没有采取适当措施致使损失扩大的，不得就扩大的损失要求赔偿。

当事人因防止损失扩大而支出的合理费用，由违约方承担。

第一百二十条 当事人双方都违反合同的，应当各自承担相应的责任。

第一百二十一条 当事人一方因第三人的原因造成违约的，应当向对方承担违约责任。当事人一方和第三人之间的纠纷，依照法律规定或者按照约定解决。

第一百二十二条 因当事人一方的违约行为，侵害对方人身、财产权益的，受损害方有权选择依照本法要求其承担违约责任或者依照其他法律要求其承担侵权责任。

第八章 其他规定

第一百二十三条 其他法律对合同另有规定的，依照其规定。

第一百二十四条 本法分则或者其他法律没有明文规定的合同，适用本法总则的规定，并可以参照本法分则或者其他法律最相类似的规定。

第一百二十五条 当事人对合同条款的理解有争议的，应当按照合同所使用的词句、合同的有关条款、合同的目的、交易习惯以及诚实信用原则，确定该条款的真实意思。

合同文本采用两种以上文字订立并约定具有同等效力的，对各文本使用的词句推定具有相同含义。各文本使用的词句不一致的，应当根据合同的目的予以解释。

第一百二十六条 涉外合同的当事人可以选择处理合同争议所适用的法律，但法律另有规定的除外。涉外合同的当事人没有选择的，适用与合同有最密切联系的国家的法律。

在中华人民共和国境内履行的中外合资经营企业合同、中外合作经营企业合同、中外合作勘探开发自然资源合同，适用中华人民共和国法律。

第一百二十七条 工商行政管理部门和其他有关行政主管部门在各自的职权范围内，依照法律、行政法规的规定，对利用合同危害国家利益、社会公共利益的违法行为，负责监督处理；构成犯罪的，依法追究刑事责任。

第一百二十八条　当事人可以通过和解或者调解解决合同争议。

当事人不愿和解、调解或者和解、调解不成的，可以根据仲裁协议向仲裁机构申请仲裁。涉外合同的当事人可以根据仲裁协议向中国仲裁机构或者其他仲裁机构申请仲裁。当事人没有订立仲裁协议或者仲裁协议无效的，可以向人民法院起诉。当事人应当履行发生法律效力的判决、仲裁裁决、调解书；拒不履行的，对方可以请求人民法院执行。

第一百二十九条　因国际货物买卖合同和技术进出口合同争议提起诉讼或者申请仲裁的期限为四年，自当事人知道或者应当知道其权利受到侵害之日起计算。因其他合同争议提起诉讼或者申请仲裁的期限，依照有关法律的规定。

分　则

第九章　买　卖　合　同

第一百三十条　买卖合同是出卖人转移标的物的所有权于买受人，买受人支付价款的合同。

第一百三十一条　买卖合同的内容除依照本法第十二条的规定以外，还可以包括包装方式、检验标准和方法、结算方式、合同使用的文字及其效力等条款。

第一百三十二条　出卖的标的物，应当属于出卖人所有或者出卖人有权处分。

法律、行政法规禁止或者限制转让的标的物，依照其规定。

第一百三十三条　标的物的所有权自标的物交付时起转移，但法律另有规定或者当事人另有约定的除外。

第一百三十四条　当事人可以在买卖合同中约定买受人未履行支付价款或者其他义务的，标的物的所有权属于出卖人。

第一百三十五条　出卖人应当履行向买受人交付标的物或者交付提取标的物的单证，并转移标的物所有权的义务。

第一百三十六条　出卖人应当按照约定或者交易习惯向买受人交付提取标的物单证以外的有关单证和资料。

第一百三十七条　出卖具有知识产权的计算机软件等标的物的，除法律另有规定或者当事人另有约定的以外，该标的物的知识产权不属于买受人。

第一百三十八条　出卖人应当按照约定的期限交付标的物。约定交付期间的，出卖人可以在该交付期间内的任何时间交付。

第一百三十九条　当事人没有约定标的物的交付期限或者约定不明确的，适用本法第六十一条、第六十二条第四项的规定。

第一百四十条　标的物在订立合同之前已为买受人占有的，合同生效的时间为交付时间。

第一百四十一条　出卖人应当按照约定的地点交付标的物。

当事人没有约定交付地点或者约定不明确，依照本法第六十一条的规定仍不能确定的，适用下列规定：

（一）标的物需要运输的，出卖人应当将标的物交付给第一承运人以运交给买受人；

（二）标的物不需要运输，出卖人和买受人订立合同时知道标的物在某一地点的，出卖人应当在该地点交付标的物；不知道标的物在某一地点的，应当在出卖人订立合同时的营业地交付标的物。

第一百四十二条 标的物毁损、灭失的风险，在标的物交付之前由出卖人承担，交付之后由买受人承担，但法律另有规定或者当事人另有约定的除外。

第一百四十三条 因买受人的原因致使标的物不能按照约定的期限交付的，买受人应当自违反约定之日起承担标的物毁损、灭失的风险。

第一百四十四条 出卖人出卖交由承运人运输的在途标的物，除当事人另有约定的以外，毁损、灭失的风险自合同成立时起由买受人承担。

第一百四十五条 当事人没有约定交付地点或者约定不明确，依照本法第一百四十一条第二款第一项的规定标的物需要运输的，出卖人将标的物交付给第一承运人后，标的物毁损、灭失的风险由买受人承担。

第一百四十六条 出卖人按照约定或者依照本法第一百四十一条第二款第二项的规定将标的物置于交付地点，买受人违反约定没有收取的，标的物毁损、灭失的风险自违反约定之日起由买受人承担。

第一百四十七条 出卖人按照约定未交付有关标的物的单证和资料的，不影响标的物毁损、灭失风险的转移。

第一百四十八条 因标的物质量不符合质量要求，致使不能实现合同目的的，买受人可以拒绝接受标的物或者解除合同。买受人拒绝接受标的物或者解除合同的，标的物毁损、灭失的风险由出卖人承担。

第一百四十九条 标的物毁损、灭失的风险由买受人承担的，不影响因出卖人履行债务不符合约定，买受人要求其承担违约责任的权利。

第一百五十条 出卖人就交付的标的物，负有保证第三人不得向买受人主张任何权利的义务，但法律另有规定的除外。

第一百五十一条 买受人订立合同时知道或者应当知道第三人对买卖的标的物享有权利的，出卖人不承担本法第一百五十条规定的义务。

第一百五十二条 买受人有确切证据证明第三人可能就标的物主张权利的，可以中止支付相应的价款，但出卖人提供适当担保的除外。

第一百五十三条 出卖人应当按照约定的质量要求交付标的物。出卖人提供有关标的物质量说明的，交付的标的物应当符合该说明的质量要求。

第一百五十四条 当事人对标的物的质量要求没有约定或者约定不明确，依照本法第六十一条的规定仍不能确定的，适用本法第六十二条第一项的规定。

第一百五十五条 出卖人交付的标的物不符合质量要求的，买受人可以依照本法第一百一十一条的规定要求承担违约责任。

第一百五十六条 出卖人应当按照约定的包装方式交付标的物。对包装方式没有约定或者约定不明确，依照本法第六十一条的规定仍不能确定的，应当按照通用的方式包装，没有通用方式的，应当采取足以保护标的物的包装方式。

第一百五十七条　买受人收到标的物时应当在约定的检验期间内检验。没有约定检验期间的，应当及时检验。

第一百五十八条　当事人约定检验期间的，买受人应当在检验期间内将标的物的数量或者质量不符合约定的情形通知出卖人。买受人怠于通知的，视为标的物的数量或者质量符合约定。

当事人没有约定检验期间的，买受人应当在发现或者应当发现标的物的数量或者质量不符合约定的合理期间内通知出卖人。买受人在合理期间内未通知或者自标的物收到之日起两年内未通知出卖人的，视为标的物的数量或者质量符合约定，但对标的物有质量保证期的，适用质量保证期，不适用该两年的规定。

出卖人知道或者应当知道提供的标的物不符合约定的，买受人不受前两款规定的通知时间的限制。

第一百五十九条　买受人应当按照约定的数额支付价款。对价款没有约定或者约定不明确的，适用本法第六十一条、第六十二条第二项的规定。

第一百六十条　买受人应当按照约定的地点支付价款。对支付地点没有约定或者约定不明确，依照本法第六十一条的规定仍不能确定的，买受人应当在出卖人的营业地支付，但约定支付价款以交付标的物或者交付提取标的物单证为条件的，在交付标的物或者交付提取标的物单证的所在地支付。

第一百六十一条　买受人应当按照约定的时间支付价款。对支付时间没有约定或者约定不明确，依照本法第六十一条的规定仍不能确定的，买受人应当在收到标的物或者提取标的物单证的同时支付。

第一百六十二条　出卖人多交标的物的，买受人可以接收或者拒绝接收多交的部分。买受人接收多交部分的，按照合同的价格支付价款；买受人拒绝接收多交部分的，应当及时通知出卖人。

第一百六十三条　标的物在交付之前产生的孳息，归出卖人所有，交付之后产生的孳息，归买受人所有。

第一百六十四条　因标的物的主物不符合约定而解除合同的，解除合同的效力及于从物。因标的物的从物不符合约定被解除的，解除的效力不及于主物。

第一百六十五条　标的物为数物，其中一物不符合约定的，买受人可以就该物解除，但该物与他物分离使标的物的价值显受损害的，当事人可以就数物解除合同。

第一百六十六条　出卖人分批交付标的物的，出卖人对其中一批标的物不交付或者交付不符合约定，致使该批标的物不能实现合同目的的，买受人可以就该批标的物解除。

出卖人不交付其中一批标的物或者交付不符合约定，致使今后其他各批标的物的交付不能实现合同目的的，买受人可以就该批以及今后其他各批标的物解除。

买受人如果就其中一批标的物解除，该批标的物与其他各批标的物相互依存的，可以就已经交付和未交付的各批标的物解除。

第一百六十七条　分期付款的买受人未支付到期价款的金额达到全部价款的五分之一的，出卖人可以要求买受人支付全部价款或者解除合同。

出卖人解除合同的，可以向买受人要求支付该标的物的使用费。

第一百六十八条 凭样品买卖的当事人应当封存样品，并可以对样品质量予以说明。出卖人交付的标的物应当与样品及其说明的质量相同。

第一百六十九条 凭样品买卖的买受人不知道样品有隐蔽瑕疵的，即使交付的标的物与样品相同，出卖人交付的标的物的质量仍然应当符合同种物的通常标准。

第一百七十条 试用买卖的当事人可以约定标的物的试用期间。对试用期间没有约定或者约定不明确，依照本法第六十一条的规定仍不能确定的，由出卖人确定。

第一百七十一条 试用买卖的买受人在试用期内可以购买标的物，也可以拒绝购买。试用期间届满，买受人对是否购买标的物未作表示的，视为购买。

第一百七十二条 招标投标买卖的当事人的权利和义务以及招标投标程序等，依照有关法律、行政法规的规定。

第一百七十三条 拍卖的当事人的权利和义务以及拍卖程序等，依照有关法律、行政法规的规定。

第一百七十四条 法律对其他有偿合同有规定的，依照其规定；没有规定的，参照买卖合同的有关规定。

第一百七十五条 当事人约定易货交易，转移标的物的所有权的，参照买卖合同的有关规定。

第十章　供用电、水、气、热力合同

第一百七十六条 供用电合同是供电人向用电人供电，用电人支付电费的合同。

第一百七十七条 供用电合同的内容包括供电的方式、质量、时间，用电容量、地址、性质，计量方式，电价、电费的结算方式，供用电设施的维护责任等条款。

第一百七十八条 供用电合同的履行地点，按照当事人约定；当事人没有约定或者约定不明确的，供电设施的产权分界处为履行地点。

第一百七十九条 供电人应当按照国家规定的供电质量标准和约定安全供电。供电人未按照国家规定的供电质量标准和约定安全供电，造成用电人损失的，应当承担损害赔偿责任。

第一百八十条 供电人因供电设施计划检修、临时检修、依法限电或者用电人违法用电等原因，需要中断供电时，应当按照国家有关规定事先通知用电人。未事先通知用电人中断供电，造成用电人损失的，应当承担损害赔偿责任。

第一百八十一条 因自然灾害等原因断电，供电人应当按照国家有关规定及时抢修。未及时抢修，造成用电人损失的，应当承担损害赔偿责任。

第一百八十二条 用电人应当按照国家有关规定和当事人的约定及时交付电费。用电人逾期不交付电费的，应当按照约定支付违约金。经催告用电人在合理期限内仍不交付电费和违约金的，供电人可以按照国家规定的程序中止供电。

第一百八十三条 用电人应当按照国家有关规定和当事人的约定安全用电。用电人未按照国家有关规定和当事人的约定安全用电，造成供电人损失的，应当承担损害赔偿责任。

第一百八十四条 供用水、供用气、供用热力合同，参照供用电合同的有关规定。

第十一章　赠　与　合　同

第一百八十五条　赠与合同是赠与人将自己的财产无偿给予受赠人，受赠人表示接受赠与的合同。

第一百八十六条　赠与人在赠与财产的权利转移之前可以撤销赠与。

具有救灾、扶贫等社会公益、道德义务性质的赠与合同或者经过公证的赠与合同，不适用前款规定。

第一百八十七条　赠与的财产依法需要办理登记等手续的，应当办理有关手续。

第一百八十八条　具有救灾、扶贫等社会公益、道德义务性质的赠与合同或者经过公证的赠与合同，赠与人不交付赠与的财产的，受赠人可以要求交付。

第一百八十九条　因赠与人故意或者重大过失致使赠与的财产毁损、灭失的，赠与人应当承担损害赔偿责任。

第一百九十条　赠与可以附义务。

赠与附义务的，受赠人应当按照约定履行义务。

第一百九十一条　赠与的财产有瑕疵的，赠与人不承担责任。附义务的赠与，赠与的财产有瑕疵的，赠与人在附义务的限度内承担与出卖人相同的责任。

赠与人故意不告知瑕疵或者保证无瑕疵，造成受赠人损失的，应当承担损害赔偿责任。

第一百九十二条　受赠人有下列情形之一的，赠与人可以撤销赠与：

（一）严重侵害赠与人或者赠与人的近亲属；

（二）对赠与人有扶养义务而不履行；

（三）不履行赠与合同约定的义务。

赠与人的撤销权，自知道或者应当知道撤销原因之日起一年内行使。

第一百九十三条　因受赠人的违法行为致使赠与人死亡或者丧失民事行为能力的，赠与人的继承人或者法定代理人可以撤销赠与。

赠与人的继承人或者法定代理人的撤销权，自知道或者应当知道撤销原因之日起六个月内行使。

第一百九十四条　撤销权人撤销赠与的，可以向受赠人要求返还赠与的财产。

第一百九十五条　赠与人的经济状况显著恶化，严重影响其生产经营或者家庭生活的，可以不再履行赠与义务。

第十二章　借　款　合　同

第一百九十六条　借款合同是借款人向贷款人借款，到期返还借款并支付利息的合同。

第一百九十七条　借款合同采用书面形式，但自然人之间借款另有约定的除外。

借款合同的内容包括借款种类、币种、用途、数额、利率、期限和还款方式等条款。

第一百九十八条　订立借款合同，贷款人可以要求借款人提供担保。担保依照《中华人民共和国担保法》的规定。

第一百九十九条 订立借款合同，借款人应当按照贷款人的要求提供与借款有关的业务活动和财务状况的真实情况。

第二百条 借款的利息不得预先在本金中扣除。利息预先在本金中扣除的，应当按照实际借款数额返还借款并计算利息。

第二百零一条 贷款人未按照约定的日期、数额提供借款，造成借款人损失的，应当赔偿损失。

借款人未按照约定的日期、数额收取借款的，应当按照约定的日期、数额支付利息。

第二百零二条 贷款人按照约定可以检查、监督借款的使用情况。借款人应当按照约定向贷款人定期提供有关财务会计报表等资料。

第二百零三条 借款人未按照约定的借款用途使用借款的，贷款人可以停止发放借款、提前收回借款或者解除合同。

第二百零四条 办理贷款业务的金融机构贷款的利率，应当按照中国人民银行规定的贷款利率的上下限确定。

第二百零五条 借款人应当按照约定的期限支付利息。对支付利息的期限没有约定或者约定不明确，依照本法第六十一条的规定仍不能确定，借款期间不满一年的，应当在返还借款时一并支付；借款期间一年以上的，应当在每届满一年时支付，剩余期间不满一年的，应当在返还借款时一并支付。

第二百零六条 借款人应当按照约定的期限返还借款。对借款期限没有约定或者约定不明确，依照本法第六十一条的规定仍不能确定的，借款人可以随时返还；贷款人可以催告借款人在合理期限内返还。

第二百零七条 借款人未按照约定的期限返还借款的，应当按照约定或者国家有关规定支付逾期利息。

第二百零八条 借款人提前偿还借款的，除当事人另有约定的以外，应当按照实际借款的期间计算利息。

第二百零九条 借款人可以在还款期限届满之前向贷款人申请展期。贷款人同意的，可以展期。

第二百一十条 自然人之间的借款合同，自贷款人提供借款时生效。

第二百一十一条 自然人之间的借款合同对支付利息没有约定或者约定不明确的，视为不支付利息。

自然人之间的借款合同约定支付利息的，借款的利率不得违反国家有关限制借款利率的规定。

第十三章 租赁合同

第二百一十二条 租赁合同是出租人将租赁物交付承租人使用、收益，承租人支付租金的合同。

第二百一十三条 租赁合同的内容包括租赁物的名称、数量、用途、租赁期限、租金及其支付期限和方式、租赁物维修等条款。

第二百一十四条　租赁期限不得超过二十年。超过二十年的，超过部分无效。

租赁期间届满，当事人可以续订租赁合同，但约定的租赁期限自续订之日起不得超过二十年。

第二百一十五条　租赁期限六个月以上的，应当采用书面形式。当事人未采用书面形式的，视为不定期租赁。

第二百一十六条　出租人应当按照约定将租赁物交付承租人，并在租赁期间保持租赁物符合约定的用途。

第二百一十七条　承租人应当按照约定的方法使用租赁物。对租赁物的使用方法没有约定或者约定不明确，依照本法第六十一条的规定仍不能确定的，应当按照租赁物的性质使用。

第二百一十八条　承租人按照约定的方法或者租赁物的性质使用租赁物，致使租赁物受到损耗的，不承担损害赔偿责任。

第二百一十九条　承租人未按照约定的方法或者租赁物的性质使用租赁物，致使租赁物受到损失的，出租人可以解除合同并要求赔偿损失。

第二百二十条　出租人应当履行租赁物的维修义务，但当事人另有约定的除外。

第二百二十一条　承租人在租赁物需要维修时可以要求出租人在合理期限内维修。出租人未履行维修义务的，承租人可以自行维修，维修费用由出租人负担。因维修租赁物影响承租人使用的，应当相应减少租金或者延长租期。

第二百二十二条　承租人应当妥善保管租赁物，因保管不善造成租赁物毁损、灭失的，应当承担损害赔偿责任。

第二百二十三条　承租人经出租人同意，可以对租赁物进行改善或者增设他物。

承租人未经出租人同意，对租赁物进行改善或者增设他物的，出租人可以要求承租人恢复原状或者赔偿损失。

第二百二十四条　承租人经出租人同意，可以将租赁物转租给第三人。承租人转租的，承租人与出租人之间的租赁合同继续有效，第三人对租赁物造成损失的，承租人应当赔偿损失。

承租人未经出租人同意转租的，出租人可以解除合同。

第二百二十五条　在租赁期间因占有、使用租赁物获得的收益，归承租人所有，但当事人另有约定的除外。

第二百二十六条　承租人应当按照约定的期限支付租金。对支付期限没有约定或者约定不明确，依照本法第六十一条的规定仍不能确定，租赁期间不满一年的，应当在租赁期间届满时支付；租赁期间一年以上的，应当在每届满一年时支付，剩余期间不满一年的，应当在租赁期间届满时支付。

第二百二十七条　承租人无正当理由未支付或者迟延支付租金的，出租人可以要求承租人在合理期限内支付。承租人逾期不支付的，出租人可以解除合同。

第二百二十八条　因第三人主张权利，致使承租人不能对租赁物使用、收益的，承租人可以要求减少租金或者不支付租金。

第三人主张权利的，承租人应当及时通知出租人。

第二百二十九条 租赁物在租赁期间发生所有权变动的，不影响租赁合同的效力。

第二百三十条 出租人出卖租赁房屋的，应当在出卖之前的合理期限内通知承租人，承租人享有以同等条件优先购买的权利。

第二百三十一条 因不可归责于承租人的事由，致使租赁物部分或者全部毁损、灭失的，承租人可以要求减少租金或者不支付租金；因租赁物部分或者全部毁损、灭失，致使不能实现合同目的的，承租人可以解除合同。

第二百三十二条 当事人对租赁期限没有约定或者约定不明确，依照本法第六十一条的规定仍不能确定的，视为不定期租赁。当事人可以随时解除合同，但出租人解除合同应当在合理期限之前通知承租人。

第二百三十三条 租赁物危及承租人的安全或者健康的，即使承租人订立合同时明知该租赁物质量不合格，承租人仍然可以随时解除合同。

第二百三十四条 承租人在房屋租赁期间死亡的，与其生前共同居住的人可以按照原租赁合同租赁该房屋。

第二百三十五条 租赁期间届满，承租人应当返还租赁物。返还的租赁物应当符合按照约定或者租赁物的性质使用后的状态。

第二百三十六条 租赁期间届满，承租人继续使用租赁物，出租人没有提出异议的，原租赁合同继续有效，但租赁期限为不定期。

第十四章 融资租赁合同

第二百三十七条 融资租赁合同是出租人根据承租人对出卖人、租赁物的选择，向出卖人购买租赁物，提供给承租人使用，承租人支付租金的合同。

第二百三十八条 融资租赁合同的内容包括租赁物名称、数量、规格、技术性能、检验方法、租赁期限、租金构成及其支付期限和方式、币种、租赁期间届满租赁物的归属等条款。

融资租赁合同应当采用书面形式。

第二百三十九条 出租人根据承租人对出卖人、租赁物的选择订立的买卖合同，出卖人应当按照约定向承租人交付标的物，承租人享有与受领标的物有关的买受人的权利。

第二百四十条 出租人、出卖人、承租人可以约定，出卖人不履行买卖合同义务的，由承租人行使索赔的权利。承租人行使索赔权利的，出租人应当协助。

第二百四十一条 出租人根据承租人对出卖人、租赁物的选择订立的买卖合同，未经承租人同意，出租人不得变更与承租人有关的合同内容。

第二百四十二条 出租人享有租赁物的所有权。承租人破产的，租赁物不属于破产财产。

第二百四十三条 融资租赁合同的租金，除当事人另有约定的以外，应当根据购买租赁物的大部分或者全部成本以及出租人的合理利润确定。

第二百四十四条 租赁物不符合约定或者不符合使用目的的，出租人不承担责任，但承租人依赖出租人的技能确定租赁物或者出租人干预选择租赁物的除外。

第二百四十五条　出租人应当保证承租人对租赁物的占有和使用。

第二百四十六条　承租人占有租赁物期间，租赁物造成第三人的人身伤害或者财产损害的，出租人不承担责任。

第二百四十七条　承租人应当妥善保管、使用租赁物。

承租人应当履行占有租赁物期间的维修义务。

第二百四十八条　承租人应当按照约定支付租金。承租人经催告后在合理期限内仍不支付租金的，出租人可以要求支付全部租金；也可以解除合同，收回租赁物。

第二百四十九条　当事人约定租赁期间届满租赁物归承租人所有，承租人已经支付大部分租金，但无力支付剩余租金，出租人因此解除合同收回租赁物的，收回的租赁物的价值超过承租人欠付的租金以及其他费用的，承租人可以要求部分返还。

第二百五十条　出租人和承租人可以约定租赁期间届满租赁物的归属。对租赁物的归属没有约定或者约定不明确，依照本法第六十一条的规定仍不能确定的，租赁物的所有权归出租人。

第十五章　承　揽　合　同

第二百五十一条　承揽合同是承揽人按照定作人的要求完成工作，交付工作成果，定作人给付报酬的合同。

承揽包括加工、定作、修理、复制、测试、检验等工作。

第二百五十二条　承揽合同的内容包括承揽的标的、数量、质量、报酬、承揽方式、材料的提供、履行期限、验收标准和方法等条款。

第二百五十三条　承揽人应当以自己的设备、技术和劳力，完成主要工作，但当事人另有约定的除外。

承揽人将其承揽的主要工作交由第三人完成的，应当就该第三人完成的工作成果向定作人负责；未经定作人同意的，定作人也可以解除合同。

第二百五十四条　承揽人可以将其承揽的辅助工作交由第三人完成。承揽人将其承揽的辅助工作交由第三人完成的，应当就该第三人完成的工作成果向定作人负责。

第二百五十五条　承揽人提供材料的，承揽人应当按照约定选用材料，并接受定作人检验。

第二百五十六条　定作人提供材料的，定作人应当按照约定提供材料。承揽人对定作人提供的材料，应当及时检验，发现不符合约定时，应当及时通知定作人更换、补齐或者采取其他补救措施。

承揽人不得擅自更换定作人提供的材料，不得更换不需要修理的零部件。

第二百五十七条　承揽人发现定作人提供的图纸或者技术要求不合理的，应当及时通知定作人。因定作人怠于答复等原因造成承揽人损失的，应当赔偿损失。

第二百五十八条　定作人中途变更承揽工作的要求，造成承揽人损失的，应当赔偿损失。

第二百五十九条　承揽工作需要定作人协助的，定作人有协助的义务。

定作人不履行协助义务致使承揽工作不能完成的，承揽人可以催告定作人在合理期限内履行义务，并可以顺延履行期限；定作人逾期不履行的，承揽人可以解除合同。

第二百六十条 承揽人在工作期间，应当接受定作人必要的监督检验。定作人不得因监督检验妨碍承揽人的正常工作。

第二百六十一条 承揽人完成工作的，应当向定作人交付工作成果，并提交必要的技术资料和有关质量证明。定作人应当验收该工作成果。

第二百六十二条 承揽人交付的工作成果不符合质量要求的，定作人可以要求承揽人承担修理、重作、减少报酬、赔偿损失等违约责任。

第二百六十三条 定作人应当按照约定的期限支付报酬。对支付报酬的期限没有约定或者约定不明确，依照本法第六十一条的规定仍不能确定的，定作人应当在承揽人交付工作成果时支付；工作成果部分交付的，定作人应当相应支付。

第二百六十四条 定作人未向承揽人支付报酬或者材料费等价款的，承揽人对完成的工作成果享有留置权，但当事人另有约定的除外。

第二百六十五条 承揽人应当妥善保管定作人提供的材料以及完成的工作成果，因保管不善造成毁损、灭失的，应当承担损害赔偿责任。

第二百六十六条 承揽人应当按照定作人的要求保守秘密，未经定作人许可，不得留存复制品或者技术资料。

第二百六十七条 共同承揽人对定作人承担连带责任，但当事人另有约定的除外。

第二百六十八条 定作人可以随时解除承揽合同，造成承揽人损失的，应当赔偿损失。

第十六章 建设工程合同

第二百六十九条 建设工程合同是承包人进行工程建设，发包人支付价款的合同。

建设工程合同包括工程勘察、设计、施工合同。

第二百七十条 建设工程合同应当采用书面形式。

第二百七十一条 建设工程的招标投标活动，应当依照有关法律的规定公开、公平、公正进行。

第二百七十二条 发包人可以与总承包人订立建设工程合同，也可以分别与勘察人、设计人、施工人订立勘察、设计、施工承包合同。发包人不得将应当由一个承包人完成的建设工程肢解成若干部分发包给几个承包人。

总承包人或者勘察、设计、施工承包人经发包人同意，可以将自己承包的部分工作交由第三人完成。第三人就其完成的工作成果与总承包人或者勘察、设计、施工承包人向发包人承担连带责任。承包人不得将其承包的全部建设工程转包给第三人或者将其承包的全部建设工程肢解以后以分包的名义分别转包给第三人。

禁止承包人将工程分包给不具备相应资质条件的单位。禁止分包单位将其承包的工程再分包。建设工程主体结构的施工必须由承包人自行完成。

第二百七十三条 国家重大建设工程合同，应当按照国家规定的程序和国家批准的投资计划、可行性研究报告等文件订立。

第二百七十四条 勘察、设计合同的内容包括提交有关基础资料和文件（包括概预算）的期限、质量要求、费用以及其他协作条件等条款。

第二百七十五条　施工合同的内容包括工程范围、建设工期、中间交工工程的开工和竣工时间、工程质量、工程造价、技术资料交付时间、材料和设备供应责任、拨款和结算、竣工验收、质量保修范围和质量保证期、双方相互协作等条款。

第二百七十六条　建设工程实行监理的，发包人应当与监理人采用书面形式订立委托监理合同。发包人与监理人的权利和义务以及法律责任，应当依照本法委托合同以及其他有关法律、行政法规的规定。

第二百七十七条　发包人在不妨碍承包人正常作业的情况下，可以随时对作业进度、质量进行检查。

第二百七十八条　隐蔽工程在隐蔽以前，承包人应当通知发包人检查。发包人没有及时检查的，承包人可以顺延工程日期，并有权要求赔偿停工、窝工等损失。

第二百七十九条　建设工程竣工后，发包人应当根据施工图纸及说明书、国家颁发的施工验收规范和质量检验标准及时进行验收。验收合格的，发包人应当按照约定支付价款，并接收该建设工程。

建设工程竣工经验收合格后，方可交付使用；未经验收或者验收不合格的，不得交付使用。

第二百八十条　勘察、设计的质量不符合要求或者未按照期限提交勘察、设计文件拖延工期，造成发包人损失的，勘察人、设计人应当继续完善勘察、设计，减收或者免收勘察、设计费并赔偿损失。

第二百八十一条　因施工人的原因致使建设工程质量不符合约定的，发包人有权要求施工人在合理期限内无偿修理或者返工、改建。经过修理或者返工、改建后，造成逾期交付的，施工人应当承担违约责任。

第二百八十二条　因承包人的原因致使建设工程在合理使用期限内造成人身和财产损害的，承包人应当承担损害赔偿责任。

第二百八十三条　发包人未按照约定的时间和要求提供原材料、设备、场地、资金、技术资料的，承包人可以顺延工程日期，并有权要求赔偿停工、窝工等损失。

第二百八十四条　因发包人的原因致使工程中途停建、缓建的，发包人应当采取措施弥补或者减少损失，赔偿承包人因此造成的停工、窝工、倒运、机械设备调迁、材料和构件积压等损失和实际费用。

第二百八十五条　因发包人变更计划，提供的资料不准确，或者未按照期限提供必需的勘察、设计工作条件而造成勘察、设计的返工、停工或者修改设计，发包人应当按照勘察人、设计人实际消耗的工作量增付费用。

第二百八十六条　发包人未按照约定支付价款的，承包人可以催告发包人在合理期限内支付价款。发包人逾期不支付的，除按照建设工程的性质不宜折价、拍卖的以外，承包人可以与发包人协议将该工程折价，也可以申请人民法院将该工程依法拍卖。建设工程的价款就该工程折价或者拍卖的价款优先受偿。

第二百八十七条　本章没有规定的，适用承揽合同的有关规定。

第十七章 运 输 合 同

第一节 一 般 规 定

第二百八十八条 运输合同是承运人将旅客或者货物从起运地点运输到约定地点，旅客、托运人或者收货人支付票款或者运输费用的合同。

第二百八十九条 从事公共运输的承运人不得拒绝旅客、托运人通常、合理的运输要求。

第二百九十条 承运人应当在约定期间或者合理期间内将旅客、货物安全运输到约定地点。

第二百九十一条 承运人应当按照约定的或者通常的运输路线将旅客、货物运输到约定地点。

第二百九十二条 旅客、托运人或者收货人应当支付票款或者运输费用。承运人未按照约定路线或者通常路线运输增加票款或者运输费用的，旅客、托运人或者收货人可以拒绝支付增加部分的票款或者运输费用。

第二节 客 运 合 同

第二百九十三条 客运合同自承运人向旅客交付客票时成立，但当事人另有约定或者另有交易习惯的除外。

第二百九十四条 旅客应当持有效客票乘运。旅客无票乘运、超程乘运、越级乘运或者持失效客票乘运的，应当补交票款，承运人可以按照规定加收票款。旅客不交付票款的，承运人可以拒绝运输。

第二百九十五条 旅客因自己的原因不能按照客票记载的时间乘坐的，应当在约定的时间内办理退票或者变更手续。逾期办理的，承运人可以不退票款，并不再承担运输义务。

第二百九十六条 旅客在运输中应当按照约定的限量携带行李。超过限量携带行李的，应当办理托运手续。

第二百九十七条 旅客不得随身携带或者在行李中夹带易燃、易爆、有毒、有腐蚀性、有放射性以及有可能危及运输工具上人身和财产安全的危险物品或者其他违禁物品。

旅客违反前款规定的，承运人可以将违禁物品卸下、销毁或者送交有关部门。旅客坚持携带或者夹带违禁物品的，承运人应当拒绝运输。

第二百九十八条 承运人应当向旅客及时告知有关不能正常运输的重要事由和安全运输应当注意的事项。

第二百九十九条 承运人应当按照客票载明的时间和班次运输旅客。承运人迟延运输的，应当根据旅客的要求安排改乘其他班次或者退票。

第三百条 承运人擅自变更运输工具而降低服务标准的，应当根据旅客的要求退票或者减收票款；提高服务标准的，不应当加收票款。

第三百零一条 承运人在运输过程中，应当尽力救助患有急病、分娩、遇险的旅客。

第三百零二条 承运人应当对运输过程中旅客的伤亡承担损害赔偿责任，但伤亡是旅客自身健康原因造成的或者承运人证明伤亡是旅客故意、重大过失造成的除外。

前款规定适用于按照规定免票、持优待票或者经承运人许可搭乘的无票旅客。

第三百零三条　在运输过程中旅客自带物品毁损、灭失，承运人有过错的，应当承担损害赔偿责任。

旅客托运的行李毁损、灭失的，适用货物运输的有关规定。

第三节　货　运　合　同

第三百零四条　托运人办理货物运输，应当向承运人准确表明收货人的名称或者姓名或者凭指示的收货人，货物的名称、性质、重量、数量，收货地点等有关货物运输的必要情况。

因托运人申报不实或者遗漏重要情况，造成承运人损失的，托运人应当承担损害赔偿责任。

第三百零五条　货物运输需要办理审批、检验等手续的，托运人应当将办理完有关手续的文件提交承运人。

第三百零六条　托运人应当按照约定的方式包装货物。对包装方式没有约定或者约定不明确的，适用本法第一百五十六条的规定。

托运人违反前款规定的，承运人可以拒绝运输。

第三百零七条　托运人托运易燃、易爆、有毒、有腐蚀性、有放射性等危险物品的，应当按照国家有关危险物品运输的规定对危险物品妥善包装，作出危险物标志和标签，并将有关危险物品的名称、性质和防范措施的书面材料提交承运人。

托运人违反前款规定的，承运人可以拒绝运输，也可以采取相应措施以避免损失的发生，因此产生的费用由托运人承担。

第三百零八条　在承运人将货物交付收货人之前，托运人可以要求承运人中止运输、返还货物、变更到达地或者将货物交给其他收货人，但应当赔偿承运人因此受到的损失。

第三百零九条　货物运输到达后，承运人知道收货人的，应当及时通知收货人，收货人应当及时提货。收货人逾期提货的，应当向承运人支付保管费等费用。

第三百一十条　收货人提货时应当按照约定的期限检验货物。对检验货物的期限没有约定或者约定不明确，依照本法第六十一条的规定仍不能确定的，应当在合理期限内检验货物。收货人在约定的期限或者合理期限内对货物的数量、毁损等未提出异议的，视为承运人已经按照运输单证的记载交付的初步证据。

第三百一十一条　承运人对运输过程中货物的毁损、灭失承担损害赔偿责任，但承运人证明货物的毁损、灭失是因不可抗力、货物本身的自然性质或者合理损耗以及托运人、收货人的过错造成的，不承担损害赔偿责任。

第三百一十二条　货物的毁损、灭失的赔偿额，当事人有约定的，按照其约定；没有约定或者约定不明确，依照本法第六十一条的规定仍不能确定的，按照交付或者应当交付时货物到达地的市场价格计算。法律、行政法规对赔偿额的计算方法和赔偿限额另有规定的，依照其规定。

第三百一十三条　两个以上承运人以同一运输方式联运的，与托运人订立合同的承运人应当对全程运输承担责任。损失发生在某一运输区段的，与托运人订立合同的承运人和该区段的承运人承担连带责任。

第三百一十四条 货物在运输过程中因不可抗力灭失，未收取运费的，承运人不得要求支付运费；已收取运费的，托运人可以要求返还。

第三百一十五条 托运人或者收货人不支付运费、保管费以及其他运输费用的，承运人对相应的运输货物享有留置权，但当事人另有约定的除外。

第三百一十六条 收货人不明或者收货人无正当理由拒绝受领货物的，依照本法第一百零一条的规定，承运人可以提存货物。

第四节 多式联运合同

第三百一十七条 多式联运经营人负责履行或者组织履行多式联运合同，对全程运输享有承运人的权利，承担承运人的义务。

第三百一十八条 多式联运经营人可以与参加多式联运的各区段承运人就多式联运合同的各区段运输约定相互之间的责任，但该约定不影响多式联运经营人对全程运输承担的义务。

第三百一十九条 多式联运经营人收到托运人交付的货物时，应当签发多式联运单据。按照托运人的要求，多式联运单据可以是可转让单据，也可以是不可转让单据。

第三百二十条 因托运人托运货物时的过错造成多式联运经营人损失的，即使托运人已经转让多式联运单据，托运人仍然应当承担损害赔偿责任。

第三百二十一条 货物的毁损、灭失发生于多式联运的某一运输区段的，多式联运经营人的赔偿责任和责任限额，适用调整该区段运输方式的有关法律规定。货物毁损、灭失发生的运输区段不能确定的，依照本章规定承担损害赔偿责任。

第十八章 技 术 合 同

第一节 一 般 规 定

第三百二十二条 技术合同是当事人就技术开发、转让、咨询或者服务订立的确立相互之间权利和义务的合同。

第三百二十三条 订立技术合同，应当有利于科学技术的进步，加速科学技术成果的转化、应用和推广。

第三百二十四条 技术合同的内容由当事人约定，一般包括以下条款：

（一）项目名称；

（二）标的的内容、范围和要求；

（三）履行的计划、进度、期限、地点、地域和方式；

（四）技术情报和资料的保密；

（五）风险责任的承担；

（六）技术成果的归属和收益的分成办法；

（七）验收标准和方法；

（八）价款、报酬或者使用费及其支付方式；

（九）违约金或者损失赔偿的计算方法；

（十）解决争议的方法；

（十一）名词和术语的解释。

与履行合同有关的技术背景资料、可行性论证和技术评价报告、项目任务书和计划书、技术标准、技术规范、原始设计和工艺文件，以及其他技术文档，按照当事人的约定可以作为合同的组成部分。

技术合同涉及专利的，应当注明发明创造的名称、专利申请人和专利权人、申请日期、申请号、专利号以及专利权的有效期限。

第三百二十五条　技术合同价款、报酬或者使用费的支付方式由当事人约定，可以采取一次总算、一次总付或者一次总算、分期支付，也可以采取提成支付或者提成支付附加预付入门费的方式。

约定提成支付的，可以按照产品价格、实施专利和使用技术秘密后新增的产值、利润或者产品销售额的一定比例提成，也可以按照约定的其他方式计算。提成支付的比例可以采取固定比例、逐年递增比例或者逐年递减比例。

约定提成支付的，当事人应当在合同中约定查阅有关会计账目的办法。

第三百二十六条　职务技术成果的使用权、转让权属于法人或者其他组织的，法人或者其他组织可以就该项职务技术成果订立技术合同。法人或者其他组织应当从使用和转让该项职务技术成果所取得的收益中提取一定比例，对完成该项职务技术成果的个人给予奖励或者报酬。法人或者其他组织订立技术合同转让职务技术成果时，职务技术成果的完成人享有以同等条件优先受让的权利。

职务技术成果是执行法人或者其他组织的工作任务，或者主要是利用法人或者其他组织的物质技术条件所完成的技术成果。

第三百二十七条　非职务技术成果的使用权、转让权属于完成技术成果的个人，完成技术成果的个人可以就该项非职务技术成果订立技术合同。

第三百二十八条　完成技术成果的个人有在有关技术成果文件上写明自己是技术成果完成者的权利和取得荣誉证书、奖励的权利。

第三百二十九条　非法垄断技术、妨碍技术进步或者侵害他人技术成果的技术合同无效。

第二节　技 术 开 发 合 同

第三百三十条　技术开发合同是指当事人之间就新技术、新产品、新工艺或者新材料及其系统的研究开发所订立的合同。

技术开发合同包括委托开发合同和合作开发合同。

技术开发合同应当采用书面形式。

当事人之间就具有产业应用价值的科技成果实施转化订立的合同，参照技术开发合同的规定。

第三百三十一条　委托开发合同的委托人应当按照约定支付研究开发经费和报酬；提供技术资料、原始数据；完成协作事项；接受研究开发成果。

第三百三十二条　委托开发合同的研究开发人应当按照约定制定和实施研究开发计划；合理使用研究开发经费；按期完成研究开发工作，交付研究开发成果，提供有关的技术资料和必要的技术指导，帮助委托人掌握研究开发成果。

第三百三十三条 委托人违反约定造成研究开发工作停滞、延误或者失败的，应当承担违约责任。

第三百三十四条 研究开发人违反约定造成研究开发工作停滞、延误或者失败的，应当承担违约责任。

第三百三十五条 合作开发合同的当事人应当按照约定进行投资，包括以技术进行投资；分工参与研究开发工作；协作配合研究开发工作。

第三百三十六条 合作开发合同的当事人违反约定造成研究开发工作停滞、延误或者失败的，应当承担违约责任。

第三百三十七条 因作为技术开发合同标的的技术已经由他人公开，致使技术开发合同的履行没有意义的，当事人可以解除合同。

第三百三十八条 在技术开发合同履行过程中，因出现无法克服的技术困难，致使研究开发失败或者部分失败的，该风险责任由当事人约定。没有约定或者约定不明确，依照本法第六十一条的规定仍不能确定的，风险责任由当事人合理分担。

当事人一方发现前款规定的可能致使研究开发失败或者部分失败的情形时，应当及时通知另一方并采取适当措施减少损失。没有及时通知并采取适当措施，致使损失扩大的，应当就扩大的损失承担责任。

第三百三十九条 委托开发完成的发明创造，除当事人另有约定的以外，申请专利的权利属于研究开发人。研究开发人取得专利权的，委托人可以免费实施该专利。

研究开发人转让专利申请权的，委托人享有以同等条件优先受让的权利。

第三百四十条 合作开发完成的发明创造，除当事人另有约定的以外，申请专利的权利属于合作开发的当事人共有。当事人一方转让其共有的专利申请权的，其他各方享有以同等条件优先受让的权利。

合作开发的当事人一方声明放弃其共有的专利申请权的，可以由另一方单独申请或者由其他各方共同申请。申请人取得专利权的，放弃专利申请权的一方可以免费实施该专利。

合作开发的当事人一方不同意申请专利的，另一方或者其他各方不得申请专利。

第三百四十一条 委托开发或者合作开发完成的技术秘密成果的使用权、转让权以及利益的分配办法，由当事人约定。没有约定或者约定不明确，依照本法第六十一条的规定仍不能确定的，当事人均有使用和转让的权利，但委托开发的研究开发人不得在向委托人交付研究开发成果之前，将研究开发成果转让给第三人。

第三节 技术转让合同

第三百四十二条 技术转让合同包括专利权转让、专利申请权转让、技术秘密转让、专利实施许可合同。

技术转让合同应当采用书面形式。

第三百四十三条 技术转让合同可以约定让与人和受让人实施专利或者使用技术秘密的范围，但不得限制技术竞争和技术发展。

第三百四十四条 专利实施许可合同只在该专利权的存续期间内有效。专利权有效期限届满或者专利权被宣布无效的，专利权人不得就该专利与他人订立专利实施许可合同。

第三百四十五条　专利实施许可合同的让与人应当按照约定许可受让人实施专利，交付实施专利有关的技术资料，提供必要的技术指导。

第三百四十六条　专利实施许可合同的受让人应当按照约定实施专利，不得许可约定以外的第三人实施该专利；并按照约定支付使用费。

第三百四十七条　技术秘密转让合同的让与人应当按照约定提供技术资料，进行技术指导，保证技术的实用性、可靠性，承担保密义务。

第三百四十八条　技术秘密转让合同的受让人应当按照约定使用技术，支付使用费，承担保密义务。

第三百四十九条　技术转让合同的让与人应当保证自己是所提供的技术的合法拥有者，并保证所提供的技术完整、无误、有效，能够达到约定的目标。

第三百五十条　技术转让合同的受让人应当按照约定的范围和期限，对让与人提供的技术中尚未公开的秘密部分，承担保密义务。

第三百五十一条　让与人未按照约定转让技术的，应当返还部分或者全部使用费，并应当承担违约责任；实施专利或者使用技术秘密超越约定的范围的，违反约定擅自许可第三人实施该项专利或者使用该项技术秘密的，应当停止违约行为，承担违约责任；违反约定的保密义务的，应当承担违约责任。

第三百五十二条　受让人未按照约定支付使用费的，应当补交使用费并按照约定支付违约金；不补交使用费或者支付违约金的，应当停止实施专利或者使用技术秘密，交还技术资料，承担违约责任；实施专利或者使用技术秘密超越约定的范围的，未经让与人同意擅自许可第三人实施该专利或者使用该技术秘密的，应当停止违约行为，承担违约责任；违反约定的保密义务的，应当承担违约责任。

第三百五十三条　受让人按照约定实施专利、使用技术秘密侵害他人合法权益的，由让与人承担责任，但当事人另有约定的除外。

第三百五十四条　当事人可以按照互利的原则，在技术转让合同中约定实施专利、使用技术秘密后续改进的技术成果的分享办法。没有约定或者约定不明确，依照本法第六十一条的规定仍不能确定的，一方后续改进的技术成果，其他各方无权分享。

第三百五十五条　法律、行政法规对技术进出口合同或者专利、专利申请合同另有规定的，依照其规定。

第四节　技术咨询合同和技术服务合同

第三百五十六条　技术咨询合同包括就特定技术项目提供可行性论证、技术预测、专题技术调查、分析评价报告等合同。

技术服务合同是指当事人一方以技术知识为另一方解决特定技术问题所订立的合同，不包括建设工程合同和承揽合同。

第三百五十七条　技术咨询合同的委托人应当按照约定阐明咨询的问题，提供技术背景材料及有关技术资料、数据；接受受托人的工作成果，支付报酬。

第三百五十八条　技术咨询合同的受托人应当按照约定的期限完成咨询报告或者解答问题；提出的咨询报告应当达到约定的要求。

第三百五十九条　技术咨询合同的委托人未按照约定提供必要的资料和数据，影响工作进度和质量，不接受或者逾期接受工作成果的，支付的报酬不得追回，未支付的报酬应当支付。

技术咨询合同的受托人未按期提出咨询报告或者提出的咨询报告不符合约定的，应当承担减收或者免收报酬等违约责任。

技术咨询合同的委托人按照受托人符合约定要求的咨询报告和意见作出决策所造成的损失，由委托人承担，但当事人另有约定的除外。

第三百六十条 技术服务合同的委托人应当按照约定提供工作条件，完成配合事项；接受工作成果并支付报酬。

第三百六十一条 技术服务合同的受托人应当按照约定完成服务项目，解决技术问题，保证工作质量，并传授解决技术问题的知识。

第三百六十二条 技术服务合同的委托人不履行合同义务或者履行合同义务不符合约定，影响工作进度和质量，不接受或者逾期接受工作成果的，支付的报酬不得追回，未支付的报酬应当支付。

技术服务合同的受托人未按照合同约定完成服务工作的，应当承担免收报酬等违约责任。

第三百六十三条 在技术咨询合同、技术服务合同履行过程中，受托人利用委托人提供的技术资料和工作条件完成的新的技术成果，属于受托人。委托人利用受托人的工作成果完成的新的技术成果，属于委托人。当事人另有约定的，按照其约定。

第三百六十四条 法律、行政法规对技术中介合同、技术培训合同另有规定的，依照其规定。

第十九章 保 管 合 同

第三百六十五条 保管合同是保管人保管寄存人交付的保管物，并返还该物的合同。

第三百六十六条 寄存人应当按照约定向保管人支付保管费。

当事人对保管费没有约定或者约定不明确，依照本法第六十一条的规定仍不能确定的，保管是无偿的。

第三百六十七条 保管合同自保管物交付时成立，但当事人另有约定的除外。

第三百六十八条 寄存人向保管人交付保管物的，保管人应当给付保管凭证，但另有交易习惯的除外。

第三百六十九条 保管人应当妥善保管保管物。

当事人可以约定保管场所或者方法。除紧急情况或者为了维护寄存人利益的以外，不得擅自改变保管场所或者方法。

第三百七十条 寄存人交付的保管物有瑕疵或者按照保管物的性质需要采取特殊保管措施的，寄存人应当将有关情况告知保管人。寄存人未告知，致使保管物受损失的，保管人不承担损害赔偿责任；保管人因此受损失的，除保管人知道或者应当知道并且未采取补救措施的以外，寄存人应当承担损害赔偿责任。

第三百七十一条 保管人不得将保管物转交第三人保管，但当事人另有约定的除外。

保管人违反前款规定，将保管物转交第三人保管，对保管物造成损失的，应当承担损害赔偿责任。

第三百七十二条　保管人不得使用或者许可第三人使用保管物，但当事人另有约定的除外。

第三百七十三条　第三人对保管物主张权利的，除依法对保管物采取保全或者执行的以外，保管人应当履行向寄存人返还保管物的义务。

第三人对保管人提起诉讼或者对保管物申请扣押的，保管人应当及时通知寄存人。

第三百七十四条　保管期间，因保管人保管不善造成保管物毁损、灭失的，保管人应当承担损害赔偿责任，但保管是无偿的，保管人证明自己没有重大过失的，不承担损害赔偿责任。

第三百七十五条　寄存人寄存货币、有价证券或者其他贵重物品的，应当向保管人声明，由保管人验收或者封存。寄存人未声明的，该物品毁损、灭失后，保管人可以按照一般物品予以赔偿。

第三百七十六条　寄存人可以随时领取保管物。

当事人对保管期间没有约定或者约定不明确的，保管人可以随时要求寄存人领取保管物；约定保管期间的，保管人无特别事由，不得要求寄存人提前领取保管物。

第三百七十七条　保管期间届满或者寄存人提前领取保管物的，保管人应当将原物及其孳息归还寄存人。

第三百七十八条　保管人保管货币的，可以返还相同种类、数量的货币。保管其他可替代物的，可以按照约定返还相同种类、品质、数量的物品。

第三百七十九条　有偿的保管合同，寄存人应当按照约定的期限向保管人支付保管费。

当事人对支付期限没有约定或者约定不明确，依照本法第六十一条的规定仍不能确定的，应当在领取保管物的同时支付。

第三百八十条　寄存人未按照约定支付保管费以及其他费用的，保管人对保管物享有留置权，但当事人另有约定的除外。

第二十章　仓　储　合　同

第三百八十一条　仓储合同是保管人储存存货人交付的仓储物，存货人支付仓储费的合同。

第三百八十二条　仓储合同自成立时生效。

第三百八十三条　储存易燃、易爆、有毒、有腐蚀性、有放射性等危险物品或者易变质物品，存货人应当说明该物品的性质，提供有关资料。

存货人违反前款规定的，保管人可以拒收仓储物，也可以采取相应措施以避免损失的发生，因此产生的费用由存货人承担。

保管人储存易燃、易爆、有毒、有腐蚀性、有放射性等危险物品的，应当具备相应的保管条件。

第三百八十四条　保管人应当按照约定对入库仓储物进行验收。保管人验收时发现入库仓储物与约定不符合的，应当及时通知存货人。保管人验收后，发生仓储物的品种、数量、质量不符合约定的，保管人应当承担损害赔偿责任。

第三百八十五条 存货人交付仓储物的，保管人应当给付仓单。

第三百八十六条 保管人应当在仓单上签字或者盖章。仓单包括下列事项：

（一）存货人的名称或者姓名和住所；

（二）仓储物的品种、数量、质量、包装、件数和标记；

（三）仓储物的损耗标准；

（四）储存场所；

（五）储存期间；

（六）仓储费；

（七）仓储物已经办理保险的，其保险金额、期间以及保险人的名称；

（八）填发人、填发地和填发日期。

第三百八十七条 仓单是提取仓储物的凭证。存货人或者仓单持有人在仓单上背书并经保管人签字或者盖章的，可以转让提取仓储物的权利。

第三百八十八条 保管人根据存货人或者仓单持有人的要求，应当同意其检查仓储物或者提取样品。

第三百八十九条 保管人对入库仓储物发现有变质或者其他损坏的，应当及时通知存货人或者仓单持有人。

第三百九十条 保管人对入库仓储物发现有变质或者其他损坏，危及其他仓储物的安全和正常保管的，应当催告存货人或者仓单持有人作出必要的处置。因情况紧急，保管人可以作出必要的处置，但事后应当将该情况及时通知存货人或者仓单持有人。

第三百九十一条 当事人对储存期间没有约定或者约定不明确的，存货人或者仓单持有人可以随时提取仓储物，保管人也可以随时要求存货人或者仓单持有人提取仓储物，但应当给予必要的准备时间。

第三百九十二条 储存期间届满，存货人或者仓单持有人应当凭仓单提取仓储物。存货人或者仓单持有人逾期提取的，应当加收仓储费；提前提取的，不减收仓储费。

第三百九十三条 储存期间届满，存货人或者仓单持有人不提取仓储物的，保管人可以催告其在合理期限内提取，逾期不提取的，保管人可以提存仓储物。

第三百九十四条 储存期间，因保管人保管不善造成仓储物毁损、灭失的，保管人应当承担损害赔偿责任。

因仓储物的性质、包装不符合约定或者超过有效储存期造成仓储物变质、损坏的，保管人不承担损害赔偿责任。

第三百九十五条 本章没有规定的，适用保管合同的有关规定。

第二十一章 委 托 合 同

第三百九十六条 委托合同是委托人和受托人约定，由受托人处理委托人事务的合同。

第三百九十七条 委托人可以特别委托受托人处理一项或者数项事务，也可以概括委托受托人处理一切事务。

第三百九十八条　委托人应当预付处理委托事务的费用。受托人为处理委托事务垫付的必要费用，委托人应当偿还该费用及其利息。

第三百九十九条　受托人应当按照委托人的指示处理委托事务。需要变更委托人指示的，应当经委托人同意；因情况紧急，难以和委托人取得联系的，受托人应当妥善处理委托事务，但事后应当将该情况及时报告委托人。

第四百条　受托人应当亲自处理委托事务。经委托人同意，受托人可以转委托。转委托经同意的，委托人可以就委托事务直接指示转委托的第三人，受托人仅就第三人的选任及其对第三人的指示承担责任。转委托未经同意的，受托人应当对转委托的第三人的行为承担责任，但在紧急情况下受托人为维护委托人的利益需要转委托的除外。

第四百零一条　受托人应当按照委托人的要求，报告委托事务的处理情况。委托合同终止时，受托人应当报告委托事务的结果。

第四百零二条　受托人以自己的名义，在委托人的授权范围内与第三人订立的合同，第三人在订立合同时知道受托人与委托人之间的代理关系的，该合同直接约束委托人和第三人，但有确切证据证明该合同只约束受托人和第三人的除外。

第四百零三条　受托人以自己的名义与第三人订立合同时，第三人不知道受托人与委托人之间的代理关系的，受托人因第三人的原因对委托人不履行义务，受托人应当向委托人披露第三人，委托人因此可以行使受托人对第三人的权利，但第三人与受托人订立合同时如果知道该委托人就不会订立合同的除外。

受托人因委托人的原因对第三人不履行义务，受托人应当向第三人披露委托人，第三人因此可以选择受托人或者委托人作为相对人主张其权利，但第三人不得变更选定的相对人。

委托人行使受托人对第三人的权利的，第三人可以向委托人主张其对受托人的抗辩。第三人选定委托人作为其相对人的，委托人可以向第三人主张其对受托人的抗辩以及受托人对第三人的抗辩。

第四百零四条　受托人处理委托事务取得的财产，应当转交给委托人。

第四百零五条　受托人完成委托事务的，委托人应当向其支付报酬。因不可归责于受托人的事由，委托合同解除或者委托事务不能完成的，委托人应当向受托人支付相应的报酬。当事人另有约定的，按照其约定。

第四百零六条　有偿的委托合同，因受托人的过错给委托人造成损失的，委托人可以要求赔偿损失。无偿的委托合同，因受托人的故意或者重大过失给委托人造成损失的，委托人可以要求赔偿损失。

受托人超越权限给委托人造成损失的，应当赔偿损失。

第四百零七条　受托人处理委托事务时，因不可归责于自己的事由受到损失的，可以向委托人要求赔偿损失。

第四百零八条　委托人经受托人同意，可以在受托人之外委托第三人处理委托事务。因此给受托人造成损失的，受托人可以向委托人要求赔偿损失。

第四百零九条　两个以上的受托人共同处理委托事务的，对委托人承担连带责任。

第四百一十条　委托人或者受托人可以随时解除委托合同。因解除合同给对方造成损失的，除不可归责于该当事人的事由以外，应当赔偿损失。

第四百一十一条 委托人或者受托人死亡、丧失民事行为能力或者破产的，委托合同终止，但当事人另有约定或者根据委托事务的性质不宜终止的除外。

第四百一十二条 因委托人死亡、丧失民事行为能力或者破产，致使委托合同终止将损害委托人利益的，在委托人的继承人、法定代理人或者清算组织承受委托事务之前，受托人应当继续处理委托事务。

第四百一十三条 因受托人死亡、丧失民事行为能力或者破产，致使委托合同终止的，受托人的继承人、法定代理人或者清算组织应当及时通知委托人。因委托合同终止将损害委托人利益的，在委托人作出善后处理之前，受托人的继承人、法定代理人或者清算组织应当采取必要措施。

第二十二章 行 纪 合 同

第四百一十四条 行纪合同是行纪人以自己的名义为委托人从事贸易活动，委托人支付报酬的合同。

第四百一十五条 行纪人处理委托事务支出的费用，由行纪人负担，但当事人另有约定的除外。

第四百一十六条 行纪人占有委托物的，应当妥善保管委托物。

第四百一十七条 委托物交付给行纪人时有瑕疵或者容易腐烂、变质的，经委托人同意，行纪人可以处分该物；和委托人不能及时取得联系的，行纪人可以合理处分。

第四百一十八条 行纪人低于委托人指定的价格卖出或者高于委托人指定的价格买入的，应当经委托人同意。未经委托人同意，行纪人补偿其差额的，该买卖对委托人发生效力。

行纪人高于委托人指定的价格卖出或者低于委托人指定的价格买入的，可以按照约定增加报酬。没有约定或者约定不明确，依照本法第六十一条的规定仍不能确定的，该利益属于委托人。

委托人对价格有特别指示的，行纪人不得违背该指示卖出或者买入。

第四百一十九条 行纪人卖出或者买入具有市场定价的商品，除委托人有相反的意思表示的以外，行纪人自己可以作为买受人或者出卖人。

行纪人有前款规定情形的，仍然可以要求委托人支付报酬。

第四百二十条 行纪人按照约定买入委托物，委托人应当及时受领。经行纪人催告，委托人无正当理由拒绝受领的，行纪人依照本法第一百零一条的规定可以提存委托物。

委托物不能卖出或者委托人撤回出卖，经行纪人催告，委托人不取回或者不处分该物的，行纪人依照本法第一百零一条的规定可以提存委托物。

第四百二十一条 行纪人与第三人订立合同的，行纪人对该合同直接享有权利、承担义务。

第三人不履行义务致使委托人受到损害的，行纪人应当承担损害赔偿责任，但行纪人与委托人另有约定的除外。

第四百二十二条 行纪人完成或者部分完成委托事务的，委托人应当向其支付相应的报酬。委托人逾期不支付报酬的，行纪人对委托物享有留置权，但当事人另有约定的除外。

第四百二十三条 本章没有规定的，适用委托合同的有关规定。

第二十三章　居　间　合　同

第四百二十四条 居间合同是居间人向委托人报告订立合同的机会或者提供订立合同的媒介服务，委托人支付报酬的合同。

第四百二十五条 居间人应当就有关订立合同的事项向委托人如实报告。

居间人故意隐瞒与订立合同有关的重要事实或者提供虚假情况，损害委托人利益的，不得要求支付报酬并应当承担损害赔偿责任。

第四百二十六条 居间人促成合同成立的，委托人应当按照约定支付报酬。对居间人的报酬没有约定或者约定不明确，依照本法第六十一条的规定仍不能确定的，根据居间人的劳务合理确定。因居间人提供订立合同的媒介服务而促成合同成立的，由该合同的当事人平均负担居间人的报酬。

居间人促成合同成立的，居间活动的费用，由居间人负担。

第四百二十七条 居间人未促成合同成立的，不得要求支付报酬，但可以要求委托人支付从事居间活动支出的必要费用。

附　则

第四百二十八条 本法自 1999 年 10 月 1 日起施行，《中华人民共和国经济合同法》、《中华人民共和国涉外经济合同法》、《中华人民共和国技术合同法》同时废止。

参考文献

1. 王利明等. 合同法. 北京：中国人民大学出版社，2007
2. 王利明. 民商法理论与实践. 长春：吉林人民出版社，1996
3. 王利明. 合同法研究：第一卷. 北京：中国人民大学出版社，2002
4. 王利明. 合同法研究：第二卷. 北京：中国人民大学出版社，2003
5. 王利明，崔建远. 合同法新论——总则. 北京：中国政法大学出版社，2000
6. 王利明等. 民法. 北京：法律出版社，2005
7. 王军. 美国合同法. 北京：对外经济贸易大学出版社，2004
8. 王泽鉴. 债法原理：第一册. 北京：中国政法大学出版社，2001
9. 王泽鉴. 民法概要. 北京：中国政法大学出版社，2003
10. 王泽鉴. 民法学说与判例研究. 北京：中国政法大学出版社，2005
11. 江平. 中华人民共和国合同法精解. 北京：中国政法大学出版社，1999
12. 徐杰. 技术合同法教程. 北京：知识产权出版社，2004
13. 史尚宽. 债法总论. 北京：中国政法大学出版社，2000
14. 林诚二. 民法债编各论. 北京：中国人民大学出版社，2007
15. 邱聪智. 新订债法各论：上. 北京：中国人民大学出版社，2006
16. 梁慧星. 民法总论. 北京：法律出版社，2001
17. 梁慧星. 民法学说判例与立法研究. 北京：中国政法大学出版社，1993
18. 胡康生. 中华人民共和国合同法释义. 北京：法律出版社，1999
19. 崔建远. 合同法：第四版. 北京：法律出版社，2007
20. 崔建远. 合同责任研究. 长春：吉林大学出版社，1992
21. 郑玉波. 民法总论. 北京：中国政法大学出版社，2003
22. 魏振瀛. 民法：第三版. 北京：北京大学出版社，高等教育出版社，2007
23. 陈小君. 合同法学. 北京：高等教育出版社，2003
24. 马俊驹，余延满. 民法原论. 北京：法律出版社，2005
25. 余延满. 合同法原论. 武汉：武汉大学出版社，1999
26. 韩世远. 合同法总论. 北京：法律出版社，2004
27. 孔祥俊. 合同法教程. 北京：中国人民公安大学出版社，1999
28. 李永军. 合同法. 北京：法律出版社，2005
29. 隋彭生. 合同法要义：第二版. 北京：中国政法大学出版社，2005

30. 施天涛. 合同法释论. 北京：中国人民公安大学出版社，1999
31. 关键. 技术合同. 北京：中国民主法制出版社，2003
32. 尹忠显. 新合同法审判实务研究. 北京：人民法院出版社，2006
33. 苏号朋. 格式合同条款研究. 北京：中国人民大学出版社，2004
34. 苏号朋. 民法总论. 北京：法律出版社，2006
35. 苏号朋. 民法学. 北京，对外经济贸易大学出版社，2007
36. 孙森炎. 民法债编总论：上册. 北京：法律出版社，2006
37. 孙进丰，王燕华. 合同法原理与应用. 上海：立信会计出版社，2004
38. 孙玉荣. 民法学. 北京：北京工业大学出版社，2006
39. 刘娜娜，耿淑芬. 合同法实务与案例分析. 北京：中国工商出版社，2002
40. 刘景一. 合同法新论. 北京：人民法院出版社，1999
41. 黄茂荣. 买卖法. 北京：中国政法大学出版社，2002
42. [英] 斯蒂芬·贾齐. 商法. 北京：法律出版社，2002
43. [美] 布拉德福特·斯通. 统一商法典. 北京：法律出版社，2004
44. [德] 卡尔·拉伦茨. 德国民法通论. 王晓晔等，译. 北京：法律出版社，2003
45. [德] 卡尔·拉伦茨. 法学方法论. 陈爱娥，译. 北京：商务印书馆，2003
46. [德] 罗伯特·霍恩等. 德国民商法导论. 楚建等，译. 北京：中国大百科全书出版社，1996
47. [德] 迪特尔·梅迪库斯. 德国民法总论. 邵建东，译. 北京：法律出版社，2000
48. [德] 迪特尔·梅迪库斯. 德国债法分论. 北京：法律出版社，2007